Krankheitsverarbeitung

Jahrbuch der Medizinischen Psychologie

herausgegeben von

Elmar Brähler, Susanne Davies-Osterkamp, Jörn W. Scheer

Band 10

Edgar Heim und Meinrad Perrez (Hrsg.):
Krankheitsverarbeitung

Hogrefe · Verlag für Psychologie
Göttingen · Bern · Toronto · Seattle

Krankheitsverarbeitung

herausgegeben von

Edgar Heim
und Meinrad Perrez

Hogrefe · Verlag für Psychologie
Göttingen · Bern · Toronto · Seattle

Prof. Dr. med Edgar Heim, geb. 1930. Studium der Medizin in Bern, Wien und Paris. 1957-1963 Psychiatrische Universitäts- und Poliklinik Bern; 1963-1965 Research instructor an der Boston University Medical School; 1966-1968 Psychiatrische Universitätsklinik Bern; 1968-1977 Direktor der Psychiatrischen Klinik Schlössli, Oetwil a. See, Zürich. 1970 Venia legendi der Universität Bern. 1972 Venia legendi der Universität Zürich. 1976 Titular-Professor an der Universität Zürich. Seit 1977 Direktor der Universitätspoliklinik Bern und Professor für Psychiatrie und Psychosoziale Medizin, Universität Bern.

Prof. Dr. phil. Meinrad Perrez, geb. 1944. Studium der Psychologie an den Universitäten Paris, Innsbruck und Salzburg. 1971-1973 Wissenschaftlicher Assistent an der Universität Salzburg. 1973-1975 Professor an der Freien Universität Berlin. Seit 1975 Professor an der Universität Fribourg/Schweiz. Visiting Fellow der British Academy, University of Strathclyde, Glasgow, und Gastprofessuren an verschiedenen Universitäten.

© Hogrefe-Verlag GmbH & Co. KG, Göttingen 1994

Das Werk einschließlich aller seiner Teile ist urheberrechtlich ge-schützt. Jede Verwertung außerhalb der engen Grenzen des Urheber-rechtsgesetzes ist ohne Zustimmung des Verlages unzulässig und strafbar. Das gilt insbesondere für Vervielfältigungen, Übersetzungen, Mikroverfilmungen und die Einspeicherung und Verarbeitung in elek-tronischen Systemen.

Umschlaggraphik: Klaus Wildgrube, Helmut Kreczik.
Druck: Dieterichsche Universitätsbuchdruckerei
W. Fr. Kaestner GmbH & Co. KG, D-37124 Göttingen-Rosdorf
Printed in Germany
Auf säurefreiem Papier gedruckt.

ISBN 3-8017-0693-1

Inhaltsverzeichnis

Vorwort

Die Frage, wie Personen mit Belastungen umgehen, hat in der Psychologie und der Medizin im letzten Jahrzehnt außerordentliche Aufmerksamkeit erfahren. In den 80er Jahren stieg die Zahl der jährlichen Publikationen sprunghaft auf 800 bis 1000 pro Jahr. Also ein Modethema? Die Herausgeber dieses Bandes sind der Meinung, daß sich die moderne Medizin und Klinische Psychologie diesem Thema aus mehreren Gründen stellen müssen. Belastung und Belastungsverarbeitung können bei Entstehung und Verlauf von Krankheiten auf verschiedenen Ebenen eine mehr oder weniger zentrale Rolle spielen: 1. Belastungen können Ursache oder Auslöser von Krankheiten sein, wie es u.a. in der tierexperimentellen Streßforschung oder in der Life Event-Forschung eindrücklich unter Beweis gestellt worden ist. 2. Die krankmachende Wirkung von objektiven Belastungsbedingungen ist mitabhängig von der Art und Weise, wie Personen mit Belastungen umgehen. 3. Viele psychische Störungen lassen sich als charakteristische Modalitäten im Umgang mit Belastungen verstehen, z.B. gewisse depressive Störungen oder Angstzustände. 4. Krankheiten selber stellen normalerweise mehr oder weniger gravierende Belastungen dar, von deren Bewältigung die Lebensqualität und u.U. auch der Krankheitsverlauf mitbeeinflußt wird. Chronische Krankheiten oder schwere chirurgische Eingriffe sind typische Beispiele dafür. 5. Die habitualen und situativen Formen der Belastungsverarbeitung und -bewältigung lassen sich durch psychologische Interventionen beeinflussen.

Über die fünf Themenbereiche gibt es heute empirische Ansatzpunkte, die aber mehr Fragen offen lassen als sie zu beantworten vermögen. Das hängt teilweise mit der Komplexität der Probleme, aber auch mit den methodologischen Hindernissen zusammen, die ein derartiger Forschungsweg zu überwinden hat: Stressoren haben eine objektive Dimension, die oft schwer operationalisierbar ist, was viele Forscher veranlaßte, auf die Erfassung objektiver Merkmale überhaupt zu verzichten. Das subjektive Belastungserleben wird nicht nur durch objektive Merkmale von Stressoren, sondern auch durch die subjektive Interpretation von Stressoren beeinflußt und vollzieht sich - wie die ganze Belastungsverarbeitung - in Prozessen, deren ereignisnahe Beobachtung und Analyse reich an methodischen Fallstricken ist. Weitere Probleme, neben der Ermittlung von angemessenen psychologischen Kennwerten, ergeben sich durch die eingeschränkten Möglichkeiten der Untersuchungsanordnungen, die sich aus naheliegenden Gründen meistens auf korrelative Querschnittsdesigns einschränken, wodurch Kausalanalysen Grenzen gesetzt werden. Neuere multivariate Designs im Längsschnitt können hier einen besseren Zugang ermöglichen.

Der vorliegende Band soll einen Einblick in aktuelle einschlägige Probleme und Studien vermitteln.
Zu "Methoden zur Erfassung der Belastungsverarbeitung im Kontext von Krankheiten": Der Beitrag von *Wiedl und Rauh* beschreibt eine neue Methode zur ereignisnahen Untersuchung von belastungsspezifischen Bewertungs- und Verarbeitungsprozessen bei schizophrenen Patienten. Das Verfahren besteht in der Form eines strukturierten Tagebuches. Der Beitrag von *Schüßler* im vorliegenden Band

diskutiert die Problematik der unterschiedlichen Datenquellen bei der Erfassung der Krankheitsbewältigung und teilt die Ergebnisse einer Studie mit, die Fremd- und Selbstbeurteilung als methodische Grundlage verwendet. *Mayring* erörtert die Bedeutung qualitativer Ansätze in der Krankheitsbewältigung.

Zu "Korrelate und Wirkungen der Belastungsverarbeitung": *Webers* Beitrag setzt sich mit der Frage auseinander, ob bestimmte Bewältigungsformen von vorneherein als wirksam postuliert werden können. Die Verfasserin vergleicht verschiedene Wirksamkeitskriterien und Untersuchungsdesigns zur Überprüfung der Bewältigungseffektivität. *Ferring, Filipp und Klauer* untersuchen anhand einer Längsschnittstudie zum Verlauf der Krankheitsbewältigung bei Krebspatienten die Unterschiede in der erlebten Hoffnungslosigkeit, in Stimmungsvariablen und Bewältigungsmerkmalen bei verstorbenen Patienten und bei medizinisch und demographisch parallelisierten noch lebenden Patienten. Unterscheiden sich Alkoholiker von Nicht-Alkoholikern in ihrer habituellen emotionalen Reagibilität und in den Strategien zur Bewältigung emotionaler Belastungsreaktionen? Mit dieser Fragestellung beschäftigen sich *Scherer und Scherer*. Sie stellen zwei neu entwickelte Verfahren zur Erfassung der emotionalen Reagibilität und zur Ermittlung von Bewältigungsstrategien vor und vergleichen in diesen Variablen Nichtalkoholiker, trockene Alkoholiker und Alkoholiker. Der Beitrag von *Haubl* setzt sich kritisch mit dem Compliance-Konzept als Faktor der Krankheitsverarbeitung auseinander. Er skizziert ein handlungstheoretisches Compliance-Modell, das theoretisch gewisse Vorhersagen über das einschlägige Verhalten von Patienten erlaubt.

Zu "Belastungsverarbeitung bei speziellen Krankheiten": *Baider, Perez und De-Nour* befassen sich mit dem Einfluß des erlebten Holocaust-Traumas auf die Bewältigung einer später neu eingetretenen lebensbedrohlichen Situation, nämlich die Erfahrung der Erkrankung an Krebs, indem sie die Belastungsbewältigung von Überlebenden des Holocaust mit Krebserkrankung mit einer Gruppe von Krebspatienten ohne Holocaust-Trauma vergleichen. *Valach* gibt einen Überblick über Coping-Studien bei Personen mit Rückenschmerzen (low back pain). Er referiert bekannte psychologische Prozesse bei Rückenbeschwerden, den Einfluß von Coping-Strategien und Interventionsmöglichkeiten. *Rey, Thurm-Mussgay, Laubenstein und Bailer* dokumentieren Zeichen der aktiven Auseinandersetzung von Schizophrenen mit ihrer Erkrankung. Spezielle Merkmale der Belastungsbewältigung bei Ersterkrankten wurden auf der Grundlage eines selbst entwickelten Erfassungsinstruments mitgeteilt.

Zu "Intervention im Bereich der Belastungsverarbeitung": Die Belastungsbewältigung wird von *Faltermaier* unter dem Aspekt des präventiven Gesundheitsverhaltens thematisiert; theoretische Grundlagen und methodische Probleme der präventiven Intervention werden erörtert. Der Beitrag von *Schaffner* gibt einen Überblick über wichtige Publikationen zur psychosozialen Intervention bei Krebspatienten.

Im Besprechungsteil geben *Brüderl und Schröder* in ihrem Beitrag "Krankheitsverhalten im Schnittpunkt verschiedener Teildisziplinen der Psychologie" einen kritischen Überblick über neuere deutschsprachige Buchpublikationen zum Thema.

Daß die Thematik, der der vorliegende Band des Jahrbuches gewidmet ist, keine "Erfindung" der letzten zehn Jahre ist, sondern bereits vor Jahrzehnten durch Pioniere wie Engel frühe Aufmerksamkeit erfahren hat, soll der Abdruck des Beitrages von Engel dokumentieren, der 1962 erstmals publiziert worden war und vieles vorwegnimmt, was heute noch Aktualität besitzt.

Edgar Heim (Bern) und *Meinrad Perrez* (Fribourg)

I.

Methoden und Erfassung der Belastungsverarbeitung im Kontext von Krankheiten

Ein halbstrukturiertes Tagebuch als Zugang zur Belastungsbewältigung schizophrener Patienten

Karl Heinz Wiedl und Doris-Annette Rauh

Zusammenfassung

Mit dem TEBBI (halbstrukturiertes Tagebuch zur Erfassung von Belastungen und Bewältigung) wird versucht, belastungsspezifische Bewertungs- und Verarbeitungsprozesse schizophrener Patienten ereignisnah zu erfassen. Die hier dargestellte Untersuchung bezieht sich auf die ereignisnahe Verwendung des Tagebuchs, seine Bewertung durch die Untersuchungsteilnehmer und seine Reaktivität. Hierbei wird zwischen objektiver Reaktivität (innerhalb des Untersuchungszeitraums erfaßte Veränderungen in den verschiedenen Copingvariablen) und subjektiver Reaktivität (aus der Sicht der Patienten erlebte Veränderungen in der Belastungsverarbeitung) unterschieden.

In einer Pilotstudie wurden 20 schizophrene Patienten über einen Zeitraum von 3 Wochen untersucht. Die Ergebnisse zeigten, daß nicht alle Patienten in der Lage waren, das Verfahren ereignisnah zu benutzen. Auch unterschieden sich die Teilnehmer in ihrer Bewertung des Tagebuchs. Bezüglich der objektiven Reaktivität ließen sich für die Gesamtstichprobe nur geringe Effekte feststellen. Unter Berücksichtigung der subjektiven Reaktivität zeigten sich jedoch differentielle Effekte: Für Patienten mit bzw. ohne subjektiv erlebte Veränderungen ihrer Belastungsverarbeitung wurden unterschiedliche Veränderungen der objektiv erfaßten Variablen von der ersten zur zweiten Untersuchungsperiode festgestellt.

Summary

The Diary for the Assessment of Strains and Coping (TEBBI, a semi-structured diary) was designed to assess appraisals and coping behavior in close relation to the schizophrenic patients' encounter with straining events. The present study deals with its applicability, reactivity, and evaluation by the patients. Reactivity is differentiated in terms of its objective vs. subjective parameters (changes in coping variables as measured by the respective scales vs. changes in dealing with straining events as experienced by the patients).

In a pilot study 20 schizophrenic patients were assessed with TEBBI during a period of 3 weeks. Results showed that not all patients were able to use the diary close to the straining events. Also, the patients varied in their appreciations of the diary. Concerning the reactivity of the method, only slight effects of objective reactivity were found for the total sample; differential effects were detected for patients with respectively without subjectively experienced changes in dealing with strain, however. These groups of patients showed different changes in objective variables from the first to the second half of the assessment period.

1. Einleitung

Zum Verständnis schizophrener Erkrankungen bietet das Vulnerabilitätsmodell (Zubin & Spring 1977) einen konzeptuellen Rahmen an, der die verschiedenen ätiologischen Schizophrenie-Modelle zu integrieren gestattet. Kennzeichnend für

diesen Ansatz ist das Postulat, "daß das dauerhafte Charakteristikum der Schizophrenie nicht die bestehende schizophrene Episode selbst ist, sondern die Vulnerabilität gegenüber der Entwicklung solcher Krankheitsepisoden" (Zubin 1989, S.
19), wobei es von dem Zusammenwirken verschiedener, am Verlauf einer schizophrenen Erkrankung beteiligter Faktoren abhängt, ob die Vulnerabilität im Sinne
einer risikoerhöhenden Krankheitsdisposition latent bleibt oder aber sich manife-
stiert. Im Vulnerabilitäts-Streß-Coping-Kompetenz-Modell, einer von Nuechterlein (1987) vorgeschlagenen Erweiterung des Zubin'schen Ansatzes, werden neben
den Vulnerabilitätsfaktoren und den belastenden Umweltfaktoren auch protektive
personale und umweltspezifische Faktoren spezifiziert. Das Bewältigungsverhalten
des Schizophrenen, sein Umgang mit internen und externen Stressoren, hat nach
diesem Modell pathogenetische bzw. gesundheitsfördernde Funktion und gewinnt
zunehmende Aufmerksamkeit im Rahmen empirischer Forschung (vgl. Über-
blicksarbeiten von Böker & Brenner 1983; Saupe et al. 1991, Wiedl & Schöttner
1989a, 1989b).

Die Studien zum Bewältigungsverhalten Schizophrener lassen sich danach un-
terscheiden, inwieweit sie die Auseinandersetzung des Schizophrenen mit seiner
Erkrankung insgesamt erfassen (Derissen 1989; McGlashan et al. 1977; Soskis &
Bowers 1969) oder seinen Umgang mit spezifischen Symptomen wie Prodomal-
symptomen (Cohen & Berk 1985; Thurm & Häfner 1987), Positivsymptomen
(Carr 1988; Falloon & Talbot 1981) und den sogenannten Basisstörungen (Böker
& Brenner 1984). Ebenfalls von Interesse sind Bewältigungsversuche gegenüber
verschiedene Lebensbereiche betreffenden, krankheitsbedingten Belastungen
(Thurm-Mussgay et al. 1991; Wiedl & Schöttner 1989b) oder aber die Bewältigung
von Alltagsbelastungen (Kraemer & Schickor 1991). Letzterem Aspekt wurde bisher wenig Beachtung geschenkt. Thurm und Häfner (1987) untersuchten mit Hilfe
eines halbstrukturierten Interviews rückfallprophylaktische Maßnahmen gegenüber spezifischen, als Vulnerabilitätsindikatoren wahrgenommenen Alltagsstres-
soren, welche sowohl positive als auch negative Ereignisse darstellen können. Die
meisten der vorwiegend ambulant behandelten schizophrenen Patienten konnten
Risiken benennen. Diese ließen sich zwei Hauptgruppen von Stressoren zuordnen,
der am meisten frequentierten Gruppe der sozial-emotionalen Stressoren
(interpersonelle Konflikte, enge emotionale Kontakte) und der Gruppe der sozial-
kognitiven Stressoren, die durch eine Überforderung der Informationsverarbei-
tungskapazität gekennzeichnet waren (z.B. komplexe soziale Interaktionen, Un-
terbrechung des Lebensrhythmus). Als grundlegende Strategien zur Rückfallprophylaxe nannten die Patienten Abschirmung und Vermeidung von Überstimula-
tion, Aufsuchen sozialer Kontakte von niedriger emotionaler Qualität, die Suche
nach Beschäftigung (Arbeit, Freizeitaktivität) und intrapsychische Maßnahmen
(z.B. Regulierung von Emotionen, Problemlösestrategien). Die Anzahl angegebe-
ner präventiver Strategien korrelierte mit der Krankheitsdauer positiv, mit der
Rückfallrate negativ. Kraemer und Schickor (1991) untersuchten mit Hilfe des
Streßverarbeitungsfragebogens (SVF, Janke et al. 1985) bei Schizophrenen und einer gesunden Kontrollgruppe Streßbewältigungsstrategien gegenüber interperso-
nellen Situationen mit unterschiedlich hoher emotionaler Valenz ("Expressed
Emotion", EE; hohe Ausprägung: Feindseligkeit, Kritik, Ablehnung) und vergli-

chen das Bewältigungsverhalten in einer subjektiv wenig belastenden Situation mit dem Verhalten in einer stark belastenden Situation. Für die subjektiv als wenig belastend eingeschätzte Situation zeigten sich keine Gruppeneffekte, wohl aber für die stark belastende Situation, in der Schizophrene vergleichsweise häufiger Ersatzbefriedigung, Bedürfnis nach sozialer Unterstützung, Einnahme von Genußmitteln sowie Selbstverstärkung angaben.

Die oben skizzierte Bedeutung des Coping-Konzepts für die Erklärung der Pathogenese schizophrener Erkrankungen verlangt nach Untersuchungsverfahren, die zeit- und ereignisnah sind, d.h. den zeitlichen Abstand zwischen dem Auftreten von Belastungen und Belastungsbewältigung und deren Protokollierung möglichst gering halten. Erst dann sollte es möglich sein, Wechselwirkungen zwischen Coping und Verlaufsparametern präzise zu analysieren. Trotz vielfältiger methodischer Anstrengungen konnte diese Forderung in den oben genannten Studien bislang nicht erfüllt werden (vgl. hierzu Wiedl & Schöttner 1989a, 1989b).

Einen modellhaften Zugang zur ereignisnahen Erfassung von Bewältigung stellt das in anderen Bereichen der Coping-Forschung entwickelte Erfassungssystem COMES dar, das eine computergestützte Selbstprotokollierung von Belastungsbewältigungsepisoden im Alltag erlaubt (Perez & Reicherts 1989). Hierbei werden die Probanden trainiert, beim Auftreten von Belastungen möglichst umgehend nach theoretischen Gesichtspunkten ausgewählte kognitive, affektive und behaviorale Reaktionen und deren Veränderungen sowie damit zusammenhängende Situationsveränderungen mit Hilfe eines stets mitzuführenden Taschencomputers zu registrieren. Zu problematisieren ist der Einsatz dieses Verfahrens jedoch vor dem Hintergrund mehrerer Untersuchungen wie auch klinischer Beobachtungen, die den hohen Stellenwert von Abschirm- und Vermeidungsverhalten oder aber Ablenkungsversuchen schizophrener Personen im Kontext ihrer Krankheitsbewältigung aufzeigen (vgl. Thurm & Häfner 1987, Wiedl & Schöttner 1989a). Die durch das Perrez und Reichert'sche Verfahren induzierten Prozesse der Selbstbeobachtung laufen u.U. diesen spontanen "Selbstheilungsversuchen" (Böker & Brenner 1983) zuwider. Ein weiteres Problem sehen wir in der Komplexität dieses Instrumentes. Angesichts der häufig vorliegenden Einbußen schizophrener Patienten im Bereich der Konzentration und Aufmerksamkeit ist zu erwarten, daß die Arbeit mit dem Taschencomputer für viele der Patienten eine Überforderung darstellen würde. Wir versuchten daher ein in der Konzeption dem COMES vergleichbares, der spezifischen Zielgruppe jedoch eher angemessenes Instrument zu konzipieren und entwickelten hierzu ein als halbstrukturiertes Tagebuch angelegtes Verfahren. Einen ähnlichen Zugang haben Wittig et al. (1988) gewählt, indem sie die psychische und physische Befindlichkeit von Brustkrebspatientinnen und deren tägliche Auseinandersetzung mit ihrer Erkrankung über einen Zeitraum von drei Monaten nach der Operation mit Hilfe eines teilstandardisierten Tagesprotokolls erfaßten.

Zur theoretischen Einordnung von Belastungserleben und Belastungsbewältigung wurde von uns das Coping-Modell von Lazarus (vgl. hierzu Perrez 1992) herangezogen. Danach besteht Bewältigung "sowohl aus verhaltensorientierten als auch intrapsychischen Anstrengungen, mit umweltbedingten und internen Anforderungen sowie den zwischen ihnen bestehenden Konflikten fertig zu werden ...,

die die Fähigkeiten einer Person beanspruchen oder übersteigen" (Lazarus & Launier 1981, S. 244). Das Tagebuch sollte die ereignisnahe und zugleich strukturierte
Erhebung der relevanten Coping-Merkmale, der subjektiven Bewertungsprozesse
und der Bewältigungsversuche, gewährleisten. Eine kurze Beschreibung des Verfahrens (Tagebuch zur Erfassung von Belastung und Bewältigung, TEBBI) folgt
unten in Abschnitt 3.

2. Fragestellungen

Ergebnisse zu interindividuellen Unterschieden in der Belastungsbewältigung in
Abhängigkeit vom klinischen Status der Patienten werden an anderer Stelle ausführlich berichtet (Rauh 1990, Wiedl 1992). So zeigte sich z.B., daß bei ausgepräg-
ter Negativsymptomatik mehr Belastungen genannt wurden, emotionsorientertes
Coping gegenüber dem problemorientierten überwog und eine geringere Zufriedenheit mit den Bewältigungsbemühungen vorlag, oder daß Patienten mit hoher
Positivsymptomatik mehr kognitive Bewältigungsversuche angaben als Patienten
mit niedriger Ausprägung. Im folgenden soll versucht werden, einige methodische
Qualitäten des Tagebuch-Verfahrens zu evaluieren. Hier interessiert als erstes die
Frage der ereignisnahen Verwendung des Tagebuchs. Da das TEBBI für die Verwendung bei einer spezifischen, psychologischen Untersuchungen nur schwer zu-
gänglichen Gruppe konzipiert wurde, schienen uns weiterhin für seine Evaluation
auch die Bewertungen der Teilnehmer bedeutsam. Einen besonders zu beachten-
den Aspekt stellt die Frage der Reaktivität dar. Die Aufforderung, über einen gewissen Zeitraum hinweg die subjektiv erlebten Belastungen und die auf sie gerichteten Bewältigungsversuche nach bestimmten - unter noch darzustellenden - Regeln ereignisnah zu protokollieren, bewirkt naturgemäß - wie dies bereits oben für
das COMES angesprochen wurde - einen Eingriff in spontan ablaufende Prozesse
des Erlebens und Verhaltens. Daher ist nicht auszuschließen, daß diese Prozesse
selbst, die Gegenstand der Bewältigungsforschung sind, gerade durch das von uns
konzipierte Untersuchungsverfahren verändert werden. Denkbar wäre sogar, daß
derartige Veränderungen die oben angesprochene pathogenetische Funktion von
Coping durch Initiierung bzw. Aufrechterhaltung inadäquaten Copings verstärken
und dadurch zu krisenhaften Entwicklungen führen könnten.
    Die Veränderung von Coping in der Zeit und in Interaktion mit spezifischen
Kontextbedingungen stellt ein komplexes Phänomen dar. Bei der Untersuchung
anderer Phänomene vergleichbarer Komplexität hat es sich bewährt, neben der
objektiven auch eine subjektive Ebene zu unterscheiden. So konnte z.B. gezeigt
werden (vgl. Guthke & Adler, 1990), daß bei Vorliegen vergleichbarer hirnpatho-
logischer Befunde das Kriterium der subjektiv erlebten Leistungsbeeinträchtigung
eine Differenzierung der Patienten hinsichtlich relevanter objektiver Lern- und
Leistungsparameter ermöglicht. Ähnlich hat auch Roether (1986) die Bedeutung
des subjektiv erlebten Gesundheitszustandes bei gegebener organischer Beeinträchtigung für die Prognose spezifischer Leistungsvariablen demonstriert. Für
vorliegende Untersuchung wurde daher ebenfalls eine Differenzierung in objektiv

feststellbare und subjektiv erlebte Reaktivität vorgenommen. Hieraus ergeben sich insgesamt folgende Fragestellungen:

a) Benutzen die Untersuchungsteilnehmer das Tagebuch ereignisnah, d.h. in der Belastungssituation?

b) Wie beurteilen die schizophren Erkrankten das Tagebuch? Erleben sie es als Hilfe oder als Belastung?

c) Lassen sich innerhalb des Untersuchungszeitraums Veränderungen in den verschiedenen Coping-Variablen beobachten (Frage nach der objektiven Reaktivität)?

d) Führt das Tagebuch aus der Sicht der Untersuchungsteilnehmer zu Veränderungen in der Belastungsverarbeitung (Frage nach der subjektiven Reaktivität)? In welcher Weise manifestieren diese sich?

3. Methode

3.1 Instrument

Das TEBBI soll eine strukturierte Erhebung psychologisch relevanter Merkmale der Belastungsbewältigung ermöglichen und dabei einen ereignisnahen und prozeßorientierten Zugang darstellen. Zur Verwirklichung des erstgenannten Ziels sieht das Tagebuch zum einen die freie Schilderung von Belastungssituationen, Bewältigungszielen und Bewältigungsversuchen und zum anderen die Skalierung subjektiver Situationseinschätzungen vor. Die Untersuchungsteilnehmer erhalten ein Heft, das eine Anzahl spezifisch vorbereiteter Tagebuchblätter enthält (vgl. Tagebuchblatt im Anhang). Die Bearbeitung dieser beidseitig bedruckten Tagebuchblätter ist jeweils in zwei Phasen vorzunehmen (vgl. Tabelle 1).

Phase 1, repräsentiert durch die erste Seite des Tagebuchblattes, soll möglichst in bzw. unmittelbar im Anschluß an eine belastende Situation bearbeitet werden; Phase 2, repräsentiert durch die zweite Seite des Tagebuchblattes, ist am jeweiligen Abend auszufüllen. Mit dieser Vorgehensweise soll der Forderung nach einem ereignisnahen und prozeßorientierten Zugang entsprochen werden.

Die einzelnen Variablen des Bewältigungsprozesses sind in Tabelle 1 aufgelistet.

Phase 1: Zu Beginn wird die Beschreibung einer erlebten Belastungssituation in eigenen Worten verlangt, weiterhin eine Einschätzung der emotionalen Belastungsreaktion auf fünf visuellen Analogskalen (Angst, Depressivität, Aggressivität, Erschöpfung und Verlassenheitsgefühl) und eine Skalierung des Belastungsgrades (Valenz), der Wandelbarkeit und der Regulierbarkeit der Situation (jeweils dreistufig). Mit Valenz ist das Ausmaß der subjektiv erlebten Beeinträchtigung gemeint, mit Wandelbarkeit die Wahrscheinlichkeit eines positiven Ausgangs der Belastungssituation ohne eigenes Zutun und mit Regulierbarkeit die Wahrscheinlichkeit eines positiven Ausgangs nach eigener Einflußnahme (vgl. Reicherts,

1988). Phase 1 schließt ab mit der Frage nach Bewältigungszielen im Sinne von intendierten Bewältigungsversuchen, die in eigenen Worten anzugeben sind.

Tabelle 1: Merkmale der Belastungsverarbeitung

Phase 1	Phase 2

Belastungssituation
Emotionale Belastungsreaktion
  ruhig vs. unruhig
  heiter vs. deprimiert
  gelassen vs. wütend
  energievoll vs. träge
  umsorgt vs. verlassen
Valenz
Wandelbarkeit
Regulierbarkeit
Bewältigungsziele
	Bewältigungsversuche
	Valenz
	Zielerreichung
	Emotionaler Zustand
	  ruhig vs. unruhig
	  heiter vs. deprimiert
	  gelassen vs. wütend
	  energievoll vs. träge
	  umsorgt vs. verlassen
	Zufriedenheit
	Kausalattribution
	  internal
	  external-andere Personen
	  external-Zufall

Phase 2: Auf der am Abend auszufüllenden Seite ist der Umgang mit der geschilderten Belastungssituation in eigenen Worten zu beschreiben, bevor einige auf den Verlauf der Belastungssituation bezogene Einschätzungen vorgenommen werden: Der Tagebuchbenutzer skaliert erneut die Valenz der Situation (dreistufig), gibt an, inwieweit er seine Bewältigungsziele erreicht hat (dreistufig) und schätzt seinen emotionalen Zustand auf den zuvor genannten visuellen Analogskalen sowie seine Zufriedenheit mit dem Ausgang der Belastungssituation ein. Zuletzt sind Kausalattributionen hinsichtlich der veränderten bzw. fortbestehenden Belastungssituation vorzunehmen, wobei der Benutzer auf vierstufigen Skalen jeweils einschätzt, inwieweit er die Entwicklung der Belastungssituation auf sein eigenes Verhalten, das Verhalten anderer oder die Umstände zurückführt (internal, external-andere Personen, external-Zufall).

Die mit eigenen Worten geschilderten Belastungssituationen, Bewältigungsziele und Bewältigungsversuche werden inhaltsanalytisch ausgewertet. Die Kategorisierung der Belastungen orientiert sich an der von Wiedl und Schöttner (1989b) vorgeschlagenen, zwischen krankheits-, selbst- und umweltbezogenen Belastungen differenzierenden Einteilung (vgl. Tabelle 2). Dem Bereich "Krankheit" werden neben Krankheitssymptomen und den sogenannten subjektiv erlebten Basisstörungen (Wahrnehmungsstörungen, kognitive Denkstörungen, Beeinträchtigungen automatisierter Abläufe, Potentialreduktion) auch Nebenwirkungen neuroleptischer Therapie zugeordnet. Der Bereich "Selbst" umfaßt belastende, die eigene Person und Situation betreffende Selbsteinschätzungen. Der Bereich "Umwelt" subsumiert all die im Rahmen sowohl familiärer und sozialer als auch stationärer Kontakte entstandenen Belastungssituationen. Eine differenzierte Taxonomie der Belastungssituationen innerhalb der genannten Bereiche wird an anderer Stelle berichtet (Rauh 1990) und hier nicht weiter ausgeführt.

Tabelle 2: Beispielhafte Zuordnung von Belastungen zu den Kategorien "Krankheit", "Selbst" und "Umwelt"

Belastungsbereich	Beispiele
Krankheit	"Ich nehme alles überintensiv wahr"
Selbst	"Ich traue mir nichts mehr zu"
Umwelt	"Ich habe Angst meine Kinder könnten mich ablehnen"

Tabelle 3: Beispielhafte kategoriale Zuordnungen von Bewältigungsversuchen hinsichtlich Gerichtetheit (problem- vs. emotionsorientiert), Kontrollebene (Handlung vs. Kognition) und Soziabilität (hohe vs. niedrige Soziabilität)

		problemorientiert	emotionsorientiert
Handlung	hohe Soziabilität	"Ich habe meinen Kreislauf an der frischen Luft in Schwung gebracht, indem ich mit Herrn X gelaufen bin"	"Ich habe mir mit einer Mitpatientin einen schönen Tag gemacht"
	niedrige Soziabilität	Ich habe meinen Tagesplan eingehalten"	"Ich habe mich beim Joggen abreagiert"
Kognition	hohe Soziabilität	"Ich habe das Problem mit der Beschäftigungstherapeutin besprochen"	"Ich habe mich mit Frau Y über andere Dinge unterhalten, um mich von dem Problem abzulenken"
	niedrige Soziabilität	"Ich habe einige Vorsätze gefaßt"	"Ich habe mir eingeredet ruhig zu werden, die Kontrolle wiederzugewinnen"

Die Bewältigungsziele im Sinne von intendierten Bewältigungsversuchen und die tatsächlich durchgeführten Bewältigungsversuche werden hinsichtlich ihrer Gerichtetheit (problemorientiert vs. emotionsorientiert; vgl. Folkman et al. 1986), ihrer Kontrollebene (Verhalten vs. Kognition, vgl. Lazarus & Launier, 1981) und des Grades ihrer Soziabilität (niedrige vs. hohe Soziabilität, d.h. "sozialer Rück-

zug/Abkapselung" vs. "aktives Aufsuchen/ Einbeziehen anderer"; vgl. Filipp &
Klauer, 1988) kategorisiert (vgl. Tabelle 3). Mit letztgenanntem Ordnungs-
gesichtspunkt soll die soziale Komponente von Bewältigung berücksichtigt werden.
Bezüglich der Einstufungen zweier unabhängiger Rater ergab sich für das Katego-
riensystem der Belastungen eine Übereinstimmung nach Cohen (1960) von kappa
= .89, für das der Ziele/Bewältigungsversuche eine Übereinstimmung von kappa
= .86.

3.2 Untersuchungsablauf

Die Patienten wurden zunächst im Gebrauch des Tagebuchs unterwiesen und hatten drei Tage Gelegenheit, die Eintragungen zu üben (Einführungsphase). Sodann
wurden sie instruiert, das Tagebuch über einen Zeitraum von drei Wochen täglich
zu führen (Erhebungszeitraum). In Intervallen von drei bis fünf Tagen wurden zusätzliche Interviews durchgeführt mit dem Ziel, die Angaben der Patienten zu präzisieren und - wenn erforderlich - zu vervollständigen. Zudem wurde protokolliert,
inwieweit die Patienten das Tagebuch ereignisnah, d.h. in der Belastungssituation
benutzt hatten.
    In einem abschließenden Interview wurden die Patienten danach gefragt, in-
wieweit sie das Tagebuch als Hilfe oder als zusätzliche Belastung erlebt haben und
ob sich durch die Benutzung des Tagebuchs ihr Bewältigungsverhalten verändert
hat.
    Zur Erfassung des klinischen Zustands wurden die Andreasen-Skalen zur Posi-
tiv- und Negativsymptomatik eingesetzt (SADS, SANS; Andreasen & Olsen, 1982).

3.3 Stichprobenbeschreibung

Von 30 stationären Patienten mit der Diagnose Schizophrenie (ICD-9 295 außer
295.5 und 295.7) lehnten sechs Patienten innerhalb der dreitägigen Einführungsphase eine weitere Teilnahme an der Untersuchung ab, vier Patienten brachen die
Untersuchung ab, so daß sich die folgenden Angaben auf 20 schizophrene Patienten beziehen. Das Alter der neun Frauen und elf Männer variierte zwischen 19
und 60 Jahren ($\bar{x}=32.25$, s = 10.35). Auffallend im Vergleich zu anderen Untersuchungen erscheint der hohe Bildungsgrad der Untersuchungsstichprobe: sechs Patienten hatten Abitur, elf einen Haupt- oder Realschulabschluß und nur drei Patienten keinen Schulabschluß.
    Der Zeitpunkt der Ersterkrankung lag 1 bis 34 Jahre zurück ($\bar{x}=9.45$, s = 9.22).
Die Anzahl stationärer Aufenthalte variierte zwischen 1 und 11 ($\bar{x}=4.90$, s = 2.73)
bei einer Gesamtverweildauer von durchschnittlich 11.80 Monaten (s = 7.07, Streubreite 3 bis 33 Monate). Alle Patienten wurden in dem Untersuchungszeitraum
mit Neuroleptika behandelt.

4. Ergebnisse

Die Auswertungen zur Evaluation des Tagebuchs betreffen zum einen die Frage nach der ereignisnahen Benutzbarkeit des Tagebuchs, die Erfahrungen der Untersuchungsteilnehmer mit dem Tagebuch, d.h. inwieweit sie es als Hilfe bei der Problembewältigung oder aber als zusätzliche Belastung erlebt haben und inwieweit die Benutzung des Tagebuchs ihren Umgang mit der Belastung beeinflußt hat (subjektiv gegebene bzw. objektiv feststellbare Reaktivität).

4.1 Ereignisnahe Verwendung und subjektive Bewertung des Verfahrens

Die Frage nach der ereignisnahen Benutzung des Tagebuchs kann wie folgt beantwortet werden: 7 Patienten berichteten, das Tagebuch vornehmlich in der belastenden Situation ausgefüllt zu haben, 7 bearbeiteten es eher retrospektiv und 6 Patienten füllten es manchmal in der belastenden Situation und manchmal im Nachhinein aus. Da die wenigsten schizophrenen Patienten das Tagebuch in der Belastungssituation benutzten, stellt sich die Frage, inwieweit unsere in bezug auf das COMES (Perrez & Reicherts, 1989) geäußerte Kritik, daß ereignisnahe Protokollierung den Abschirmungs-, Vermeidungs- oder Ablenkungsversuchen zuwiderlaufe, nicht auch auf das TEBBI zutrifft.

Bezüglich der Erfahrungen der Untersuchungsteilnehmer zeigte sich, daß die Bearbeitung des Tagebuchs von 3 Patienten als Hilfe, von 7 als zusätzliche Belastung und von 10 Patienten sowohl als Hilfe als auch als Belastung erlebt wurde. Die Hilfsfunktion bestand nach Angaben der Patienten z.B. darin, daß das Tagebuch die Problemwahrnehmung und die Suche nach Problemlösungen förderte und ein Feedback über das eigene Bewältigungsverhalten gab. Belastend sei die durch das Tagebuch bewirkte Problemfokussierung und ganz einfach die geforderte Kontinuität bezüglich der Teilnahme an der Untersuchung, nämlich jeden Tag ein Tagebuchblatt ausfüllen zu müssen.

4.2 Objektive und subjektive Reaktivität

Im Hinblick auf die Beurteilung der Reaktivität wurde überprüft, inwieweit sich innerhalb des Untersuchungszeitraums Veränderungen in den verschiedenen Coping-Merkmalen beobachten lassen (objektive Reaktivität). Hierzu wurden die genannten Belastungen nach ihrer zeitlichen Abfolge in zwei Hälften geteilt. Für die Gesamtstichprobe zeigten sich keine signifikanten Veränderungen von der ersten zur zweiten Untersuchungshälfte. Es lassen sich nur zwei tendenzielle Effekte berichten: Im Vergleich zur ersten Hälfte gaben die Patienten in der zweiten Hälfte geringere Angstwerte ($F = 3.05$, $p = .10$) und eine niedrigere Valenz der Belastungssituation ($F = 3.70$, $p = .07$) an (vgl. Verlaufseffekte in Tabelle 4).

Auf die Frage, inwieweit die Benutzung des Tagebuchs zu Veränderungen der Belastungsverarbeitung geführt habe (subjektive Reaktivität), berichteten 7 Patienten, keine Veränderungen wahrgenommen zu haben, während 13 Patienten angaben, daß das Tagebuch z.B. ihre Selbstbeurteilung, ihr Problembewußtsein, die Wahrnehmung ihrer Bewältigungsressourcen und die Auseinandersetzung mit Problemen gefördert habe. Der Vergleich dieser beiden Gruppen nach den uns vorliegenden Coping-Parametern zeigte, daß sie sich in der Art ihrer Belastungen und Bewältigungsversuche unterschieden: Patienten, die von einer Veränderung ihrer Belastungsverarbeitung im Verlauf der Tagebuch-Untersuchung berichteten, gaben tendenziell mehr selbstbezogene Probleme ($F=3.81$, $p=.07$) und häufiger kognitive Strategien an ($F=3.54$, $p=.08$) als Patienten ohne subjektiv wahrgenommene Veränderungen (vgl. Gruppeneffekte in Tabelle 4). Zudem unterschieden sie sich hstl. des Ausmaßes produktiver Symptomatik: Patienten mit wahrgenommenen Reaktivitätseffekten zeigten eine ausgeprägtere Wahnsymptomatik als die andere Patientengruppe ($t=-2.46$, $df=18$, $p=.03$).

Für die Gesamtstichproben hatten sich, wie oben berichtet, außer dem tendenziellen Abnehmen der Angst- und Valenzwerte keine objektiv feststellbaren Reaktivitätseffekte gezeigt. Angesichts der von einem Teil der Patienten berichteten Veränderungen in der Belastungsbewältigung waren jedoch differentielle Reaktivitätseffekte zu vermuten. Zu deren Identifikation wurden die Interaktionswerte der jeweiligen zweifaktoriellen Varianzanalysen mit den Faktoren Gruppe (Patienten mit vs. ohne subjektiv wahrgenommene Veränderungen) und Verlauf (erste vs. zweite Tagebuchhälfte) herangezogen (vgl. Interaktionseffekte in Tabelle 4): Danach zeigte sich, daß in der Gruppe mit subjektiv wahrgenommenen Veränderungen die Depressivitätswerte stabil blieben, während sie in der anderen Gruppe zurückgingen ($F=5.67$, $p=.03$). Ebenfalls schätzte erstere Gruppe ihre emotionale Belastungsreaktion im Verlauf als aggressiver ein, während die Gruppe ohne subjektiv empfundene Veränderungen sie als weniger aggressiv einstufte ($F=6.04$, $p=.03$). Die Wahrscheinlichkeit, daß ein Ereignis sich ganz alleine zum Guten verändert (Wandelbarkeit), wurde von den Patienten mit subjektiv wahrgenommenen Veränderungen im Verlauf höher eingeschätzt, während in der anderen Gruppe diese Einschätzung niedriger wurde ($F=6.50$, $p=.02$). Die Patienten mit subjektiv wahrgenommen Veränderungen setzten in der zweiten Untersuchungshälfte vermehrt problemorientierte Strategien ein, während die andere Patientengruppe vermehrt emotionsorientierte Bewältigungsstrategien erkennen ließ ($F=6.38$, $p=.02$). Schließlich wurde deutlich, daß bei der Patientengruppe mit subjektiv erlebten Veränderungen das Ausmaß der internen Attribuierung des Bewältigungserfolges bzw. Mißerfolges im Verlauf abnahm, während es bei der anderen Gruppe zunahm ($F=8.47$, $p=.01$).

Differentielle Reaktivitätseffekte zeigten sich somit sowohl bezüglich der emotionalen Belastungsreaktion und der Situationseinschätzung als auch bezüglich des Bewältigungsverhaltens und der Attribuierung des Bewältigungsergebnisses.

Tabelle 4: Reaktivitätseffekte im Verlauf (zweifaktorielle Varianzanalyse mit den Faktoren "subjektive Reaktivität" und "objektive Reaktivität")

Tagebuch-Variablen	TB-Hälfte	ohne subjektiv wahrgenommene Reaktivität (n=7)		mit subjektiv wahrgenomme-ner Reaktivität (n=13)		Effekte (F-Werte)		
		$\bar{x}$	s	$\bar{x}$	s	Gruppe	Verlauf	Inter-aktion
Belastungsbereiche:								
Krankheit	1.	68,90	35,76	47,44	30,01	2,56	0,18	0,58
	2.	75,74	35,80	45,50	42,75			
Selbst	1.	16,81	20,27	31,27	24,61	3,81*	0,20	0,69
	2.	8,39	12,56	33,82	33,67			
Umwelt	1.	14,29	37,80	21,29	21,15	0,26	0,02	0,01
	2.	14,09	32,64	20,68	28,48			
Emotionale Belastungsreaktion:								
Angst	1.	24,46	4,84	20,67	6,18	0,57	3,05*	1,5
	2.	21,06	7,23	20,08	8,91			
Depressivität	1.	28,53	3,69	23,09	4,80	2,34	2,86	5,67**
	2.	25,32	5,31	23,64	6,19			
Aggressivität	1.	18,82	7,39	14,22	5,13	0,60	0,30	6,04**
	2.	15,54	4,15	16,31	6,18			
Erschöpfung	1.	23,06	4,92	25,88	6,01	0,75	2,73	0,17
	2.	21,88	7,04	23,92	6,88			
Verlassenheit	1.	22,61	6,43	22,31	6,95	0,00	1,32	0,04
	2.	21,49	7,75	21,54	6,66			
Situationseinschätzung (Phase 1):								
Valenz t1	1.	2,52	0,24	2,55	0,34	0,22	3,70*	0,22
	2.	2,34	0,30	2,44	0,37			
Wandelbarkeit	1.	1,61	0,41	1,43	0,24	0,03	0,47	6,50**
	2.	1,35	0,27	1,58	0,48			
Regulierbarkeit	1.	1,85	0.32	1,90	0,53	0,04	0,07	0,01
	2.	1,83	0,46	1,86	0,57			

Fortsetzung

Fortsetzung

Tagebuch-Variablen	TB-Hälfte	ohne subjektiv wahrgenommene Reaktivität (n = 7)		mit subjektiv wahrgenomme-ner Reaktivität (n = 13)		Effekte (F-Werte)		
		$\bar{x}$	s	$\bar{x}$	s	Gruppe	Verlauf	Inter-aktion
Ziele								
Problemorientiert[a]	1.	0,48	0,39	0,51	0,24	0,41	0,00	0,77
	2.	0,42	0,40	0,58	0,37			
Handlungsebene[a]	1.	0,83	0,14	0,78	0,16	1,53	2,53	0,78
	2.	0,94	0,10	0,81	0,24			
Soziabilität[a]	1.	0,23	0,23	0,18	0,19	0,00	2,08	0,91
	2.	0,11	0,11	0,16	0,18			
Coping-Versuche								
Problemorientiert[a]	1.	0,45	0,36	0,42	0,23	0,89	0,36	6,38**
	2.	0,27	0,20	0,53	0,31			
Handlungebene[a]	1.	0,78	0,13	0,65	0,25	3,54*	1,14	0,62
	2.	0,88	0,13	0,66	0,28			
Soziabilität[a]	1.	0,23	0,14	0,25	0,19	0,58	0,12	0,94
	2.	0,18	0,17	0,27	0,16			
Situationseinschätzung (Phase 2):								
Valenz t2	1.	2,16	0,47	2,13	0,52	0,04	0,08	0,29
	2.	2,05	0,29	2,16	0,58			
Zielerreichung	1.	2,13	0,57	2,03	0,53	0,05	0,20	1,19
	2.	1,93	0,31	2,12	0,51			
Zufriedenheit	1.	1,48	0,81	1,19	0,75	0,20	1,81	1,26
	2.	1,16	0,47	1,16	0,74			
Attribution internal	1.	1,24	0,72	1,47	0,69	0,04	0,01	8,47***
	2.	1,54	0,70	1,18	0,85			
Attribution external-andere Personen	1.	0,60	0,70	1,16	0,76	2,62	0,00	0,02
	2.	0,59	0,73	1,18	0,90			
Attribution external-Zufall	1.	1,71	0,73	1,41	0,78	0,99	0,59	0,67
	2.	1,89	1,03	1,40	0,96			

Anmerkungen.
[a] relativer Anteil problemorientierter, auf der Handlungsebene lokalisierter bzw. hoch soziabler Ziele/Coping-Versuche an der Gesamtmenge der Ziele bzw. Coping-Versuche.
* p < .10　** p < .05　*** p < .01.

5. Zusammenfassung und Schlußfolgerungen

Mit dem TEBBI (Tagebuch zur Erfassung von Belastung und Bewältigung) sollte ein Verfahren vorgestellt werden, das belastungsspezifische Bewertungs- und Verarbeitungsprozesse schizophrener Patienten ereignisnah zu erfassen vermag.

Unsere Ergebnisse zeigen, daß das Tagebuch nur von einem Teil der Patienten ereignisnah benutzt wurde. Die meisten Patienten nahmen ihre Eintragungen eher im Nachhinein vor, nicht zuletzt deshalb, weil sie das Tagebuch nicht ständig mit sich trugen. Die unterschiedlichen Einschätzungen der Tagebuchmethode durch die schizophrenen Patienten wie auch die berichtete Anzahl an Abbrechern in der Einführungsphase legen nahe, daß das Tagebuch bzw. die Tagebuch-Untersuchung an sich eine zusätzliche Belastungsquelle darstellt und daher nur für einen Teil der angezielten Stichprobe bzw. nur in bestimmten Situationen verwendbar sein dürfte. Weiterhin wurde das Tagebuch aus Sicht der meisten Untersuchungsteilnehmer als ein reaktives Verfahren eingeschätzt, das den Umgang mit Belastungen zu beeinflussen scheint. Die beiden Patientengruppen, Patienten mit bzw. ohne subjektiv erlebte Reaktivität des Verfahrens, unterschieden sich hinsichtlich ihrer klinischen Symptomatik, der Art ihrer genannten Belastungen und ihrer Bewältigungsversuche.

Hinsichtlich der objektiv feststellbaren Reaktivität zeigen sich bezogen auf die Gesamtstichprobe nur bei zwei Coping-Merkmalen tendenzielle Veränderungen im Verlauf der Untersuchung (abnehmende Angstwerte und Valenzangaben). Dies entspricht den geringen Reaktivitätseffekten, die Perrez und Reicherts (1989) für das computerunterstützte Erfassungssystem COMES berichtet haben. Unter Berücksichtigung der von uns erfaßten subjektiven Reaktivität ließen sich allerdings differentielle Effekte aufzeigen: Patienten mit bzw. ohne subjektiv erlebte Veränderungen ihrer Belastungsverarbeitung veränderten sich auch objektiv in unterschiedlicher Weise von der ersten zur zweiten Untersuchungshälfte. Die Ergebnisse könnten dahingehend interpretiert werden, daß die Patienten mit subjektiv erlebter Reaktivität, die ja auch eine erhöhte Rate selbstbezogener Probleme aufwiesen, eine krisenhafte Entwicklung innerhalb des Untersuchungszeitraums erlebten, während sich die Patienten ohne subjektiv wahrgenommene Veränderungen in ihrer Belastungsbewältigung zur Zeit der Untersuchung eher in einer Phase der Stabilisierung befanden. Ein Hinweis für die angenommene krisenhafte Entwicklung könnte auch in der vergleichsweise stärker ausgeprägten produktiven Symptomatik liegen, die in dieser Gruppe gefunden wurde. Dem würde auch die erhöhte Rate kognitiver Bewältigungsbemühungen nicht widersprechen. Rauh (1990; vgl. auch Wiedl, 1992) hatte nämlich gezeigt (s.o.), daß ein solcher Befund bei Patienten mit hoher Positivsymptomatik vorliegt. Letztlich ist es aber aufgrund der vorgestellten Untersuchung nicht möglich, reaktive Effekte gegenüber Effekten des Krankheitsverlaufs und einer Interaktion dieser beiden Faktoren abzugrenzen. Hierzu bedürfte es einer - parallel zur Protokollierung der Belastungsbewältigung vorgenommenen - kontinuierlichen Erhebung des psychopathologischen Zustandsbildes.

Einen weiteren Diskussionspunkt kann die Frage darstellen, inwieweit das Vorliegen der subjektiven Reaktivität auf bestimmte Persönlichkeitsmerkmale zurückzuführen ist. Reicherts und Perrez (1990) hatten, ausgehend vom Konzept der Repression/Sensitization nach Krohne und Rogner (1982) bei einer nicht-klinischen Stichprobe gefunden, daß die sog. Sensitizer im Verlauf der Bearbeitung des COMES vermehrt emotionale Belastungsreaktionen zeigen. Unser Ergebnis einer gleichbleibenden Depressivität bei den Patienten mit subjektiv erlebter Reaktivität und der Abnahme von Depressivitätswerten bei der anderen Gruppe könnte bedeuten, daß bei ersterer Gruppe ein sensitizierender Verarbeitungsstil vorliegt. Andererseits zeigten unsere Patienten mit subjektiv erlebten Veränderungen jedoch auch erhöhte Aggressivität, ein Befund, den Reicherts und Perrez (1990) bei den Repressern gefunden haben. Aus der Perspektive des Konstrukts der Repression/Sensitization lassen unsere Ergebnisse somit kein eindeutiges Bild erkennen.

Betrachten wir die gefundenen Ergebnisse weiter, so fällt auf, daß die Gruppe mit subjektiv erlebten Veränderungen im Vergleich zur anderen Gruppe ihre Belastungsbewertung in Richtung höherer Wandelbarkeit (ändert sich ohne eigenes Zutun) und ihre Kausalattribuierung in Richtung geringer internaler Zuschreibung veränderte. Dies könnte bedeuten, daß für den Umgang mit Belastungen und dessen Veränderung unter spezifischen Bedingungen, wie sie hier vorgelegen haben, das Konstrukt der internalen versus externalen Kontrollüberzeugung generell (Krampen, 1982) oder spezifisch bezüglich der Erkrankung (Lohaus & Schmitt, 1989) bedeutsam ist. Subjektives Erleben von Veränderungen der Belastungsbewältigung wäre demnach mit Aspekten einer externalen Kontrollüberzeugung assoziiert. Allerdings wäre dann auch zu erwarten, daß mit Zunahme dieser Attributionsrichtung sich auch das beobachtbare Bewältigungsverhalten in Richtung palliativer Bewältigungsformen ändert. Dies ist nicht der Fall, es treten vielmehr vermehrt problemorientierte Vorgehensweisen auf. Dies bringt uns zurück zu den oben erörterten psychopathologischen Aspekten. Die Dissoziation von Bewertungen und Handlungen im Sinne geringer Regelkonformität (Reicherts 1988) kann als Indikator für psychopathologisch auffällige Zustände bzw. krisenhafte Entwicklungen allgemein und auch bei schizophrenen Patienten (Wiedl et al. 1990) gesehen werden. Eine solche Dissoziation hat möglicherweise auch hier vorgelegen. Inwieweit und wie die Vorhersage von Belastungsbewältigung und deren Veränderungen auf der Grundlage von Persönlichkeitsvariablen durch den psychopathologischen Status bzw. Verlauf der Untersuchungspersonen beeinflußt wird, sollte in künftigen Studien geklärt werden.

Für eine erste, empirisch gestützte Bewertung der untersuchten Tagebuchmethode kann auf der Grundlage der berichteten Befunde folgendermaßen resümiert werden: Sicherlich stellt unser halbstrukturiertes Tagebuch einen ereignisnaheren Zugang dar als er durch die üblichen, von der konkreten Belastungssituation stärker abstrahierenden Coping-Fragebögen und Schätzlisten gegeben ist. Allerdings trifft dies nicht für alle untersuchten Personen in gleichem Ausmaße zu. Künftig wäre nach Möglichkeiten zu suchen, durch gezielte Unterweisungen, Anleitungen und organisatorische Maßnahmen (z.B. stärkere Einbeziehung des Pflegepersonals) die ereignisnahe Verwendung des Tagebuches zu verbessern.

Auf weitere Einschränkungen der Anwendbarkeit wurde bereits hingewiesen. Nicht unerwartet ist, daß nach unseren Befunden die Tagebuchmethode v.a. für Personen mit guter Schulbildung angemessen sein dürfte. Eine hohe Abbruchrate und Angaben, daß das Tagebuch selbst als Belastung erlebt wurde, läßt weiterhin vermuten, daß - zumindest bei bestimmten Personen bzw. spezifischen Ausprägungen subjektiver Belastung - die für die Tagebuchbearbeitung geforderten Verhaltensweisen mit den spontan ablaufenden Bewältigungsprozessen der Untersuchungspersonen in Konflikt geraten bzw. diese Prozesse erschweren könnten. Dieses für eine ereignisnahe Erfassung spezifische Problem könnte eventuell durch eine höhere Frequenz der ergänzenden Interviews zumindest teilweise entschärft werden. Allerdings könnte hiermit dann wiederum eine Intensivierung reaktiver Effekte verbunden sein. Generell läßt sich feststellen, daß die bezüglich des COMES vermuteten Probleme sich auch für unsere Methode des strukturierten Tagebuchs gezeigt haben. Dennoch und ohne Vorliegen von Ergebnissen einer methodenvergleichenden Untersuchung sind wir aus klinischen Erwägungen der Überzeugung, daß der von uns entwickelte Zugang der spezifischen Zielgruppe - mit den bereits konstatierten Einschränkungen - angemessener ist als eine computergestützte Erfassungsmethode von der Art des COMES.

Die Reaktivität des Verfahrens stellt nach unserer Auffassung das schwierigste mit der vorgeschlagenen Methode verbundene Problem dar. Sollten sich die hier direktional nicht eindeutig festzumachenden Effekte in künftigen Studien im Sinne reaktiver Effekte präzisieren lassen, würde dies eine Akzentverlagerung bezüglich des Einsatzes des Verfahrens implizieren. Seine spezifische Brauchbarkeit wäre dann im Rahmen therapeutischer Ansätze zur Veränderung der Belastungsbewältigung zu sehen, bei denen reaktive Effekte im Sinne der therapeutischen Zielsetzung explizit verstärkt bzw. modifiziert werden könnten.

Anhang: Ausgefülltes Tagebuchblatt einer Patientin

1. Was belastet Sie zur Zeit? Schildern Sie, was Sie heute als Belastung erleben! Es kann auch das gleiche Problem wie gestern sein, das Sie heute immer noch belastet.

2. Aufgrund dieses Problems fühle ich mich

ruhig	—	unruhig
heiter	—	deprimiert
gelassen	—	wütend
träge	—	energievoll
umsorgt	—	verlassen

3. Das geschilderte Problem belastet mich

WENIG   MITTELMÄSSIG   SEHR (X)

4. Die Chance, daß sich dieses Problem von ganz alleine zum Guten verändert, ohne daß ich etwas tue, schätze ich so ein:

GERING (X)   MITTELMÄSSIG   GROSS

5. Die Chance, daß ich selbst dieses Problem zum Besseren verändern könnte, schätze ich so ein:

GERING (X)   MITTELMÄSSIG   GROSS

6. Nehmen Sie sich etwas vor, damit die Belastung abnimmt?

TAG: DATUM: 27.02

Fortsetzung

7. Wie sind Sie im Laufe des Tages mit dem belasten- den Problem umgegangen?

Ich habe Tropfen und mich hingelegt.

4

8. Das geschilderte Problem belastet mich nun

| WENIG | MITTELMÄSSIG | SEHR |

X (MITTELMÄSSIG)

9. Ich habe das, was ich mir vorgenommen habe (siehe 6.)

| NICHT ERREICHT | HALBWEGS ERREICHT | ERREICHT |

X (HALBWEGS ERREICHT)

10. Danach habe ich mich so gefühlt:

unruhig ———————— ruhig
heiter ———————— deprimiert
gelassen ———————— wütend
träge ———————— energievoll
umsorgt ———————— verlassen

5

11. Mit dem Ausgang des Problems bin ich

gar nicht zufrieden — ein wenig zufrieden — ziemlich zufrieden — sehr zufrieden

X (ziemlich zufrieden)

12. Daß dieses belastende Problem so fortbesteht bzw. sich so verändert hat, führe ich zurück auf

	überhaupt nicht	zum Teil	über- wiegend	ausschließ- lich
mein eigenes Verhalten	0	1 X	2	3
das Verhalten anderer	0	1	2 X	3
die Umstände	0	1 X	2	3

6

Fremd- und Selbstbeurteilung der Krankheitsbewältigung

Gerhard Schüßler

Zusammenfassung

Ausgehend von konzeptuellen und methodischen Überlegungen werden Ergebnisse zum Vergleich von Fremd- und Selbstbeurteilung der Krankheitsbewältigung dargestellt. Fremdbeurteilungsverfahren scheinen besonders in der Erfassung unbewußter Haltungen sowie in der differenzierten Abbildung emotionaler Bewältigung überlegen.

Summary

The conceptual and methodological problem of external rating and patient self-assessment of coping are discussed. The "Bernese coping modes" as an interview instrument have advantages in the investigation of unconscious motives and differentiation of emotional coping strategies.

Konzeptuelle und methodische Grundlagen

Die Erhebung und Messung von Coping hängt wesentlich von der zugrunde liegenden Definition "Was ist Coping?" ab.

Je nach gewählter theoretischer Orientierung fällt die Beschreibung und Klassifikation von Bewältigungsverhalten unterschiedlich aus. Die weit verbreitete Definition von Lazarus und Folkman (1984) beschreibt Coping als etwas sich ständig Veränderndes, die Definition ist prozeßorientiert und bezogen auf eine spezifische Situation. Zwar wird die Personenabhängigkeit von Coping berücksichtigt - Appraisalprozesse sind Leistungen der Person - in den Untersuchungen von Lazarus und Folkmann wurde diese jedoch nicht erfaßt. Des weiteren werden in dieser Definition automatisch ablaufende Gedanken und Handlungen ausgeschlossen. Dies schränkt die Bedeutung ein, denn in der Mehrzahl aller Bewältigungsbemühungen ist es wahrscheinlich, daß eine Vielzahl von unterschiedlichen Strategien sowohl innerpsychisch als auch verhaltensmäßig bewußt und unbewußt, kontrolliert und automatisch ablaufend vom Individuum eingesetzt werden, um der Anforderung Herr zu werden (Tunks & Bellissimo 1988).

Ziel der Krankheitsbewältigung ist es, die Passung (Adaptation) zwischen der eigenen Person und der betreffenden Umwelt aufrechtzuerhalten und in Anbetracht einer Erkrankung ein Gleichgewicht zu finden. Adaptationsstrategien sind sowohl Abwehr- als auch Copingprozesse, d. h. bewußte und unbewußte, sowohl aktiv planvolle als auch automatisch ablaufende Verhaltensweisen (s. Abbildung 1).

Abwehr und Coping sind somit zwei Ebenen eines umfassenden "kognitiv-affektiven Gleichgewichtssystems" (Steffens & Kächele 1988, Schüßler & Leibing 1990). Abwehr und Coping greifen ineinander, sind komplementär, günstige Abwehr ist mit günstigem Coping verbunden und umgekehrt. So entspricht der "milden" Verleugnung (Abwehr) eines Kranken der Einsatz flexibler und vielseitigen Kognitionen und Handlungen, demgegenüber wendet der Kranke mit rigider Verleugnung entsprechend unflexible und eingegrenzte Bewältigungsmuster ein (Schüßler 1992).

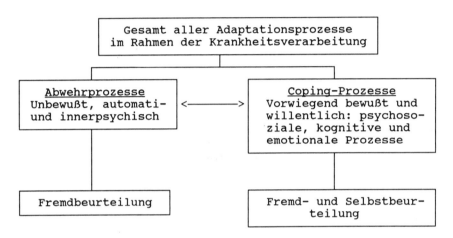

Abb. 1: Abwehr und Coping als wechselseitige Prozesse: Notwendigkeit der Fremd- sowie Selbstbeurteilung

Eine besondere Bedeutung in der Auseinandersetzung mit schweren Erkrankungen kommt dem Abwehrvorgang der Verleugnung zu. Wenn wir berücksichtigen, daß es verschiedene Formen der Verleugnung gibt, also die Verleugnung der Bedeutung der Erkrankung, die Verleugnung der Bedrohung, die Verleugnung der Verletzbarkeit, die Verleugnung des Gefühls und die völlige Verleugnung der Erkankung, belegt dies die Schwierigkeit, ein anscheinend so einfaches Abwehrmanöver wie die Verleugnung hinreichend und valide zu erfassen. Inwieweit es möglich ist Abwehrmechanismen mit Selbsteinschätzungsfragebögen (Schauenburg et al. 1991) zu erfragen ist unsicher.

Diesen Überlegungen entspricht die Definition von Muthny (1988): "Krankheitsverarbeitung ist die Gesamtheit aller Prozesse, um bestehende oder erwartete Belastungen im Zusammenhang mit Krankheit emotional, kognitiv oder aktional aufzufangen, auszugleichen oder zu meistern. Die Krankheits-Verarbeitungs-Modi sind prinzipiell unabhängig von Kriterien des Erfolges zu definieren".

Über diese Definition hinaus muß immer bedacht werden, was nun von dieser Gesamtheit aller Prozesse beobachtet und erfaßt wird. So lassen sich unterscheiden (in Anlehnung an Prystav 1981):
- die **"Bewältigungsreaktion"** als kleinste unterscheidbare Aktivitätseinheit, mehrere davon lassen sich zu verschiedenen zusammengehörigen
- **"Bewältigungsformen"** ordnen, die, wenn sie leidlich stabile Formen annehmen,

- als **"Bewältigungsstil"** (Copingmuster) bezeichnet werden können.
- Die **"Bewältigungsflexibilität"** gibt Auskunft über die Fähigkeit, flexibel, d.h. angemessen zu handeln.
- All dies schlägt sich im **"Bewältigungsprozeß"**, d.h. in der Bewältigung einer konkreten Situation nieder.
- Als **"Coping-Ressourcen"** werden alle inneren Fähigkeiten und äußeren Gegebenheiten (z.B. soziale Unterstützung) zusammengefaßt.

Es muß unterschieden werden, ob habituelle (dauerhafte) Bewältigungsgewohnheiten oder kurzzeitige und nur vorübergehende Reaktionsweisen erfaßt werden. Aus vielen Veröffentlichungen ist nicht ersichtlich, welche Art von Bewältigung gemessen wurde.

Wenn nun in einer gegebenen Situation eine Bewältigungsreaktion eines Individuums erfaßt werden soll, so bedarf dies der Beachtung der spezifischen individuellen Bedeutung eines Verhaltens.

Für die Vielfalt der individuellen Bedeutung eines Verhaltens seien zwei Beispiele genannt. Je nach persönlichem und situativen Bezug kann die innere Haltung des Optimismus völlig Unterschiedliches bedeuten. Der Optimismus eines terminal Erkrankten ist etwas anderes als das optimistische Gefühl bei einem erst vor kurzem erkrankten Rheuma-Patienten. Im ersten Fall ist die Verleugnung des drohendes Todes erkennbar, während der Optimismus beim Rheumapatienten eine durchaus adäquate Reaktion sein kann. Um also zu verstehen, welche Bedeutung eine Bewältigungsreaktion besitzt, muß der persönliche und situative Kontext miterfaßt werden. Bereits Prystav (1981) wies darauf hin, daß zur Erfassung eines derart komplexen Geschehens eine Fragebogenerhebung als ausschließliche Informationsquelle ungeeignet ist, wenn sie nicht durch Verhaltenstests und individuelle Daten ergänzt wird: "Es ist kaum damit zu rechnen, daß die entsprechenden Variablen (der Krankheitsbewältigung) nur mit Selbstdeskription und nur mit herkömmlichen Fragebögen erfaßt werden können".

Die Mehrzahl der Untersuchungen zur Krankheitsbewältigung stützt sich jedoch recht einseitig auf Selbstbeurteilungsfragebögen. Muthny (1988) belegte, daß die Krankheitsverarbeitung chronisch Niereninsuffizienter vom Patienten selbst und den Ärzten unterschiedlich bewertet wurde. Während die Patienten "Vertrauenssetzung", "Compliance-Strategie" sowie "Kampfgeist" berichteten, sahen die Ärzte eher "depressive Verarbeitung", "Gefühlskontrolle" und "Ablenkung" gegeben.

Das häufigste Forschungsinstrument war in den letzten drei Jahrzehnten die Selbstbeschreibungsskala, die zwar eine ökonomische und reproduzierbare Erhebung bewußter Krankheitsverarbeitungsprozesse ermöglicht, jedoch - wie bereits dargestellt - in ihrer alleinigen Anwendung nicht ausreichend sein kann. Zur umfassenden Übersicht über derzeitig gängige Instrumente sei auf Rüger et al. (1990) verwiesen.

Gut konstruierte und überprüfte Fremdbeurteilungsverfahren liegen im deutschsprachigen Raum - mit Ausnahme der Berner Bewältigungsformen (im folgenden kurz Befo genannt) von Heim et al. (1991) - nicht vor. Fremdbeurteilungsverfahren ermöglichen eine Erfassung persönlicher, nicht völlig bewußter oder eher unakzeptabler Bewältigungsformen. Methodisch sind hingegen größere Probleme gegeben durch die die Notwendigkeit eines Interrater-Trainings zur Erzielung einer akzeptablen Übereinstimmung.

Wie allgemein in der psychologisch-psychosomatischen Forschung ist es also auch in der Coping-Forschung anzustreben, Selbst- und Fremdbeurteilung ergänzend durchzuführen - eine Forderung, die leider oft nicht eingelöst wird. Multimodales Vorgehen wird seit langem als Pflicht in der klinischen Psychologie und Psychiatrie betrachtet; dies bedeutet unterschiedliche Datenquellen (Fremd- und Selbstbeurteilung) und unterschiedliche Datenebenen und unterschiedliche Konstrukte heranzuziehen. Die folgende Untersuchung versuchte dieses multimodale Vorgehen zu verwirklichen.

Empirische Ergebnisse einer eigenen Studie

Im folgenden werden die Ergebnisse einer eigenen größeren Querschnitts- und Verlaufsstudie zur Krankheitsbewältigung bei mehreren Gruppen chronisch Kranker vorgestellt (Schüßler 1992 und 1993). In der Studie wurde die Krankheitsbewältigung mittels der Fremdeinschätzung (Befo) und der Selbsteinschätzung (Ways of Coping-Checklist, WCCL) erhoben. Die Fremdeinschätzung zielte auf die Erfassung eher habitueller Bewältigungsformen ab.

Tabelle 1: *Übersicht der jeweiligen Faktoren der Fremd-(Befo) und Selbsteinschätzung (WCCL) der Krankheitsbewältigung (aufgeklärter Varianzanteil in Prozent)*

BEFO-Faktoren	WCCL-Faktoren
Faktor 1 - Negatives emotionales Coping (16,7%)	Faktor 1 - kognitive Neubewertung (18,%)
Faktor 2 - Kognitives Umbewerten (14,8%)	Faktor 2 - Selbstbeschuldigung (5,3%)
Faktor 3 - Ausweichen (7,7%)	Faktor 3 - Soziale Unterstützung suchen (5,2%)
Faktor 4 - Handeln (7,4%)	Faktor 4 - Wunschdenken (4%)
	Faktor 5 - Resignatives Handeln (3,5%)
	Faktor 6 - Fatalismus (3,2%)
	Faktor 7 - Glaube (3,2%)

Für die Einzel-Items des Befo und der WCCL wurden jeweils Faktorenanalysen für 200 Patienten durchgeführt. Die Faktorenanalyse (Hauptkomponenten-Methode) für den Befo erbrachte vier sinnvoll interpretierbare Faktoren mit einer Varianzaufklärung von 47 %. Die Faktoren-Lösung des WCCL mit sieben Faktoren schöpfte 43 % der Gesamtvarianz aus (Schüssler 1993). Eine Übersicht über die jeweiligen Faktoren gibt Tabelle 1.

Während für die Befo-Faktoren eine orthogonale Lösung möglich war, errechnete sich für die WCCL-Faktoren nur eine sinnvolle Lösung bei Anwendung der obliquen Rotation. Alle WCCL-Faktoren korrelieren untereinander positiv, d.h. auch der Faktor 4 "Wunschdenken" und der Faktor 1 "Kognitive Neubewertung" (Tabelle 2).

Tabelle 2: Korrelationen der Faktoren der Ways of Coping Checklist (WCCL)

WCCL-Faktoren

	Faktor 2	Faktor 3	Faktor 4	Faktor 5	Faktor 6	Faktor 7
Faktor 1 Kognitive Neubewertung	0,25	0,41	0,33	0,35	0,24	0,29
Faktor 2 Selbstbeschuldigung	X	0,42	0,47	0,45	0,31	0,14
Faktor 3 Soziale Unterstützung	0,42	X	0,41	0,21	0,09	0,29
Faktor 4 Wunschdenken	0,47	0,41	X	0,46	0,18	0,14
Faktor 5 Resignatives Handeln	0,45	0,21	0,46	X	0,40	0,17
Faktor 6 Fatalismus	0,31	0,09	0,18	0,40	X	0,16
Faktor 7 Glaube	0,14	0,29	0,14	0,17	0,16	X

Inwieweit messen nun die beiden Erhebungsinstrumente Gleiches und inwieweit Unterschiedliches?

Betrachtet man die Gesamtheit der multiplen Korrelationen (n=28) zwischen Befo-Faktoren und WCCL-Faktoren, so bestehen insgesamt nur 5 nennenswerte signifikante Korrelationen. Die höchste Korrelation besteht zwischen "Negativ emotionalem Coping" (Befo) und "Wunschdenken" (WCCL) mit r = .35. Der Faktor "Handeln" (Befo) korreliert mit "Soziale Unterstützung suchen" (WCCL) und "Religiöser Glaube" (WCCL) und negativ mit "Fatalismus" (WCCL) und "Verleugnen" (WCCL).

Entsprechende Ergebnisse fanden sich in den Regressionsanalysen mit den Zielvariablen Befo-Faktor 1 und WCCL-Faktor 4, wobei in die Berechnung als Vorhersage-Variablen Befo- und WCCL-Faktoren eingingen. Der Befo-Faktor 1 wird vorhergesagt (r^2 = .22) durch den WCCL-Faktor 4 und WCCL-Faktor 1, während der WCCL-Faktor 4 wiederum im wesentlichen vorhergesagt wird durch WCCL-Faktoren (Faktor 2, 5, 3 und 1) und von den Befo-Faktoren nur der Befo-

Faktor 1 einen geringen Beitrag zur Gesamtvarianz-Aufklärung von $r^2 = .44$ leistete.

Vergleicht man nun die Krankheitsbewältigung in unterschiedlichen Gruppen chronisch Kranker (Patienten mit rheumatoider Arthritis, Sarkoidose und Coxarthrose) so ist auffällig, daß sich überwiegend im Bereich der Fremdeinschätzung signifikante Unterschiede zwischen den Gruppen ergeben. Die meisten Unterschiede finden sich hierbei im emotionalen Bereich der Krankheitsbewältigung. Im Bereich der Selbsteinschätzung ergeben sich zwischen verschiedenen Erkrankungsgruppen kaum Unterschiede.

Diskussion

Komplexe Adaptationsprozesse müssen multidimensional und multimodal in Fremd- und Selbstbewertung erfaßt werden. Es gibt jedoch kaum Untersuchungen zur Krankheitsbewältigung, in denen Fremd- und Selbstbeurteilung methodisch gut operationalisiert gleichzeitig untersucht wurden (Rüger et al. 1990). Fremd- und Selbstbeurteilung bilden jeweils nur einen Teil der gesamten Bewältigungsbemühungen eines Menschen ab. Bei derartig komplexen Untersuchungsansätzen sind die methodischen Probleme jedoch groß und die Grenzen der Aussagefähigkeit müssen immer kritisch berücksichtigt werden. Dies gilt auch für die vorliegenden Ergebnisse.

Betrachtet man die in unserer Untersuchung gefundenen Zusammenhänge zwischen Befo- und WCCL-Faktoren, lassen sich einige Überlegungen ableiten:

Sowohl für die Fremd- als auch für die Selbsteinschätzung finden sich in unserer Untersuchung sinnvoll interpretierbare Faktoren, die mit anderen Untersuchungen vergleichbar sind.

Betrachten wir die Selbsteinschätzung, so erstaunt die positive Interkorrelation der WCCL-Faktoren. Dies wurde schon mehrfach in der Literatur berichtet (Broda 1987) und wird meist dahingehend interpretiert, daß die Ways of Coping-Checklist die Gesamtzahl von Bewältigungsbemühungen erfaßt (Leibing 1992). Auch wenn dies der Fall ist, wäre jedoch zu erwarten, daß nicht alle Faktoren untereinander positiv korrelieren, sondern daß zwischen "Wunschdenken" und "Kognitiver Neubewertung" Unterschiede bestünden. Aus den Rückmeldungen der Patienten nach Ausfüllen der Fragebögen wurde oft deutlich, daß einige Fragen für die besondere Erkrankung des Patienten unverständlich blieben, womit willkürliche Ankreuzungen nicht auszuschließen waren. Ein wesentlicher Grund dürfte in der breiten Verbreitung und Anwendung der Coping-Fragebögen für alle nur möglichen Belastungen und Lebensbereiche liegen. Ein Fragebogen kann jedoch keine umfassende Gültigkeit besitzen, unterschiedliche Erkrankungen wie ein lebensbedrohlicher Tumor oder eine dauerhafte Querschnittslähmung führen zu völlig unterschiedlichen Anforderungen.

Es liegt also ein besonderes Problem der Selbsteinschätzungsbögen darin, daß sie möglichst generelle Probleme chronischer Erkrankungen abbilden und nicht auf die spezifischen Probleme bei individuellen Patienten zugeschnitten sind.

Hier kann eine Fremdeinschätzung viel mehr den Besonderheiten der jeweiligen Erkrankung gerecht werden (siehe auch Leibing 1992).

Zwischen der Krankheitsbewältigung Fremd- und Selbsteinschätzung bestehen nur mäßige Korrelationen, und es sind nur mäßige wechselseitige Vorhersagen möglich.

Im Forschungsbereich "Depression" liegen die Korrelation zwischen Fremd- und Selbstbeurteilung ähnlich niedrig zwischen .4 und .6. Nur Studien in denen zwischen Fremd- und Selbstbeurteilung eine Item-Identität besteht, erzielen höhere Übereinstimmungen. Demzufolge werden beiden Instrumentengruppen auch eher ergänzende als ersetzende Funktionen zugesprochen (Seidenstücker & Baumann 1987). Die auch in unserer Untersuchung gefundenen mäßigen Korrelationen zwischen Fremd- und Selbstbeurteilung weisen auf ein grundsätzliches Problem des multimodalen Ansatzes hin: Wie kann man diese Unterschiede interpretieren?

Sowohl Fremd- als auch Selbstbeurteilung unterliegt verschiedenen Verfälschungstendenzen. In die Fremdbeurteilung gehen Halo-Effekte, theoretische Grundpositionen des Untersuchers, Berufserfahrung und ähnliche Einflüsse ein. Im Bereich der Selbstbeurteilung müssen die Tendenzen des Patienten, im Sinne sozialer Erwünschtheit zu antworten bzw. Tendenzen, Verhalten oder Symptome herauszukehren oder zu bagatellisieren, berücksichtigt werden.

Faßt man diese Überlegungen zusammen, so spricht dies für eine komplementäre Sichtweise, d.h. Fremd- und Selbstbeurteilung haben beide ihren Stellenwert. Die Wertigkeit eines jeweiligen Verfahrens richtet sich danach, welches Verfahren (Fremd- oder Selbstbeurteilung) z. B. besser zwischen verschiedenen Gruppen von Patienten unterscheidet, besser Veränderungen im Verlauf erfaßt oder besser die Effekte unterschiedlicher Behandlungsmethoden unterscheidet (Paykel & Norton 1986).

Die insgesamt mäßigen Übereinstimmungen (Fremd- vs. Selbsteinschätzung) bestätigen folglich die Notwendigkeit eines gleichzeitigen Fremd- und Selbstratings. Die Differenzen erklären sich nach unserer Meinung aufgrund der unterschiedlichen Konzeptualisierung der Erfassungsverfahren und der Komplexität von Bewältigungsprozessen. Die unterschiedlichen Zugänge (Fremd- vs. Selbsterfassung) und unterschiedlichen zugrundeliegenden Konzepte und Dimensionen der Instrumente lassen schon theoretisch keinen übergroßen gemeinsamen Schritt (bzw. Erfassungs-) bereich erwarten. Bei Berücksichtigung dieser Voraussetzungen können die nur mäßigen Übereinstimmungen nicht erstaunen. Die Ways of Coping-Checklist ist als kognitionspsychologisches Erfassungsinstrument konstruiert. Dies zeigt sich auch in der Faktordarstellung, wobei kognitive Faktoren den größten Teil der Varianz aufklären. In diesem Erfassungsbereich liegen vermutlich "Stärken" von Coping-Fragebögen.

Während in der Ways of Coping-Checklist also die aktiven kognitionsbezogenen Bewältigungsformen stärker im Vordergrund standen, sind im Befo die emotionsbezogenen Formen ausgeprägter. Dies entspricht der Beobachtung, daß Selbstbeurteilungen emotionaler Zustände im allgemeinen weniger differenziert sind als Beurteilungen durch den geschulten Untersucher (Möller 1990).

Mit Hilfe der derzeit zur Verfügung stehenden Copingfragebögen können nur bedingt unbewußte Bewältigungsstrategien und unangenehme emotionale Erlebensweisen abgebildet werden. Hier zeigen unsere Ergebnisse, daß zur Beurteilung emotionaler Bereiche der Krankheitsbewältigung eine Fremdbeurteilung eine bessere Differenzierung erlaubt.

Beim Vergleich der Krankheitsbewältigung in unterschiedlichen Gruppen chronisch Erkrankter ergeben sich in der Fremdbeurteilung im Gegensatz zur Selbstbeurteilung klare Unterschiede. Die Wahrscheinlichkeit, daß es sich hierbei um spezifische prämorbide Unterschiede zwischen den Patientengruppen handelt, ist äußerst gering. Vielmehr weisen die Ergebnisse darauf hin, daß es sich entsprechend der Schwere der jeweiligen Erkrankung um Unterschiede durch die spezifische Bedrohung handelt, die sich dann im jeweiligen Krankheitsbewältigungsverhalten niederschlägt. Diese Unterschiede sind also nicht als spezifisch für die Bewältigung einer Gruppe chronisch Erkrankter anzusehen, sondern Ausdruck der besonderen Bedrohung und Belastung, z.B. der Rheuma-Patienten im Gegensatz zu den Coxarthrose-Patienten. Auch in der Literatur werden im Rahmen der Selbstbeurteilung hingegen kaum Gruppenunterschiede gefunden. Mit Felton et al. (1984) muß vermutet werden, daß Selbstbeurteilungsinstrumente bei der Erfassung unterschiedlicher Bewältigung von begrenztem Wert sind. Insgesamt können die Ergebnisse ein Hinweis darauf sein, daß eine bessere Erfassung emotionaler Coping-Strategien durch ein Fremdeinschätzungsverfahren möglich ist, die deutlichsten Unterschiede fanden sich im Befo-Faktor 1 "Negatives emotionales Coping". (Zur Übersicht über die Einzelergebnisse Schüßler 1993). Diese Unterschiede in der Fremdeinschätzung können selbstverständlich durch einen Untersucher-Bias mitbedingt sein.

In beiden Untersuchungsinstrumenten findet sich ein gemeinsamer Bereich, der sich zusammensetzt aus "Negativem emotionalen Coping" - "Wunschdenken". Dieser "ungünstige" Gesamtfaktor korreliert wiederum mit vermehrtem Auftreten von Symptomen, Neurotizismus oder der Diagnose "Seelische Erkrankungen". Hingegen gibt es für die "günstigen" Bewältigungsstrategien wie "Kognitives Umbewerten" (Befo-Faktor 2) und "Kognitive Neubewertung" (WCCL-Faktor 1) keine eindeutigen Zusammenhänge, d.h. es ist zu vermuten, daß sowohl Unterschiedliches gemessen wird, als auch, daß eine große interindividuelle Varianz vorliegt.

Es wird nicht möglich sein, in allen Studien eine umfassende Fremd- und Selbsteinschätzung der Krankheitsverarbeitung durchzuführen. Um so mehr gilt es, als Untersucher die Grenzen des eigenen Erfassungsinstrumentes kritisch zu berücksichtigen. Für Studien im klinisch-therapeutischen Breich erscheinen Fremdeinschätzungsinstrumente (wie z.B. Befo) sinnvoller (Leibing 1992), insbesondere um den in Therapien vorrangigen Bereich der "Emotionen" besser abbilden zu können.

Qualitative Ansätze in der Krankheitsbewältigungsforschung

Philipp Mayring

Zusammenfassung

Der Beitrag soll den Wert qualitativ orientierter methodischer Ansätze bei der Erforschung von Prozessen der Krankheitsbewältigung erweisen.

Dazu werden zunächst Grundzüge eines Belastungs-Bewältigungs-Paradigmas dargestellt (z.B. transaktionales Modell, subjektive Einschätzungsprozesse), um die Affinität qualitativer Ansätze herauszustellen. Typische Schwachstellen einseitig quantitativer Ansätze (mangelnder Alltagsbezug und Kontextgebundenheit, Elementarisierungen, problematische Additivitätsannahmen) können hier vermieden werden. An zahlreichen Beispielen qualitativ orientierter Studien zur Krankheitsbewältigung wird dies verdeutlicht. Eine Wiederbelebung sorgfältiger Krankheitsgeschichten wird abschließend gefordert.

Summary

The author emphasizes the power of qualitative approaches in research of coping of illness.

To show the affinity of qualitative approaches basic ideas of a stress and coping paradigm (e.g. transactional model, processes of subjective appraisals) are elaborated. Typical pitfalls of quantitative approaches (ecological validity, context, wholeness, additivity) can be avoided. This is illustrated by way of various qualitative studies in coping of illness. Finally a renaissance of accurate explorations of illness histories is required.

Die Diskussionen um die adäquaten Forschungsmethoden in den Humanwissenschaften haben in den letzten Jahren stark zugenommen. Sie sind jedoch oft zu einseitig von Methodenspezialisten geführt worden. Demgegenüber soll hier der Standpunkt vertreten werden, daß methodische Fragen sich sinnvoll nur auf dem Hintergrund einer genauen Gegenstandsbestimmung diskutieren lassen. So möchte ich zunächst auf die theoretische Konzeption von Belastungs-Bewältigungsprozessen eingehen, bevor die Eignung methodischer Ansätze erwogen wird.

1. Grundzüge eines Belastungs-Bewältigungs-Paradigmas

Die moderne Belastungsforschung nahm ihren Ausgangspunkt in der Biologie und Medizin: In den 30er Jahren prägte Hans Selye den Streß-Begriff als unspezifische körperliche Reaktion auf die unterschiedlichsten, die Alltagsroutinen überfordernden Belastungssituationen (vgl. Mason 1975, Selye 1981). In den folgenden Jahren hat sich dann die Psychologie der Thematik angenommen. Vor allem die Arbeiten von Richard S. Lazarus zu den Prozessen subjektiver Belastungseinschätzung und Hans Thomae und Norma Haan zur Belastungsbewältigung sind hier zu nennen (vgl. zum Überblick Brüderl et al. 1988). Dabei haben sich folgende

Grundannahmen herauskristallisiert, die man mittlerweile durchaus als ein Belastungs - Bewältigungs - Paradigma verstehen kann (vgl. auch Ulich et al. 1983):
- Belastungen entstehen, wenn in einer Situation Anforderungen an den einzelnen enthalten sind, die seine Alltagsroutinen überfordern.
- Von subjektiver Belastung kann man nur dann sprechen, wenn der Betroffene die momentane Situation auch subjektiv als Belastung (Schädigung/Verlust, Bedrohung oder Herausforderung) einschätzt ('primary appraisal' sensu Lazarus).
- Auch die Überforderung der Alltagsroutinen, die Unsicherheit der Bewältigungsfähigkeiten und -möglichkeiten, muß subjektiv so eingeschätzt werden ('secondary appraisal' sensu Lazarus).
- Der einzelne ist Belastungen nicht hilflos ausgeliefert, sondern setzt sich aktiv mit der Situation auseinander, versucht sie zu bewältigen ('coping').
- Dabei handelt es sich insgesamt um komplexe Wechselwirkungen, die nur prozessual zu verstehen sind. Denn Streß ist weder einseitig auf der Individuumseite (subjektive Belastung) noch einseitig auf der Umweltseite (frühe Stressorkonzepte) festzumachen. Vielmehr geht es darum, Prozesse der Individuum - Umwelt - Transaktion zu beschreiben und zu erklären (Lazarus & Launier, 1981).

Die Grundbegriffe dieses Belastungs - Bewältigungsmodells lassen sich wie folgt veranschaulichen:

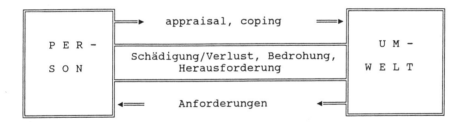

Abb. 1: Belastungs - Bewältigungsmodell

Dahinter stehen die allgemeinen Auffassungen (vgl. auch Mayring 1988), daß dieses Wechselwirkungsverhältnis in seiner Prozeßhaftigkeit und Komplexität primär deskriptiv erfaßt werden muß (insofern nennt Lazarus seinen Ansatz auch 'phänomenologisch'), daß dabei die Situation nur in ihrer individuellen und sozialen Gedeutetheit und die Person nur situationsspezifisch verstanden werden kann:

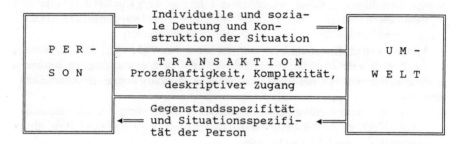

Abb. 2: Allgemeine Grundannahmen des Belastungs - Bewältigungs - Paradigmas

Um einem solchen Modell zu entsprechen, so möchte ich im folgenden zeigen, sind qualitativ orientierte methodische Ansätze in viel größerem Maße fähig als einseitig quantitativ orientierte Ansätze.

2. Probleme einer einseitig quantitativen Belastungs-Bewältigungsforschung

Ich möchte hier auf vier kritische Punkte eines einseitig quantitativen Ansatzes eingehen (vgl. zum folgenden vor allem die Zusammenstellung von Coping-Meß-instrumenten zur Krankheitsbewältigung von Rüger et al. 1990):

Mangelnder Alltagsbezug
Ein großer Teil der standardisierten Bewältigungsmaße arbeitet mit fiktiven Situationen, anstatt die Bewältigung auf reale, vom Subjekt in seinem Alltag erlebte Belastungen (Krankheiten) zu beziehen. Die Probanden werden z.B. gefragt (Coping-Skala von Sidle et al., vgl. Rüger et al. 1990), durch einen Entwicklungs-aufgabenansatz theoretisch begründet:
    "Stellen Sie sich vor, Sie wären fast zwei Monate verheiratet, ... Ihr Ehepartner ist noch Student... Sie fühlen sich einsam... Ihre Eltern leben in einer anderen Stadt... Ihre sexuelle Beziehung ist nicht so wie erhofft..."
    Etwas allgemeiner, immer noch aber fiktiv, geht der Coping Questionnaire von McCrae vor:
    "Stellen Sie sich ein Ereignis in den letzten sechs Monaten vor, bei dem Sie einer Herausforderung oder großen Gelegenheit gegenüberstanden, bei dem Sie einer Bedrohung oder Gefahr..."

Völlig unkontrolliert bleibt dabei, ob der einzelne überhaupt je eine solche Problemsituation erlebt hat. Um für die Quantifizierbarkeit der Ergebnisse Vergleichbarkeit herzustellen, wird eine einheitliche Situation vorgegeben; der Alltagsbezug geht dabei jedoch meist verloren. Man denkt dann an beliebige Situationen, vielleicht an individuell oder sozial erwünschte Reaktionen. Sinnvolle Bewältigungserhebung sollte sich aber immer auf konkret erlebte Belastungssituationen beziehen.

Mangelnde Kontextgebundenheit
Dieses Problem tritt vor allem dann auf, wenn mit vorgegebenen Listen von Bewältigungsformen gearbeitet wird. So wird im Streßverarbeitungsfragebogen SVF von Janke et al. (vgl. Rüger et al. 1990) mit 19 Bewältigungsstrategien gearbeitet (Bagatellisierung, Herunterspielen, Schuldabwehr, Ablenkung, ...), die einerseits einseitig (mehr intrapsychische Strategien) erscheinen, andererseits in ihrer Auswahl wenig begründet sind (so Rüger et al. 1990). Darüber hinaus haben solche Listenansätze, die auch in der Lebensereignisforschung immer wieder kritisiert wurden (vgl. Faltermaier 1987), das Problem, daß der einzelne in Vorgaben gezwängt wird, die seinem tatsächlichen Bewältigungsverhalten vielleicht nicht entsprechen. Wenn ein älterer, chronisch kranker, bettlägeriger Patient nach Joggen und Sport als Bewältigungsform gefragt wird (so in der Ways of Coping Checklist von Lazarus und Mitarbeitern), so kann das eher zu Verärgerung denn zu validen Ergebnissen führen (vgl. zur Problematik von Copingforschung im Alter: Saup 1991). Vor allem dann, wenn nicht einzelne Bewältigungsformen, sondern bereits Bewältigungsstrategien vorgegeben werden (z.B. 10 Strategien in der Coping-Skala von Sidle et al. (vgl. Rüger et al. 1990), wird der Proband zu Generalisierungen gezwungen, die vielleicht gar nicht seinem Bewältigungsverhalten entsprechen. Bei all diesen standardisierten Erhebungsverfahren wird übersehen, daß einzelne Bewältigungsformen des Subjekts im Kontext der jeweiligen Bezugsbelastung ganz unterschiedliche Bedeutung haben können.

Elementarisierung
Ein weiteres Problem vieler methodischer Ansätze ist, daß der Belastungs-Bewältigungsprozeß in einzelne Elemente zerlegt wird, so wie beispielsweise im Lazarus'schen Modell. Hier wird streng zwischen einzelnen belastungsbezogenen Einschätzungsprozessen und Bewältigungsformen unterschieden. In der Praxis stellen aber - vor allem durch Selbsteinschätzungen erhobene - Belastungseinschätzungen bereits kognitive Bewältigungsversuche dar (vgl. Faltermaier 1988), so daß eine scharfe Abgrenzung nicht mehr möglich ist. Hier sind oft ganzheitlichere methodische Zugänge nötig (vgl. Friczewski 1985).

Additivität
Ebenfalls problematisch an vielen standardisierten Bewältigungsmaßen ist, daß einzelne Bewältigungsformen aufsummiert werden. Im Freiburger Fragebogen zur Krankheitsverarbeitung FKV von Muthny (vgl. Rüger et al. 1990) beispielsweise werden 143 fünfstufig skalierte Items zu 27 Skalen zusammengefaßt. Sind aber die einzelnen Items pro Skala wirklich gleichwertig, ist eine starke Ausprägung des einen Items wirklich subjektiv bedeutungsvoller als eine schwache Ausprägung eines anderen Items? Hier sind überall Annahmen von Additivität enthalten, die der Realität nicht immer entsprechen müssen.

Hier wollen qualitativ orientierte Ansätze weiterhelfen. Wenn im folgenden darauf eingegangen wird, soll nicht verschwiegen werden, daß auch dort gravierende methodische Probleme bestehen: intersubjektive Nachprüfbarkeit, Erfüllung von Gütekriterien, Verallgemeinerbarkeit der Ergebnisse z.B.. Aber gerade die Diskussionen der letzten Jahre zeigen, daß daran gearbeitet wird (vgl. z.B. Flick et al. 1991).

3. Konzepte qualitativ orientierter Belastungs-Bewältigungsforschung

Qualitative Ansätze, die solche Schwächen überwinden wollen verstehen sich dabei heute nicht als kompromißlose Alternative, sie wollen keinen unüberbrückbaren Gegensatz zu quantitativen Ansätzen konstruieren. Denn in der Forschungspraxis lassen sich qualitative und quantitative Ansätze gar nicht eindeutig voneinander trennen. Man kann im Gegenteil davon ausgehen, daß in quantitativ orientierten Forschungsprozessen notwendig qualitative Analyseschritte enthalten sind, vor allem bei der Konstruktion des Analyseinstrumentariums und der Interpretation der Ergebnisse (vgl. Mayring 1993a). Solche Bestandteile werden allerdings oft zu wenig expliziert und damit überprüfbar gemacht! Andererseits ist es in qualitativ orientierten Ansätzen meist notwendig und auch gängige Praxis, quantitative Analyseschritte in den Forschungsprozeß einzubauen. Eine Verallgemeinerung der Ergebnisse auch qualitativer Analysen wird in der Regel mit quantitativen Analyseschritten vollzogen. Die Dichotomie 'quantitativ - qualitativ' ist also in der Praxis längst überholt. So soll im folgenden von qualitativ orientierten Ansätzen die Rede sein, um damit auszudrücken, daß es sich nicht um einen Gegensatz, sondern um eine Schwerpunktverlagerung handelt.

Diese unterschiedliche Schwerpunktsetzung drückt sich vor allem in fünf Punkten aus (vgl. auch Mayring 1993b):
* Besonderer Wert wird auf eine genaue' und umfassende Beschreibung (Deskription) des Gegenstandsbereiches gelegt.
* Der Gegenstandsbereich wird immer begriffen als durch subjektive Intentionen vermittelt, seine Analyse bedarf also immer der Interpretation.
* Deskription und Interpretation in qualitativ orientierten Ansätzen sollen immer am Subjekt ausgerichtet sein; Ausgangspunkt und Ziel der Untersuchung ist das Subjekt in seinem Kontext.
* Dabei soll das Subjekt möglichst nicht im Labor, sondern im Alltag, in seinen natürlichen Lebenszusammenhängen untersucht werden.
* In qualitativ orientierten Ansätzen wird die Verallgemeinerbarkeit der Ergebnisse nicht automatisch (durch repräsentative Stichproben oder standardisierte Methoden) erreicht, sondern muß erst in einem Verallgemeinerungsprozeß argumentativ hergestellt, begründet werden.
Im Rahmen eines solchen qualitativ orientierten Wissenschaftsverständnisses sind nun in den letzten Jahren eine Reihe von methodischen Ansätzen entwickelt (bzw. wiederentdeckt) worden, über die Abb. 3 einen Überblick geben soll.

```
┌─────────────────────────────────────────────────────────────────┐
│                       Qualitative Designs                        │
│                                                                   │
│   * Einzelfallanalyse              * Handlungsforschung           │
│   * Dokumentenanalyse              * Deskriptive Feldforschung    │
│                         * Qualitatives Experiment                 │
├─────────────────────────────────────────────────────────────────┤
│                      Qualitative Techniken                        │
│                                                                   │
│                            Erhebung                               │
│   * Problemzentriertes Interview   * Gruppendiskussionsverfahren  │
│   * Narratives Interview           * Teilnehmende Beobachtung     │
│                                                                   │
│     Aufbereitung                     Auswertung                   │
│   * Wahl der Darstellungsmittel    * Gegenstandsbezogene Theorie- │
│                                      bildung                      │
│   * Wörtliche Transkription        * Phänomenologische Analyse    │
│   * Kommentierte Transkription     * Sozialwissenschaftlich-her-  │
│                                      meneutische Paraphrase       │
│   * Zusammenfassendes Protokoll    * Qualitative Inhaltsanalyse   │
│   * Selektives Protokoll           * Objektive Hermeneutik        │
│   * Konstruktion deskriptiver      * Psychoanalytische Textinter- │
│     Systeme                          pretation                    │
└─────────────────────────────────────────────────────────────────┘
```

Abb. 3:   Qualitativ orientierte Ansätze (vgl. Mayring, 1993b)

Diese Ansätze sind an anderer Stelle (Mayring 1993b) genau beschrieben und in einzelne Ablaufmodelle zerlegt worden, so daß sie möglichst kontrolliert anwendbar und überprüfbar eingesetzt werden können. Vergegenwärtigt man sich nun diese neueren qualitativ orientierten Ansätze, so wird klar, daß sie in besonderem Maße geeignet sind, Grundprinzipien eines Belastungs - Bewältigungsparadigmas zu erfüllen:

*   Der deskriptive Zugang als erster Schritt, so wie ihn Lazarus und Launier (1981) in ihrem kognitiv-phänomenologischen Ansatz betonen, ist gerade bei qualitativ orientiertem Vorgehen zentral.

*   Die Betonung der belastungsrelevanten subjektiven Einschätzungsprozesse, die Betonung also der subjektiven Gedeutheit der Belastungssituation, ist mit interpretativen, auf subjektive Deutungen zielenden Ansätzen besonders gut einlösbar.

*   Das transaktionale Belastungs-Bewältigungsmodell geht von einem komplexen, prozeßhaften Gegenstandverständnis aus, das mit qualitativ orientierten Ansätzen optimal erfaßt werden kann.

So haben Lazarus und Launier (1981, S. 231f) auch ihre eigenen frühen Laborexperimente kritisiert und alltagsnähere Belastungsforschung gefordert.

**4. Beispiele qualitativ orientierter Ansätze aus der Forschung zur Krankheits-
    verarbeitung**

Im folgenden sollen nun einige Beispiele aufgeführt werden, die zeigen sollen, wie
fruchtbar qualitativ orientierte Ansätze in der Forschung zur Krankheitsverarbeitung sein können.

* Subjektive Krankheitsdefinitionen als Verarbeitungsform
Ein zentraler Teil kognitiver Krankheitsverarbeitung ist die subjektive Vorstellung
des einzelnen über die Art und Ursachen seiner Gesundheitsprobleme. Solche
subjektiven Krankheitstheorien sind nur schwer standardisiert erfaßbar, ein dialo-
gischer, interpretativer Zugang ist hier in der Regel erforderlich (vgl. auch Faller
1990). So hat Riemann (1984) anhand der Auswertung von zwei narrativen Interviews mit psychiatrischen Klinikpatienten gezeigt, daß solche Krankheitstheorien
z.T. in Anlehnung an ärztliche Diagnosen von Anfang an gebildet werden. Einerseits dienen sie dem einzelnen zur Erklärung und Entschuldigung der eigenen
Probleme; andererseits können sie den Krankheitsverlauf determinieren, vorpro-
grammieren, zu sich selbst erfüllenden Prophezeihungen führen ("Na wenigstens
bereitet sich da wieder was in meiner Krankheit vor.").

Ebenso geeignet wie zur Erfassung von subjektiven Krankheitstheorien sind
qualitative Ansätze natürlich auch bei der Analyse subjektiver Gesundheitstheorien, einem wichtigen Bezugspunkt der Krankheitsverarbeitung (vgl. dazu Faltermaier 1991). Aber auch subjektive Vorstellungen und Definitionen von Lebensqualität ganz allgemein sind hier zu nennen (vgl. die Studie von Ludwig 1991 an
Gesunden, kardiovaskulär Erkrankten und onkologischen Patienten, die mit offenen Interviews und qualitativer Inhaltsanalyse arbeitete).

* Soziale Konstruktion der Patientenkarriere
Die eben zitierten Forschungen von Riemann (1984) legen nahe, daß die subjektive Krankheitsverarbeitung entscheidend von sozialen Zuschreibungsprozessen
geprägt wird, die aus dem Krankheitsverlauf im Sinne der 'Labeling'- bzw. Stigma-
tisierungsansätze eine Patientenkarriere formen. In der Tat belegen eine große
Zahl soziologisch orientierter, qualitativer Studien diese These (vgl. zum Überblick Gerhardt, 1991). Qualitativ orientierte Ansätze eignen sich hier besonders,
weil wir es mit transaktionalen Prozessen zu tun haben. So hat z.B. Gerhardt
(1986) an Fallanalysen von Patienten mit chronischem Nierenversagen gezeigt,
daß sich idealtypisch zwei Bewältigungsformen unterscheiden lassen: vom Patienten selbst getragene Bewältigungsversuche und vom Partner (Ehefrau) getragene
familiäre Bewältigungsversuche. Solche unterschiedlichen Wege sind stark von gesellschaftlichen Faktoren (z.B. Schicht) abhängig. Gerhardt spricht deshalb hier
auch von 'Copingkarrieren'.

* Daseinstechniken in der Krankheitsverarbeitung
Deskriptiv-induktiv aus einer Fülle von biographischen Analysen hat Thomae
(1988) einen Katalog von Bewältigungsformen ('Daseinstechniken') entwickelt,
der in verschiedenen Studien zur Krankheitsverarbeitung eingesetzt wurde, vor
allem bei älteren Menschen (vgl. zum folgenden Thomae, 1983). So wurde bei hä-

mophilen Patienten gezeigt, daß evasive und defensive Techniken eine entscheidende Rolle spielen. Bei Schlaganfallpatienten zeigte sich, daß anpassende und problemverändernde Daseinstechniken effektiv in Richtung Rehabilitation sein können. Auch in der Bonner Längsschnittuntersuchung waren es nie nur einzelne Bewältigungsformen, sondern immer ganze Reaktionshierarchien, die bei den Probanden festgestellt worden sind. Dabei waren im Umgang mit gesundheitlichen Belastungen die Daseinstechniken der Leistung, der Anpassung an die institutionellen Aspekte der Situation, depressive Reaktionen, Akzeptieren/positive Deutung und aktiver Widerstand dominant.

* Beschreibung neuer Bewältigungsformen
In vielen qualitativ orientierten Studien werden aufgrund des eher induktiven, deskriptiven Vorgehens Bewältigungsformen gefunden, die in Untersuchungen mit standardisierten Instrumenten nicht auftauchen. Gerade in der letzten Studie an Niereninsuffizienzpatienten (Gerhardt 1986) wurde als zentrale Bewältigungsform ein sozial-ökonomisches Coping beschrieben. Dabei versucht die Familie des Patienten durch eine Neugestaltung der beruflichen und familiären Arbeitsteilung eine flexible Existenzsicherung zu erreichen und zu erhalten.

Darüber hinaus ist es für die meisten Fragestellungen sinnvoll, zunächst krankheitsspezifische Bewältigungsformen zu verwenden, d.h. beim derzeitigen Stand der Krankheitsbewältigungsforschung in aller Regel neu zu entwickeln. Ein Großteil der hier zitierten qualitativ orientierten Studien sind Beispiele für eine solche krankheitsspezifische Kategorienentwicklung. Erst in einem zweiten Schritt kann dann erwogen werden, inwieweit diese Bewältigungsformen verallgemeinerbar sind.

* Krankheitsbewältigung im familiären Kontext
Wie das letzte Beispiel bereits zeigte, erweisen sich die Stärken qualitativ orientierter Ansätze dann, wenn es um komplexere, gegenstandsspezifischere, subjektive Strukturen geht. Das gilt besonders für Prozesse familiärer Krankheitsbewältigung. So haben Hildenbrand et al. (1984) bei zehn Familien mit schizophrenen Patienten in ausführlichen Gesprächen Einzelbiographien und Familienbiographien erhoben. Mit Konzepten aus Ethnographie und gegenstandsbezogener Theoriebildung ('grounded theory') wurden dann zugrundeliegende Familienstrukturen ausgewertet. Ein zentrales Muster war dabei das Versagen innerfamiliärer Alltagsbewältigung im Zusammenhang mit der Auflösung bäuerlicher Traditionen ("Ach, fertig wird man ja nie!"). Auf die familiären Vorerfahrungen als Bedingungen für die Genese von Bewältigungsstrategien bei Krebspatienten (Mamma-Carcinom) haben Johne-Manthey und Thurke (1990) hingewiesen. In einzelfallorientierten Längsschnittinterviews mit qualitativer Inhaltsanalyse als Auswertungsmethode haben sie zwei typische Muster herausgearbeitet: eine Tabuisierung körperlicher Krankheiten in der Familie (Stärke und Gesundheit als Norm) und eine Funktionalisierung von Krankheiten zur Macht- und Kontrollausübung in der Familie.

* Integration von Forschung und Intervention

An einer Studie der Krankheitsbewältigung von Patientinnen mit Ovarialkarzinom haben Petermann und Schmidt (1989) gezeigt, daß ein aktives Eingreifen in das Bewältigungsgeschehen während des Forschungsprozesses gerade in diesem Bereich oft, vor allem aus ethischen Gründen, nötig ist. Für eine solche Integration von Forschung und Intervention sind einerseits qualitativ orientierte Forschungskonzeptionen (Handlungsforschung, vgl. Mayring, 1993b), andererseits flexiblere, fallorientierte methodische Ansätze nötig. So hat sich in dieser Studie besonders der Aufbau neuer Lebensziele, Wert- und Sinnstrukturen als zentral für die Krankheitsbewältigung erwiesen.

5. Für eine Wiederbelebung sorgfältiger Krankheitsgeschichten

Es hat sich also gezeigt, daß qualitativ orientierte Ansätze entscheidende neue Erkenntnisse in der Krankheitsverarbeitung bringen können. Daß solche Ansätze gerade in der medizinischen Forschung eine weiter als quantitative Methodik zurückreichende Tradition besitzen, soll zum Schluß noch einmal herausgestellt werden. Denn einerseits waren in der Forschungspraxis wichtige Erkenntnisse immer wieder aus Einzelfallstudien hervorgegangen (vgl. z.B. S. Freud); andererseits wurde schon früh eine deskriptiv-biographische, an einzelnen Krankheitsgeschichten orientierte Methodologie gefordert (Jaspers 1912). Durch Vergleich von Einzelfällen im Rahmen einer sorgfältigen Kasuistik sind dann auch Verallgemeinerungen möglich (vgl. Tölle 1987; Jüttemann 1990). Eine solche biographische, fallorientierte, explorative und interpretative Methodologie, als ein Wiederanknüpfen an die frühen phänomenologischen Ansätzen, wird deshalb heute wieder neu gefordert (vgl. Auckenthaler 1988). So ist zu hoffen, daß eine solche Wiederbelebung nicht zu einem Gegeneinander, sondern - wie hier gefordert - zu einer Integration qualitativer und quantitativer Ansätze auch in der Forschung der Krankheitsverarbeitung führt.

II.

Korrelate und Wirkungen

der Belastungsverarbeitung

Effektivität von Bewältigung: Kriterien, Methoden, Urteile[*]

Hannelore Weber

Zusammenfassung

Der Beitrag setzt sich mit drei Themen auseinander, die für die Bewertung der Effektivität von Formen der Bewältigung zentral sind: 1. Die Frage, ob bestimmte Bewältigungsformen a-priori als effektiv postuliert werden, oder ob sie empirisch ermittelt werden; 2. die Definition von Kriterien und 3. die Wahl angemessener Untersuchungsdesigns. Diese drei Themen bilden die drei Abschnitte des Beitrages. Im ersten Teil werden Ansätze vorgestellt, in denen Bewältigung a-priori bewertet wird; ihnen wird die empirische Position gegenübergestellt, die dagegenhält, daß Bewältigungserfolg an den Kontext gebunden ist. Im zweiten Teil wird ein Überblick gegeben über potentielle Kriterien, die zur Beurteilung herangezogen werden können und ihrem Einsatz in vorliegenden Forschungsarbeiten. Der dritte Teil beinhaltet eine Diskussion der unterschiedlichen Untersuchungsdesigns, die zur Überprüfung der Bewältigungseffektivität eingesetzt werden.

Abstract

The contribution centers around three topics which are basic for the evaluation of coping: 1. The question if effective coping forms are theoretically postulated, or if they are empirically identified; 2. the definition of criteria, and 3. the decision for appropriate study designs. These three issues form the three parts of the contributions content. In the first part approaches are discussed in which coping effectiveness is defined on an a-priori basis; in contrast to this, the empirical position is outlined which holds that coping effectiveness depends on context. In the second part possible criteria are compiled, and their use in present research is examined. The third part entails a discussion of study designs employed to evaluate coping effectiveness.

1. Einleitung

Effektiv, erfolgreich, hilfreich, förderlich, angemessen, adaptiv, adaptationsfördernd, geeignet, wirksam, effizient, funktional - in der Literatur findet sich eine Vielzahl an Begriffen, die allesamt zum Ausdruck bringen, daß Bewältigung auf ihre Folgen hin bewertet wird. Eine einheitliche Sprachregelung fehlt, und in gewisser Weise spiegeln sich in der unfreiwilligen Wortschatzübung die Unsicherheit, vielleicht auch das Unbehagen, das die Bewältigungsforschenden zum Teil befällt, wenn es um die Bewertung geht.

Der Sprung von der Beschreibung von Bewältigungsformen hin zur Bewertung ist ein ebenso unerläßlicher wie schwieriger Schritt. Grundsätzlich dürfte unbestritten sein, daß sich Bewältigungsforschung nicht in der Deskription erschöpfen darf. Grundlagenforschung und erst recht Prävention und Intervention fordern Aussagen über Formen und Bedingungen *erfolgreicher* Bewältigung.

---

[*] Ich danke den Herausgebern und Gutachtern, namentlich Herrn Professor Dr. Fritz Muthny, für wichtige Hinweise und Anregungen zu einer früheren Version des Manuskriptes.

Eine Evalution von Bewältigung setzt eine dreifache Klärung voraus, die Gegenstand dieses Beitrags sein wird: Die Entscheidung über theorie- oder empirie-
geleitete Bewertung, die Definition von Kriterien und die Wahl angemessener Untersuchungsdesigns.

2. Theoretische versus empirische Effektivitätsbestimmung

In der Literatur finden sich - idealtypisch einander gegenübergestellt - zwei grundsätzlich unterschiedliche Zugangswege zur Effektivitätsbestimmung. Der erste
beinhaltet eine *a-priori* Bewertung, d.h. bezogen auf eine theoretische Position
werden bestimmte Formen der Bewältigung als (dys)funktional postuliert. Dem
steht die *empirische* Position gegenüber, derzufolge Effektivität, da möglicherweise
kontextabhängig, entsprechend fallbezogen, d.h. empirisch zu ermitteln ist. In der
Praxis hebt sich diese idealtypische Trennung zum Teil auf, indem z.b. empirisch
gewonnene Ergebnisse, da mit *a-priori* Annahmen übereinstimmend, entsprechend
bedingungslos generalisiert werden (z.B. Holahan & Moos 1990). Ich wähle dennoch die idealtypische Gegenüberstellung der theoretischen und empirischen Position, um die grundsätzlichen Optionen im Umgang mit Bewertung aufzuzeigen.

Welcher Zugang nun auch gewählt wird, immer geht es um die *differentielle* Effektivität der unterschiedlichen Bewältigungsformen. Diese Präzisierung ist notwendig, da der sprachlichen Einfachheit halber häufig von der Effektivität *der* Bewältigung die Rede ist. Es wäre aber unsinnig, Bewältigung global zu bewerten,
denn das würde voraussetzen, daß es sich dabei um ein homogenes Verhalten
handelt, und als solches ist Bewältigung nun gerade nicht konzipiert (auf eine Diskussion des Bewältigungs- oder "Coping"-Konzeptes selbst kann hier nicht eingegangen werden, siehe dazu z.B. Braukmann & Filipp 1984, Laux & Weber 1990,
Weber 1992a).

A-priori Bewertungen

"Der Realität ins Auge sehen" - das ist die eine Maxime, die aus allen theoretischen Bewertungen herauszulesen ist, die zweite heißt Selbstkontrolle.

Realitätsbezug - wobei Realität die sozial definierte, intersubjektiv-objektive
Realität meint - ist das Kriterium, an dem die neopsychoanalytischen Ansätze von
Haan (1977) und Vaillant (1977) adaptive Bewältigung festmachen. Haan zufolge
ist ein realitätsorientiertes, aktives, den situativen Erfordernissen flexibel angepaßtes Handeln und ein kontrollierter Umgang mit Emotionen der normativ
wünschenswerte Modus der Bewältigung. Dysfunktional ist aus ihrer Sicht rigides,
realitätsverzerrendes oder -vermeidendes und emotional ausagierendes Verhalten
(dies wäre dann "Abwehr" oder, wenn pathologisch, "Fragmentierung"; für eine aktuelle Diskussion der Konzepte Abwehr und Bewältigung siehe Steffens & Kächele 1988). Vaillant (1977) definiert Altruismus, Humor, "Suppression" (eine Art
unterdrückungsgestützte Selbstkontrolle), "Antizipation" (realistische Vorwegnahme und Vorbereitung auf Anforderungen) und Sublimierung als "reife", passiv-

aggressives Verhalten oder impulsives Ausagieren als "unreife" Ich-Mechanismen. Die Vaillant'sche Terminologie setzt sich in die neuere Zeit fort. McCrae und Costa (1986) benennen einen empirisch ermittelten Faktor, zu dem sich die Formen rationales Handeln, Ausdauer, positives Denken, Selbstkontrolle und Situationsanpassung gruppieren, als "reife Bewältigung". Ein zweiter Faktor, der sich zusammensetzt aus feindseliges Verhalten, realitätsfliehende Phantasien, Selbstvorwürfe, Rückzug, Passivität und Unentschlossenheit, wird dagegen als "neurotische Bewältigung" bezeichnet. Das Etikett "neurotisch" stützt sich zwar empirisch auf Korrelationen mit dem Persönlichkeitsmerkmal Neurotizismus. Wenn jedoch ein Verhalten als "neurotisch" (oder "reif") klassifiziert wird, so ist das mehr als die Interpretation empirischer Ergebnisse. Indem sie singuläre empirische Befunde nach Maßgabe theoretischer Voreingenommenheiten derart sprachlich generalisieren, liefern McCrae und Costa ein weiteres Beispiel für eine - in diesem Falle ungute - Vermischung theoretischer und empirischer Bewertung.

Ansätze, in denen aus ganz anderen theoretischen Positionen heraus Effektivität vorab bewertet wird, entfernen sich von dem neopsychoanalytischen Bewertungsmuster nicht sehr. Carver et al. (1989) urteilen mit Blick auf ihr Modell selbstkontrollierter Verhaltensregulation, daß alle problemlösebezogenen Bewältigungsformen (z.B. aktives Problemhandeln, Planung, Suche nach instrumenteller Unterstützung) funktional sind; passiv-resignative, evasiv-ablenkende und emotionsfokussierende Bewältigungsformen (hier auch Suche nach emotionaler Unterstützung) seien hingegen dysfunktional.

Antonovsky (1979, 1987) diskutiert effektive Bewältigung aus der Sicht seines "Salutogenese" Ansatzes. Erfolgreiche Bewältigung - auch hier eine *a-priori* Bewertung - beinhaltet nach Antonovsky (1987), daß man sich den Anforderungen stellt, sie als Herausforderungen begreift, denen zu begegnen sich lohnt, und sie aktiv, planvoll und situationsgerecht angeht. "Sense of coherence" (SOC), die Super-Streßressource, die Antonovsky konzipiert als die grundlegende Überzeugung, daß alles Geschehen seinen Sinn hat, zu bewältigen ist und zudem wert ist, daß man sich ihm stellt, würde sich in einem solch idealen Verhalten auswirken:

"The strong SOC person, then, always has a head start (S. 137) ... Motivated to cope, having clarified the nature and dimensions of the problem and the reality in which it exists, he or she is well on the road to managing, by selecting the most appropriate resources to the problem at hand (S. 144)."

Situationsangemessene, aktiv problemlöseorientierte, dabei positiv umdeutende und emotionskontrollierte Bewältigung beschreibt auch Becker (1985) als effektiv - allerdings nicht allein theoriegeleitet, sondern mit Blick auf empirische Ergebnisse. Auf theoretischer Ebene ordnet Becker (1989) effektive Bewältigung ein in eine Theorie der seelischen Gesundheit, als deren Grundessenz er eben die Fähigkeit zur Bewältigung externer und interner Anforderungen sieht.

Ob Neopsychoanalyse, selbstkontrollierte Verhaltensregulation, Salutogenese, seelische Gesundheit - so unterschiedlich diese Ansätze im einzelnen auch sind, die Vorstellungen darüber, wie effektive Bewältigung aussieht, stimmen weitgehend überein: Als effektiv gilt das realitätsbezogene, situationsflexible Herangehen an Probleme mit einer der Probleminangriffnahme dienlichen Emotionskontrolle. Passiv-resignatives, der Realität entfliehendes, evasives oder defensives, und emotionsbetontes Verhalten wird dagegen als dysfunktional gewertet. In neueren Ansätzen ist Realitätsverzerrung allerdings in der Form erwünscht, daß eine positiv getönte (und damit strenggenommen verzerrte) Wahrnehmung der Situation die Probleminangriffnahme erleichtert (z.B. Carver et al. 1989; für eine kritische Diskussion siehe Weber 1993a).

In diesem Grundmuster effektiver Bewältigung spiegelt sich die Wertschätzung, die das aktive Problemlösen -und die dazu nötige Kompetenz- als Leitbilder der Daseinsführung genießen. Das gleiche gilt für die Persönlichkeitsmerkmale, die vor allem Antonovsky ("Sense of coherence"; 1987) und ihm sehr ähnlich Kobasa ("Hardiness"; 1979) als optimale Streßressourcen beschreiben. Auch diese repräsentieren das gesellschaftliche Ideal des engagierten, "committeten" Menschen, für den es keine Belastung gibt, die nicht durch beherztes Anpacken zu meistern ist (Weber 1993a). Im Unterschied dazu fällt auf, daß Laien, wenn sie offen nach bewältigungsfördernden Eigenschaften gefragt werden, neben Kompetenz, innerer Festigkeit und Selbstvertrauen auch völlig andere Eigenschaften benennen, nämlich Phlegma, Gleichmut, Leichtlebigkeit oder Oberflächlichkeit (Weber, 1987). Ähnlich zeigt eine Studie von Kröner-Herwig et al. (1988), daß Laien (neben PsychologInnen) Situationskontrollversuche als maximal effektiv und Resignation als sehr ineffektiv beurteilen, sie mit dieser Einschätzung also dem theoretischen Diktum folgen. Im Unterschied dazu schätzen sie allerdings die Wirksamkeit von evasiven und defensiven Formen entschieden positiver ein. Laien urteilen offenbar weitherziger, und die empirischen Befunde sprechen nicht gegen ihre Milde.

Wie sehr die einflußreichen Ansätze der Bewältigungsforschung dem Ideal der aktiven Probleminangriffnahme verhaftet sind - ohne ihm unbedingt direkt zu huldigen - zeigt sich bei Lazarus und Folkman (1984). Sie warnen zwar nachdrücklich davor, defensive Formen generell zu verdammen, da es, so die Begründung, unkontrollierbare Situationen gebe, in denen passive Akzeptanz oder Vermeidung wichtig werden. Solche Konzessionen an die ansonsten "unerlaubten" Formen finden sich in allen a-priori Ansätzen (zu denen Lazarus und Folkman im übrigen nicht gehören!). Die implizite Grundregel "Du sollst problembezogen bewältigen" wird also durch Ausnahmen ergänzt (z.B. Unkontrollierbarkeit), die aber zur Folge haben, daß die Regel nur noch einmal hervorgehoben wird.

Grundsätzlich steht natürlich außer Frage, daß jede Bewertung auf Normen beruht. Die Bewältigungsforschenden würden jedoch gut daran tun, ihre Werthaltungen offen zu diskutieren. Problematisch sind nicht die explizierten Normen, sondern die impliziten all derer, die sich unvoreingenommen glauben (Weber 1993a).

Empirische Bewertung

Ausgangspunkt der empirischen Bewertung ist die Prämisse, daß keine Bewältigungsform von vorneherein als effektiv vorzuziehen oder als ineffektiv abzulehnen ist, sondern daß dieses Urteil *kontextbezogen* gefällt werden sollte. Eine Reihe von Einflußfaktoren mahnen zu differenzierenden Urteilen: Inhalt und Merkmale von Belastungssituationen; Persönlichkeitsmerkmale der Betroffenen; der Stellenwert einer Bewältigungsform im Verlauf eines Bewältigungsprozesses; die Art des Kriteriums (vgl. Filipp & Klauer 1991).

Eine Vielzahl an Studien, in denen Wirksamkeit derart fallbezogen empirisch ermittelt wird, bestätigt denn auch, hier grob bilanziert, daß Urteile in der Tat differenziert ausfallen. Abhängig von Situation und Art der Belastung variiert die Effektivität der einzelnen Bewältigungsformen zum Teil beträchtlich (vgl. z.B. Pearlin & Schooler 1978, Mattlin et al. 1990). Nur ganz wenige Formen sind in ihrer (In)effektivität relativ robust gegenüber Situationseinflüssen. Auf der positiven Seite sind dies problemzentriertes Handeln und positive Umdeutung (damit also eine Bestätigung der theoretischen Urteile; für Einschränkungen siehe jedoch z.B. Mattlin et al. 1990, Ulich et al. 1985). Auf der Negativ-Seite erweisen sich realitätsentfliehende Wunschphantasien, passiv-resignatives Verhalten und vor allem Selbstvorwürfe in vielen Fällen als ineffektiv. Einige der defensiven und evasiven Formen schneiden jedoch nicht so schlecht ab wie es das theoretische Votum vorhersagen würde (vgl. dazu auch Suls & Fletcher 1985, Roth & Cohen 1986). Nicht eindeutig sind auch die Ergebnisse für den offenen, auch unkontrollierten Ausdruck von Emotionen, der ja gerade im Hinblick auf Krankheitsbewältigung in besonderem Maße auf dem Prüfstand steht. Denn hier kollidiert die alte psychosomatische These, die Unterdrückung von Emotionen sei ein *Risikofaktor*, der offene, auch aufbegehrend-heftige Gefühlsausdruck daher schützend, direkt mit dem theoretischen Bewältigungsideal der Emotionskontrolle. Die empirischen Befunde stützen derzeit weder die eine noch die andere Position durchgängig (Heim 1988; vgl. auch Muthny et al. 1992). Das ist zweifellos auch Folge davon, daß "Emotionsausdruck" sehr unterschiedlich operationalisiert wird.

Auf Details der empirischen Befundlage soll hier jedoch nicht weiter eingegangen werden (vgl. dazu Weber & Laux 1991; für Überblicke zur Krankheitsbewältigung siehe Heim 1988, 1991; Klauer & Filipp 1990). Statt dessen werden zwei grundlegende Fragen diskutiert, mit denen jeder empirische Zugang konfrontiert ist: die Definition und Wahl der Kriterien und die Entscheidung für angemessene Untersuchungsdesigns.

3. Kriterien

Jede Bewertung ist an die verwendeten Kriterien gebunden: das ist zwar trivial, wird aber in vorschnell generalisierten Urteilen offenbar leicht vergessen.

Das theoretische Angebot an potentiellen Kriterien ist reichhaltig. So haben Lazarus und Folkman (1984) einen breiten Rahmen gespannt, innerhalb dessen Bewertung stattfinden könnte. Sie sprechen allerdings nicht explizit von Kriterien, sondern diskutieren die Folgen von Bewältigung für drei Bereiche: das subjektive Wohlbefinden ("morale"), die somatische Gesundheit und die soziale Funktionstüchtigkeit ("social functioning"). Mit dem subjektiven, physischen und sozialen Befinden sind damit die drei Aspekte beschrieben, die das umfassende Verständnis von Gesundheit im Sinne der WHO-Definition, oder von "Wohlbefinden" (vgl. Abele & Becker 1991) ausmachen. Entsprechend werden auch in dem Konstrukt

der "Lebensqualität", die als übergeordnetes Kriterium für medizinisch-therapeutische Maßnahmen eingebracht wurde, psychische, physische und soziale Aspekte
integriert (vgl. Bullinger & Pöppel 1988, Bullinger et al. 1991).

*Tabelle 1: Überblick über potentielle Effektivitätskriterien: Kriterienbereiche,
Kriterien, Urteilsinstanzen*

SUBJEKTIVE FOLGEN	PHYSISCHE FOLGEN
Emotionale Befindlichkeit - negativ definiert - positiv definiert	Kurzfristige Veränderungen in physiologischen Parametern
Psychische Symptome	Symptombildung
Folgen für Selbstkonzept und Selbstwertgefühl	Erkrankung - Entstehung - Indikatoren des Verlaufs
Zufriedenheit mit dem eigenen Verhalten	
Erreichung persönlich bedeut- samer Ziele	
Erfahrungsgewinn	
RELEVANTE URTEILSINSTANZEN Betroffene	Betroffene, Dritte, personun- abhängige Parameter

SOZIALE FOLGEN	ZUSATZKRITERIEN
Sozialverträglichkeit (Folgen für andere)	Ökonomie
Zahl und Qualität der sozialen Beziehungen	Freiheit von oder Reduktion von unerwünschten Neben- wirkungen
Zufriedenheit mit den sozialen Beziehungen	Indirekte Wirkungen: z.B. Schadensbegrenzung
Ereignisbezogene Problemlösung	
Allgemeine Leistungsfähigkeit oder soziale "Funktionstüchtigkeit" - psychosoziale Anpassung	
RELEVANTE URTEILSINSTANZEN Betroffene, Involvierte, Dritte, personunabhängige Parameter	Betroffene, Involvierte, Dritte, personunabhängige Parameter

Die Super-Kriterien "Gesundheit", "Wohlbefinden" oder "Lebensqualität" sagen jedoch nichts darüber aus, wie subjektive, physische und soziale Folgen von Bewältigung in einzelne Kriterien umgesetzt werden können. Tabelle 1 zeigt im Überblick, welche Kriterien über die Literatur hinweg vorgeschlagen werden (vgl. Lazarus & Folkman 1984, Menaghan 1983, Weber & Laux 1991, Wortman 1983). Die Zusammenstellung bezieht sich dabei - ohne Anspruch auf Vollständigkeit- auf die Bewältigung realer biographischer Stressoren allgemein, auf spezielle Belastungsthemen wird nicht Bezug genommen.

Zu den drei Inhaltsbereichen kommen zwei zusätzlich differenzierende Aspekte hinzu. Das ist zum einen, häufig erwähnt, die *Zeitspanne*, auf die sich die Folgenabschätzung bezieht. Es leuchtet dabei unmittelbar ein, daß zwischen kurz- und langfristigen Folgen zu unterscheiden ist; in der empirischen Praxis variiert jedoch die Operationalisierung gerade von "langfristig" beträchtlich und zeigt die Unschärfe dieser vermeintlich simplen Unterscheidung (vgl. Suls & Fletcher 1985). Der zweite Aspekt, in dem sich Kriterien unterscheiden, ist die *Urteilsinstanz*, d.h. die Quelle, die das Urteil abgibt. Urteilsinstanz können sein: die Betroffenen selbst, die unmittelbar Involvierten, unabhängige Dritte oder personunabhängige Parameter. Welche Urteilsinstanzen prinzipiell für die einzelnen Kriterienbereiche in Frage kommen, zeigt Tabelle 1.

Der Einsatz von Kriterien in der Forschung

Überprüft man vorliegende Forschungsarbeiten auf die verwendeten Kriterien, so wird deutlich, daß der Kriterienfundus nur zum Teil ausgeschöpft wird.

Auf die *physischen* Folgen bezieht sich eine Vielzahl an Forschungsarbeiten, allein schon bedingt durch die Fülle an Arbeiten zur Krankheitsbewältigung. Hinzu kommen die psychosomatischen Forschungsarbeiten, in denen die physischen Folgen des Umgangs mit Emotionen geprüft werden. Damit werden in diesen Arbeiten faktisch Bewältigungsformen evaluiert, z.B. der Ausdruck von Ärger (vgl. Weber 1993b,c).

Im Hinblick auf die *subjektiven* Folgen dominieren in vorliegenden Untersuchungen Indikatoren des negativ definierten emotionalen Befindens und Symptom-Inventare. Andere subjektive Aspekte fehlen hingegen weitgehend, z.B. positive Emotionen; Zufriedenheit; das Erreichen persönlich bedeutsamer Ziele oder Konsequenzen für das Selbstkonzept.

Studien, in denen die *sozialen* Folgen geprüft werden, sind, gemessen an dem tatsächlichen Stellenwert, der dem sozialen Umfeld für die Bewältigung zukommt, (noch) vergleichsweise selten. Das gilt zunächst für die *episodenbezogene* Problemlösung, in der Lazarus und Folkman (1984) den *kurzfristigen* Aspekt sozialer Funktionstüchtigkeit sehen. Nun ist es jedoch im speziellen Falle der Krankheitsbewältigung schwieriger, von abgrenzbaren Episoden auszugehen, wie sie in der allgemeinen Bewältigungsforschung häufig als Ausgangsbasis zur Erfassung von Bewältigung genommen werden (vgl. dazu Broda 1987; siehe auch Perrez & Reicherts 1992). Die Mitteilung der Diagnose etwa setzt zwar einen Zeitpunkt, aber kein Episodenende. Ob sich im Verlaufe der Auseinandersetzung mit Krankheit abgrenzbare Phasen ausmachen lassen, deren Bewältigung jeweils evaluiert werden kann, ist offen (Heim 1988). In jedem Falle relevanter sind daher die *langfristigen sozialen* Folgen, meist konzipiert als Bestandteil der allgemeinen psychosozialen Anpassung (für entsprechende Studien zur Krebsbewältigung siehe Heim 1991). Noch ist die Zahl entsprechender Arbeiten spärlich. Mit der zunehmenden Hinwendung zur multidimensionalen Bewertung (für die auch das Konzept der "Lebensqualität" steht) werden künftig wohl auch soziale Kriterien stärker aufgenommen. Empirisch vernachlässigt bleibt jedoch das so naheliegende Kriterium der "Sozialverträglichkeit", d.h. die Folgen der Bewältigung für andere. Sie sind in globalen Anpassungs-Indikatoren nur implizit enthalten, vor allem bedürfen sie der Einbeziehung der betroffenen Anderen.

Woran es in der vorliegenden -auf reale biographische Stressoren bezogenen- Forschung vollends mangelt, sind Untersuchungen, die Kriterien einbinden, die in Tabelle 1 als "Zusatzkriterien" aufgeführt sind. Dazu gehören vor allem *verhaltensökonomische* Überlegungen, d.h. Kosten-Nutzen Erwägungen, wie sie Schönpflug (1986) für den Bewältigungsansatz formuliert. Bewältigung, das wird gerne vergessen, ist mit Kosten verbunden, sie verbraucht interne und/oder externe Ressourcen, die in Betracht zu ziehen sind, wenn Erfolg beurteilt wird. Schönpflug unterscheidet daher zwischen der bloßen Effektivität und der Effizienz im Sinne kostengünstiger Wirksamkeit. (Unter diesem Blickwinkel müßte gerade die favorisierte aktive, aber unter Umständen kostenintensive Probleminangriffnahme relativiert werden).

Zum zweiten können Bewältigungsformen daraufhin geprüft werden, inwieweit sie unerwünschte *Nebenwirkungen* zur Folge haben, z.B. neue Probleme schaffen (vgl. Schönpflug 1986). Das Kriterienbündel "Lebensqualität", so zumindest die Konzeption, sieht für medizinisch-therapeutische Eingriffe vor, daß Nutzen und Nebenwirkungen gegeneinander abzuwägen sind (Bullinger & Pöppel 1988). Im Hinblick auf Bewältigungsformen blieben diese notwendigen Abwägungen bisher stets ausgespart, wenn Erfolg bewertet wurde; Nebenwirkungen (z.B. Beziehungen nehmen Schaden, wichtige persönliche Ziele werden vernachlässigt) werden allenfalls erwähnt, nicht aber systematisch empirisch erfaßt. Pearlin (1989) beschreibt einen weiteren Aspekt, der als Zusatzkriterium Beachtung verdiente, und das ist die Möglichkeit, daß Bewältigung zwar die direkten Folgen eines Streßereignisses nicht mildert, aber verhindert, daß *zusätzliche*, sekundäre Stressoren entstehen. Da in den Studien der Ereigniskontext selten erfaßt wird, geht der sicherlich alltagsrelevante Gedanke, daß Bewältigung der Schadensbegrenzung dient (oder umgekehrt zur Schadenseskalation führt), in der Effektivitätsabschätzung verloren.

Angesichts der reichen Möglichkeiten an sinnvollen Kriterien ist die faktische Selektion in der Forschung bedauerlich. Vielleicht verfällt man in der empirischen Praxis allzu schnell den gängigen Kriterien, allein schon, weil hier Erfassungsinstrumente vorliegen, deren man sich bedienen - und bei denen man nichts falsch machen kann. Dabei wäre es je nach Fragestellung inhaltlich passender, andere Kriterien zu wählen, z.B. Schadensbegrenzung, der ökonomische Umgang mit den eigenen Kräften und Ressourcen, oder Änderungen des Selbstkonzeptes. Um in der empirischen Praxis einer vorschnellen Entscheidung für die gängigen Kriterien vorzubeugen, sollte in jedem Falle die Wahl des oder der Kriterien stärker reflektiert und vor allem auch theoretisch begründet werden. Dabei kann es sinnvoll werden, mehrere Kriterien einzubeziehen, wie es in einer Reihe von Studien, Tendenz steigend, auch geschieht. Warnen möchte ich allerdings vor einer Omnibus-Bewertung, bei der - ohne begründete Relevanz - einfach nur vorsichtshalber alle möglichen Kriterien erfaßt werden.

Der Bewältigungsforschung, die sich in weiten Teilen einem *subjektiven* Zugang verschrieben hat, stände zudem gut zu Gesicht, die Bewältigenden selbst danach zu fragen, welche Kriterien ihnen persönlich wichtig und für sie handlungsleitend sind (Broda 1987). Effektivität könnte so an den jeweils individuell präferierten Zielen relativiert werden (vgl. dazu den Ansatz von Perrez & Reicherts 1992). Das subjektive Urteil ist gerade auch dann gefragt, wenn ein und dieselbe Bewältigungsform im Hinblick auf unterschiedliche Kriterien mal nutzt (z.B. subjektiv entlastet), mal schadet (z.B. der physischen Gesundheit). Solche Divergenzen werden künftig zweifellos häufiger aufgedeckt, je mehr sich der Kriterienpluralismus empirisch niederschlägt (vgl. z.B. Weber et al. 1991, Muthny et al. 1992). Mit der komplexen Bewertung gehen aber neue Fragen einher: Welche Instanz entscheidet beispielsweise, welchem Kriterium bei widerstreitenden Ergebnissen der Vortritt gebührt? Wie nehmen die Betroffenen selbst Dilemmata wahr, wenn ihnen bewußt wird, daß es die allen dienliche Bewältigung nicht gibt? Und welchen Stellenwert hat ihr persönliches Urteil gegenüber den anderen Urteilsinstanzen?

Und noch ein letztes Wort zu den Kriterien. Es ist zu bedauern, daß die vorherrschende Konzentration auf meist *negativ definierte* Adaptationskriterien das Verständnis von Bewältigung inhaltlich allzu einengt. Sie festigt und tradiert die Vorstellung von Bewältigung als einem Instrument der bloßen Anpassung. Die Bewältigungsforschenden berauben sich damit der Chance, in Bewältigung mehr zu sehen als ein symptom-reduzierendes Verhalten. Daß sich Bewältigung zwischen krisenhaftem Scheitern, zwischen Katastrophen und der Erfahrung persönlichen Reifens bewegt, auf jeden Fall mit Veränderungen, mit Entwicklungsprozessen einhergeht, findet in den Kriterien keinen rechten Niederschlag (vgl. Faltermaier, in diesem Band). Der Anstoß von Antonovsky (1979; 1987), das traditionelle Denken in Krankheitskategorien durch "Salutogenese" zu ersetzen, auf das zu schauen, was gesund erhält, wird derzeit weitgehend begrüßt. Allerdings besteht hier die Gefahr, daß das Pendel zu sehr in das andere Extrem ausschlägt und die Bewältigungsforschenden nun gebannt darauf starren, was sich am Umgang mit Belastungen Positives ausmachen läßt. Die Schwierigkeit, Bewältigung irgendwo zwischen Mißerfolg und Erfolg anzusiedeln, zeigt sich schon im Umgang mit dem Begriff. Auf der einen Seite wird Bewältigung - so ein weitgehender Konsens - definiert als *alle* Bemühungen, mit einer Belastung umzugehen, gleichgültig, ob erfolgreich oder nicht. Die Umgangssprache ist hingegen nicht neutral, sie verbindet Bewältigung mit einem erfolgreichen "umgehen mit". Und bei diesem Verständnis gelangt die Bewältigungsforschung spätestens dann wieder an, wenn Formen der Auseinandersetzung mit Belastungen bewertet werden. Wir halten uns nicht wirklich an die selbstverordnete Neutralität, wir suchen - aus guten Gründen - nach Formen und Bedingungen erfolgreicher Bewältigung, was auch immer wir darunter verstehen.

4. Untersuchungsdesigns

Neben der Wahl der Kriterien ist die Frage, auf welche methodische Weise das Urteil erhoben wird, die zweite entscheidende Weichenstellung in der empirischen Effektivitätsbestimmung. In vorliegenden Forschungsarbeiten wiederholen sich vor allem drei Basisdesigns, die in Tabelle 2 zusammengestellt sind, und zwar reduziert auf die Grundform des Zusammenhangs zwischen Bewältigung und Kriterium. Variationen im Hinblick auf Längsschnittdesigns bzw. Meßwiederholungen, wie sie in verschiedenen Arbeiten realisiert werden, sind nicht ausgeführt.

Tabelle 2: Grundlegende Untersuchungsdesigns zur Bestimmung der Effektivität von Bewältigungsformen

	BEWÄLTIGUNG	KRITERIUM
DESIGN 1a	Episodenbezogene Bewältigung	Episodenbezogenes Kriterium - jede **einzelne** Bewältigungsform wird **getrennt** bewertet
DESIGN 1b	Episodenbezogene Bewältigung	Episodenbezogenes Kriterium - das Bewältigungsverhalten wird **insgesamt** bewertet
DESIGN 2a	Episodenbezogene Bewältigung	Episoden**unspezifisches** Kriterium für das gesamte Verhalten - **zeitgleich** mit Bewältigung erfaßt
DESIGN 2b	Episodenbezogene Bewältigung	Episoden**unspezifisches** Kriterium für das gesamte Verhalten - der Bewältigung zeitlich **nachgeordnet** erfaßt
DESIGN 3a	Habituelle Formen der Bewältigung	Episoden(un)spezifisches Kriterium für das gesamte Verhalten - **zeitgleich** mit Bewältigung erfaßt
DESIGN 3b	Habituelle Formen der Bewältigung	Episoden(un)spezifisches Kriterium für das gesamte Verhalten - der Bewältigung zeitlich **nachgeordnet** erfaßt
DESIGN 3c	Habituelle Formen der Bewältigung	Episoden(un)spezifisches Kriterium - jede **einzelne** Bewältigungsform wird **getrennt** bewertet

Die unterschiedlichen Bewertungsdesigns unterscheiden sich erheblich im Hinblick auf die Stringenz, mit der Bewältigung und Kriterium aufeinander bezogen werden können. Dazu zunächst einige Vorbemerkungen.

Wenn es um den Zusammenhang zwischen Bewältigung und Kriterien geht, wird in der Literatur vor allem diskutiert, wie es um den Nachweis kausaler Zusammenhänge bestellt ist. Die Diskussion reduziert sich dabei meist erfassungspragmatisch auf die Frage der zeitlichen Abfolge der Meßzeitpunkte (gesichert sein sollte, daß das vorhersagende Verhalten dem Kriterium vorhergeht) und auf die Notwendigkeit von Meßwiederholungen (vgl. zum Thema Kausalität Felton & Revenson 1984, Aldwin & Revenson 1987, Filipp et al. 1990). Angemessene Längsschnittdesigns sichern aber noch lange nicht, daß das Kriterium tatsächlich auf das zu bewertende Verhalten bezogen werden darf. Die wiederholte Erfassung von Bewältigung und Symptom-Status beispielsweise, die im Prinzip kausale Aussagen ermöglicht, bedeutet noch lange nicht, daß die bewertete Bewältigung überhaupt etwas mit den Symptomen zu tun hat - die Symptome können durch andere Faktoren bedingt sein, die aber nicht erfaßt werden. Die Tatsache, daß Symptome zum Zeitpunkt 2 vor allem durch Symptome zum Zeitpunkt 1 vorhergesagt werden können und Bewältigung kaum zusätzliche Varianz aufklärt (Felton & Revenson 1984, Aldwin & Revenson 1987), könnte ein Hinweis darauf sein, daß das Kriterium an dem zu bewertenden Verhalten vorbeigeht. Solche Probleme, die die inhaltliche Stringenz oder Passung zwischen Bewältigung und Kriterium betreffen, werden jedoch in der Diskussion weitgehend vernachlässigt.

Auch sollten sich die Bwältigungsforschenden hüten, der theoretisch bevorzugten *uni-direktionalen* Beziehung (Bewältigen geht dem Befinden voraus) allzusehr nachzuhängen. *Reziproke* Zusammenhänge tragen der Realität oft mehr Rechnung und liefern für Prävention oder Intervention nicht minder relevante Information. Wenn beispielsweise ineffektive Bewältigung und schlechtes Befinden einen Teufelskreis etablieren, so macht es letztlich keinen Unterschied für die praktische Konsequenz, daß der Zirkel an irgendeiner Stelle durchbrochen werden muß. Dabei mag es vom Einzelfall abhängen, an welcher Stelle dies am besten gelingt (vgl. für eine Diskussion unterschiedlicher Zusammenhangsmodelle Filipp et al. 1990).

Nach diesen Vorbemerkungen werden nun die einzelnen Designs, illustriert durch entsprechende Studien, kurz diskutiert. Die Auswahl der Studien ist dabei völlig willkürlich, da es nur um die Illustration geht.

Einen besonders stringenten Bezug zwischen Verhalten und Kriterium erlauben die Designs 1a und 1b, in denen Bewältigung auf eine konkrete Episode bezogen bewertet wird. In diesem Falle ist eindeutig, daß sich die Bewertung unmittelbar und zweifelsfrei auf das realisierte Bewältigungsverhalten bezieht. Beispiel für *Design 1a* ist die Studie von McCrae und Costa (1986), in der die in einer Episode realisierten Bewältigungsformen von den Studienteilnehmenden danach eingeschätzt werden, wie hilfreich sie jeweils waren, das Problem zu lösen und sich wieder besser zu fühlen (siehe auch Horowitz & Wilner 1980; CEUS-Fragebogen: Schulze et al. 1987). Muthny et al. (1992) bitten - eine Variante der formspezifischen Bewertung - die Teilnehmenden darum, die eingesetzten Bewältigungsformen in eine Rangreihe ihrer Wirksamkeit zu bringen. Im Unterschied zu Studien des Typs Design 1a, in denen Bewältigungsform *differentiell* beurteilt werden, wird in Studien des Typs *Design 1b* das Verhalten in einer konkreten Episode *insgesamt* beurteilt. Das kann entweder wiederum über die persönliche Einschätzung der Betroffenen geschehen, z.B. wie hilfreich ihr Verhalten war, negative Gefühle zu reduzieren (Weber et al. 1991). An die Stelle dieser unmittelbaren Wirksamkeitseinschätzung können auch andere, aber immer noch ereignisbezogene Kriterien treten. Bolger (1990) bemißt z.B. den Umgang mit einer Prüfungssituation an dem - selbstberichteten - Angstzustand.

Die Selbsteinschätzung der Wirksamkeit ("war hilfreich"), wie sie in Studien des Typs 1 erbeten wird, legt natürlich die Frage nahe, wie extern valide dieses Urteil ist. Das gilt jedoch für alle Kriterien, bei denen die Betroffenen die Urteilsinstanz sind, und das sind auch standardisierte Selbstbericht-Skalen. Die persönlich wahrgenommene Wirksamkeit ist in jedem Falle eine mögliche Facette des Bewältigungserfolges, auch wenn sie mit anderen nicht unbedingt zusammengeht (vgl. Muthny et al. 1992). Sie muß auch gar nicht mit anderen Urteilen übereinstimmen, denn Diskrepanzen können angesichts pluraler Kriterien an jeder beliebigen Stelle auftreten. Eine andere Frage ist es, und das ist die eigentlich entscheidende, welches Gewicht man der Selbstbeurteilung einräumt.

Ganz im Gegensatz zu *Design 1*, in dem Bewältigungsformen unmittelbar evaluiert werden, sind die *Designs 2a* und *2b* im Hinblick auf die Urteilsstringenz die problematischsten: Hier wird nämlich ein episodenspezifisches, u.U. einmaliges Verhalten mit einem unspezifischen Kriterium in Verbindung gesetzt, dessen Bezug zum Verhalten völlig willkürlich ist. So werden etwa in der Studie von Folkman et al. (1986) die Teilnehmenden gebeten, über fünf Monate hinweg einmal pro Monat das jeweils streßhafteste Ereignis der vergangenen Woche auszuwählen, dessen Bewältigung dann erfaßt wird. Als Kriterien, erhoben zum Abschluß der Ereignisreihe, sind psychische und physische Symptome definiert (Design 2b). Über die Inhalte der Streßepisoden wird nichts bekannt, und daher bleibt offen, ob der Symptomstatus überhaupt inhaltlich Sinn macht. Werden zudem Verhalten und Kriterium nur zu einem - gleichzeitigen - Zeitpunkt erfaßt (Design 2a; z.B. Mattlin et al. 1990), ist auch die Richtung des Zusammenhangs prinzipiell unklar.

In den Designs 3a und 3b geht es nun nicht länger um die Beurteilung einer aktuellen, episodenbezogenen Bewältigung, sondern um *habituelle* Bewältigungsformen. *Design 3a* sieht vor, daß habituelle Bewältigung *zeitgleich* mit Kriterien erhoben wird, die entweder ereignisspezifisch oder -unspezifisch sind; letzteres ist etwa der Fall in der Studie von Pearlin und Schooler (1978), die den Erfolg habitueller Auseinandersetzung mit familiären und beruflichen Belastungen - global - an der Reduktion von emotionalem Distreß bemessen. In Form des *Designs 3b* wird habituelle Bewältigung in Beziehung gesetzt zu Kriterien, die zeitlich *nachgeordnet* erhoben werden, dabei erneut entweder spezifisch oder unspezifisch sein können. Ein Beispiel für die Verwendung ereignisspezifischer Kriterien liefert die Studie von Krohne et al. (1989), in der u.a. habituelle Formen der Angstbewältigung in Beziehung gesetzt werden zu Indikatoren des aktuellen präoperativen Angst-Zustandes. Die Spielart *Design 3c* ist - meines Wissens nach - selten. Kröner-Herwig et al. (1988) haben diese Art der Bewertung realisiert, indem sie ihre StudienteilnehmerInnen baten, die einzelnen Formen des SVF von Janke et al. (1985) jeweils daraufhin zu bewerten, wie erfolgreich sie hinsichtlich der "Bewältigung der Situation" und der "Wiedergewinnung des seelischen Gleichgewichts" sind.

Über die direkten Evaluationsstudien hinaus wird die Frage, welche Bewältigungsformen (in)effektiv sind, auch berührt, wenn Bewältigung, episodenbezogen oder habituell, zu *Persönlichkeitsmerkmalen* in Beziehung gesetzt wird. In diesem Falle nimmt die Bewertung einen anderen Weg. Am Anfang steht nun die Frage, welche Personmerkmale effektive Bewältigung begünstigen könnten. Dem geht die implizite oder explizite Festlegung voraus, wie effektive Bewältigung aussieht, und dazu passend werden Eigenschaften ausgesucht. Beispiele für solche Merkmale, von denen angenommen wird, daß sie mit effektiver Bewältigung, und das ist in der Regel das vertraute Muster aus aktiver, emotionskontrollierter und motivierter Probleminangriffnahme, Hand in Hand gehen, sind Optimismus (Scheier & Carver 1985) oder internale Kontrollüberzeugung (für eine kritische Diskussion siehe Weber 1993a). Bei anderen Merkmalen bleibt offen, ob sie als bedingend oder einfach nur als Korrelat effektiver Bewältigung mit der Option für bi-direktionale Zusammenhänge verstanden werden. Paradebeispiel für reziproke Zusammenhänge ist das Selbstwertgefühl, das als Ressource (und damit Antezedenz-Variable) und als Folge (und damit als Kriterium) effektiver Bewältigung verstanden werden kann.

Auf ein Problem, das alle Bewertungsdesigns gleichermaßen betrifft, sollte zum Abschluß noch verwiesen werden, und das ist die Gefahr einer Konfundierung von Prädiktor und Kriterium. Es ist gerade bei weitgehend subjektiven Daten (für Belastung, für Bewältigung, für Effektivität) häufig kaum möglich, die Konzepte sauber abzugrenzen. So überschneidet sich beispielsweise das subjektive Urteil, daß sich eine Belastung gemildert habe, direkt mit der Bewältigungsform "positive Umdeutung". Ein anderes Beispiel für Konfundierung sind Items zur Erfassung von aktivem Problemlösehandeln, in denen von vorneherein vorgezeichnet ist, daß es sich um leichter lösbare Situationen handelt: "Ich wußte, was zu tun war (SIC!, A.d.V.), also verstärkte ich meine Bemühungen" oder "Ich berief mich auf vergangene Erfahrungen, ich war in einer ähnlich Situation zuvor" (Beispiele aus dem "Ways of Coping Questionnaire", Folkman & Lazarus 1988). Es wäre spannend zu überprüfen, wieviel von der empirisch nachgewiesenen Effektivität von aktivem Problemlöseverhalten bliebe, würde man auf solche Überschneidungen verzichten.

5. Hilft Bewältigung?

Ein für die Bewältigungsforschung existentielles Problem dürfte darin liegen, daß die gefundenen Zusammenhänge in der Regel geradezu enervierend schwach sind, was Aldwin und Revenson (1987) zu der Frage provoziert hat: Hilft Bewältigung? Die Frage erscheint berechtigt, erst recht, wenn man hinzunimmt, daß vor allem Zusammenhänge derart zu finden sind, daß bestimmte Bewältigungsformen das Verhalten verschlechtern - und kaum welche, die es verbessern. Bei der Suche nach Gründen für diese "Mißerfolge" mögen drei Überlegungen weiterhelfen.

Zum ersten sind schwache Zusammenhänge dort nicht verwunderlich, wo Bewältigung und Kriterium nicht stringent aufeinander bezogen sind, wie es in den Designs 2a und 2b der Tabelle 2 der Fall ist. In diesem Falle ist es nicht das Bewältigungskonzept, mit dem etwas nicht in Ordnung ist, sondern es fehlt die inhaltliche Passung von Kriterium und Prädiktor. Grundsätzlich könnten alternative Kriterien, z.B. das Ausmaß an Schadensbegrenzung, Wirksamkeit aufzeigen, die in der häufig kontextlosen Erfassung von Streßepisoden untergeht (vgl. die Diskussion bei Pearlin 1989; siehe auch Ulich et al. 1985). Es gilt also, *wirksamkeitssensible* Kriterien einzusetzen.

Ein weiterer Punkt, der mehr Beachtung verdiente, ist die möglicherweise *personspezifische* Wirksamkeit von Bewältigung. Bewältigungsformen sind unter Umständen ganz einfach dann effektiv, wenn sie, unabhängig vom Inhalt, dem persönlich präferierten Bewältigungsstil entsprechen (vgl. Krohne et al. 1989; siehe auch Engebretson et al. 1989). Solche Differenzierungen gehen aber verloren, wenn der individuelle Stil nicht als Moderatorvariable einbezogen wird. Schließlich darf die Suche nach "erfolgreicher" Bewältigung nicht dazu führen zu vergessen, daß die Bewältigungsforschung es mit einem Gegenstand zu tun hat, bei dem sich "Erfolg" im Sinne der geläufigen Kriterien eben *nicht* einstellt, gar nicht einstellen kann. Daher kann auch die "salutogenetische" Orientierung (Antonovsky 1987) nicht zum neuen Standard werden. Menschen als das Leitbild vor Augen zu haben, die trotz widrigster Umstände Haltung bewahren, wäre eine Arroganz gegenüber denen, die dem hohen Ideal nicht genügen. Dies geht allein schon deshalb nicht, weil effektive Bewältigung nur zu einem Teil Sache des einzelnen ist. Zum einen wird Bewältigung durch *soziale Regeln* mitbestimmt, die nachhaltig die persönliche Gestaltungsfreiheit beschneiden. Die Bewältigungsforschung orientiert sich hingegen gern an der Fiktion einer autonomer Bewältigungswahl (Weber 1992b). Zum anderen können Probleme soziostruktureller Natur sein, und die Bewältigungsforschung sollte die soziologische Perspektive nicht aus den Augen verlieren (vgl. Faltermaier, in diesem Band, Klauer & Filipp 1990, Lazarus 1991, Pearlin 1989). Schließlich bleiben Belastungen unkontrollierbar, unverständlich, tragisch. In diesem Falle zu fordern, sich in das Unvermeintliche zu fügen, wie es ja implizit in Kriterien der psychosozialen Anpassung geschieht, ist, wie alles, was mit Bewertung zu tun hat, eine normative Vorgabe der Forschenden (vgl. Broda 1987, Filipp & Klauer 1991, Weber 1993a). Wir sollten ebenso häufig über unsere Ideologien wie über unsere Forschungsergebnisse reden.

Korrelate der Überlebenszeit bei Krebspatienten: Ergebnisse einer follow-back-Studie

Dieter Ferring, Sigrun-Heide Filipp und Thomas Klauer

Zusammenfassung

Im Rahmen einer umfassenden Längsschnittstudie zum Verlauf der Krankheitsbewältigung und Krankheitsanpassung bei N = 332 Krebspatienten wurde innerhalb der hier berichteten Teilstudie eine Gruppe von Patienten, die nach dem letzten Erhebungszeitpunkt verstorben waren, mit einer hinsichtlich demographischer und einiger medizinischer Variablen weitgehend parallelisierten Gruppe von noch lebenden Patienten in einer Reihe von Merkmalen verglichen (follow back-Betrachtung). Insbesondere sollten der zeitliche Verlauf von "Hoffnungslosigkeit" und "emotionaler Gestimmtheit" sowie von Formen des Bewältigungsverhaltens vergleichend betrachtet und die Frage, ob etwaige Unterschiede für eine "Akzeptanz" des Todes sprechen, beantwortet werden. Die Ergebnisse sprechen für bedeutsame Unterschiede zwischen beiden Patientengruppen und werfen vor allem die Frage nach der Bedeutungshaltigkeit von "Akzeptanz" und "Hoffnung" bei Patienten im terminalen Stadium auf.

Summary

Within a prospective longitudinal study aimed at investigating the temporal course of coping with cancer patients who had died after the last time of measurement were matched with a group of survivors with respect to some relevant variables. Decedents and survivors were, then, compared in a follow-back perspective concerning coping behaviors and emotional adjustment. Analyses yielded significant differences between both groups, and results are discussed with regard to stage models of coping with death and the various meanings of "hope" in to terminally ill patients.

Problemstellung

Eine Vielzahl jener psychologischen Studien, die sich mit Prozessen der Krankheitsbewältigung bei Krebspatienten beschäftigt haben, war auch dem Problem der Überlebenszeit gewidmet (z.B. Greer 1991). Dabei schien es offenbar besonders reizvoll, die Überlebenszeit nicht nur aus medizinischen Merkmalen, sondern auch aus psychologischen Variablen vorherzusagen. Schon als "klassisch" zu nennen ist die Studie von Derogatis et al. (1979). In dieser prospektiven Studie wurden N=35 Patientinnen mit metastasierendem Mammakarzinom hinsichtlich ihrer affektiven Gestimmtheit untersucht und im Rahmen einer follow up-Erhebung ein Jahr später wieder kontaktiert. Dabei zeigte sich, daß die Patientinnen, die zu diesem Zeitpunkt bereits verstorben waren, bei der Eingangserhebung weitaus geringere Werte in negativen Affekten (Angst, Schuld, Depression und Feindseligkeit) und deutlich höhere Werte in positiven Affekten aufwiesen als die Patientinnen, die nach einem Jahr noch am Leben waren. In einer Replikation dieser Studie an N=26 Patienten mit metastasierendem Hodenkrebs (Edwards et al. 1985) zeigte sich bei einer follow up-Untersuchung nach sieben Jahren, daß ähnliche Unterschiede im Affektausdruck zwischen Überlebenden und verstorbenen Patienten bei der Ersterhebung vorgelegen hatten. Ähnlich wird von Jensen (1987) berichtet, daß Rezidivbildung und Metastasierung bei Brustkrebspatientinnen (beobachtet über den Zeitraum von zwei Jahren) signifikant korreliert waren mit einer ursprünglich "repressiven Verarbeitung" der Diagnose und insgesamt reduziertem Affektausdruck.

Solche Forschungsarbeiten, die in methodischer Hinsicht zweifellos nicht jeder Kritik standhalten können, gehen bekanntlich zurück auf psychodynamische Theorien der Krankheitsentstehung und -verarbeitung (z.B. Engel & Schmale 1967). Inzwischen hat dieser Ansatz aber auch neuen Aufwind durch psychoneuroimmunologische Arbeiten erhalten, in denen - ganz generell gesprochen - die Beziehungen zwischen psychischen Merkmalen (z.B. Affektverarbeitung) und Indikatoren des Immunstatus analysiert werden (zum Überblick z.B. Dorian & Garfinkel 1987). Beispielhaft zu nennen sind hier die Studien aus dem Arbeitskreis um Levy (vgl. Levy & Wise 1988). In einer Arbeit betrachteten diese Autoren etwa die Aktivität der natürlichen Killer-Zellen bei Brustkrebspatientinnen, und sie stellten fest, daß für diesen Parameter die Einschätzungen der Patientinnen, daß die ihnen durch andere Menschen gewährte Unterstützung "defizitär" sei, wie auch die Fremdeinschätzung, die Patientinnen seien "an die Krankheit wohlangepaßt", gewichtige Prädiktoren darstellen.

Natürlich erfordert dieser Typ von Studien, daß das Krankheitstadium zum ersten Erhebungszeitpunkt genau erfaßt wird, so daß sein (unabhängiger) Effekt auf den weiteren Krankheitsverlauf kontrolliert werden kann. Auch wenn dies nicht immer klar mitgeteilt wird und zuweilen ein "optimistischer Bias" in der Bewertung des Einflusses psychischer Faktoren auf den Krankheitsverlauf bei Krebspatienten zu konstatieren ist (z.B. Cassileth et al. 1985), so scheint doch, wie auch die genannte Übersichtsarbeit von Greer (1991) zeigt, die - im statistischen Sinne - eigenständige Rolle psychischer Variablen in der Vorhersage der Überlebenszeit von Krebspatienten hinreichend belegt.

Wie unschwer erkennbar ist, hat in dieser Forschungsrichtung der Faktor "Überlebenszeit" den Status einer abhängigen Variablen erhalten und diente so als Deckvariable für die unterschiedlichsten Prozesse. Nun kann man aber "Überlebenszeit" auch in dem Sinne konzipieren, daß man sie als Korrelat psychischer Vorgänge betrachtet und analysiert, inwieweit Unterschiede in der Überlebenszeit sich in einzelnen psychischen Variablen abbilden. Man kann sich dabei vor allem auf gerontologische Studien beziehen, die mehrfach darauf verwiesen haben, daß die Variable "Zeitliche Nähe zum Tod" bei alten Menschen eine aussagefähigere Variable darstellt als das kalendarische Alter der Person - etwa wenn es um "Abbau" im kognitiven Bereich geht (z.B. Jarvik & Bank 1983). Dadurch angeregt, haben wir innerhalb der "Trierer Längsschnittstudie der Krankheitsbewältigung"[1], die den Determinanten und Folgen unterschiedlicher Bewältigungsformen

---

1   Die Studie wurde von 1983 bis 1987 durch die Deutsche Forschungsgemeinschaft gefördert (Fi 346/1-3).

gewidmet war, im Rahmen einer Teilstudie (vgl. Filipp 1992) einen ähnlichen Weg verfolgt: Es ging uns nicht darum, eine follow up-Perspektive einzunehmen und Unterschiede im Krankheitsverlauf oder in der Überlebenszeit von Patienten vor-herzusagen; vielmehr sollte im Sinne einer follow back-Betrachtung geprüft wer-den, inwieweit Patienten, die innerhalb des Untersuchungszeitraumes verstorben waren, sich bereits zu früheren Meßzeitpunkten in Merkmalen der Krankheitsbe-wältigung und der psychischen Befindlichkeit von überlebenden Patienten unter-schieden haben und welche der von uns betrachteten Merkmale dafür besonders "sensitiv" sind.

Methode: Patientenstichprobe

In Zusammenarbeit mit verschiedenen Einrichtungen der Akutmedizin und Nach-sorge/Rehabilitation wurden in der o.g. Längsschnittstudie N = 332 Krebspatienten zum ersten Erhebungszeitpunkt kontaktiert. Männer und Frauen sind in der Stich-probe mit vergleichbaren Anteilen repräsentiert (n = 154 Männer, n = 178 Frauen); die Alterspanne weist eine Streubreite von 15 bis 77 Jahren auf mit einem Mittel-wert von M = 51 Jahren. Das "Diagnosealter", definiert durch das Zeitintervall zwi-schen Erstdiagnose und Befragung im Rahmen der Untersuchung, reicht von 1 Woche bis 840 Wochen mit einem Mittelwert von M = 112 Wochen; für etwa die Hälfte der Patienten liegt die Diagnosestellung weniger als zwölf Monate zurück.

Hinsichtlich der Tumorlokalisation bilden die Mammakarzinompatientinnen die größte homogene Teilstichprobe (n = 83) gefolgt von Patient(inn)en mit Tu-moren im Ausscheidungs- und Verdauungstrakt (n = 63), Tumoren im Mund-, Hals- und Kehlkopfbereich (n = 47) sowie malignen Systemerkrankungen (n = 43). Bei 80 Prozent der Patient(inn)en war ein chirurgischer Eingriff vorgenommen worden; 50 Prozent hatten Radiotherapie und 25 Prozent Chemotherapie erhalten. Bei n = 128 Patienten war bereits vor der Teilnahme an der Un-tersuchung ein Rezidiv diagnostiziert worden.

Nach dem ersten Erhebungszeitpunkt schieden n = 61 Personen, nach dem zweiten Erhebungszeitpunkt n = 53 aus der Untersuchung aus; nach dem dritten Erhebungszeitraum reduzierte sich die Stichprobe um weitere n = 16 Personen, so daß letztendlich für eine Stichprobe von N = 202 Personen Daten aus dem ge-samten Längsschnitt (Untersuchungszeitraum 1 Jahr; follow up-Erhebung nach ei-nem weiteren Jahr) vorliegen. Eine Analyse dieses drop-outs (siehe Ferring et al. 1990) ergab, daß im gesamten Längsschnitt n = 56 Personen verstorben waren. Jene Patienten, die nach Ablauf des ersten Jahres verstorben waren, für die aber Daten der ersten vier Erhebungszeitpunkte vollständig vorliegen, wurden als Teilstichprobe ausgewählt; dieser Teilstichprobe wurde eine hinsichtlich rele-vanter demographischer, aber auch hinsichtlich der zu t_1 über Befragung des be-handelnden Arztes erfaßten medizinischen Merkmale parallelisierte Vergleichsgruppe solcher Patienten zugeordnet, die nach dem vierten Erhebungszeitpunkt noch am Leben waren.

Diese Matchingprozedur war - wie nicht anders zu erwarten - unterschiedlich erfolgreich mit Blick auf die einzelnen Variablen. Bezogen auf Alter, Geschlecht und einige medizinische Variablen (Tumorlokalisation, Lymphknoteninvasion, Grad der Metastasierung und Multimorbidität) gab es zwischen den beiden Gruppen keine bedeutsamen Unterschiede. Wohl aber unterschieden beide Gruppen sich bezüglich Tumorgröße, Zahl der bisherigen Rezidive und der ärztlichen Prognose des Krankheitsverlaufs; in diesen Merkmalen hatte die Gruppe der Verstorbenen bereits zu t_1 signifikant ungünstigere Werte. Da es aber - wie erwähnt - nicht um die Vorhersage der Überlebenszeit ging, die - sofern überhaupt möglich - eine "perfekte" Parallelisierungsprozedur vorausgesetzt hätte, sondern um psychische Korrelate der unterschiedlichen medizinischen Ausgangssituation und des weiteren Krankheitsverlaufs, waren diese Gruppenunterschiede weniger bedeutsam. Im Zentrum der Aufmerksamkeit stand also die Frage, in welcher Weise sich die unterschiedliche Distanz zum Tod in Aspekten der psychischen Befindlichkeit der Patienten abbildet. Ziel war es somit auch, die bislang spärliche *empirisch* gewonnene Evidenz dazu, ob und in welchem Maße terminale Krebspatienten tatsächlich ein letztes Stadium der "Akzeptanz" erreichen, um ein kleines Befundstück zu ergänzen.

Merkmalsstichprobe

Daß die Definition dessen, was den "Erfolg" der Auseinandersetzung mit lebensbedrohlichen Erkrankungen ausmacht, vage und mehrdeutig ist (z.B. Lebensqualität oder Lebensdauer), braucht nicht besonders betont zu werden (hierzu Filipp & Klauer 1991). Auch bietet die bisherige thanatopsychologische Forschung kein gutes Instrumentarium dafür, jene Facetten des Verhaltens und Erlebens, in denen sich die "Akzeptanz des Todes" erkennen ließe, konzeptuell adäquat abbilden und entsprechende individuelle Unterschiede auch valide messen zu können. Da in der Gesamtstudie zwei Indikatoren der psychischen Befindlichkeit der Patienten, nämlich "Verlust von Hoffnung" ("hopelessness") und "emotionale Gestimmtheit" in ihrer Relation zu Formen des Bewältigungsverhaltens von großer Bedeutung waren, haben wir diese auch für die vorliegende Teilstudie betrachtet und auf Differenzen zwischen beiden Patientengruppen hin überprüft. *Hoffnungslosigkeit* stellt nach Beck et al. (1974) ein zentrales Charakteristikum depressiver Stimmungslagen dar, das gerade in der Auseinandersetzung mit schweren körperlichen Erkrankungen als bedeutsam gesehen wird. Hoffnungslosigkeit steht für ein System individueller negativ getönter Erwartungen, die vor allem auch die Ablösung von bisherigen Zielbindungen indizieren sollen. Inter- und intraindividuelle Unterschiede im Ausmaß der Hoffnungslosigkeit sollten mittels einer deutschen Version (Krampen 1979) der von Beck et al. veröffentlichten Skala (vierstufige Antwortskala mit den Polen "trifft gar nicht zu" bis "trifft voll und ganz zu"; Aggregation zu einem Gesamtpunktwert) erfaßt werden (hierzu Ferring 1987). Die *emotionale Gestimmtheit* der Patient(inn)en wurde über die "Befindlichkeitsskala" (Bf-S von v. Zerssen 1976) erfaßt. Das Verfahren umfaßt 28 Adjektivpaare, die jeweils positive resp. negative Stimmungszustände (z.B. heiter vs. ernst, aufgeschlossen vs. gehemmt) abbilden und hinsichtlich derer die Person sich mittels einer fünfstufigen Skala selbst beschreiben soll. Auch hier läßt sich ein Gesamtpunktwert bilden, der das Ausmaß positiver vs. negativer emotionaler Befindlichkeit abbilden soll.

Für beide Merkmale liegen Vergleichswerte zu Stichproben gesunder Personen vor. Es zeigte sich, daß der (retransformierte) Mittelwert der hier untersuchten Gesamtstichprobe der Krebspatienten mit dem der Bf-S-Eichstichprobe bei den Patienten eine deutlich negativer getönte emotionale Befindlichkeit anzeigt. Interessanterweise aber läßt sich ein entsprechender Unterschied der gesamten Patientengruppe zu einer unselektierten Stichprobe von N = 218 gesunden Erwachsenen in bezug auf das Ausmaß an "Hoffnungslosigkeit" nicht feststellen. Dies zeigt, daß es - im statistischen Mittel gesehen - den Patienten sehr gut gelingt, die mit der Krankheit einhergehende Belastung und Bedrohung so zu bewältigen, daß sie "Hoffnung" aufrechterhalten können.

Gerade vor diesem Hintergrund waren die einzelnen Formen des *Bewältigungsverhaltens* von großem Interesse. Diese wurden über den "Fragebogen zur Erfassung von Formen der Krankheitsbewältigung" (FEKB; vgl. Klauer et al. 1989) zu allen vier Meßzeitpunkten erhoben. Diesem Verfahren liegt ein invariantes dreidimensionales Schema zur Klassifikation von Bewältigungsverhalten zugrunde, das zwischen (1) Verhaltens- und Kontrollebene (aktional/innerpsychisch), (2) Soziabilität (hoch/niedrig) und (3) Aufmerksamkeitsorientierung (auf die Krankheit zentriert/dezentriert) differenziert. Die 64 Items des Fragebogens, die größtenteils aus einschlägigen Arbeiten zu Formen der Krankheitsbewältigung gewonnen wurden, sind auf die acht Kategorien dieses Schemas gleichverteilt; auf faktorenanalytischem Wege wurden allerdings fünf Formen des Bewältigungsverhaltens bei diesen Patienten ermittelt, die kurz dargestellt werden. Die Skala *Rumination* umschreibt sozial zurückgezogenes und grüblerisches Verhalten, das gedanklich überwiegend in die Vergangenheit gerichtet ist (z.B. "Ich habe versucht zu ergründen, ob ich etwas falsch gemacht habe"), das von seinem Itemgehalt her allerdings nichts mit dem vor allem in der Gerontopsychologie beschriebenen Phänomen des "Reminiszierens" (zum Überblick z.B. Thornton & Brotchie 1987; siehe auch Filipp & Buch-Bartos 1992) zu tun hat. Die zweite Skala, *Suche nach sozialer Einbindung*, umfaßt aktionale Bewältigungsformen unter Hinwendung zu anderen Personen (z.B. "Ich habe versucht, mich anderen Menschen nützlich zu machen"). Die dritte Bewältigungsform, *Bedrohungsabwehr*, ist als intellektualisierendes Bewältigungsverhalten zu beschreiben, das Elemente wie "positives Denken", "Rationalisierung" und "Bagatellisierung" wie auch eine kämpferische Haltung gegenüber der Erkrankung enthält. Die vierte Skala wurde als *Suche nach Information und Erfahrungsaustausch* beschrieben und bildet offen gezeigtes Bestreben ab, mehr über die eigene Erkrankung zu erfahren. Die Skala *Suche nach Halt in der Religion* schließlich umfaßt drei sehr konsistent ladende Items, die ausschließlich religiös orientierte Verhaltensweisen ansprechen (z.B. "Ich betete und suchte Trost im Glauben").

Für den hier dargestellten Teil unserer Studie wurden - der Zielsetzung entsprechend - im wesentlichen Unterschiede zwischen der Gruppe der Verstorbenen und der Gruppe der überlebenden Patienten im *zeitlichen Verlauf* der erfaßten Merkmale betrachtet.

Ergebnisse

Zunächst ist festzuhalten, daß sich für die *Gesamt*stichprobe hohe Positions- und Niveaustabilitäten sowohl in Formen des Bewältigungsverhaltens als auch in Merkmalen der psychischen Befindlichkeit zeigten. Dieses Bild wird jedoch relativiert, wenn man eine vergleichende Betrachtung der verstorbenen und der noch lebenden Patienten - zunächst einmal für den Verlauf in dem Merkmal "Hoffnungslosigkeit" - anstellt. Wie Abbildung 1 zeigt, weist Hoffnungslosigkeit nur in der Gruppe der Überlebenden eine hohe Niveaustabilität auf, d.h. sie bleibt im Mittel über den betrachteten Zeitraum hinweg unvermindert gering, während die entsprechenden Werte bei den verstorbenen Patienten zwischen t_2 und t_4 drastisch angestiegen sind.

Dieser Unterschied zwischen beiden Patientengruppen erscheint deshalb ganz besonders bemerkenswert, als beide sich ja bereits zu t_1 in relevanten Merkmalen des Krankheitsstadiums unterschieden haben, *ohne* daß sich dies zu Beginn der Untersuchung bereits im Ausmaß der "Hoffnungslosigkeit" niedergeschlagen hätte. Zu diesem Zeitpunkt war offenbar Hoffnungslosigkeit unabhängig davon, wie schwer erkrankt die Patienten tatsächlich waren. Wohl aber zeigt die dann zu beobachtende Zunahme an Hoffnungslosigkeit über den Zeitraum von einem Jahr in der Gruppe der Verstorbenen, daß "Hoffnung" in größerer zeitlicher Nähe zum Tod verloren geht ($t = 2,16$, $p < .05$). Diese Befunde belegen nicht nur, daß das hier betrachtete Merkmal (und seine Messung) sehr sensitiv für diese Facette von "Zeit" ist, sie belegen auch, daß das Gefühl der Hoffnungslosigkeit (in der hier betrachteten Variante) offenbar eine psychische Konkomitante des Sterbeprozesses ist.

Betrachtet man daneben die emotionale Gestimmtheit, so wird aus dem Verlauf der Bf-S-Werte ebenfalls deutlich, daß die Unterschiede zwischen den Überlebenden und den Verstorbenen zu den früheren Meßzeitpunkten zunächst unerheblich sind. Wohl aber differieren beide Gruppen wiederum zum letzten Erhebungszeitpunkt hochsignifikant ($F = 7.29$; $p < .01$), indem die Gruppe der Verstorbenen im zeitlichen Verlauf eine zunehmend schlechtere emotionale Befindlichkeit aufweist.

Nun wurde wiederholt argumentiert, daß die eben beschriebenen Unterschiede in Hoffnungslosigkeit und emotionaler Gestimmtheit nicht unmittelbarer Ausdruck des unterschiedlichen Krankheitsstadiums sein müssen, sich sonst bereits zu t_1 entsprechende Unterschiede hätten zeigen müssen. Vielmehr liegt die Vermutung nahe, daß selbst im Angesicht von (mehrmaliger) Rezidivbildung und einer ungünstigen Prognose, wie dieses für die Gruppe der später Verstorbenen bereits zu Untersuchungsbeginn festgestellt worden war, Bewältigungsprozesse in dem Sinne wirksam waren, daß "Hoffnung" lange Zeit aufrechterhalten werden konnte. Vor diesem Hintergrund erhebt sich daher die Frage, in welchen Facetten des *Bewältigungsverhaltens* sich beide Gruppen über die Zeit hinweg unterschieden haben.

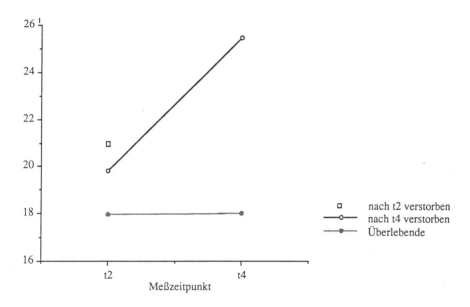

Abb. 1: Mittelwertsverlauf in einem Maß der Hoffnungslosigkeit bei verstorbenen und überlebenden Patienten zu zwei Erhebungszeitpunkten

Ein entsprechender Vergleich erbrachte in der Tat statistisch bedeutsame Unterschiede für zwei der fünf untersuchten Formen des Bewältigungsverhaltens. Während in beiden Gruppen die beobachtete Häufigkeit bedrohungsabwehrender Reaktionen über den Untersuchungszeitraum kontinuierlich abnahm und Suche nach Information und Erfahrungsaustausch in *beiden* Gruppen unverändert blieb, zeigten sich statistisch bedeutsame Interaktionen (Meßgelegenheit mal Gruppenzugehörigkeit) für die Bewältigungsformen "Suche nach sozialer Einbindung" und "Suche nach Halt in der Religion".

Wie Abbildung 3 entnommen werden kann, war *Suche nach Halt in der Religion* in der Gruppe der Verstorbenen bedeutend häufiger zu beobachten als in der Gruppe der Überlebenden; dabei wurde dieser Unterschied zu den späteren Meßgelegenheiten noch wesentlich akzentuierter (F = 3,53, p < .05). Nun muß man beachten, daß diese Bewältigungsform sich in allen Analysen (d.h. in der Gesamtstichprobe wie auch in den hier betrachteten Teilstichproben) als völlig unkorreliert mit den hier betrachteten Indikatoren der psychischen Befindlichkeit erwiesen hat und man daher - mit Blick auf *diese* Indikatoren - die Tendenz, Halt in der Religion zu suchen, kaum als "Bewältigungsressource" im Angesicht des bevorstehenden Todes ansehen kann (vgl. Filipp 1992).

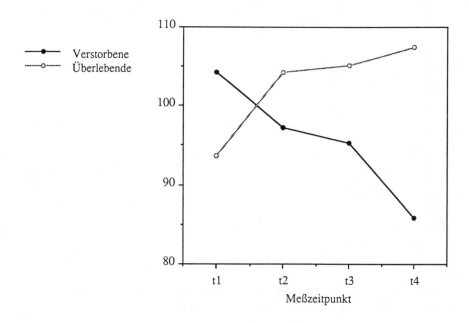

Abb. 2: Verlauf der emotionalen Gestimmtheit bei verstorbenen und überlebenden Patienten über vier Erhebungszeitpunkte

Betrachtet man Bewältigungsverhalten in Form der *Suche nach sozialer Einbindung*, so lassen beide Gruppen zunächst einen vergleichbaren Anstieg zwischen den Meßgelegenheiten t_1 und t_2 erkennen (vgl. Abb. 3). Doch im weiteren zeitlichen Verlauf deuten sich auch hier differentielle Reaktionsmuster an: Während

die Häufigkeit affiliativer Bewältigungsreaktionen in der Gruppe der Überlebenden stabil blieb, zeigte sich in der Gruppe der Verstorbenen zwischen t_3 und t_4
eine deutliche Abnahme (F = 4,54; p < .05).

Vermutlich ist gerade diese Form der Krankheitsbewältigung sehr von dem
funktionalen Status der Patienten abhängig, so daß eine fortschreitende Verschlechterung ihres Zustandes die Möglichkeiten affiliativer Bewältigungsreaktionen stark eingeschränkt haben mag. Da Suche nach sozialer Einbindung nun aber
in negativem Zusammenhang mit Hoffnungslosigkeit und emotionaler Gestimmtheit steht und auch *Veränderungen* in diesen Merkmalen vorhersagt (hierzu Filipp
et al. 1990), mag der Anstieg in Hoffnungslosigkeit bei den verstorbenen Patienten
auch auf die beobachtete Abnahme von sozialen Interaktionen zurückzuführen
sein. Umgekehrt scheint die Annahme berechtigt, daß die Möglichkeit, im Zuge
der Krankheitsbewältigung auf andere Personen zurückgreifen zu können, der
Aufrechterhaltung von Hoffnung dienlich war. Zudem deuten die Daten auch
einen (wenngleich statistisch nicht signifikanten) Anstieg der Häufigkeit ruminativer Gedanken und temporaler Vergleiche in der Gruppe der Verstorbenen an, die
offensichtlich Gefühle der Hoffnungslosigkeit begleiten, die allerdings - wie erwähnt - nicht zu verwechseln sind mit den am Lebensende u.U. höchst adaptiven
Prozessen der Lebensrückschau und -bilanzierung, wie sie u.a. aus gerontopsychologischer Perspektive beschrieben werden.

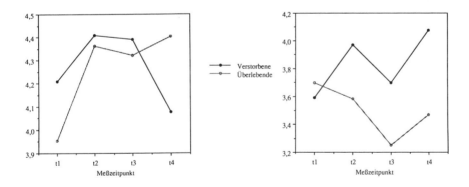

Abb. 3: Mittelwertsverlauf von Suche nach sozialer Einbindung (linke Abb.) und Su
che nach Halt in der Religion (rechte Abb.) bei verstorbenen und über
lebenden Patienten über vier Erhebungszeitpunkten

Diskussion

Bevor die dargestellten Ergebnisse kurz zusammenfassend diskutiert werden, ist darauf hinzuweisen, daß im Rahmen des gewählten methodischen Vorgehens natürlich von der Situation des einzelnen Patienten abstrahiert werden muß und damit dem individuellen Verlauf in der Auseinandersetzung mit dem nahenden Tod - wie dies etwa für klinische Studien typisch sein mag - kaum Rechnung getragen werden kann. Die Teilstudie, über die hier berichtet wurde, kann lediglich einen Ausgangspunkt für eine deutlicher prozeßorientierte Forschung (etwa im Rahmen der small-N Methodologie, vgl. Petermann 1987) markieren, die u.U. einen "sensibleren" Zugang zu dem hier betrachteten Forschungsproblem darstellt.

Gleichwohl scheinen die Ergebnisse mit Blick auf die in der Literatur diskutierten "Phasenmodelle" der Bewältigung (hierzu Wortman & Silver 1992) sehr aufschlußreich. Bekanntlich wird dort - mehr oder minder universalistisch - ein letztes Stadium des "Akzeptierens" postuliert, ohne daß die erforderliche Explikation von "Akzeptanz" dort geleistet wurde. Nur außerhalb des Forschungsbereiches "Krankheitsbewältigung", in dem es *allgemein* um die Bewältigung traumatischer Erfahrungen (z.B. Opfer eines Gewaltverbrechens geworden zu sein) geht, wird das Erreichen des Stadiums der "Akzeptanz und Lösung" zuweilen daran festgemacht, wie häufig sich Erinnerungen an das Geschehen "aufdrängen", die nicht nur für das emotionale Wohlbefinden, sondern auch für die Alltagsbewältigung "dysfunktional" sind ("Intrusivität" von Gedankeninhalten, vgl. Ferring & Filipp 1992, Horowitz 1982). Wenn es um die Auseinandersetzung mit dem eigenen nahenden Tod geht, läßt sich das, was "Akzeptanz" heißen soll, sicherlich ganz unterschiedlich inhaltlich fassen. In der vorliegenden Studie, die von ihrer *Ausgangs*fragestellung nicht auf dieses Problem gerichtet war, sollte durch die simultane Betrachtung des Verlaufs von "Hoffnungslosigkeit" und "emotionaler Gestimmtheit" in einer Gruppe von später verstorbenen und einer Vergleichsgruppe nicht verstorbener Krebspatienten eine solche Bestimmung von "Akzeptanz" geleistet werden. Nun mag man für die Gruppe der Versuchspersonen in dem beobachteten Anstieg der Hoffnungslosigkeit etwas erkennen, was andernorts als "depressiver Realismus" (Alloy & Abramson 1988) oder "realistischer Pessimismus" (Frese 1992) bezeichnet wurde; es mag dies die Einsicht dieser Patienten in ihre "hoffnungslose" Lage widerspiegeln, aber auch ihre Fähigkeit, Zielbindungen, denen sie bislang verpflichtet waren, "loslassen" zu können. In diesem Sinne könnte man Hoffnungslosigkeit in der Tat als Ausdruck der "Akzeptanz" des nahen Todes und als Beleg für das Erreichen des letzten Stadiums im Bewältigungsprozeß deuten. In einer solchen Betrachtung stünde dann eine eher "kognitive" Komponente von Hoffnungslosigkeit im Vordergrund, die durchaus konnotativ verknüpft sein könnte mit "Ruhe", "Weisheit" oder "Gelassenheit".

Richtet man das Augenmerk allerdings stärker auf die "emotionale" Komponente von Hoffnungslosigkeit, so beginnt das Bild zu "kippen": Die signifikante Zunahme der negativen emotionalen Gestimmtheit innerhalb der Gruppe der Verstorbenen läßt es als wenig angemessen erscheinen, die genannten positiven

Konnotationen von "Hoffnungslosigkeit" mitzudeuten. Vielmehr stellt sich vor diesem Hintergrund das letzte Stadium eher dar als eines der Verzweiflung denn der Akzeptanz und Ruhe. Der Aphorismus "Die Zeit ist eine mächtige Meisterin; sie bringt alles in Ordnung" (Corneille 1959; Übersetzung durch die Verfasser) scheint für diese Patienten im Angesicht des nahenden Todes keine Geltung zu besitzen.

Die Ergebnisse relativieren u.E. somit auch den Stellenwert von Bewältigungskonzeptionen, die z.B. die Bedeutsamkeit positiver Illusionen (Taylor 1989), einer kämpferischen Einstellung (Greer 1991) oder eines konstruktiven Denkens (Epstein 1992) akzentuieren. Ganz offenbar sind solche Konzepte von deutlich begrenztem explanativen oder prädiktiven Wert, wenn es darum geht, Prozesse der Auseinandersetzung mit dem herannahenden Tod abzubilden. Ob allerdings die hier dargestellten Befunde tatsächlich im Widerspruch zu dem Postulat der "Akzeptanz des Todes" (auch Kübler-Ross 1974) stehen, wird sich wohl erst dann klären lassen, wenn "Hoffnungslosigkeit" eine schärfere begriffliche Analyse erfahren hat und eine darauf aufbauende Messung bei Patienten im Terminalstadium möglich geworden ist.

Emotionale Reagibilität, Bewältigungsstrategien und Alkoholismus[1]

Ursula Scherer und Klaus Scherer

Zusammenfassung

Die Durchsicht der relevanten Literatur zum Thema Alkoholismus und Emotionalität läßt auf ein schwerwiegendes Forschungsdefizit in diesem Bereich schließen. Da jedoch die Forschung zum Zusammenhang zwischen Persönlichkeitsfaktoren und Alkoholmißbrauch eine große Zahl emotional-motivationaler Verhaltensdispositionen aufgezeigt hat, die bei Alkoholikern und Nicht-Alkoholikern unterschiedlich stark ausgeprägt sind, erschien es wahrscheinlich, daß sich diese Personengruppen sowohl hinsichtlich ihrer habituellen emotionalen Reagibilität als auch in der Auswahl der Strategien zur Bewältigung emotionaler Belastungssituationen unterscheiden.

Zur Untersuchung dieser Fragestellungen wurde ein Instrument zur Messung der emotionalen Reagibilität entwickelt (EMOT-I) sowie ein von den Autoren neuentwickeltes, theoretisch abgesichertes Instrument zur Ermittlung von Bewältigungsstrategien (COP-I) zum Einsatz gebracht. Beide Fragebögen wurden von drei Respondentengruppen beantwortet: von 67 männlichen Respondenten ohne auffälligen Alkoholkonsum, von 33 männlichen Alkoholikern in vier Fachkliniken sowie 27 männlichen Trockenen Alkoholikern aus Selbsthilfegruppen.

Da sich diese drei Gruppen relativ stark hinsichtlich Alter und Schulbildung unterschieden, wurden die mit Hilfe einer Regressionsanalyse um den Einfluß dieser Variablen bereinigten Werte der Respondenten auf den Untersuchungsinstrumenten für die Ermittlung der Gruppenunterschiede verwandt. Den Erwartungen entsprechend scheint die emotionale Reagibilität der Alkoholiker stärker durch Ärger und Wut gekennzeichnet zu sein als diejenige der Nicht-Alkoholiker und der Trockenen Alkoholiker. Zur Bewältigung emotionaler Belastungen verwenden Alkoholiker in größerem Ausmaß dysfunktionale Strategien wie "Wunschdenken" und "Befriedigung verschaffen" und weniger häufig funktionale Strategien wie "Problemlösen". Betrachtet man allgemeinere Coping-Dimensionen, auf die die einzeln ermittelten Bewältigungsstrategien zurückgeführt werden können, so zeigt sich, daß Alkoholiker im Vergleich zu Normalen Trinkern und Trockenen Alkoholikern Strategien bevorzugen, die sich auf die Bewältigung emotionaler Reaktionen und die Vermeidung konstruktiver Lösungen beziehen.

Summary

The scarcity of relevant literature concerning the relationship between emotionality and alcoholism indicates a rather substantial research deficit in this domain. However, many of the personality traits which seem to differentiate alcoholics and non-alcoholics are linked to motivational or emotional factors. To investigate the question whether habitual emotionality and coping strategies of these groups are in fact consistently different, two newly developed questionnaires, EMOT-I, an instrument measuring habitual emotional reactions, and COP-I, a theoretically based inventory of typical coping strategies, were administered to 67 male non-alcoholics, to 33 male alcoholics in four specialized hospitals, and to 27 dry alcoholics. Because of systematic differences in age and education, these variables were regressed on the respondents' scores on the two instruments and the residuals were used to assess differences among the three groups. As expected, in comparison with non-alcoholics

---

1 Die hier berichtete Untersuchung wurde im Rahmen eines durch die Schweizerische Stiftung für Alkoholforschung und das Laboratoire d'Evaluation Psychologique der Universität Genf geförderten Forschungsprojekts durchgeführt. Der Text des Beitrags beruht in Teilen auf dem unveröffentlichten wissenschaftlichen Endbericht des Projekts (Scherer & Scherer 1991).

and dry alcoholics, alcoholics tend to react to emotionally stressful situations more frequently with anger and rage. To cope with stress situations they more frequently use relatively dysfunctional strategies like "wishful thinking" and "self gratification" rather than more functional strategies like "problem solving".

1. Fragestellung

Obschon die Zahl der Arbeiten zu Erscheinungsform und Ätiologie von Alkoholmißbrauch und Alkoholabhängigkeit ständig ansteigt und zahlreiche biologische und psychische Faktoren empirisch untersucht werden, zeigt sich aus psychologischer Sicht eine Reihe von Forschungslücken, insbesonders im Bereich der Emotionalität und der eng damit verbundenen Problematik der Bewältigung von Streß- und Krisensituationen. Dies ist um so erstaunlicher, als die intensive Suche nach prädisponierenden Persönlichkeitseigenschaften eine Vielfalt emotional-motivational orientierter Verhaltensdispositionen erbracht hat, wie Impulsivität, mangelnde Verhaltenskontrolle, Erregungssuche, mangelnde Frustrationstoleranz, antisoziale Tendenzen und Feindseligkeit, Suche nach kurzfristigen Gratifikationen, Geselligkeitsstreben u.a.m. (s. Barnes 1983, Cox 1985, 1987; Graham & Strenger 1988; Nathan 1988; Sutker & Allain 1988; Tarter 1988). Auch Persönlichkeitsveränderungen in der Folge des Alkoholmißbrauchs und des oft hiermit verbundenen Klinikaufenthalts haben zumeist eine starke emotionale Komponente, so etwa gesteigerte Depressivität, hohe Ängstlichkeit und niedriges Selbstwertgefühl (s. z.B. MacAndrew 1979; Skinner & Allen 1982).

In Untersuchungen, in denen Persönlichkeitseigenschaften mit multidimensionalen Erhebungsinstrumenten ermittelt und die entsprechenden Daten multivariaten Analysen unterzogen wurden, finden sich wiederholt zwei Typen von Alkoholikern: "psychopathische" Alkoholiker, deren Alkoholmißbrauch einen Mangel an Impulskontrolle zu reflektieren scheint, und eher "neurotische" Alkoholiker, die Alkohol benutzen, um ihren negativen Affekt zu bewältigen (vgl. dazu Mac Andrew 1979; Nerviano & Gross 1983; Skinner 1982). Solche Befunde legen es nahe, einerseits enge Beziehungen zwischen bestimmten Formen der emotionalen Reagibilität und dem Alkoholmißbrauch zu vermuten und andererseits den Alkoholmißbrauch als eine Form der Bewältigung emotionaler Erregung anzusehen. Es scheint mithin sinnvoll, die Beziehung zwischen Emotionalität und Alkoholmißbrauch direkt zu untersuchen.

Emotionale Reagibilität

Vorwissenschaftliche Beobachtungen zum Zusammenhang zwischen Alkoholkonsum und Affekt sind Legion - "Wer Sorgen hat, hat auch Likör", "Trinke Liebchen, trinke schnell, trinken macht die Augen hell" u.a.m. Um so erstaunlicher ist es, daß sich psychologische Theorien des Alkoholismus nicht direkt mit diesem Zusammenhang befaßt haben. In neueren Übersichten (Blane & Leonard 1987; Galizio & Maisto 1985) fehlt eine spezielle Behandlung dieses Themas völlig. Auch eine kürzlich von den Autoren durchgeführte computergestützte Literatursuche ergab kaum relevante Verweise. Da eine klare Definition eines Konstrukts "emotionale Reagibilität" auch im weiteren Bereich der Emotionspsychologie noch fehlt, ist diese theoretische Grundlagenarbeit noch zu leisten. In diesem Beitrag wird von einer vorläufigen Definition dieses Konzepts ausgegangen, und zwar im Sinne einer Tendenz, auf bestimmte Situationen überwiegend mit bestimmten Emotionsformen zu reagieren. Diese noch ungenaue Definition wird in zwei der unten beschriebenen Instrumente eindeutig operationalisiert: als mehr oder weniger emotionale Form der hauptsächlich verwandten Coping-Strategien und als emotionale Reaktionstendenz in ambivalenten Situationen.

Die Frage nach der Beziehung zwischen Emotion im weitesten Sinne und Alkoholkonsum kann auf unterschiedliche Art und Weise gestellt werden:

- Welche Auswirkungen hat der Alkoholkonsum auf die Emotionslage des Individuums,
- wie wirkt sich die Emotionslage des Individuums auf den Alkoholkonsum aus, und
- führen Unterschiede in der habituellen emotionalen Reagibilität zu Unterschieden im Alkoholkonsum?

Die ersten beiden Fragen sind hauptsächlich im Rahmen des "tension reduction" Ansatzes der psychologischen Alkoholismusforschung untersucht worden, wobei "Emotion" als Spannung bzw. als Streß aufgefaßt wird.

Die Ergebnisse, die im Rahmen dieses Ansatzes zur Untersuchung der ersten Frage, d.h. der Frage nach dem Potential des Konsums von Alkohol für den Abbau von Spannungen und Streß erzielt wurden, lassen zur Zeit noch keine eindeutigen Schlußfolgerungen zu. Dies kann größtenteils auf methodische Probleme zurückgeführt werden. Die Alkoholdosis, die Art des Stressors, die experimentelle Situation sowie der gemessenen emotionalen Reaktion, die Erhebung kurzfristiger oder langfristiger Reaktionen, individuelle Eigenschaften der Versuchspersonen u.a.m. variieren von Untersuchung zu Untersuchung stark, so daß die Ergebnisse nicht direkt vergleichbar (vgl. dazu Powers & Kutash 1985; Sher 1987) und einander widersprechende Ergebnisse nicht ohne weiteres erklärbar sind. Die systematischen Untersuchungen von Sher und Levenson (Sher 1987; Sher & Levenson 1982; Levenson et al. 1980) lassen für die Zukunft eine Klärung dieser Frage möglich erscheinen.

Die Untersuchung der zweiten Frage im Rahmen des "tension reduction"-Ansatzes erbrachte ebenfalls keine eindeutigen Ergebnisse. Alkohol wird ohne Zweifel benutzt, um Streß bzw. Spannungen abzubauen. Im Einzelfall hängt dies allerdings wiederum von einer Anzahl weiterer Faktoren ab, wie der Art des Stressors, der längerfristigen Auswirkungen des Alkoholkonsums für das Individuum, kognitiven Faktoren wie z.B. Erwartungen in bezug auf die Wirkungen des Alkoholkonsums, der Verfügbarkeit anderer Bewältigungsstrategien u.a.m.

Die wenigen Untersuchungen, die sich direkt mit den Wirkungen des Alkohols auf die Emotionslage des Individuums beschäftigen, deuten an, daß Alkohol in geringen Dosen eher zur Stimmungsaufhellung, in höheren Dosen eher zu gesteigerter Angst und Depression führt (z.B. Russell & Mehrabian 1975; Tucker et al. 1982). Darüber hinaus geben diese Untersuchungen Hinweise darauf, daß die emotionalen Wirkungen des Alkoholkonsums stark von der jeweiligen sozialen Situation, von Erwartungen an die Wirkungen des Alkohols, von individuellen Charakteristika wie überdauernden Persönlichkeitseigenschaften und transitorischen Affektlagen bestimmt werden, wobei diese Faktoren in komplexer Weise interagieren (vgl. dazu Russell & Mehrabian 1975; Sher 1985).

Hinweise für die Beantwortung der dritten Frage finden sich fast ausschließlich in Untersuchungen zum Thema Persönlichkeit und Alkoholkonsum. Die dazu oben angeführten Ergebnisse lassen erkennen, daß der überwiegenden Zahl der Persönlichkeitsdimensionen, die als Korrelate von Alkoholismus oder Alkoholgefährdung angesehen werden können, ein Bezug zur habituellen Emotionalität der Respondenten gemeinsam ist. Tarter et al. (1985) haben zum ersten Mal versucht, die disparaten Ergebnisse unter Einführung des Temperamentkonzeptes zu systematisieren. Zwei der von ihnen eingeführten Temperamentsdimensionen beziehen sich auf affektive Reaktionen: "emotionality" und "soothability". Gesteigerte Emotionalität läßt sich in physiologischer Hinsicht als übergroße Labilität des autonomen Systems definieren sowie in psychologischer Hinsicht als Instabilität im Sinne einer psychischen Anfälligkeit, leicht und schnell affektiv zu reagieren. Zwischen diesen beiden Aspekten besteht eine relativ starke Wechselbeziehung. Gesicherte Hinweise auf eine tatsächlich grössere Labilität des autonomen Systems bei Alkoholikern sind jedoch selten (vgl. z.B. Kissin et al. 1959). Psychische Instabilität wird in der Literatur häufig als Neurotizismus bezeichnet und mit den entsprechenden Instrumenten, wie z.B. dem Minnesota Multiphasic Personality Inventory (Skalen 2 = Depression und 7 = Psychasthenia) und dem Eysenck Personality Inventory, gemessen. Es erscheint aufgrund der Ergebnisse einer Vielzahl von Untersuchungen (vgl. dazu Cox 1985) als relativ gesichert, daß Alkoholiker erhöhte Neurotizismus-Werte auf den entsprechenden Instrumenten erreichen.

Unter "soothability" verstehen Tarter und seine Mitarbeiter die Leichtigkeit und Schnelligkeit, mit der sich eine Person nach Auftreten affektiver Erregung wieder beruhigt, d.h. die Schnelligkeit der Rückkehr zur Homöostase nach einer Periode organismischer Aktivation. Die wenigen vorliegenden Ergebnisse lassen vermuten, daß Alkoholiker nach einem Streßerlebnis langsamer ins physiologische Gleichgewicht zurückgelangen als normal trinkende Personen (Holmberg & Martens 1955), obwohl das Ausgangsniveau der Erregung bei beiden Gruppen gleich zu sein scheint (Coopersmith & Woodrow 1967). Beide Tendenzen zugleich machen es wahrscheinlich, daß Personen mit hoher Emotionalität und geringer "soothability" eher auf die tatsächlichen oder vermeintlichen Möglichkeiten des Spannungsabbaus durch Alkoholkonsum zurückgreifen als andere und somit eher zum Mißbrauch von Alkohol neigen. Belege für die Annahme einer solchen Kausalbeziehung stehen allerdings noch aus.

Gerade in Anbetracht der Tatsache, daß bei den Untersuchungen der Persönlichkeitskorrelate von Alkoholismus vorwiegend emotionale oder affektbezogene Dispositionen impliziert sind und daß die wenigen Untersuchungen, die sich direkt dem Problem der emotionalen Reagibilität gewidmet haben, sehr vielversprechende Ergebnisse geliefert haben, ist es angezeigt, diesem Forschungsgegenstand

größere Beachtung zu schenken. Diesem Thema galt daher auch die besondere
Aufmerksamkeit dieser Untersuchung. Wie bereits dargestellt, harrt diese Thema-
tik jedoch noch einer eindeutigen Konzeptualisierung und Operationalisierung der
Person- und Zustandscharakteristika.

Bewältigungsstrategien

Das Thema der emotionalen Reagibilität steht in engem Zusammenhang mit dem
Problem der Bewältigung der Emotionen und Affektlagen, die durch mehr oder
minder gravierende Krisen- oder Streßsituationen ausgelöst wurden. Die Literatur
zum Thema Coping, insbesondere bezüglich der von einzelnen Personen präferierten Stile, Strategien oder Mechanismen, hat in den letzten Jahren nahezu ex-
plosionsartig zugenommen. Coping-Strategien im Sinne von Abwehrmechanismen,
deren theoretische Herleitung und anamnestische Erfassung ursprünglich auf rein
psychodynamischen bzw. psychoanalytischen Theorieansätzen basierte (A. Freud
1982), wurden sehr rasch auch außerhalb dieser Schulen als Erklärungsprinzipien
für die Bewältigung von Affektproblemen herangezogen. Dabei wurden bereits
sehr früh Versuche unternommen, diese Strategien durch Verwendung von Frage-
bogenitems zu identifizieren. Bedingt durch die große Attraktivität des in den 50er
Jahren entwickelten Streßkonzepts und der hierdurch angeregten Streßforschung
wurde - zunächst in der anglo-amerikanischen Literatur, dann aber auch weit darüber hinaus - der Begriff des "Coping" eingeführt (Lazarus 1966; Pearlin & Schooler 1978). Trotz der Versuche psychodynamisch orientierter Forscher, eine Trennung von Coping- und Abwehrstrategien einzuführen (Haan 1977), wird Coping
heute zumeist als Oberbegriff für alle Arten von Bewältigungsprozessen verwandt
(s. Laux & Weber 1990). Durch die große Bedeutung, die der Begriff Coping in
der in den 60er und 70er Jahren sehr populären "life event"-Forschung, der Untersuchung der psychosomatischen Folgen sog. kritischer Lebensereignisse, eingenommen hat (vgl. Billings & Moos 1981), ist allerdings das "Objekt" der Bewältigung zunehmend diffuser geworden. Während bei den psychodynamischen
Abwehrmechanismen die Verdrängung unangenehmer Kognitionen und der durch
sie generierten Affekte im Mittelpunkt stand, bezieht sich der Begriff "Coping" auf
die Verarbeitung bzw. Bewältigung nahezu aller Aspekte von Lebensereignissen
und der durch sie ausgelösten Reaktionen (Lazarus & Folkman 1984; Laux & Weber 1990).
   Die Folge dieser Begriffsausdehnung war nicht nur eine gewisse terminologi-
sche Konfusion, sondern auch eine Proliferation von Listen mit sehr unterschiedlichen Zahlen von Coping-Strategien und sehr variablen, oft teilweise überlappen-
den Bezeichnungen. Diese Vielfalt findet ihre Entsprechung in der großen Zahl
von Coping-Skalen, die in den letzten Jahren entwickelt wurden, um die personspezifische, habituelle Verwendung bestimmter Strategien zu ermitteln (vgl.
Krohne 1986). Zwar haben sich einige Forscher darum bemüht, die Vielfalt der
vorgeschlagenen Strategien theoretisch zu ordnen oder auf eine nicht ausschließlich psychodynamischen oder eklektischen Ansätzen verpflichtete theoretische Ba-

sis zu stellen, doch werden in vielen Fällen dabei nicht alle der in der Literatur aufzufindenden Theorien integriert. Vielversprechend sind neuere Ansätze, die nicht nur die kognitive Verarbeitung der Belastungssituation und deren Bewältigung, sondern auch deren funktionale Eignung thematisieren (vgl. Perrez & Reicherts 1987).

Die Beschäftigung mit Alkoholkonsum und -mißbrauch unter Coping-Gesichtspunkten ist innerhalb der psychologischen Alkoholismusforschung ein relativ neues Unterfangen. In einschlägigen Übersichten (vgl. Blane & Leonard 1987; Galizio & Maisto 1985) fehlt eine separate Behandlung dieses Themenbereichs völlig. Es existiert lediglich ein Sammelband, in dem die relevante Literatur zu diesem Bereich dargestellt und eine konzeptuelle Verarbeitung der Problemlage versucht wird (Shiffman & Wills 1985). Dieser wenig befriedigende Literaturstand überrascht, vor allem in Anbetracht der oben angesprochenen vorwissenschaftlichen Beobachtungen über die Wirkungen des Alkoholkonsums, insbesondere seines gezielten Einsatzes bei der Bewältigung von Belastungssituationen ("Wer Sorgen hat, hat auch Likör!").

Die Auffassung, daß Alkoholkonsum eine Strategie zur Bewältigung der psychischen Folgen von Belastungssituationen darstellt, ist Bestandteil des "tension reduction" - Ansatzes der Alkoholismusforschung (s.o.). Die Ergebnisse einer Reihe von experimentellen Untersuchungen, in denen Alkoholiker oder starke Trinker auf eine Streßerfahrung mit verstärktem Alkoholkonsum reagierten (Higgins & Marlatt 1975; Marlatt et al. 1975; Miller et al. 1974), wurden als Evidenz dafür gewertet, daß Alkohol von den Versuchspersonen gezielt zur Spannungsverminderung eingesetzt wird und zwar in um so geringerem Maße, je mehr ihnen alternative Bewältigungsstrategien zur Verfügung stehen. Allerdings bestätigten die Ergebnisse einer Reihe weiterer Untersuchungen diese Resultate nicht oder nur teilweise (vgl. z.B. Holroyd 1978, Tucker et al. 1980). Die jeweiligen Untersuchungen weisen jedoch eine Reihe methodologischer Unzulänglichkeiten auf, so daß kein abschließendes Urteil darüber abgegeben werden kann, ob Alkohol nach Streß-Induktion unter experimentellen Bedingungen zum Streß-Abbau eingesetzt wird. Daß der Alkohol außerhalb des Laboratoriums sehr wohl als Coping-Strategie eingesetzt wird, belegen Untersuchungen zu Erwartungen über die Wirkungen des Alkohols (s. Scherer & Scherer 1991), deren Ergebnisse andeuten, daß Personen mit positiven Alkoholerwartungen, insbesondere auch in bezug auf sein Potential zur Streßreduktion, eher zum Mißbrauch von Alkohol neigen. Darüber hinaus zeigen eher soziologisch orientierte Untersuchungen (z.B. Crutchfield & Gove 1984), daß dem Alkohol- und Drogenkonsum in der allgemeinen Bevölkerung eine "self-medicating" Funktion bei der Bewältigung persönlicher Schwierigkeiten zukommt.

Ausgehend von diesen frühen Ansätzen konzentrieren sich die Anstrengungen innerhalb der psychologischen Alkoholismusforschung auf diesem Gebiet hauptsächlich auf zwei Bereiche - "stress coping" und "temptation coping" (vgl. Wills & Shiffman 1985). Dabei stellen sich in erster Linie die folgenden beiden Fragen:

- Unterscheiden sich Alkoholiker und Nicht-Alkoholiker in ihren habituellen Coping-Stilen und welche Relevanz besitzen diese Unterschiede für den Alkoholmißbrauch?

- In welchem Zusammenhang stehen Rückfälle nach Entwöhnung und Therapie mit dem Einsatz dysfunktionaler Coping-Strategien oder einem unvollständigen Repertoire von Bewältigungsstrategien, und sind Therapieansätze, die spezifische Strategien zur Bewältigung von Rückfallsituationen vermitteln und Überzeugungen von der eigenen Selbstwirksamkeit (self-efficacy, vgl. Bandura 1977, 1982) steigern, erfolgversprechender als andere?

Die zweite Frage hat wegen ihrer praktischen Bedeutung in der relevanten Literatur große Aufmerksamkeit gefunden. Sie ist allerdings für die Fragestellung der vorliegenden Untersuchung kaum von Bedeutung und soll deshalb hier nicht aufgegriffen werden.

Die erste Frage ist dagegen im Rahmen des Ansatzes der vorliegenden Untersuchung von zentraler Bedeutung. Habituelle Coping-Stile werden - ähnlich wie Persönlichkeitseigenschaften - als zeitlich und transsituational relativ stabile Verhaltensmuster aufgefaßt, die mit einem entsprechenden Instrumentarium ermittelt werden können. Es wird dabei angenommen, daß sich Alkoholiker und Nicht-Alkoholiker in den Strategien unterscheiden, die sie habituell zur Bewältigung einer Vielzahl von Belastungssituationen einsetzen (insbesondere in bezug auf die Funktionalität der gewählten Strategien).

Leider existieren bislang nur einige wenige Untersuchungen, die für diese Fragestellung von Bedeutung sind. Die Ergebnisse dieser Untersuchungen sind nicht direkt miteinander vergleichbar, da unterschiedliche Erhebungsinstrumente, Erhebungsmethoden und Stichproben sowie unterschiedliche Kriterien für den Alkoholkonsum verwandt wurden und die Fragestellungen sich stark von einander unterscheiden. Nach Stone et al. (1985) benutzen stärkere Trinker weniger "Katharsis" und verlassen sich weniger auf soziale Unterstützung. Cooper et al. (1988) fanden, daß Strategien, die auf die Vermeidung von Emotionen abzielten, bei Personen mit Alkoholproblemen (nach DSM-III Kriterien identifiziert) häufiger auftraten. Moos et al. (1990) konnten ähnliche Unterschiede bei älteren Personen mit und ohne Alkoholprobleme nachweisen. Conte et al. (1991) fanden bei männlichen und weiblichen Respondenten unterschiedliche Strategien: Männliche Alkoholiker wiesen höhere Werte für Problemvermeidung und Fremdattribution der Ursachen ihrer Probleme auf als männliche Nicht-Alkoholiker, weibliche Alkoholiker dagegen für Problemvermeidung, Hilfe-Suchen (d.h. andere das Problem lösen lassen) und Substitution von Verhaltensweisen. Zu ähnlichen Ergebnissen kamen Schill und Harsch (1989). Weibliche Collegestudenten, die alkoholgefährdet waren, fühlten sich allgemein Streß weniger gewachsen (feeling dysfunctional under stress), nahmen mehr Alkohol zu sich und suchten mehr Hilfe bei anderen.

Eine Reihe von Untersuchungen beschäftigten sich mit dem Repertoire von Coping-Strategien Jugendlicher (Baer et al. 1987; Carey et al. 1990; Wills 1985, 1986; Wills & Vaughan 1989). Die Ergebnisse dieser Untersuchungen sind relativ komplex, deuten jedoch an, daß die Verfügbarkeit von Coping-Strategien wie Entscheidungen-Treffen oder Handlungsorientierung (decision making bzw. behavioral coping), kognitiven Verarbeitungsprozessen (cognitive coping), sozialer Unterstützung durch Erwachsene sowie Entspannung-Suchen in negativer Beziehung zum Alkoholkonsum standen, während soziale Unterstützung durch Gleichaltrige, Zerstreuung-Suchen und aggressive Verhaltensweisen in positiver Beziehung zum Alkoholkonsum standen.

Diese kurze Übersicht über die ersten vorliegenden Ergebnisse in diesem Bereich läßt erkennen, daß die Verfügbarkeit effizienter, relativ "reifer" Coping-Strategien den Rückgriff auf alkoholische Getränke zur Bewältigung belastender Situationen weitgehend auszuschließen scheint. Allerdings stehen Untersuchungen noch aus, die diese Annahme eindeutig untermauern könnten.

2. Untersuchungsziele

Die im vorangegangenen Abschnitt angeführten Ergebnisse zu den psychologischen Verursachungsfaktoren für Alkoholismus und Alkoholismusanfälligkeit lassen vermuten, daß Störungen der emotionalen Reagibilität im weitesten Sinne sowie Probleme bei der Bewältigung emotionaler Reaktionen (Coping) Kernfaktoren der "Alkoholikerpersönlichkeit" bzw. des prä-alkoholischen Syndroms darstellen könnten.

Trotz dieser relativ eindeutigen Befundlage sind Formen und Störungen der Emotionalität in Zusammenhang mit Alkoholismus bisher nicht mit spezifischen Instrumenten erfaßt worden. Die Bedeutung der Emotionalität hat sich gewissermaßen als Beiprodukt von Forschungsarbeiten im Rahmen des sog. "external-variable-approachs" herausgestellt, in dem Batterien von etablierten Persönlichkeitstests, die zu anderen Zwecken als der Erforschung prädisponierender Faktoren für den Alkoholismus und seiner psychischen Begleitumstände entwickelt wurden, bei Alkoholikern und gefährdeten Gruppen administriert wurden.

Da generell ein Untersuchungsinstrument um so unzuverlässigere Ergebnisse liefert, je unspezifischer seine Zielsetzung bzw. sein Einsatz ist, ist es nicht verwunderlich, daß die bisherigen Tests, die zur Erfassung allgemeiner psychopathologischer Anpassungsschwierigkeiten entwickelt wurden, häufig nicht zwischen Alkoholikern und psychisch Kranken differenzieren oder von Untersuchung zu Untersuchung gegensätzliche Ergebnisse liefern. Es ist zu erwarten, daß ein Instrument, das sich auf einen offensichtlich zentralen Aspekt der Persönlichkeit und der Verhaltensdispositionen von Alkoholikern bzw. gefährdeten Personen, nämlich das emotionale Erleben, bezieht, validere Ergebnisse erbringen wird als die bisher verwandten unspezifischen Erhebungsinstrumente. Ein Ziel der hier berichteten Untersuchung war daher die Entwicklung eines Instruments zur direkten Messung der emotionalen Reagibilität auf unterschiedliche Situationen und der Versuch einer ersten Validierung im Vergleich von Stichproben von Alkoholikern und Nicht-Alkoholikern. Aufgrund des Literaturstandes sowie eigener theoretischer Überlegungen waren zwei Unterschiede zwischen diesen Gruppen zu erwarten: Wir nahmen an, daß Alkoholiker potentiell 1) stärker mit Angst (wegen der früheren Befunde über emotionale Labilität, Neurotizismus und habituelle Angst) und 2) stärker mit Ärger und Wut reagieren (wegen der häufig berichteten Komponente höherer Feindseligkeit bzw. antisozialer Tendenzen).

Weiterhin galt unser Interesse der Beziehung zwischen emotionaler Reagibilität und den Bewältigungsstrategien, die zur Verarbeitung oder Überwindung emotionaler Belastungssituationen eingesetzt werden. Problematisch ist vor allem, daß die bisher verfügbaren Inventare zur Messung von Coping-Strategien außerordentlich heterogen sind, sowohl was die theoretische Grundlegung als auch was die umfassende Abdeckung der bislang dokumentierten Strategien angeht. Aus diesem Grunde sind viele in der Literatur berichtete Befunde kaum replizierbar. Obschon eine Reihe etablierter Fragebögen zur Erhebung von Coping-Strategien existiert, haben die damit erzielten Ergebnisse (s. Chipp & Scherer, im Druck) nicht befriedigen können. Problematisch ist insbesondere die relativ beliebige Aneinanderreihung verschiedenster Coping-Strategien ohne systematische, theoretische Fundierung, insbesondere was das Objekt der Bewältigung (die Krisensituation selbst oder die hierdurch hervorgerufene Emotion) angeht. Eine wichtige Voraussetzung für die weitere Forschung in diesem Bereich ist somit die Entwicklung eines Inventars, das alle bislang in der Literatur als relevant ausgewiesenen Strategien erfaßt und gleichzeitig erlaubt, durch Verankerung der Strategien in einem theoretischen Rahmen die Befunde auf allgemeinere psychologische Mechanismen zurückzuführen.

In dieser Untersuchung sollte daher ein von den Autoren neu entwickeltes Untersuchungsinstrument, der **Coping-Index** (Scherer & Scherer 1990), erstmals auf seine Eignung zur Diagnose unterschiedlicher Profile von Bewältigungsstrategien geprüft werden. Ziel war die Prüfung der Validität des Instruments beim Versuch, vermutete Unterschiede in den präferierten Copingstrategien von Alkoholikern und Nicht-Alkoholikern nachzuweisen.

3. Entwicklung der Instrumente

3.1 Emotionalitäts-Index (EMOT-I)

Zur Ermittlung der typischen Reaktionen der Respondenten auf emotionsinduzierende Situationen wurde ein Emotionsfragebogen entwickelt, der den Respondenten gegenüber als "Situationsfragebogen" deklariert wurde. Das Konstruktionsprinzip resultiert aus der Erfahrung, in der Emotionsforschung vielfach belegt, von der normalerweise verwandten Fragebogenform bzw. Persönlichkeitsskalenform abzugehen und zur Erfassung habitueller Reaktionsweisen kurze Szenarios bzw. Situationsbeschreibungen zu verwenden (vgl. Julius et al. 1986), zu denen der Respondent seine voraussichtlichen Reaktionen anzugeben hat. Er muß sich dabei in eine jeweils vorgegebene Situation versetzen, die seinem persönlichen Erfahrungshorizont entspricht, sich sodann vorstellen, wie er auf diese Situation reagieren würde, und seine vermuteten Reaktionen berichten. Diese Methode bietet gegenüber anderen Methoden den entscheidenden Vorteil, daß die entsprechenden Situationen nach festgelegten Kriterien konstruiert werden können, daß diese Auslösesituationen für alle Respondenten weitgehend vergleichbar sind und daß alle gängigen emotionalen Reaktionen abgedeckt werden können.

Für das Instrument wurden aufgrund umfangreicher Voruntersuchungen acht mehrdeutige Situationen oder Szenarios ausgewählt (s. Scherer & Scherer 1991; Beispielexemplare können von den Autoren angefordert werden). Vier der Situationen hatten Ereignisse aus der Arbeitswelt und vier aus dem informellen sozialen Bereich zum Inhalt. In beiden Bereichen waren die Situationen je zur Hälfte durch andere Personen und durch die handelnde Person selbst ausgelöst worden. Bei der Anordnung dieser acht Situationen im Fragebogen wurde sichergestellt, daß sich diese Klassifikationen in der Reihenfolge abwechselten. Die Aufgabe der Respondenten besteht darin, sich nacheinander in jede der acht Situationen hineinzuversetzen und sodann anhand vorgegebener Skalen anzugeben, welche der folgenden Emotionen voraussichtlich bei ihm/ihr ausgelöst würden: Trauer, Verachtung, Scham, Mitleid, Freude, Schuld, Ärger, Wut, Verzweiflung, Angst (jeweils auf einer 3-Punkte Skala "ein wenig - ziemlich - sehr).

3.2 Coping-Index (COP-I)

Zur Ermittlung habitueller Strategien zur Bewältigung der Folgen emotionsauslösender Ereignisse haben die Autoren ein neues Instrument, den **Coping-Index** entwickelt (Scherer & Scherer 1990). Dieses Instrument beruht auf dem Versuch, die in der Literatur vorgeschlagenen Coping-Strategien oder -Stile in ein einheitliches theoretisches Schema einzugliedern und mit Hilfe von Selbstbeurteilungen zu erfassen. Dabei kann die theoretische Gliederung Hinweise auf Möglichkeiten zur Analyse und Interpretation der Verwendung unterschiedlicher Coping-Strategien geben (insbesondere auch auf deren Beziehungen untereinander).

Die mit Hilfe dieses Instruments erfaßten Strategien und ihre theoretische Gliederung sind in Tabelle 1 dargestellt. Die vorgeschlagene Einteilung ergibt sich aus der Interaktion dreier Dimensionen, die in Matrixform angeordnet sind. Diese Dimensionen sind:
1) der Funktionsbereich (bzw. die Modalität), der unmittelbar von der jeweiligen Bewältigungsstrategie betroffen ist: Kognition, Emotion, das Selbst oder der soziale Bereich
2) die generelle Orientierung zum Problem hin (Lösung, Verarbeitung) oder vom Problem weg (Vermeidung bzw. Verdrängung)
3) der vorherrschende Aufmerksamkeitsfokus - gerichtet auf die Ursachen des Problems bzw. den dadurch hervorgerufenen Zustand der Person (Vergangenheit) oder auf die Konsequenzen eines Ereignisses bzw. auf Lösungsmöglichkeiten (Zukunft).

In jeder der Zellen, der durch diese drei Dimensionen gebildeten Matrix, findet sich eine durch ihre Interaktion bestimmte Strategie (außer in zwei der

Emotionsbereichszellen, in denen jeweils drei Unterstrategien differenziert werden). Diese Anordnung erlaubt es, eine Reihe von Gesamtscores zu berechnen, indem man die Einzelwerte über die Reihen und Spalten der Matrix hinweg zusammenfaßt. Darüber hinaus werden in Zukunft Konfigurationsscores über ausgewählte Zellenscores errechnet werden können (s. Scherer & Scherer 1990).

Tabelle 1: Inventar der Coping Strategien

Inventar der Coping Strategien

	FUNKTIONSBEREICH			
	KOGNITION	EMOTION	SELBST	SOZIALE BEZIEHUNGEN
PROBLEM-ORIENTIERUNG				
KONSEQUENZEN/ LÖSUNGEN	Problem lösen	Emotion abreagieren	Selbstbild modifizieren	Problembezogene Hilfe suchen
	K1	E1	S1	B1
FOKUS				
URSACHEN/ GEGENWÄRTIGER ZUSTAND	- Problem akzeptieren - Problem redefinieren - Grübeln	Resignieren	Verantwortung auf Selbst attribuieren	Empathie suchen
	K2	E2	S2	B2
VERMEIDUNGS-ORIENTIERUNG				
KONSEQUENZEN/ LÖSUNGEN	Wunsch-denken	- Befriedigung verschaffen - meditieren/ entspannen - Emotion substituieren	Selbstwert verstärken	Wunschvorstel-lungen stützen lassen
	K3	E3	S3	B3
FOKUS				
URSACHEN/ GEGENWÄRTIGER ZUSTAND	Problem verdrängen	Emotion unterdrücken	Verantwortung auf andere attribuieren	Verdrängung bestätigen lassen
	K4	E4	S4	B4

Die Items für die jeweiligen Strategien wurden auf der Grundlage der Beschreibung klassischer Coping-Strategien reformuliert oder aufgrund der theoretischen Anforderungen des Matrix-Schemas neu formuliert. Die einzelnen Items sind in einem neuartigen Format angeordnet, d.h. sie sind für jede Strategie gemeinsam in einem Kasten aufgeführt. Der Respondent muß jeweils für vorgegebene belastende Ereignisse auf einer dreistufigen Skala angeben, mit welcher Wahrscheinlichkeit er die in dem Kasten dargestellte Bewältigungsstrategie vermutlich verwenden würde. Dieses Format wurde gewählt, weil Testpersonen erfahrungsgemäß versuchen, Itemzusammenhänge zu erkennen, und häufig die üblichen Fragebogenformate als unangemessen ansehen. Da der Respondent seine vermutlichen Bewältigungsreaktionen für mehrere Belastungssituationen angeben muß, kann die transsituationale Stabilität bzw. Spezifizität einzelner Strategien erfaßt werden (s. Scherer & Scherer 1990). (Weitere Angaben zur Entwicklung des Instruments finden sich in Scherer & Scherer 1991; Beispielexemplare des COP-I können angefordert werden.)

Die Respondenten dieser Untersuchung wurden gebeten, sich jeweils in die beiden Situationen "Prüfungsversagen" und "Ende einer langjährigen Beziehung" zu versetzen und für jede der Situationen anzugeben, mit welcher Wahrscheinlichkeit jede von 20 Bewältigungsstrategien eingesetzt werden würde.

4. Wahl und Rekrutierung der Vergleichsgruppen

Um erste Hinweise auf die differentielle Validität der Instrumente zu erhalten, wurden die Antworten einer Gruppe von "normalen Trinkern" mit denen einer Gruppe von Alkoholikern in klinischer Behandlung und denen einer Gruppe "Trockener Alkoholiker" verglichen.

Nicht-Alkoholiker: Zur Gewinnung einer Gruppe von "normalen Trinkern" wurde folgende Vorgehensweise gewählt: An die Studenten mehrerer psychologischer Einführungsvorlesungen an den Universitäten Zürich, Bern und Freiburg/Schweiz wurde von Beginn einer Sitzung eine kurze Beschreibung des Forschungsprojekts mit der Bitte um Hilfe bei der Beschaffung von Respondenten verteilt. Für fünf nach bestimmten Kriterien gewonnene Respondenten aus ihrem Verwandten- und Bekanntenkreis der Studenten wurden Fr. 50.00 in Aussicht gestellt. Während der Vorlesungen selbst zirkulierten Listen, in die sich potentielle Teilnehmer eintragen konnten.

Aus diesen Listen wurden 35 Verteiler nach ihrem Wohnort so ausgewählt, daß möglichst viele Gebiete der deutschsprachigen Schweiz sowie städtische und ländliche Regionen zu gleichen Teilen abgedeckt waren. Diesen Verteilern wurden sechs Fragebögen zugeschickt, von denen sie fünf an Bekannte oder Verwandte verteilen sollten. Diese sollten die Fragebögen allein ausfüllen und direkt an die Projektleitung zurückschicken. Die potentiellen Respondenten sollten keine Studenten sein und möglichst unterschiedlichen sozialen Schichten angehören. Je zwei von ihnen sollten den Altersgruppen zwischen 20 und 40 und zwischen 40 und 60 Jahren angehören, und innerhalb dieser Altersgruppen sollte jeweils ein Respondent weiblichen und einer männlichen Geschlechts sein. Ein weiterer Respondent konnte nach Gutdünken ausgewählt werden. Den sechsten Fragebogen konnte jeder Verteiler selbst ausfüllen. Es wurde besonders darauf hingewiesen, daß das Anerkennungshonorar nur gezahlt werden könnte, wenn fünf Fragebögen, die den Vorgaben entsprechend ausgefüllt worden waren, bei der

Projektleitung eintrafen. Der Rücklauf bestand aus 133 ausgefüllten Fragebögen, von denen 128 den Vorgaben entsprachen.

Alkoholiker: Mit Hilfe der Schweizerischen Fachstelle für Alkoholprobleme sowie durch eigene Initiative wurde die Mitarbeit von vier der in der Schweizerischen Arbeitsgemeinschaft der Kliniken und Rehabilitationszentren für Alkohol- und Medikamentenabhängige **Sakram** zusammengeschlossenen Kliniken gewonnen. Die Leiter dieser Kliniken waren freundlicherweise bereit, die Projektbearbeiterin in Mitarbeiter- und Patientenbesprechungen einzubeziehen. Sie stellte das Projekt und seine Zielsetzung zunächst den Therapeuten vor. In dem sich meist daran anschließenden Klinikplenum stellte der Klinikleiter die Projektbearbeiterin vor und machte das Interesse der Klinik an dem Projekt deutlich. Anschließend erklärte die Projektbearbeiterin das Projekt und warb um das Interesse der Patienten. Es wurde dabei besonders betont, daß die Beteiligung freiwillig war und daß die Anonymität der eventuellen Respondenten dadurch gewährleistet war, daß der Fragebogen im verschlossenen und vorfrankierten Rückantwortumschlag direkt an die Projektleitung zurückgeschickt werden konnte. Aus den Kommentaren der Therapeuten sowie aus dem schleppenden Rücklauf (38 ausgefüllte Fragebögen), der sich über mehrere Monate erstreckte, ist jedoch zu entnehmen, daß es der aktiven Mithilfe der Therapeuten bedurfte, um die Patienten zum Ausfüllen der Fragebögen zu bewegen. Da die Fragebögen nicht direkt an die Patienten verteilt wurden und da auch nicht bekannt ist, wieviele der Patienten in Anbetracht ihres körperlichen und psychischen Zustands überhaupt in der Lage waren, den Fragebogen auszufüllen, kann keine Rücklaufquote angegeben werden.

"Trockene" Alkoholiker: Auf Anschreiben erklärte sich eine Selbsthilfeorganisation von Alkoholikern, die ungenannt bleiben will, zur Teilnahme an der Untersuchung bereit. Die Fragebögen wurden in Umschlägen mit Rückporto an die Organisation gesandt, die sie daraufhin an ihre Mitglieder verteilte. Von 90 Fragebögen kamen 41 beantwortet zurück.

5. Auswertung der Daten[2]

Die Angaben von insgesamt 207 Respondenten konnten in die Analyse einbezogen werden; 128 gehörten der Gruppe der normalen Trinker, 38 der Gruppe der Alkoholiker in Fachkliniken und 41 der Gruppe der Trockenen Alkoholiker an; 80 waren weiblichen und 127 männlichen Geschlechts. Innerhalb der beiden Alkoholikergruppen war das Geschlechterverhältnis jedoch sehr unausgewogen (5 weibliche vs. 33 männliche Alkoholiker und 14 weibliche vs. 27 männliche Trockene Alkoholiker), so daß es unmöglich war, diese beiden Untergruppen miteinander zu vergleichen. Da sich außerdem männliche und weibliche Alkoholiker in bezug auf

---

2 In der Untersuchung wurden darüber hinaus auch Instrumente zur Messung von Persönlichkeitseigenschaften sowie zur Erhebung von Motivationen zum Alkoholgenuß und zu den Erwartungen über Alkoholwirkungen eingesetzt. Die entsprechenden Daten werden an anderer Stelle publiziert.

eine Vielzahl von Charakteristika, Erwartungen und Motivationen unterscheiden, erscheint es nicht zulässig, die Angaben männlicher und weiblicher Respondenten zu vermischen. Aus diesem Grunde wurden nur die Daten der männlichen Respondenten für die folgenden Analysen verwandt (67 normale Trinker, 33 Alkoholiker und 27 Trockene Alkoholiker), wodurch natürlich die Generalisierungsmöglichkeiten der Resultate auf männliche Personen beschränkt sind.

Die drei Respondentengruppen unterscheiden sich in einer Reihe von Attributen: Die trockenen Alkoholiker (Mittelw. = 50,4 Jahre) sind älter als die Alkoholiker in Fachkliniken (39,4 Jahre) und die normalen Trinker (38,1 Jahre). Die Alkoholiker haben eine geringere Schulbildung als die beiden anderen Gruppen (6,3% mit Hochschulabschluß gegenüber 43,3 der normalen Trinker bzw. 18,5% der Trockenen Alkoholiker); sie leben häufiger allein (41,7% vs. 25,0 bzw. 14,8%), sie rauchen mehr (87,9% vs. 31,3 bzw. 70,4%), greifen tendenziell häufiger zu sanften und harten Drogen (Medikamente, Haschisch bzw. Marihuana sowie Heroin u.ä.) und haben häufiger Verwandte ersten Grades mit Alkoholproblemen (51,5% vs. 17,9 bzw. 40,7%). Darüber hinaus sind sie häufiger arbeitslos, fühlen oder fühlten sich an ihrer Arbeitsstelle weniger wohl, waren im abgelaufenen Jahr häufiger krank und mußten häufiger einen Arzt aufsuchen. Insgesamt reflektieren diese Unterschiede eine geringere soziale Anpassung sowie eine größere Suchtgefahr bei den Alkoholikern. Wie bei allen weiteren unten berichteten Unterschieden läßt sich jedoch nicht klären, ob es sich hier um prädisponierende Faktoren oder um Folgen des Alkoholmißbrauchs handelt.

Während eine Reihe der gefundenen Unterschiede zwischen den Respondentengruppen in Anbetracht der relevanten Literatur zu erwarten waren und möglicherweise eher als Korrelate des Alkoholismus anzusehen sind, sind die Unterschiede zwischen den Respondentengruppen in bezug auf Alter und Schulbildung nicht unmittelbar als Ursachen oder Folgen des Mißbrauchs anzusehen (obschon eine selektive Rekrutierung der Abhängigen aus bestimmten sozio-demographischen Gruppen nicht auszuschließen ist). Da, wie eine Korrelationsanalyse zeigt, diese Unterschiede in systematischer Weise mit vielen der in dieser Untersuchung erhobenen psychologischen Variablen in Zusammenhang stehen, wurde versucht, ihren Einfluß auf die zentralen abhängigen Variablen durch die Verwendung entsprechender statistischer Verfahren so weit wie möglich zu kontrollieren.

Da die Angaben zu "Schulbildung" lediglich Ordinalskalenniveau besitzen, wurde die Variable "Schulbildung" umkodiert. Sie wurde als Ausbildungslänge in Form der Anzahl von Ausbildungsjahren umgerechnet, so daß eine Intervallskalierung gegeben ist. Dann wurden die erhobenen Variablen zu Emotionalität und Bewältigungsstrategien als abhängige Variablen in Regressionsanalysen mit den Variablen "Alter" und "Schulbildung" als Prädiktoren eingegeben. Da diese beiden Variablen nicht miteinander korrelierten ($r = .03$) und keine eindeutigen kurvilinearen Zusammenhänge vorliegen, wurde auf die Prüfung einer eventuellen Interaktion verzichtet. Der Varianzanteil bei den abhängigen Variablen, der durch die beiden demographischen Variablen aufgeklärt wird, wurde daraufhin für die weiteren Analysen eliminiert, indem die Residuen der abhängigen Variablen als Ausgangsdaten für die weitere Datenanalyse benutzt wurden (d.h. alle abhängigen Variablen wurden um den korrelativen Zusammenhang mit Alter und Schulbil-

dung bereinigt). Auf diese Weise konnte sichergestellt werden, daß die im Folgenden zu berichtenden Ergebnisse weitgehend von den Einflüssen dieser beiden demographischen Variablen frei sind, d.h. daß die zwischen den Respondentengruppen gefundenen Unterschiede tatsächlich auf den Einfluß des Gruppierungskrite-
riums zurückgeführt werden können. Die Höhe der in der Regressionsanalyse ermittelten Beta-Gewichte für die beiden zentralen demographischen Variablen
werden in allen folgenden Tabellen zur Kontrolle angegeben. Es muß dabei
jedoch in Betracht gezogen werden, daß selbst bei Einsatz statistischer Verfahren
eine völlige Kontrolle dieser Einflüsse nicht möglich ist.

6. Ergebnisse

6.1 Emotionalität

Einfluß von Alter/Schulbildung. Wie zu erwarten, ist das emotionale Erleben einer Person stark von ihrem Alter abhängig (vgl. Janke & Hüppe 1990). Ältere Personen gaben an, auf die vorgegebenen Situationen weniger mit Trauer, Verachtung, Wut, Verzweiflung und Angst zu reagieren als jüngere (s. Beta-Gewichte in
Tabelle 3). Der Zusammenhang mit der Schulbildung ist dagegen weniger stark:
Personen mit höherer Schulbildung geben weniger Verachtung und tendenziell
weniger Verzweiflung und Angst an.
   Gruppenvergleich. Tabelle 2 zeigt die Mittelwerte der Antworten in den drei
Respondentengruppen.

Tabelle 2: Emotionale Reagibilität - Mittelwerte der Einzelemotionen für die drei
Respondentengruppen

	Nicht-Alkoho-liker	Alkoho-liker	Trockene Alkoho-liker
Trauer	1.04	1.10	1.04
Verachtung	.43	.50	.41
Scham	.41	.43	.38
Mitleid	.25	.20	.27
Freude	.03	.05	.05
Schuld	.69	.81	.80
Ärger	1.32	1.37	1.32
Wut	.78	1.03	.79
Verzweiflung	.70	.75	.54
Angst	.57	.88	.64

Wie oben dargestellt, hatten wir zwei Hypothesen: Wir nahmen an, daß die Alkoholiker zu den vorgegebenen Situationen angeben würden, potentiell 1) stärker mit Angst zu reagieren und 2) stärker mit Ärger und Wut zu reagieren. Diese spezifischen Vorhersagen wurden mit Hilfe von a-priori-Vergleichen (Test auf geplanten Kontrast in der ANOVA), die übrigen Unterschiede zwischen den Gruppen wurden mit post-hoc-Vergleichen geprüft. Wie die Ergebnisse in Tabelle 3 zeigen, werden die Hypothesen bzgl. der Reaktionen Angst und Wut bestätigt. Dies ist nicht der Fall für Ärger.

Tabelle 3: Emotionale Reagibilität - Signifikanz der Unterschiede zwischen den drei Respondentengruppen

	REGRESSION			A N O V A		
	Alter (Beta)	Schulb (Beta)	F	geplante Kontraste N vs. A p-WerteRichtung		post-hoc Vergleiche p ≤ .05 Richtung
Trauer	-.21*	.00	.50	n.gepl.		N.S.
Verachtung	-.34***	-.17*	.39	n.gepl.		N.S.
Scham	.00	.00	.14	n.gepl.		N.S.
Mitleid	-.12	-.12	.90	n.gepl.		N.S.
Freude	-.01	-.07	.08	n.gepl.		N.S.
Schuld	.08	-.15+	.15	n.gepl.		N.S.
Ärger	-.15	.04	.57	N.S.		N.S.
Wut	-.19*	-.13	1.59	.039	A > N	N.S.
Verzweiflung	-.29***	-.15+	.19	n.gepl.		N.S.
Angst	-.19*	-.16+	2.31+	.019	A > N	N.S.

*** p ≤ .001; ** p ≤ .01; * p ≤ .05; + p ≤ .10

Eine detailliertere Analyse der Ärger/Wut Antworten zeigt, daß die Alkoholiker stärker als die anderen Gruppen dazu neigen, sowohl hohen Ärger als auch hohe Wut als wahrscheinliche Reaktionen auf die Situationen des Emotionalitätsfragebogens anzugeben. Dies ist innerhalb der Annahme einer labileren Emotionalität, die ja auch ein schnelles Aufflammen von Jähzorn und Wut erwarten lassen würde, durchaus stimmig. Über diese Befunde hinaus finden sich keine Hinweise auf ein unterschiedliches emotionales Erleben der drei Respondentengruppen.

6.2 Bewältigungstrategien

Einfluß von Alter/Schulbildung. Alter und Schulbildung beeinflussen die Auswahl von Bewältigungsstrategien nachhaltig (s. Beta-Gewichte in Tabelle 5). Je höher das Alter der Respondenten desto eher werden Probleme verdrängt, desto weniger werden Emotionen abreagiert oder substituiert. Je größer die Schulbildung, desto weniger werden emotionale Reaktionen unterdrückt, desto weniger werden Ursachen für Probleme bei anderen Personen gesucht, desto mehr wird Empathie gesucht und desto weniger wird versucht, sich die eigene Verdrängung von Problemen durch andere bestätigen zu lassen.

Tabelle 4: Bewältigungsstrategien - Mittelwerte der Strategien für die drei Respondentengruppen

	Nicht-Alkoholiker	Alkoholiker	Trockene Alkoholiker
Strategie-Scores			
Problem lösen	2.56	2.37	2.75
Problem akzeptieren	2.04	2.03	2.22
Problem redefinieren	2.57	2.50	2.52
Grübeln	2.04	2.28	1.90
Wunschdenken	1.45	1.88	1.61
Problem verdrängen	2.15	2.20	2.46
Emotion abreagieren	1.70	1.95	1.61
Resignieren	2.07	1.98	2.07
Befriedigung verschaffen	1.58	1.98	1.61
Meditieren/Entspannen	1.40	1.45	1.33
Emotion substituieren	1.55	1.57	1.52
Emotion unterdrücken	1.73	2.11	2.00
Selbstbild modifizieren	2.42	2.34	2.52
Verantwortung selbst attribuieren	2.45	2.56	2.65
Selbstwert verstärken	2.15	2.34	2.78
Verantwortung fremd attribuieren	1.45	1.62	1.59
Hilfe suchen	1.91	1.98	2.18
Empathie suchen	1.48	1.40	2.00
Wertschätzung suchen	2.23	2.17	2.26
Verdrängung bestätigen	1.86	2.06	2.09
Bereichs-Scores			
Kognitiver Bereich	2.15	2.20	2.25
Emotionaler Bereich	1.67	1.82	1.69
Selbstbereich	2.11	2.23	2.27
Sozialbereich	1.88	1.92	2.14
Problemorientierung	2.16	2.16	2.26
Ursachen verstehen	2.11	2.12	2.23
Vermeidung	1.73	1.91	1.77
Ursachenverdrängung	1.80	1.98	2.04

Tabelle 5: Bewältigungsstrategien - Regression und Varianzanalysen

	REGRESSION			A N O V A		
	Alter (Beta)	Schulb (Beta)	F	geplante Kontraste N vs. A p-Werte	Richtung	post-hoc Vergleiche p ≤ .05 Richtung
Problem lösen	.16+	-.02	3.00*	.028	N > A	
Problem akzeptieren	-.12	-.10	1.41	n.gepl.		
Problem redefinieren	-.07	-.03	.25	n.gepl.		
Grübeln	-.02	-.14	2.24	n.gepl.		
Wunschdenken	.08	-.16+	3.77*	.0004	A > N	
Problem verdrängen	.28***	-.11	.93	N.S.		
Emotion abreagieren	-.25**	-.09	1.76	.07	A > N	
Resignieren	-.15	.02	.38	n.gepl.		
Befriedigung verschaffen	-.10	-.05	4.64**	.0015	A > N	A > TA
Meditieren/Entspannen	.00	.03	.40	N.S.		
Emotion substituieren	-.25***	-.05	.21	N.S.		
Emotion unterdrücken	.13	-.37***	.50	N.S.		
Selbstbild modifizieren	-.02	.16+	.79	n.gepl.		
Verantwortung selbst attribuieren	.01	.00	1.81	n.gepl.		
Selbstwert verstärken	-.09	-.10	.77	N.S.		
Verantwortung fremd attribuieren	-.01	-.22*	.21	N.S.		
Hilfe suchen	-.07	.08	3.07*	n.gepl.		TA > N
Empathie suchen	.11	.18*	10.52***	n.gepl.		TA > N/A
Wertschätzung suchen	-.10	.00	.27	N.S.		
Verdrängung bestätigen	-.02	-.19*	1.00	N.S.		
Kognitiver Bereich	.14	-.16+	.29	n.gepl.		
Emotionaler Bereich	-.21*	-.17+	2.09	.022	A > N	
Selbstbereich	-.06	-.08	2.58+	n.gepl.		TA > N
Sozialbereich	-.04	.04	4.73**	n.gepl.		TA > N/A
Problemorientierung	-.12	.07	2.21	n.gepl.		
Ursachen verstehen	-.11	-.01	4.20*	n.gepl.		TA > N/A
Vermeidung	-.16+	-.11	3.10*	.008	A > N	
Ursachenverdrängung	.14+	-.34***	1.25	N.S.		

*** p ≤ .001; ** p ≤ .01; * p ≤ .05; + p ≤ .10

<u>Gruppenvergleich.</u> Tabelle 5 zeigt signifikante Unterschiede in der angegebenen Wahrscheinlichkeit, bestimmte Coping-Strategien einzusetzen (Mittelwerte s. Tabelle 4).

Wiederum wurden die Vorhersagen mit Hilfe geplanter Kontraste getestet, während die übrigen Unterschiede mit Hilfe von post-hoc-Vergleichen bewertet wurden. Die grundlegende Hypothese, daß Alkoholiker dysfunktionale Bewältigungsstrategien verwenden, wird durch die Ergebnisse gestützt.

Im einzelnen zeigt sich, daß sie signifikant häufiger als Nicht-Alkoholiker angeben, die Strategien "Wunschdenken" und "Befriedigung verschaffen" zur Be-

wältigung der beiden vorgegebenen Probleme einzusetzen. Sie wählen damit diejenigen Strategien, die eine Flucht aus der Realität beinhalten und die aktive
Auseinandersetzung mit dem Problem und die Bewältigung seiner kognitiven und
emotionalen Auswirkungen effektiv verhindern. Im Gegensatz dazu geben Alkoholiker signifikant seltener als Normale an, konkrete Problemlösestrategien zu
verwenden. Ein Befund, der sich der Signifikanzgrenze nähert, ist die Tendenz der
Alkoholiker in höherem Maße Emotionen abzureagieren.

Die post-hoc-Vergleiche betreffen insbesondere die Unterschiede zwischen den
Trockenen Alkoholikern und den beiden anderen Gruppen. Hier zeigen sich folgende signifikante Unterschiede: Trockene Alkoholiker beschäftigen sich mehr
mit der Lösung des jeweiligen Problems, grübeln weniger und suchen weniger Befriedigung als Alkoholiker, suchen mehr Hilfe als Nicht-Alkoholiker und weitaus
mehr Empathie als Nicht-Alkoholiker und Alkoholiker. Ob diese Unterschiede auf
die Erfahrungen der Trockenen Alkoholiker mit Selbsthilfegruppen zurückzuführen sind oder ob sie sich in dieser Hinsicht bereits während der akuten Phase ihrer
Krankheit von Klinik-Alkoholikern unterschieden, ist auf der Grundlage der vorliegenden Ergebnisse nicht festzustellen. Zum einen haben die Angaben zu persönlichen Daten gezeigt, daß sich die Gruppe der Trockenen Alkoholiker relativ
stark in bezug auf Alter und Schulbildung und damit auch in bezug auf die soziale
Schichtzugehörigkeit von den Klinik-Alkoholikern unterscheidet. Es ist zwar versucht worden, diese Unterschiede mit statistischen Verfahren zu kontrollieren,
doch kann eine solche nachträgliche statistische Kontrolle natürlich nie ein
"matching" von Respondentengruppen ersetzen. Es ist deshalb nicht auszuschließen, daß die Gruppenunterschiede, u.U. über ein unterschiedliches Verhaltensre-
pertoire der Respondenten, das bereits während der akuten Phase bestand, einen
Einfluß auf habituelle Bewältigungsstrategien ausgeübt haben. Andererseits kann
jedoch auch argumentiert werden, daß die z.T. langjährige Mitgliedschaft in
Selbsthilfegruppen, die zur erfolgreichen Meisterung des Alkoholismus-Problems
geführt hat, die habituellen Bewältigungsstrategien tiefgreifend verändert und den
bevorzugten Rückgriff auf die soziale Unterstützung (die in Selbsthilfegruppen jederzeit zur Verfügung steht) bei der Bewältigung von Problemen mit sich gebracht
hat.

Die bisher berichteten Ergebnisse beziehen sich auf die Einzelstrategien, die
mit dem Coping-Fragebogen erfaßt wurden. Dieses Instrument erlaubt es jedoch
auch, Strategien auf übergeordneter Ebene zusammenzufassen, etwa in bezug auf
das Objekt der jeweiligen Bewältigungsversuche - Kognitionen, Emotionen, das
Selbst oder soziale Beziehungen - oder im Hinblick auf die gewählte Modalität -
Versuch zu konstruktiver Lösung, Bemühen um Erkennen der Ursachen, oder
Vermeidung konstruktiver Lösungsversuche und Verdrängung der Ursachen. Unsere Hypothese lautete, daß sich Alkoholiker stärker mit der Bewältigung der
Emotionen befassen und mehr Modalitäten wählen, die eine Vermeidung konstruktiver Lösungen beinhalten. Wie Tabelle 5 zeigt, werden diese Vorhersagen
eindeutig bestätigt. Wir können also davon ausgehen, daß die Alkoholiker nicht
nur einige spezielle Strategien weniger oder häufiger verwenden, sondern sich insgesamt in bezug auf grundlegende Coping-Mechanismen von Normalen unterscheiden. Die post-hoc-Vergleiche zeigen, wie man aufgrund der oben aufgeführ-

ten Einzelresultate erwarten würde, daß sich die Trockenen Alkoholiker stärker mit dem Selbst beschäftigen als Normale und stärker mit Sozialbeziehungen als Normale und Alkoholiker. Überraschender ist, daß sie auch stärker Problemlösemechanismen einsetzen als Normale und mehr Versuche unternehmen, die Ursachen ihrer Probleme zu erkennen, als Normale und Alkoholiker. Offensichtlich verfügt diese Gruppe - möglicherweise aufgrund der Selbstselektion bei der Partizipation in Selbsthilfegruppen - über ein sehr ausgeprägtes Gefühl für konstruktive Coping-Strategien. Darüber hinaus könnte man den Einsatz dieser Strategien auch als eine präventive Bemühung auffassen, emotionale Belastungen mit anderen als den dysfunktionalen Strategien der Vermeidung zu bewältigen.

Diese Ergebnisse lassen sich als erste positive Hinweise für die differentielle Validität des Coping-Inventars im Bereich der Alkoholismus-Forschung werten (zumal die wenigen bislang in der Literatur berichteten Ergebnisse partiell repliziert werden konnten). Die von uns gegenwärtig bearbeitete Verfeinerung der Auswertung des Inventars könnte weitere wichtige Hinweise auf die den Befunden zu den Einzelstrategien zugrundeliegenden fundamentalen Bewältigungsdimensionen liefern.

6.3 Korrelationen zwischen emotionaler Reagibilität und der Wahl bestimmter Bewältigungsstrategien

Wie oben dargestellt, gingen wir davon aus, daß enge Beziehungen zwischen bestimmten Formen der emotionalen Reagibilität und der Wahl bestimmter Bewältigungsstrategien besteht. Aus diesem Grunde haben wir die Werte aller Respondenten auf beiden Instrumenten korreliert (eine getrennte Korrelationsanalyse für jede der drei Gruppen würde möglicherweise durch Varianzeinschränkung gerade die interessanten Zusammenhänge verdecken).

Insgesamt ergeben sich jedoch nur sehr wenige signifikante Korrelationen (bei $N = 109$ nach Ausschluß fehlender Werte). Die Strategie "Grübeln" korreliert mit $r = .25$ ($p < .05$, zweiseitig getestet) mit der Emotionsreaktion "Ärger". Die Strategie "Fremdattribution" korreliert mit der Emotion "Mitleid" ($r = .30$, $p < .05$). Die Strategie "Wunschdenken" korreliert mit den Emotionen "Freude" ($r = .27$, $p < .05$) und "Angst" ($r = .27$, $p < .05$). Schließlich korreliert die Strategie "Emotion abreagieren" mit den Emotionen "Ärger" ($r = .26$, $p < .05$) und "Wut" ($r = .28$, $p < .05$).[3]

Die beiden letzten Befunde sind im Zusammenhang der oben berichteten Gruppenunterschiede durchaus stimmig: Es ist u.U. anzunehmen, daß es vor allem Alkoholiker sind, die dazu tendieren, einerseits in mehrdeutigen Emotionssituationen verstärkt Angst zu verspüren und andererseits in Krisensituationen zu Wunschdenken zu neigen. Es ist nicht auszuschließen, daß es Alkoholiker sind, die einerseits in höherem Maße Ärger und Wut als Reaktion auf mehrdeutige Emotionssituationen berichten und andererseits angeben, solche Emotionen verstärkt

---

3 Die für "Freude" und "Mitleid" berichteten Korrelationen sind allerdings weniger gesichert als die übrigen Zusammenhänge, da diese Emotionen weitaus seltener als potentielle Reaktionen auf die vorgegebenen Situationen angegeben wurden.

abreagieren zu wollen. Da "Wunschdenken" und "Emotionen abreagieren" nicht hoch miteinander korrelieren, könnte es sich hier eventuell um zwei Subgruppen handeln. Die Größe unserer Stichprobe läßt es jedoch nicht zu, diese interessante Möglichkeit weiterzuverfolgen.

7. Schlußfolgerungen

Diese Ergebnisse bestätigen unsere oben dargestellte Erwartung, daß die Untersuchung der Emotionalität und möglicher Emotionalitätsstörungen, etwa im Sinne erhöhter Irritabilität, für die Diagnostik von Alkoholismus von großer Bedeutung sein könnte. Das von uns entwickelte Instrument zur Messung aktueller emotionaler Reaktionen (in vorgestellten Situationen) bestätigt diese Annahme. Alkoholiker neigen offenbar in höherem Maße zu Angst- und Wutreaktionen in konkreten Krisensituationen, ein Befund, der im Zusammenhang mit den Persönlichkeitsbefunden sehr stimmig ist.

Diese Grundtendenz zeigt sich auch in unseren Befunden zu präferierten Coping-Strategien. Mit Hilfe des von uns entwickelten Copingfragebogens können wir nachweisen, daß die Strategien von Alkoholikern, wie erwartet, stärker auf die Bewältigung von Emotionen und eher auf die Vermeidung des Problems ausgerichtet sind (hier findet sich die "alkoholikertypische Verleugnung" wieder, u.a. auch ihrer eigentlichen Symptomatik) als diejenigen der Vergleichsgruppen. Es ist anzunehmen, daß die Wahl solcher eher dysfunktionaler Bewältigungsstrategien weitere Probleme schafft, die dann wiederum mit rein palliativen Verarbeitungsstrategien angegangen werden. Ein außerordentlich interessantes Teilergebnis ist der Befund, daß die Alkoholiker, wie erwartet, in hohem Maße versuchen, sich Gratifikationen (nicht zuletzt durch Alkohol) zu verschaffen, um Krisensituationen zu überstehen.

Selbstverständlich können die hier berichteten Ergebnisse nur erste Hinweise über die Wirkungszusammenhänge liefern - und dies auch nur für männliche Alkoholiker -, da die Daten der weiblichen Alkoholiker wegen zu geringer Stichprobengröße außer acht gelassen werden mußten. Unsere Befunde sind deshalb zunächst nur punktuell im Sinne von Gruppenunterschieden zu interpretieren. Nicht zu vernachlässigen sind auch die starken demographischen Effekte auf die von uns untersuchten Variablen. Wir haben einerseits versucht, diese Effekte durch entsprechende statistische Kontrollverfahren zu eliminieren. Andererseits ist es allerdings auch möglich, daß potentielle Unterschiede durch die Bereinigung der Werte von den starken Auswirkungen der Unterschiede in Alters- und Schulbildung verwischt wurden. Wie bereits erwähnt, ist das statistische Herausrechnen von Varianzanteilen über die Regressionsanalyse ein sehr summarisches Verfahren, das möglicherweise auch Überkorrekturen mit sich bringt. Die Frage nach der Eignung der von uns entwickelten Instrumente zur Untersuchung potentieller Unterschiede zwischen Alkoholikern, Normalen Trinkern und Trockenen Alkoholikern muß daher bis zur Durchführung von Untersuchungen mit Vergleichsgruppen mit gleicher Zusammensetzung in bezug auf Alter und Schulbildung offen bleiben.

Zumindest weisen die Ergebnisse unserer Untersuchung weitgehend in die vorher-
gesagte Richtung.

Das Hauptaugenmerk wurde in der vorliegenden Untersuchung auf die Unterschiede zwischen Alkoholikern und Normalen gelegt. Dies ist nicht zuletzt dadurch
bedingt, daß die Untersuchung der Trockenen Alkoholiker ursprünglich nicht geplant war und daß deshalb auch keine Hypothesen entwickelt wurden. Insgesamt
können die hier berichteten Daten jedoch wichtige Anregungen für weitere Untersuchungen mit dieser Gruppe liefern. Interessant ist insbesondere die Frage, inwieweit es sich hier um eine ganz besondere Gruppe ehemaliger Alkoholiker handelt, nicht zuletzt wegen ihrer Selbstselektion durch die Zugehörigkeit zu Selbsthilfegruppen. Interessant sind nicht nur die starken demographischen Unterschiede zwischen Alkoholikern und Trockenen Alkoholikern, sondern auch die
Tatsache, daß die Trockenen Alkoholiker nahezu keine Überlappung mit den Alkoholikern in habituellen Persönlichkeitseigenschaften oder auch emotionalen
Reaktionstendenzen aufweisen. Die starken Unterschiede in den Coping-Strategien und in den Erwartungen lassen sich zumindest teilweise durch ihr Engagement und ihre Erfahrungen in Selbsthilfegruppen erklären.

Zur Rationalität non-complianter Krankheitsbewältigung

Rolf Haubl

Zusammenfassung

Der theoretische Beitrag setzt sich kritisch mit dem Compliance-Konzept auseinander. Er versucht zu zeigen, daß Non-Compliance ein komplex motivierter Handlungstypus ist, bei dem die Motive oftmals latent bleiben. Zwei bedeutsame Einflußquellen für die Wahrnehmung des Patienten von seiner medizinischen Behandlung werden diskutiert: die Art, wie Ärzte und Patienten kooperieren, sowie die Coping-Mechanismen, mit denen Patienten ihre Krankheit bewältigen. Um zu gehaltvollen Vermutungen über die krankheitsbedingte Compliance-Dynamik zu gelangen, wird die "Theorie der objektiven Selbstaufmerksamkeit" herangezogen. Sie ermöglicht es, kritische Situationen zu identifizieren, in denen der Arzt mit non-compliantem Handeln rechnen muß.

Summary

The theoretical essay gets critical down to the concept of compliance. It tries to explain that non-compliance is a complex motivated type of behavior. Its motives are often latent. Two significant sources influencing the patients perception of medical treatment are discussed: the way doctors and patients cooperate and the mechanisms patients cope with their illness. To get suggestive presumtions about the dynamics of illness caused non-compliance the "Theory of objective self-awareness" is used. It enables to identify crucial situations, in which doctors have to expect non-compliance.

Ärzte bieten personenbezogene professionelle Dienstleistungen an. Der Personenbezug impliziert, daß sie auf die Kooperationsbereitschaft ihrer Patienten angewiesen sind. Diese Bereitschaft gilt als Bestandteil der modernen Krankenrolle (Parsons 1968). Dennoch ist sie freilich nicht selbstverständlich. Die Professionalität der Ärzte steckt einen Rahmen ab, der die Kooperation mit den Patienten motivieren soll, nicht selten aber demotivierend wirkt. Dieser Effekt firmiert als "Verschwinden des kranken Menschen" (Jewson 1976) aus dem medizinischen Dienstleistungssystem. Gemeint ist der am Paradigma der Naturwissenschaften orientierte historische Prozeß der Verwissenschaftlichung des medizinischen Wissens, infolgedessen das Krankheitserleben des Patienten, sein Leiden, zunehmend marginalisiert wird. Übrig bleibt die "professionelle Konstruktion" der Krankheit (Freidson 1979, S. 171ff.) und die reduziert die "psychosomatische Totalität" (Jewson 1976, S. 233) des kranken Menschen auf physiologisch-biochemische Kausalfaktoren. Dies birgt die Gefahr, daß die klassische Frage an den Arzt, wie menschliche Hinfälligkeit und Sterblichkeit auf menschenwürdige Weise lebenspraktisch zu bewältigen ist, aus seinem professionellen Zuständigkeitsbereich herausfällt.

In der Arzt-Patient-Interaktion führt der institutionell in Monopolstellung gebrachte naturwissenschaftliche Reduktionismus des medizinischen Dienstleistungssystems zu einer Konkurrenz divergenter Situationsdeutungen. Aufgrund der ungleich verteilten Machtmittel, die eigene Situationsdefinition durchzusetzen, scheint sie jedenfalls manifest immer schon zugunsten des Arztes vorentschieden zu sein. Es wird erwartet, daß der Patient den Arzt vorbehaltlos als Autorität in Sachen Krankheits-Diagnose und -Therapie anerkennt. Dieser Erwartung steht allerdings das uneingeschränkte Selbstbestimmungsrecht des Patienten entgegen, das ihm eine eigenverantwortliche Entscheidung darüber zuspricht, welchen diagnostischen und therapeutischen Maßnahmen er sich aussetzen will und welchen nicht (Narr 1987). Mithin darf der Arzt nichts ohne Einverständnis des Patienten tun, obwohl dieser - professionell betrachtet - über keine hinreichende Entscheidungsgrundlage verfügt. Folglich muß er ihm entscheidungsrelevante Informationen zur Verfügung stellen. Da die Beurteilungskompetenz von Laien für Experten-Informationen freilich sehr schnell an Grenzen stößt, zumal dann, wenn rasches Handeln geboten ist, kommt der Patient aber nicht umhin, seine Entscheidung weitgehend nach Vertrauen (Luhmann 1968) zu treffen.

Compliance

Die Erwartung des medizinischen Dienstleistungssystems an den Patienten, rollenkonform zu handeln, wird als Compliance bezeichnet (Haynes 1982, S. 12). Als compliant gilt der Patient, der den Rat des Arztes uneingeschränkt befolgt. Anders der non-compliante Patient: Er befolgt den Rat des Arztes nicht, zumindest nicht so, wie der ihn gegeben hat. Folglich verletzt er die Erwartung, die das System an ihn richtet.

Diese Eigenmächtigkeit von Patienten erschwert zweifellos ihre Behandlung und verursacht darüber hinaus auch volkswirtschaftlich erhebliche Kosten. Wird den betreffenden Personen aber Irrationalität oder gar moralische Unzulänglichkeit attestiert, stigmatisiert man sie. Derartige Stigmatisierungsversuche zeugen von einem fragwürdigen paternalistischen Selbstverständnis, das für den Arzt "überlegene Vernunft" (Beckmann 1982, S. 110) reklamiert.

Daß die Compliance-Forschung, deren Aufstieg eng mit dem historischen Wandel von der kurativen Medizin zur Riskoprävention verbunden ist (Lachmund 1987), nach Determinanten non-complianten Handelns sucht, um ihm mit geeigneten Maßnahmen (Linden 1979, Schmidt & Dlugosch 1991) begegnen zu können, ist zweifellos wünschenswert. Wenn der Imperativ des medizinischen Dienstleistungssystems, der Compliance verlangt, dabei aber nicht gleichzeitig zur Debatte gestellt wird (Zola 1981), entwickelt sich die Forschung in eine fragwürdige Richtung (Trostle 1988). Als Konsequenz einer Fetischisierung der Compliance droht, daß alle Maßnahmen, die den Grad der Compliance erhöhen, per se als legitim(iert) gelten.

Jeder Anspruch auf Rationalität unterliegt jedoch einem Rationalisierungsprozeß, der sich auf Gründe beruft, die prinzipiell strittig sind. Nur für die, die sie verstehen und akzeptieren, ergeben sie eine tragfähige Kooperationsbasis. Deshalb würde die Forschung gut daran tun, nicht nur die Bedingungen für non-compliantes, sondern ebenfalls für compliantes Handeln zu klären und also umfassend die Rationalität der Arzt-Patient-Interaktion zu ihrem Thema zu machen.

Arzt und Patient: eine irrationale Beziehung?

Von den in der Bevölkerung tagtäglich auftretenden körperlichen Beschwerden und Mißempfindungen verbleibt ein Großteil im Bereich des Laiensystems mit seinem "umfassenden, aber wissenschaftlich ungenügenden Krankheitsbegriff" (Schuller 1976, S. 48). Wann ein Grenzübertritt in das medizinische Dienstleistungssystem erfolgt, hängt von verschiedenen psychosozialen Faktoren ab (Cummings et al. 1980). Sie bilden die Eckpunkte der Erzählungen, die sich Personen zurechtlegen, um sie dem Arzt zu präsentieren (Stimson & Webb 1966). Daß es sich um Erzählungen handelt, meint: Es sind keine Faktensammlungen, sondern stets Versuche, zu verstehen, was einem widerfährt.

Die präsentierten Leidensgeschichten sucht der Arzt auf Daten ab, die für seine klinische Urteilsbildung relevant sind. Dabei muß er berücksichtigen, daß die Vorstellungen, die Laien über ihren Körper und dessen Vulnerabilität haben, zum Teil erheblich vom medizinischen Wissen abweichen (Bischoff & Zenz 1989).

In diesem Zusammenhang stellen kommunikationsanalytische Untersuchungen (Frankel 1984) fest, daß sich Ärzte meist eines autoritativen Konversationsstils bedienen, der darauf zielt, die narrative Entfaltung der Erlebnisse der sie konsultierenden Personen so weit wie möglich zu unterbinden (Fisher 1984). Dieser Stil trägt dazu bei, aus Personen Patienten zu machen (Zola 1973). Nicht wenige von ihnen reagieren buchstäblich mit Sprachzerfall: Zwischen der Erwartung des Arztes und ihren eigenen Mitteilungswünschen hin und her gerissen, wird ihre Rede verwirrt; sie suchen nach Worten, beginnen zu stottern, brechen eben begonnene Sätze ab, führen längere Sätze nicht zu Ende, verstummen - und bestätigen damit die ihnen systemimmanent unterstellte Irrationalität. Folglich hat sich einmal mehr die Gültigkeit des Thomas-Theorems (Thomas 1972) erwiesen: Die Situationsdefinition, die durchgesetzt wird, determiniert das Handeln in dieser Situation so, daß dessen Folgen die Situationsdefinition legitimieren.

Indem sich Ärzte dieses Konversationsstils bedienen, suchen sie die Komplexität der Arzt-Patient-Interaktion zu kontrollieren. Diese steigt nämlich in dem Maße, wie die Krankheitstheorie des Patienten zur Sprache kommt. Subjektive Krankheitstheorien bestehen aus Vorstellungen über die Ursachen einer Krankheit, deren Symptomatik, lebenspraktischen Folgen, Dauer und Heilungschancen (Lau & Hartman 1983), sowie aus Annahmen über die persönliche Verantwortlichkeit hinsichtlich der Krankheitsentstehung und über die Kontrollierbarkeit des Krankheitsverlaufes (Turk et al. 1986). Sie sind mit subjektiven Theorien verknüpft, die Vorstellungen darüber enthalten, welche Befindlichkeit Gesundheit anzeigt. Subjektive Gesundheits- und Krankheitstheorien bilden ein dynamisches Gefüge (Radley & Green 1987); es entwickelt sich im Verlauf der Sozialisation einer Person, weist neben inter-kulturell invarianten sowohl kultur- und gruppenspezifische als auch idiosynkratische Elemente auf, und variiert zudem situationsspezifisch, etwa in Abhängigkeit davon, ob die Person die betreffende Krankheit tatsächlich hat oder nicht (Calnan 1987).

Vor allem schwere (chronische) Krankheiten evozieren eine Fülle von Vorstellungen, die mitunter phantastisch anmuten (Viney 1983). Da wird die Krankheit als Angriff feindlicher innerer und äußerer Kräfte, als persönliches Versagen oder gar als (un)gerechte Strafe für Verfehlungen gedeutet, derer sich der Kranke schuldig gemacht zu haben glaubt (Lipowski 1970). Fast alle diese Krankheiten gehen zudem, auch wenn sie faktisch nicht ansteckend sind, mit Anstekkungsphantasien einher, die den Kranken sozial isolieren (Dunkel-Schetter 1984). Dies gilt vor allem für Krebs (Verres 1986). Selbst Ärzte sind von vergleichbaren irrationalen Vorstellungen nicht völlig frei (Geißler & Bischoff 1989).

Urteile, die der Arzt in Diagnose und Therapie des Patienten trifft, kommen prinzipiell unter Unsicherheitsbedingungen zustande. Mithin unterliegen sie einer Vielzahl von Faktoren, die ihre Rationalität verzerren (Hartmann et al. 1984, S. 115ff.). Jeder Arzt selegiert aus der Erzählung des Patienten die Daten, die zu den Deutungsschemata passen, über die er verfügt. Die "Verfügbarkeit" (Tversky & Kahneman 1973) solcher Schemata ist ein informationsverarbeitender Prozeß, der das Urteil letztlich als einen unverwechselbaren subjektiven Akt wertender Erkenntnis gestaltet, in den die gesamten Lebensbedingungen des Arztes eingehen.

Vor diesem Hintergrund hat der professionelle Autoritarismus die Funktion, die Arzt-Patient-Interaktion einem Routinevollzug zu unterwerfen, der beide Seiten gegen die Wahrnehmung struktureller Unsicherheit abschirmt. Die meisten Patienten sind auf diesen Vollzug eingestellt. So beginnen sie ihre Leidensgeschichte mit einer Beschreibung, die die naturwissenschaftliche Semantik des Arztes antizipiert, und schreiten nur langsam zu den phantastischeren Beschreibungen fort, in deren Assoziationszentrum das Phantasma liegt, das ihr Krankheitserleben mit ihren virulenten Lebenskonflikten in Zusammenhang bringt (Blumenfield 1983). Ob es zu dieser Vertiefung kommt, hängt maßgeblich von der Intimität ab, die (institutionell) zwischen Arzt und Patient toleriert wird (Parrot et al. 1989). Mit zunehmender Intimität wächst die Selbstenthüllungsbereitschaft des Patienten, vorausgesetzt auch der Arzt verhält sich nicht völlig abstinent (Candib 1987).

Freilich birgt eine Intensivierung des Kontaktes Risikos, wie sie aus Psychoanalysen und Psychotherapien hinlänglich bekannt sind. Sie forciert eine regressive Übertragungs-Gegenübertragungs-Dynamik, die vor allem in existentiell relevanten Begegnungen unvermeidlich angelegt ist. Gewinnt diese Dynamik die Oberhand, droht eine Kollusion, die Arzt und Patient gleichermaßen lähmt. Personen, die hartnäckig an derartigen Kontaktwünschen festhalten, kollidieren denn auch mit der vom medizinischen Dienstleistungssystem vorgesehenen Patientenrolle und werden deshalb nicht selten eilig abgefertigt (Nordmeyer et al. 1981). Dabei nimmt der Arzt vor allem solche Personen als typische Problempatienten wahr, die sich anklammern, seine Kompetenz an unrealistischen Heilungsvorstellungen messen, sich gleichzeitig aber mit ihrer Hilfsbedürftigkeit nicht abfinden können und sich dementsprechend besserwisserisch und undankbar geben (Groves 1978, Pappert 1970).

Personen, die auf diese Weise den Routinevollzug der Arzt-Patient-Interaktion unterlaufen, desillusionieren sie. An ihnen wird deutlich, daß auch die Kooperation zwischen Arzt und Patient eine von knappen (materiellen und ideellen) Ressourcen abhängige reziproke Interaktionsleistung ist, bei der beide Seiten ihre spezifischen Belastungsgrenzen haben. Desillusionierung darf man dabei wörtlich verstehen. Denn die Arzt-Patient-Beziehung ist tatsächlich durch Illusionen geschützt, die im Routinevollzug latent bleiben. Interaktionstheoretisch besteht dieser Schutz aus wechselseitigen Idealisierungen, die den gewünschten Zustand kontrafaktisch als realisiert darstellen (Haubl 1982, S. 32ff.):

So läßt sich immer wieder beobachten, daß Patienten die Konsulationsdauer bei ihrem Arzt für sehr viel länger halten als sie faktisch ist. Zudem bekunden sie, mit ihm zufrieden zu sein, auch wenn sie gleichzeitig kritisieren, daß man mit den Leistungen 'der Mediziner' und 'der Medizin' nicht zufrieden sein kann. Solche Idealisierungen dienen der Selbstmotivierung des Patienten. Da Vertrauen immer eine riskante Vorleistung ist, helfen sie ihm, Mißtrauen und dadurch aufkeimende Angst soweit einzudämmen, daß er sich dem Arzt anvertrauen kann.

Vergleichbare Idealisierungen gibt es auch auf der Gegenseite. Wenn Untersuchungen belegen, daß Ärzte dazu neigen, die Compliance der Patienten zu überschätzen (Mushlin & Appel 1977, Rychlik 1988), dann liegt zum einen sicherlich ein kognitives Problem vor: Den Ärzten fehlen nämlich nicht selten die Beurteilungskriterien, nach denen zu entscheiden wäre, welche Patienten zu non-compliantem Handeln neigen (Davis 1966). Zum anderen ist dieses kognitive Problem aber von einer Idealisierung überlagert, die die Illusion eines automatisch greifenden Konsensus erzeugt. Unter dem Gesichtspunkt einer notwendigen und deshalb berechtigten Komplexitätsreduktion sind wechselseitige Idealisierungen auch gar nicht zu kritisieren. Problematisch wird der Routinevollzug erst dann, wenn er zu einer systematischen Exkommunizierung von behandlungsrelevanten Faktoren führt.

Daß derartige Fehlwahrnehmungen, die im Dienste der Komplexitätsreduktion stehen, non-compliantes Handeln aufgrund mangelnder Informiertheit begünstigen, darf man annehmen. Desgleichen vermutet Becker (1984), daß es die nicht zur Sprache gebrachten subjektiven Krankheitstheorien sind, die die Kooperationsbereitschaft der Patienten für Ärzte unberechenbar macht. Der Versuch, Komplexität zu reduzieren, würde auf diese Weise unversehens in eine iatrogene Komplexitätssteigerung umschlagen.

Wo Überforderung beginnt, richtet sich nach einer Vielzahl von institutionellen und personellen Bedingungen. Stets aber gibt es Spielräume, die durch das Geschick von Arzt und Patient bestimmt sind, sich wechselseitig zu motivieren. Je rigider die Kooperationsgestaltung ist, desto mehr Ressourcen müssen mobilisiert werden, um sie gegen abweichende Interaktionswünsche zu verteidigen; die dadurch erfolgende Verringerung ungebundener Ressourcen aber erhöht die Wahrscheinlichkeit einer vorzeitigen Erschöpfung.

Ein allgemeines handlungstheoretisches Compliance-Modell

Da kein Konsensus automatisch zustande kommt, müssen Arzt und Patient ihre konkurrierenden Zielvorstellungen (Stone 1978) kommunikativ ordnen, damit ein Arbeitsbündnis entstehen kann, in dem eine optimale Behandlung des Patienten als gemeinsames Anliegen in den Interaktionsfokus rückt. (Non-)Compliantes Handeln ist ein Resultat dieser Bemühungen.

Zur Bestimmung der allgemeinen Determinanten der Herstellung eines tragfähigen Arbeitsbündnisses bietet sich das Handlungsmodell von Max Weber an. Weber zufolge sind vier Typen von
Beweggründen zu unterscheiden, die ein Akteur zur Rationalisierung seines Handelns anzuführen
vermag (Schluchter 1979, S. 191f.): Er kann sich auf Traditionen, Affekte, Werte und Zwecke
berufen, weil sein Handeln - psychologisch gewendet - durch sie motiviert ist. Auf das Problem
(non)complianten Handelns angewandt: Wenn der Patient den Rat des Arztes (nicht) befolgt, dann
ist typologisch anzunehmen, daß er dies aufgrund bestimmter Traditionen, Affekte, Werte oder
Zwecke tut. Empirisch sind die Beweggründe freilich nie rein gegeben; vielmehr kommen sie stets in
einer gemischten Motivationslage vor.

Diese Generalhypothese läßt sich auf verschiedene Grundeinheiten der Arzt-Patient-Interaktion
beziehen:
- den Arzt als Vertreter seiner Profession sowie als Person,
- Form und Inhalt des ärztlichen Rates,
- die Krankheit und die Rückwirkungen ihres Verlaufes auf die innere und äußere Realität des Patienten.

Die Wahrscheinlichkeit, daß der Patient den Rat des Arztes (nicht) befolgt, wird
steigen, wenn Arzt, Rat und Krankheitsverlauf in der Wahrnehmung des Patienten
mit dessen Traditionen, Affekten, Werten und Zwecken (in)kompatibel sind.

Streng genommen greift die Generalhypothese allerdings erst dann, wenn man
sicher sein kann, daß der Patient den Rat des Arztes verstanden hat. Indessen ist
das, was der Patient von dem versteht, was der Arzt ihm rät, nie ausschließlich von
seinen intellektuellen Fähigkeiten abhängig. Stets wirkt sich das Problem der
Kompatibilität von Traditionen, Affekten, Werten und Zwecken auch auf die Ver-
ständnisleistung aus. Dann versteht der Patient den Rat des Arztes womöglich
deshalb nicht, weil er ihn nicht akzeptiert.

Im Rahmen dieses Modelles muß man von "intelligenter" (Weintraub 1976)
und "adaptiver Non-Compliance" (Raspe 1981) ausgehen. Sie ist rational, zumindest ratiomorph, weil sie Beweggründen folgt, die sie rationalisieren, selbst wenn
es keine Beweggründe sind, die die Schulmedizin als der Patientenrolle angemessen anerkennt.

Non-compliantem Handeln vorzubeugen, verlangt ein Arbeitsbündnis, in dem
konfliktträchtige Inkompatibilitäten zwischen Arzt und Patient thematisierbar
sind. Die Thematisierungsbereitschaft des Arztes ist dabei eng mit seinem professionellen Selbstverständnis verbunden, damit, ob er sein (Sprech-)Handeln, das
der Motivierung complianten Handelns dienen soll, tatsächlich als Beratung erach-
tet oder nicht doch, wenn auch verdeckt, als Befehl. "Jemandem raten, p zu tun"
(Haubl 1982, S. 65ff.) setzt nämlich als Kooperationsbedingung voraus, daß der
Berater dem, den er berät, nicht das Recht bestreitet, sich eigenmächtig zu verhalten. Befehle und befehlsäquivalente (Sprech-)Handlungen dagegen negieren
(sanktionsgestützt) diese Entscheidungsfreiheit. Versteht sich der Arzt als Berater,
so gehört es zu seiner professionellen Compliance (DiMatteo & DiNicola 1982),
dem Patienten einen kooperativen Problemlösungsprozeß zu ermöglichen. Dies
setzt eine verantwortungsethische Berufsmoral (Haubl 1984, S. 73f.) voraus, die
auf Maßnahmen einer 'detektivischen' Compliance-Kontrolle verzichtet, weil sie
bewußt hält, daß die Stigmatisierung des Patienten vor allem eine Verantwor-
tungsdelegation ist, die der psychohygienischen Entlastung des Arztes dient
(Ullrich 1990, S. 252f.). Zu recht spricht sich Möhring (1987, S. 43f.) in diesem Zu-

sammenhang denn auch gegen eine Instrumentalisierung der Psychotherapie zur Compliance-Motivierung aus.

Viele Patienten wünschen sich, daß der Arzt sie nicht nur hinreichend über die medizinisch relevanten Behandlungsmaßnahmen informiert, sondern sie darüber hinaus auch durch den wechselvollen Prozeß von deren lebenspraktischer Umsetzung begleitet (v.Claer et al. 1988). Diese Begleitung ist notwendig, weil nur der Patient selbst über das besondere Wissen verfügt, wie das allgemeine ärztliche Wissen fallspezifisch wirksam werden kann. In dieser Hinsicht ist er der Experte, ohne dessen "Gelegenheitsvernunft" die "Grundsatzvernunft" (Spinner 1985, S. 101) des Arztes akademisch bleibt.

Allerdings verbietet es sich dabei, (non-)compliantes Handeln uneingeschränkt zu personalisieren, da es immer auch von der Gruppendynamik in dem sozialen Netzwerk abhängt, in dem der Patient lebt (Oakes et al. 1970, Pentecost et al. 1976, Willis & Dunsmore 1967). Der Arzt ist deshalb selbst gut beraten, auf solche Randbedingungen seines Arbeitsbündnisses zu achten, auch wenn er nur indirekt Zugang zu ihnen hat.

Compliance und Krankheitsbewältigung

Die folgenden Überlegungen beziehen sich auf die dritte der genannten Grundeinheiten der Compliance-Problematik: den Krankheitsverlauf. Es wird die Annahme elaboriert, daß die Bereitschaft, (non-)compliant zu handeln, durch Prozesse der Krankheitsbewältigung (Carver et al. 1989, Heim 1988, Heim et al. 1978) beeinflußt ist. Eine solche Betrachtung bietet sich vor allem für schwere (chronische) Krankheiten und irreparable Beschädigungen an. Da diese in besonderem Maße selbstrelevant sind, soll ihre Bewältigung in der Perspektive einer Theorie des Selbst (Haubl 1986, 1991, S. 269ff.) dargestellt werden.

Mit 'Selbst' ist dabei ein Komplex von (Selbst-)Repräsentanzen gemeint. Seine Entwicklung hängt von der Ich-Entwicklung ab, wobei 'Ich' keinen Inhalts-, sondern einen Funktionskomplex bezeichnet. Dessen zentrale Funktion ist Symbolisierung (Epstein 1983, Horowitz 1972, Rogers 1983). Ich und Selbst bilden ein System, in dem beständig Regulationsprozesse ablaufen. Diese dienen nicht zuletzt der Optimierung des Selbstwertes, was durchaus auf Kosten der Realitätsprüfung gehen kann (Greenwald 1980). Selbstwertschätzungen erfolgen nach Maßgabe internalisierter Standards sozial gratifizierter Selbstentwürfe. Die Einhaltung der Standards wird als hoher Selbstwert erlebt. Er fungiert als "kultureller Angst-Puffer" (Greenberg et al. 1986, S. 197f.) und zählt dadurch zu den entscheidenden psychosozialen Handlungsressourcen.

Die ablaufenden Regulationsprozesse können als Prozesse der Aufmerksamkeitverteilung - ebenfalls eine Ich-Funktion - konzipiert werden. Als konzeptueller Rahmen eignet sich die "Theorie der objektiven Selbstaufmerksamkeit" (Duval & Wicklund 1972), die eine Fülle von empirischen Untersuchungen sowie die Formulierung ergänzender und konkurrierender Theoreme angeregt hat (Gibbons

1990). In diesem Rahmen lassen sich einige Grundannahmen entwickeln, die auch der Compliance-Forschung nützlich sein können:

* Die menschliche Wahrnehmung operiert in zwei Richtungen: extraspektiv und introspektiv. Bei der einen liegt der Aufmerksamkeitsfokus der Person auf ihrer Außenwelt, bei der anderen auf ihrer Innenwelt.

* Sie kann nicht in beiden Richtungen gleichzeitig wahrnehmen, wohl aber zwischen beiden Richtungen wechseln.

* Der Fokuswechsel erfolgt willkürlich oder unwillkürlich.

* Fokussiert die Person ein Objekt ihrer Außenwelt, so ist sie (von sich) abgelenkt. Im Unterschied dazu erlebt sie sich bei Fokussierung ihrer Innenwelt mit ihrem Selbst als Wahrnehmungsobjekt (deshalb "objektive Selbstaufmerksamkeit") konfrontiert.

* Meist wird durch Selbst-Fokussierung - willkürlich oder unwillkürlich - ein Prozeß der Selbst-Bewertung eingeleitet, der im Dienste der Bearbeitung dringlicher Äquilibrationserfordernisse im Austausch von Person und Lebenswelt steht.

* Selbst-Bewertung verlangt einen Vergleich von aktuell festgestellten selbst(wert)relevanten Merkmalen (Real-Selbst) mit deren internalisierten Standards (Normal-Selbst; unter bestimmten Bedingungen auch: Ideal-Selbst).

* Sind diese Standards unbezweifelt, so erzeugt die Feststellung negativer Diskrepanzen (Unterschreitungen) Unlust-Affekte (Angst, Scham, Schuld, Ärger). Dagegen wird die Feststellung der relativen Übereinstimmung mit einem Standard sowie - prozessual betrachtet - die Annäherung an ihn positiv (Freude, Stolz) erlebt.

* Negative Affekte werden zu unterbinden versucht.

* Deren Intensität hängt u.a. ab von a) der Zentralität des betroffenen Standards im Selbst der Person, die dessen Relevanz für ihre Selbstwertschätzung bestimmt, b) der Größe der festgestellten Diskrepanz, c) der ihrem Auftreten unterstellten Ursachen, d) der Zeitdauer, während der die Diskrepanz (trotz Reduzierungsversuchen) bereits besteht, und e) den antizipierten diskrepanzbedingten Folgen für die künftige Lebensführung.

* Die bevorzugte Strategie, die negativen Affekte zu unterbinden, besteht im Bemühen, den unterschrittenen Standard so bald wie möglich wieder zu erreichen. Diese Strategie wird allerdings nur verfolgt, solange die negativen Affekte nicht demotivierend wirken.

* Die Höhe der Demotivierungsschwelle hängt u.a. ab von a) der Diskrepanztoleranz der Person, b) den Fähigkeiten, die sie sich im Hinblick auf die Bewältigung der Diskrepanz zuschreibt, und c) der sozialen Unterstützung, die sie dabei erfährt.

* Wird die Demotivierungsschwelle überschritten, so versucht die Person nicht länger, den Standard zu erreichen. Bevor sie ihn allerdings absenkt, kann sie noch andere Strategien wählen. Für diese gibt es verschiedene Angriffspunkte. Die Person kann versuchen, a) Einfluß auf ihre Diskrepanzwahrnehmung und die mit ihr verbundene Affektentwicklung zu nehmen, b) Situationen zu vermeiden, die bereichsspezifisch oder generell Selbst-Fokussierung begünstigen, und c) den

betroffenen Standard dadurch zu dezentrieren, daß sie einen anderen selbst(wert)relevanten Standard kompensatorisch aufwertet.

* Erst wenn diese Strategien nicht (mehr) greifen, reduziert die Person die Diskrepanz, indem sie den Standard absenkt, mithin ihr Normal-Selbst (bzw. Ideal-Selbst) ihrem Real-Selbst angleicht.

Vor diesem theoretischen Hintergrund markiert eine Krankheit eine negative Diskrepanz zwischen aktuellem Gesundheitszustand (Real-Selbst) und internalisiertem Gesundheitsstandard (Normal-Selbst), die eine belastende Selbst-Fokussierung hervorruft und deshalb auf Reduzierung gemäß einer der genannten Strategien drängt. Geht man davon aus, daß Gesundheit ein (komplexer) selbstwertrelevanter Standard ist, so droht dem Kranken gleichzeitig eine Selbstwerterniedrigung. Deshalb ist Krankheitsbewältigung immer auch Selbstwertsicherung. Badura (1985, S. 343f.) spricht von einem "Selbstbildmanagment", das darauf zielt, die von der Krankheit betroffenen selbstwertrelevanten Merkmale des (Normal-)Selbst neu zu bewerten. Diese Neubewertung vollzieht sich als schmerzlicher und deshalb widerstandsreicher Prozeß, die veränderten Lebensbedingungen zu akzeptieren (Kallinke 1982, S. 202). Man kann ihn als Trauerarbeit begreifen und infolgedessen erwarten, daß auch das krankheitsbezogene Selbst(bild)-management die für sie typischen Phasen (Gullo et al. 1974) zeigt.

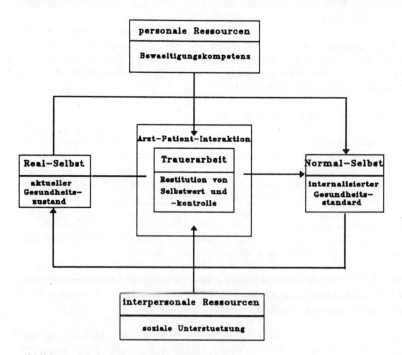

Abbildung: Struktur der Krankheitsbewältigung

In dieser Dynamik haben medizinische Maßnahmen die Stellung von Hilfsmitteln, an die der Patient seine Erwartung einer selbstwertschonenden Reduzierung der krankheitsbedingten Diskrepanz zwischen Real-Selbst und Normal-Selbst bindet. Solange sie seiner Wahrnehmung nach diese Erwartung erfüllen, handelt er compliant. Wird er enttäuscht, steigt die Wahrscheinlichkeit für non-compliantes Handeln. Welche Momente im Prozeß der Krankheitsbewältigung für das Auftreten eines solchen Widerstandes besonders sensibel sind, läßt sich mit Hilfe des skizzierten selbst(wert)psychologischen Modells explizieren. Aus Platzgründen müssen einige ausgewählte Aspekte genügen, um die wissenschaftliche und praxeologische Fruchtbarkeit dieser theoriegeleiteten Spekulation anzudeuten.

Verleugnung

Bei Gesunden scheint es einen Glauben an die eigene Unverwundbarkeit zu geben. Er kommt in der Überzeugung zum Ausdruck, daß das eigene Erkrankungsrisiko geringer ist als das anderer (ähnlicher) Personen. Die Unterschiede, die namhaft gemacht werden, beziehen sich auf psychische Besonderheiten (Weinstein 1987). Diesen Glauben zeigen vor allem Personen, die in ihrem Leben bislang von traumatischen Ereignissen verschont geblieben sind. Mit Eintritt der Krankheit wird der narzißtische Schutz, den ihnen ihr Unverwundbarkeitsglaube bis dato gewährt hat, erschüttert. Das anschließende Bestreben, die Erschütterung abzufangen, läßt die Tendenz erkennen, ihn so weit wie möglich (kompensatorisch) zu bewahren (Kulik & Mahler 1987). Sie kann compliantem Handeln entgegenwirken. Dies zeigt eine Untersuchung an Patienten mit hohem Infarktrisiko und bereits erlittenem Infarkt (Klapp et al. 1984, S. 101): Über die Hälfte der Gesamtgruppe und noch mehr als ein Drittel der Infarktpatienten sehen für sich im Vergleich zur Allgemeinbevölkerung kein größeres Infarktrisiko! So befolgen die Patienten denn auch nur zu einem geringen Prozentsatz das Diätprogramm und das Medikationsschema, das einem (Re-)Infarkt vorbeugen soll, obwohl sie gleichzeitig an die Wirksamkeit dieser medizinischen Maßnahmen glauben.

Zweifellos läßt der Befund auf Verleugnung schließen. Dieser Abwehrmechanismus ist im Bewältigungsprozeß zahlreicher Krankheiten nachweisbar (Levine & Zigler 1975). Bei Durchsicht der betreffenden Untersuchungen stellt man allerdings fest, daß das psychoanalytisch inspirierte Konzept (Wangh 1989) erhebliche Unklarheiten über die implizierten Informationsverarbeitungsprozesse aufweist, kann doch die Wahrnehmung der Information oder ihr Für-wahr-nehmen betroffen sein (Basch 1983). Stets aber wird die Selbst-Fokussierung einer unerträglichen selbstwertsenkenden Diskrepanz zwischen aktuellem Gesundheitszustand und internalisiertem Gesundheitsstandard verzerrt. Die Verzerrung kann an den Symptomen ansetzen, die die Selbst-Fokussierung evozieren, an der Diskrepanz-(größe), an den diskrepanzbedingten negativen Affekten sowie am Standard selbst.

Die Effekte, die Verleugnung für die Krankheitsbewältigung hat, sind differentiell: Es gibt Untersuchungen, die die aus der Psychoanalyse vertraute Skepsis (Haan 1977) stützen (Rogentine et al. 1979), und solche, die günstige Auswirkungen beobachten (Pettingale 1984). Schließlich legen die Befunde von Garrity et al. (1976) und Moss et al. (1969) zumindest für Herzinfarktpatienten nahe, daß ein

Entweder-Oder irreführend ist: Beobachtet wird nämlich, daß sich Verleugnung in der ersten Zeit nach dem Infarkt positiv auswirkt, während deren Habitualisierung später zu negativen Effekten führt.

Deshalb erscheint die integrative Überlegung angemessen, daß die Effektivitätsbeurteilung von Verleugnung letztlich auf einen Prozeß der Dosierung von Selbst-Fokussierung nach Maßgabe der vorhandenen psychosozialen Ressourcen bezogen werden muß (Suls & Fletcher 1985). Dabei meint Dosierung die Fähigkeit des Patienten, seine Wahrnehmung der Krankheit flexibel auf seine sich im Krankheitsverlauf verändernde Bewältigungskompetenz abzustimmen. Gelingt eine solche Passung, hat Verleugnung günstige Auswirkungen, mißlingt sie, wird eine optimale Krankheitsbewältigung verhindert.

Vermutlich ist dabei mit einer krankheitsspezifischen Empfindlichkeit zu rechnen. Von Herzinfarktpatienten etwa weiß man, daß sie vor allem dazu neigen, jede Form von Abhängigkeit zu verleugnen (Muhs 1985). Folglich darf man erwarten, daß alle medizinischen Maßnahmen, die ihr Erleben von Abhängigkeit akzentuieren, non-compliantes Handeln begünstigen.

Praxeologisch betrachtet: Es ist nicht leicht, Verleugnung festzustellen. Die Feststellung darf sich nämlich nicht einfach danach richten, ob der Patient mit der Beurteilung des Arztes übereinstimmt. Dieser kann sich irren, zudem nimmt er grundsätzlich aus einer anderen Perspektive wahr. Ob Verleugnung vorliegt, bemißt sich deshalb eher danach, ob und wie der Patient die Beurteilung des Arztes in seine eigenen Überlegungen einbezieht, ob und wie er selbst nach Informationen sucht, die seine eigene Interpretation zu überprüfen erlauben. Vor diesem Hintergrund wird dem um die Compliance des Patienten bemühten Arzt eine Dosierung der Zumutung zur Selbst-Fokussierung abverlangt. Er darf Verleugnungstendenzen nicht vorzeitig durchbrechen, weil dies einen gelassenen Erwerb von Bewältigungskompetenzen behindert, sie aber auch nicht unbegrenzt dulden, weil er dadurch zunehmend an Einflußmöglichkeiten verliert. Um bei dieser Gratwanderung die Balance zu halten, ist es für den Arzt notwendig, sich die eigene fallspezifische Verleugnungstendenz bewußt zu machen. Dem Patienten bleibt sie nämlich meistens nicht verborgen. Untersuchungen (Rothenberg 1961, Waxenberg 1966) zeigen, daß dieser sie aus Angst, die Unterstützung des Arztes zu verlieren, zu seiner eigenen machen kann. Es resultiert dann eine Kollusion aus wechselseitigen Verleugnungen, die eine flexible Krankheitsbewältigung sabotiert.

* Symptomorientierung und internalisierter Gesundheitsstandard
Für den Patienten ist - im Unterschied zum Arzt - eine Krankheit primär die Menge der Symptome, die er als Beschwerden und sonstige Beeinträchtigungen seiner Lebensgestaltung wahrnimmt. Sie dienen seiner Orientierung. Bei einer Krankheit, um die der Patient weiß, die aber weitgehend unsichtbar bleibt, fällt diese Orientierungsmöglichkeit aus. Wie relevant sie für ihn ist, läßt sich am Beispiel von Bluthochdruckpatienten erahnen, die "nach Symptomen suchen, die ihre Störung repräsentieren", und "auch solche finden", an denen sie ihren aktuellen Blutdruck ablesen zu können glauben, obwohl es "keine Evidenz" dafür gibt, daß sie "valide Indikatoren" sind (Leventhal et al. 1980, S. 15f.).

Vor allem Schmerzen bewirken eine Selbst-Fokussierung. Sie machen die Unterschreitung des internalisierten Gesundheitsstandards sinnfällig. Überdies erlauben sie dem Patienten, die Reduktion der Diskrepanz von Real-Selbst und Normal-Selbst und also den Erfolg von medizinische Maßnahmen, von denen er eine diskrepanzreduzierende Wirkung erwartet, zu 'messen'. Diese Einstellung kann leicht zu non-compliantem Handeln führen, etwa dann, wenn der Patient die Medikamentendosis herabsetzt oder ganz auf die Einnahme verzichtet, weil seine Schmerzen verringert oder verschwunden sind, er sich wieder hergestellt fühlt (Caldwell et al. 1970, Tuomilehto et al. 1976), die Krankheit nach ärztlichem Urteil jedoch weiter besteht und deshalb medikationsbedürftig bleibt. Folglich wirkt die anfänglich positiv bewertete medizinische Maßnahme negativ, sobald durch Schmerzfreiheit der internalisierte Gesundheitsstandard wieder erreicht scheint. Denn dadurch ist sie für den Patienten ihrerseits symptomatisch geworden; sie hält, falls sie fortbesteht, die Selbst-Fokussierung vermeintlich ungerechtfertigt aufrecht, was infolgedessen als die eigentliche Belastung erscheint.

Umgekehrt sollte man annehmen dürfen, daß eine Zunahme von Schmerzen eine Vergrößerung der Diskrepanz anzeigt und deshalb ebenfalls non-compliantes Handeln begünstigt, zumindest dann, wenn die Zunahme auf die bislang befolgten medizinischen Maßnahmen zurückgeführt wird. Indessen ist das Schmerzerleben komplex determiniert (Carriére 1983).

Bei einem Vergleich von Polyarthritis-Patienten mit leichten und schweren Schmerzen zeigt sich, daß diejenigen, die von schweren Schmerzen berichten, trotzdem besser gestimmt sind (Langley & Sheppeard 1985). Dieser Befund ist kontraintuitiv, sollten doch modellgemäß schwerere Schmerzen eine größere Diskrepanz zum internalisierten Gesundheitsstandard markieren und sich im Krankheitserleben auch dementsprechend niederschlagen. Indessen kann man moderierende Faktoren als Erklärung anführen: Vielleicht zeigen nämlich schwere (rheumatische) Schmerzen einen unveränderlichen Zustand an, der weitere Anstrengungen, sie zu beseitigen, als vergeblich erscheinen läßt. Infolgedessen könnten die betreffenden Patienten ihren internalisierten Gesundheitsstandard - expliziert als Schmerzfreiheit - abgesenkt haben. Indem durch die derart gewonnene größere Schmerztoleranz die Anstrengung einer kraftraubenden Diskrepanzreduktion wegfällt, mag sich auch die Stimmung bessern. Patienten mit schwachen Schmerzen wären demnach noch auf Schmerzfreiheit ausgerichtet und würden sich in der Anstrengung erschöpfen, sie zu erreichen, zumindest aber eine Zunahme der Schmerzen zu verhindern.

Selbst in Fällen, in denen der Patient die Zunahme von Schmerzen auf die befolgte medizinische Maßnahme zurückführt, muß er dies nicht unbedingt als Vergrößerung der Diskrepanz zum internalisierten Gesundheitsstandard verstehen. Im Gegenteil: So findet man bei Krebspatienten immer wieder die Phantasie, ihre Schmerzen seien nur durch schwerere Schmerzen zu bekämpfen (Leventhal et al. 1980, S. 18). Offensichtlich zeigen schwere Schmerzen in diesem Fall an, daß die Behandlung wirkt, nicht aber, daß die Diskrepanz größer wird. Zugleich engen sie die Selbst-Fokussierung derart monothematisch ein, daß von umfassenderen Selbst-Bewertungsprozessen abgelenkt wird.

Zwar sind Schmerzen die prominentesten Symptome, die Selbst-Fokussierung evozieren. Indessen genügt gegebenenfalls die kleinste (schmerzfreie) Irritation im Körpererleben, um eine Gefährdung der Genesung wahrzunehmen, vor allem dann, wenn diese unerwartet auftritt. Uninformiertheit führt zu Orientierungsunsicherheit, diese ängstigt und senkt dadurch die Schmerztoleranz (Bischoff & Luderer 1981). Dies trifft z.B. auf das unerwartete Auftreten von Behandlungsnebenfolgen zu: Bei der medikamentösen Einstellung milder Hypertoniker steht dem Wissen, symptomlos erkrankt zu sein, die Wahrnehmung entgegen, daß die verabreichten Medikamente, Beta-Blocker und Diuretika, etwa Bradykardien und Veränderungen der Flüssigkeitsausscheidung auslösen. Bei unzureichender Vorbereitung erlebt der Patient diese harmlosen Irritationen leicht als aufgezwungene Symptome, die eine vermeintliche Vergrößerung der Diskrepanz zum internalisierten Gesundheitsstandard anzeigen. Und so setzt er die Medikamente ab, um die Diskrepanz zu reduzieren.

Die Dynamik der Symptomorientierung hängt maßgeblich vom internalisierten Gesundheitsstandard ab, da er als Abbruchkriterium für krankheitsrelevantes Handeln - inklusive der Befolgung medizinischer Maßnahmen - dient. Dabei ist er selbst Teil der subjektiven Gesundheitstheorie des Patienten. Unter Berücksichtigung der Befunde von Herzlich (1973) kann man für diese eine zweidimensionale Struktur postulieren. Die erste Dimension bezieht sich auf die Anspruchshaltung der Person. Sie liegt zwischen den Polen Beschwerdefreiheit und Wohlbefinden, das einen globalen Zustand psychosozialer Selbstverwirklichung meint. Die zweite Dimension bezieht sich auf die Kontrolle, die sich die Person im Hinblick auf die Sicherung ihres Anspruchs selbst zuschreibt. Sie liegt zwischen den Polen Schicksalsergebenheit und Handlungsmächtigkeit.

Subjektive Gesundheitstheorien sind Niederschläge der historisch-kulturellgesellschaftlich bestimmten Sozialisation des Körpererlebens (Brähler 1986, Rittner 1986). Sie geben wieder, welche Bedeutung dem Körper in der Lebenswelt einer Person zukommt. So lassen sich etwa schichtspezifische Unterschiede nachweisen (D'Houtaud & Field 1987): Während Unterschicht-Angehörige (Handarbeiter) Gesundheit vorwiegend als Fähigkeit interpretieren, die sich ihnen tagtäglich stellenden Aufgaben der Lebensbewältigung reibungslos erfüllen zu können, verbinden Mittelschicht-Angehörige (Kopfarbeiter) mit Gesundheit darüber hinausgehend die Vorstellung von Erlebnisreichtum und Expressivität.

Dieses Untersuchungergebnis findet auf einer allgemeineren Ebene in der Forschung zur Somatisierung seine Bestätigung. Sie interessiert sich für die Determinanten, die darüber entscheiden, ob eine Person bei Nichtbewältigung einer traumatischen Lebenssituation im Krankheitsfalle eher somatische oder eher psychische Symptome 'wählt'. So zeigt sich etwa, daß Somatisierung bei Depression in nichtwestlichen Kulturen häufiger ist als in westlichen, in westlichen Unterschichten häufiger als in Mittelschichten, bei Frauen der Mittelschicht häufiger als bei Männern. Mithin folgt sie den Grenzlinien der okzidentalen Rationalität, die ihrerseits im Krankheitsfalle eine Psychisierung begünstigt (Katon et al. 1982, Kleinman & Kleinman 1985). Vermutlich sind dies auch die Grenzlinien, an denen sich hohe und niedere, interne und externe Kontrollüberzeugung (Flammer 1990) scheiden.

Von anderen Faktoren abgesehen wäre non-compliantes Handeln infolge irreführender Symptomorientierung demnach vor allem bei Patienten zu erwarten, deren subjektive Gesundheitstheorie einen Standard festsetzt, der Beschwerdefreiheit und Schicksalsergebenheit kombiniert. Indirekte Anhaltspunkte dafür sind, daß Personen mit hoher (internaler) Kontrollüberzeugung eine ausgeprägtere Gesundheitsprophylaxe betreiben und im Krankheitsfalle aktiver und kooperationsbereiter an ihrer Genesung arbeiten (Balch & Ross 1975, Marschall & Fuller 1989, Strickland 1978). Bemerkenswerterweise verfügt diese Personengruppe auch über eine größere Schmerztoleranz (Bowers 1968, Johnson 1973), weshalb sie weniger darauf aus sein dürfte, Schmerzen so schnell wie möglich zu beseitigen.

Freilich wäre es unangebracht, von solchen Patienten anzunehmen, sie seien auf jeden Fall complianter. Sie haben ihre eigenen Anfälligkeiten für non-compliantes Handeln. So sind Patienten, die Wohlbefinden beanspruchen und sich Handlungsmächtigkeit zuschreiben, besonders gefährdet, wenn sie trotz aller Anstrengung ihren internalisierten Gesundheitsstandard nicht wieder erreichen können, sich also in ihr Schicksal fügen und sich mit Beschwerdefreiheit begnügen müssen.

Praxeologisch betrachtet: Um die Krankheitsbewältigung des Patienten effektiv begleiten zu können, gilt es, dessen subjektive Gesundheitstheorie in Erfahrung zu bringen. Dies ist freilich kein einfaches Unternehmen, da dieser nur bedingt über sie Auskunft geben kann. Welchem internalisierten Gesundheitsstandard seine Symptomwahrnehmung folgt, muß sich im Verlauf der Zeit zeigen. Indem der Arzt seine Beobachtungen mit dem Patienten bespricht, hilft er, sich des Standards gemeinsam bewußt zu werden. Dies ist der erste Schritt, um ihn gegebenenfalls zu verändern.

* Imaginäre Selbstkontrolle
Zu den zentralen selbstwertsichernden Standards moderner okzidentaler Kultur gehört eine möglichst umfassende Selbstkontrolle, die beim Körper beginnt und auf alle übrigen Lebensumstände ausgreift. Jeder möchte das Gefühl haben, "daß er tun kann, was er will, daß er nicht zu tun braucht, was er nicht will, und daß er, was diese Freiheit anbelangt, die alleinige Kontrolle über sein eigenes Verhalten besitzt" (Brehm 1966, S. 9). Gesundheit ist eine notwendige Voraussetzung, diese Kontrolle ausüben zu können. Mithin wird Krankheit als Selbstkontrollverlust und dieser als Selbstwerterniedrigung erlebt. Eine optimale Krankheitsbewältigung hängt nicht zuletzt davon ab, ob es dem Patienten gelingt, ein regressives Abgleiten in selbstmitleidige Passivität zu verhindern.

Halten sich querschnittgelähmte Unfallopfer selbst dann für den Unfall verantwortlich, wenn keinerlei Selbstverschulden nachzuweisen ist (Bulman & Wortman 1977), liegt eine Kausalattribution vor, die im Dienste der Regressionsabwehr steht, es sei denn die Verantwortungsübernahme setzt lähmende Schuldgefühle und damit Selbstbestrafungsbedürfnisse frei (Rogner et al. 1987). Indem die Patienten annehmen, daß sie das traumatische Ereignis hätten kontrollieren können, stärken sie ihre Kontrollüberzeugung für dessen Bewältigung. Unterscheidet man zwischen retrospektiver und prospektiver Kontrollüberzeugung (Michela & Wood

1986), so ist letztere für den Bewältigungserfolg zwar wichtiger (Taylor et al. 1984), der zitierte Untersuchungsbefund aber belegt beider Verschränkung. Ziel ist stets, sich der Selbstkontrolle zu versichern und sei sie auch bloß imaginär.

Kontrollüberzeugungen können durch medizinische Maßnahmen geschwächt werden. Die Untersuchung von Hasenbring (1989) an Krebspatienten etwa läßt vermuten, daß deren chemotherapeutische Behandlung zu einer solchen Schwächung führt. Beobachtungen an Hämodialysepatienten bestätigen dies, lassen aber auch imaginäre Selbstkontrolle erkennen: So kommen bei Patienten, die längst gelernt haben, mit den endgültigen Grenzen ihrer Selbstkontrolle zu leben, immer wieder überraschende Diät- und Medikationsverstöße vor (Koch et al. 1982). Ihr non-compliantes Handeln läßt sich kaum anders denn als selbstwertstützende Demonstrationen von Eigenmächtigkeit verstehen.

Das Reaktionsmuster ähnelt dem "posttraumatischen Streßsymptom", bei dem trotz Normalisierung des (Er-)Lebens in zyklischer Folge Verschlechterungen der Befindlichkeit und sogar des klinischen Zustandsbildes auftreten. Vor allem Patienten mit einem manifest selbstwertstabilen, latent aber entwerteten Real-Selbst (Horowitz et al. 1980a, 1980b) scheinen für solche Schwankungen besonders anfällig zu sein. Dabei sind es oftmals Ereignisse - wie etwa die Jahrestage einer Operation - mit einer selbstwertrelevanten Erinnerungsqualität, die eine erneute Bewältigungskrise auslösen (Green et al. 1985).

Im Zusammenhang mit imaginärer Selbstkontrolle sind auch Versuche von Patienten zu verstehen, ihrer Krankheit einen lebenswerten Sinn - als Herausforderung oder als Chance, sich eine reifere Lebenseinstellung zu erarbeiten - abzugewinnen. Dies belegt die Untersuchung von Taylor (1983), in der sich die Brustkrebspatientinnen, die am wenigsten glauben, Kontrolle über den Verlauf ihrer Krankheit zu haben, am stärksten bemühen, an ihrer Krankheit positive Seiten zu entdecken. Folglich darf man annehmen, daß die Konstruktion von Sinn eine Kompensationsmöglichkeit für Selbstkontrollverlust bietet und dadurch eine selbstwertschonende Reduzierung der unerträglichen Diskrepanz zwischen Real-Selbst und Normal-Selbst erlaubt.

Praxeologisch betrachtet: Der auf Compliance bedachte Arzt sollte für die Dynamik imaginärer Kontrolle sensibel sein. Dies setzt einen grundsätzlichen Respekt für non-compliantes Handeln voraus. Der Arzt greift nur ein, um mögliche selbstschädigende Folgen zu verhindern. Versuche, den Patienten autoritativ zu beeinflussen, sind kontraindiziert. Sie werden als Übergriffe erlebt, die einen zusätzlichen Freiheitsentzug bedeuten und deshalb Reaktanz erzeugen. Desgleichen darf der Arzt die Sinnsuche des Patienten nicht diskreditieren, auch wenn es ihm schwer fällt, sie nachzuvollziehen (Hamera & Shontz 1978).

Ärger

Im Krankheitsverlauf treten zahlreiche differentielle Affekte auf. Vor allem für Affekte aus der Gruppe Ärger/Zorn/Wut (Verres & Sobez 1980) wird ein Zusammenhang mit erfolgreicher Krankheitsbewältigung vermutet. Da es zu den maßgeblichen Funktionen dieser Affektgruppe gehört, drohende Hilflosigkeit abzuwenden, indem Angst in Furcht vor einem aversiven Objekt umgewandelt und diesem gegenüber Aggressionsbereitschaft mobilisiert wird (Novaco 1975, S. 6), scheint möglichst ungehemmter Ärger (anger-out) eine effektive Depressionsprophylaxe zu sein. Im Unterschied dazu wäre bei gehemmtem Ärger (anger-in) lähmende Hilflosigkeit zu erwarten. Womöglich unterstellt aber bereits die Frage, ob gehemmter oder ungehemmter Ärger für die Krankheitsbewältigung günstiger ist, eine falsche Alternative. Denn es kann gut möglich sein, daß sich beide Strategien, moderat eingesetzt, günstig auswirken, extrem eingesetzt aber ungünstig (Appel et al. 1983).

Zu beobachten ist, daß bei einer ganzen Reihe von Krankheiten - z.B. Bronchialasthma (Hollaender & Florin 1983, Mathé & Knapp 1971) - der Ausdruck von Ärger vergleichsweise gering ausfällt. Ob es sich dabei um eine Krankheitsfolge handelt oder um eine bereits prämorbid bestehende affektive Strategie, die womöglich die Entstehung der Krankheit begünstigt hat, lassen die Untersuchungen allerdings unbeantwortet. Zumindest für Krebspatienten gibt es Hinweise, daß die Unterdrückung von Ärger mit einem ungünstigeren Krankheitsverlauf einhergeht (Temoshok & Fox 1984).

Es ist zum einen zu erwarten, daß der Patient durch die krankheitsbedingten Einschränkungen seiner Selbstentfaltung Ärger erlebt, und zum anderen, daß dieser Ärger nicht zuletzt auf den Arzt gerichtet wird. Denn dieser soll ihn von den Einschränkungen befreien, kann es aber meist nicht wie gewünscht; durch die medizinischen Maßnahmen, zu denen er rät, erlegt er ihm zudem weitere auf. Vor allem der Anger-out-Patient wird in dieser Hinsicht den Arzt besonders fordern. Welche Auswirkungen dies hat, hängt davon ab, wie groß dessen spezifische Affekttoleranz ist. Die Toleranz einer Person, Ärger zu ertragen, sei es der eigene oder der einer anderen Person, bemißt sich dabei ebenso wie die Ärgerbereitschaft nicht nur nach idiosynkratischen Merkmalen; vielmehr befolgt die Person immer auch soziale Regeln (Lewis & Michalson 1982, S. 190ff.), die ihre Erwartung lenken, wer in welcher Situation welche Affekte zu erleben hat und wie diese angemessen darzustellen sind. Weichen Arzt und Patient in dieser Hinsicht aufgrund einer unterschiedlichen Affektsozialisation deutlich voneinander ab, kommt es zu wechselseitigen Erwartungsverletzungen, die die Affektkommunikation konfliktträchtig werden läßt. Trifft ein Anger-out-Patient auf einen Arzt mit einer zu geringen Ärgertoleranz, so geschieht es leicht, daß er frustriert wird und dadurch in eine Dynamik sukzessiv verstärkten Ärgers gerät. Diese Entwicklung kann in non-compliantem Handeln gipfeln, das dann als mehr oder weniger maskierte Aggression zu verstehen ist.

Besonders sensibel dürften in diesem Zusammenhang Patienten sein, die sich ihrer Krankheit wegen (vor dem Arzt) schämen. Dabei handelt es sich meist um Personen mit einer niedrigen Selbstwertschätzung. Sie sind Gefangene einer Scham-Ärger-Spirale (Scheff 1987): Der Ärger soll die Beschämung abwehren, sein Ausdruck aber wird als Selbstdarstellung erlebt, für die man sich schämen und also auch wieder ärgern muß. Solche Personen nehmen oft keinen anderen Ausweg wahr, ihre unerträgliche Selbst-Fokussierung zu mildern, als den, sich - z.B. durch Behandlungsabbruch - von den Zeugen des vermeintlich schmählichen Geschehens abrupt zurückzuziehen.

Praxeologisch betrachtet: Um auf die Regulation der für Compliance relevanten Affekte Ärger und Scham Einfluß nehmen zu können, muß der Arzt fähig und bereit sein, ihrem Ausdruck Raum zu geben. Mehr noch: Da es eher tabuierte Affekte sind, werden sie vorwiegend maskiert ausgedrückt. Es gilt, sie rechtzeitig zu erkennen und gegebenenfalls zur Sprache zu bringen. Ziel ist es, gemeinsam eine konstruktive Ausdrucksform zu finden.

Depression

Kaum ein Patient akzeptiert eine schwere (chronische) Krankheit, ohne eine depressive Phase zu durchleben. Manch einer aber findet aus der Depression nicht wieder heraus und verhindert dadurch eine optimale Krankheitsbewältigung. Er ist dann von einer Traurigkeit beherrscht, zu der (generalisierte) Hilflosigkeit und Hoffnungslosigkeit hinzukommen (Brunstein 1990). Ein solcher Patient erlebt, daß die Diskrepanz zwischen aktuellem Gesundheitszustand und internalisiertem Gesundheitsstandard nicht reduzierbar ist, vermag aber dennoch nicht den Standard abzusenken. Stattdessen richtet er sich in einer permanenten Selbst-Fokussierung ein, die die Diskrepanz und somit den (beschämenden) Kontroll- und Selbstwertverlust unerträglich akzentuiert (Pyszczynski & Greenberg 1987). Es gibt Anhaltspunkte dafür, daß Personen mit internaler, stabiler und globaler Kausalattribution gegebenenfalls eher zu einer depressiven Verabeitung neigen als Personen, die external, labil und spezifisch attribuieren (Sweeny et al. 1986).

Für die Krankheitsbewältigung ist eine Depression prognostisch ungünstig: So zeigen Patienten mit Blutkrebs, Rheuma, Hypertonie oder Diabetes eine schlechtere Bewältigung inklusive einem geringeren Selbstwertgefühl, wenn sie häufig grübeln und Wunschvorstellungen - 'wie sähe mein Leben aus, wenn ich nicht krank wäre' - nachhängen (Felton & Revenson 1984). Solche Patienten lassen auch eine geringere Bereitschaft erkennen, einen aktiven Beitrag zu ihrer Rehabilitation zu leisten. Non-compliantes Handeln ist bei ihnen wahrscheinlich (Hackett & Cassem 1973).

Beachtung verdient das Verhältnis von Depression und Kontrollüberzeugung. Denn während sich bei Gesunden eine leichte Überschätzung der eigenen Kontrollmöglichkeiten, mithin Optimismus findet, sind Depressive eher Pessimisten oder Realisten, die ihre (geringe) Kontrolle zutreffend beurteilen. Mehr noch: Gesunde überschätzen ihre Kontrollmöglichkeiten, während sie die Kontrollmöglichkeiten anderer Personen realistisch einschätzen. Depressive dagegen sind realistisch, was ihre eigene Person anbelangt, während sie die Kontrollmöglichkeiten anderer Personen überschätzen. Dies mag ein Resultat ihrer erhöhten Selbst-Fokussierung sein: Während Depressive sich besser als andere Personen kennen, kennen Gesunde aufgrund ihrer eher extraspektiv gerichteten Aufmerksamkeit andere Personen besser als sich selbst (Alloy & Abramson 1988).

Praxeologisch betrachtet: Non-compliantes Handeln kann ein Anzeichen aufkommender Hoffnungslosigkeit sein. Die Aufgabe des Arztes ist es, ihr entgegenzuwirken, gegebenenfalls eine Absenkung des internalisierten Gesundheitsstandards zu motivieren, was freilich voraussetzt, daß der bedrohte Selbstwert kompensatorisch stabilisiert werden kann. Prinzipiell gilt es dabei, die Auflösung der Identifizierung von Selbstkontrolle und Selbstwert zu fördern. Das heißt aber nicht, Kontrollvermutungen bereits in der Entstehung zu unterbinden, nur weil der Patient der ärztlichen Erfahrung nach seine Möglichkeiten unrealistisch beurteilt. Zu viel Realismus kann depressive Reaktionen verstärken und damit das Arbeitsbündnis gefährden.

Ausblick

Meiner Auffassung nach gehört die Ausarbeitung einer compliancerelevanten Praxeologie der ärztlichen Unterstützung von Coping-Prozessen zu den vordringlichen Aufgaben der Medizinischen Psychologie. Um dabei zur spezifischen Rationalität non-complianten Handelns vorzudringen, bedarf es einer als komperative Kasuistik (Jüttemann 1990) angelegten empirisch-hermeneutischen Rekonstruktion (Beckmann 1990) der Bewältigungsverläufe. Das dazu benötigte qualitative Methodenarsenal steht inzwischen zur Verfügung (Flick et al. 1991). Ärzte können in einem solchen Forschungsprojekt einen wichtigen Beitrag leisten, indem sie sich - nach bewährtem Vorbild (Balint et al. 1975) - zu Balint-Gruppen zusammenfinden, um anhand von Fällen non-complianten Handelns aus ihrer Praxis kritische Situationen aufzudecken, die nach einer medizinpsychologischen Erklärung verlangen.

III.

Belastungsverarbeitung bei speziellen

Krankheiten

Der Einfluß eines Traumas auf die Bewältigung von Krebs: Überlebende des Holocaust

Lea Baider[1], Tamar Perez[1] und Atara Kaplan De-Nour[2]

Zusammenfassung

Wir befaßten uns mit dem Einfluß von einem schweren zurückliegenden Trauma auf die Bewältigung neuer lebensbedrohlicher Situationen und entschieden uns deshalb für die Untersuchung von Krebspatienten, die den Holocaust überlebten. Krebs kann gewissermaßen als eine Metapher für die Erfahrung der Todeslager gesehen werden. Beide werden mit Todesangst, Schmerz, Entstellung und Invalidität assoziiert. Beide berühren Unsicherheit, Verlust persönlicher Kontrolle und oftmals gesellschaftlicher Zurückweisung. Und beide beinhalten ein Bewußtsein vollkommener Hilflosigkeit.

Die vorliegende Studie befaßt sich mit zwei Fragen. Die erste lautet, ob die Bewältigung und das Überleben einer zurückliegenden ernsthaft lebensbedrohlichen Situation die Fähigkeiten zur Bewältigung vermehrt oder verringert, sobald sich erneut eine lebensbedrohliche Situation, - nämlich eine Krebserkrankung - ankündigt.

Die Untersuchungsgruppe bestand aus 53 Überlebenden des Holocaust mit Krebserkrankung (Gruppe A) und aus einer demographisch und medizinisch vergleichbaren Kontrollgruppe von 53 Krebspatienten (Gruppe B). Allen Patienten wurde das BSI (*Brief Symptom Inventory*, das psychisches Leiden mißt, die IES (*Impact of Events Scales*) und die PAIS (*Psychosocial Adjustment to Physical Illness Scale*), die die Auswirkung der Krankheit auf Funktionen beurteilt, verabreicht.

Die Ergebnisse zur ersten Frage legen deutlich nahe, daß die Überlebenden des Holocaust, trotz der langen Zeit die das Trauma (der Holocaust) zurückliegt, anders auf die neue Bedrohung (die Krebserkrankung) reagieren. Die Überlebenden versuchen es zu vermeiden, an die Krebserkrankung zu denken oder darüber zu sprechen, aber dennoch drängt sie sich in ihr Leben. Es zeigte sich, daß die Holocaust Überlebenden gegenüber der Kontrollgruppe, die im Bereich der normalen Stressreaktion lag, einem signifikant größeren psychologischen Leiden ausgesetzt waren, das an den Bereich der Psychopathologie heranreichte.

Das sehr deutliche Ergebnis eines extremen psychologischen Leidens bei Holocaustüberlebenden mit Krebserkrankung führt uns zur zweiten Frage, ob die Holocaustüberlebenden angesichts der Krebsbelastung überreagieren. Mit anderen Worten, bewegen sie sich vor der Krebserkrankung im Bereich normalen Leidens und überreagieren dann bei der Erkrankung, oder war ihr psychologisches Leidensniveau zu jeder Zeit höher?

Um diese Frage zu beantworten untersuchten wir eine zweite Kontrollgruppe von 50 gesunden Überlebenden des Holocaust (Gruppe C). Das Niveau psychischen Leidens (gemessen anhand der BSI) war nicht hoch. Diese Holocaustüberlebenden haben es geschafft, mit "normalem" psychischen Leiden zu leben, obwohl sie in ihrer weit zurückliegenden Vergangenheit in schwerem Maße traumatisiert wurden. Demzufolge kann das schwere psychologische Leiden, welches sich bei holocaustüberlebenden Krebspatienten findet, nur als Überreaktion auf die neue Bedrohung verstanden werden.

Einige praktische Implikationen können und sollten aus der vorliegenden Studie abgeleitet werden. Die Holocaustüberlebenden sowie wahrscheinlich alle Patienten, die ein lebensbedrohliches Trauma überlebt haben, sollten als Risikopersonen angesehen werden.

1 Institut für Onkologie, Hadassah Universitätsklinik, Jerusalem/Israel.
2 Fachbereich für Psychiatrie, Hadassah Universitätsklinik, Jerusalem/Israel.
   Diese Arbeit wurde durch Mittel der Israel Cancer Association unterstützt.

Summary

We were concerned with the influence of severe past trauma on coping with new life threatening situations and, therefore, chose to study cancer patients who are survivors of the Holocaust. In a way, cancer can be seen as a metaphor for the experience of the death camps. Both are associated with fear of death, pain, disfigurement and disability. Both touch upon uncertainty, loss of personal control and often social rejection. And both involve a sense of total helplessness.

The present study addresses two questions. The first is whether coping with and surviving a severe past life-threatening situation - i.a., the Holocaust - increases of decreases the coping capabilities when a new stressful lifethreatening situation is introduced - i.e., cancer disease.

The study group consisted of 53 Holocaust survivors with cancer disease (Group A) and 53 cancer patients as the control group (Group B) matched demographically and medically. All the patients were administered the Brief Symptom Inventory (BSI) which measures psychological distress, the Impact of Events Scale (IES) to assess avoidance of disease and its intrusiveness, and the Psychosocial Adjustment to Physical Illness Scale (PAIS) which assesses the impact of the disease on functioning.

The findings of the first question clearly suggest that despite the fact that the past trauma (the Holocaust) occurred a long time ago, the survivors do react differently to the new threat (the cancer disease). The survivors try to avoid thinking or talking about the cancer disease, but it still intrudes into their lives. The Holocaust survivors were found to be in significantly higher psychological distress, reaching the range of psychopathology, than the control group who were within the normal stress reaction.

The very clear finding of extreme psychological distress in Holocaust survivors with cancer brings us to the second question as to whether the Holocaust survivors overreact to the stress of cancer. In other words, are they within the range of normal distress before the cancer disease and then overreact to the disease, or have they always been on a higher level of psychological distress?

In order to answer this question, we examined a second control group of 50 healthy Holocaust survivors (Group C). The psychological distress of this group (measured along the BSI) was not high. These Holocaust survivors have managed to live with "normal" psychological distress, despite the fact that they were extremely traumatized in their distant past. Therefore, the severe psychological distress found in Holocaust-survivor cancer patients can be understood only as an overreaction to the new threat.

Some practical implications can and should be drawn from the present study. The Holocaust survivors, and probably any patients who are survivors of life-threatening trauma, should be regarded as "high risk" people.

Einleitung

Reaktionen zur Krankheitsbewältigung spielen eine zentrale Rolle bei der Auseinandersetzung mit Belastung. Die Reaktion von Menschen auf eine schwere Krise ist von beträchtlicher Variabilität und scheint in den Bewältigungsstrategien der angetroffenen spezifischen Situation individuell angepaßt. Es ist angeregt worden, daß lebensbedrohliche Situationen Bewältigungsstrategien hervorrufen, die in ihrer Art und ihrem Ausmaß von denen abweichen, die zur Bewältigung normaler Lebensbedingungen verwendet werden, d.h. daß außergewöhnliche Lebenssituationen die Mobilisierung außergewöhnlicher Bewältigungsmechanismen erfordern. Kahana et al. (1988) haben fünf Variablen nachgewiesen, die charakteristisch sind für außergewöhnliche und fortgesetzte Belastung:

1) Das gesamte Lebensempfinden ist zerrüttet.
2) Die neue Umgebung ist äußerst feindlich.
3) Die Möglichkeiten, die Belastungen auszuräumen oder auf sie einzuwirken, sind eng begrenzt.
4) Die Erfahrung hat kein absehbares Ende.
5) Der mit der Erfahrung assoziierte Schmerz und das Leiden erscheinen sinnlos und ohne rationale Erklärung.

Bei der Krebsdiagnose werden oft alle fünf Variablen für außergewöhnliche und fortgesetzte Belastung erfüllt: Für viele Patienten bedeutet die Diagnose von Krebs nicht nur mit dem Etikett einer besonderen Krankheit versehen zu werden, sondern es ruft alle Mythen, Vermutungen und irrationalen Ängste zu Leiden und Tod hervor. In Ermangelung rationaler Erklärungen zur Frage "warum ich" findet eine Verbreitung irrationaler Gedanken statt, die übereinstimmend mit vorherrschenden Überzeugungen, Normen und individuellen Lebenserfahrungen je nach Person variiert. Der anfängliche Schock auf die Diagnose wird mit der Zeit zu einem andauernden Zustand der Belastung und Unsicherheit, der die Problembewältigungskräfte der Patienten und ihrer Familien auf eine harte Probe stellt.

Während der letzten Jahrzehnte haben eindrucksvolle Forschungsergebnisse und klinische Daten einen überzeugenden Nachweis für die starken psychischen Auswirkungen von Krebs auf eine wachsende Zahl von Patienten erbracht, die mit der Krankheit konfrontiert wurden (Baider & Rowland 1988, Holland & Kaplan 1989, Cooper & Watson 1991). Gleichzeitig wies ein wachsender Wissensfundus darauf hin, daß sich einige Krebspatienten an ihre Krankheit und an die entsprechenden Behandlungen anpassen, während andere eine schwere psychosoziale Dekompensation durchmachen. Es besteht mittlerweile kein Zweifel, daß diese Anpassungsdekompensation nicht nur auf Typus, Ort oder Stadium des Karzinoms beruht, auf seiner Ausbreitung oder auf der Härte der Behandlung, sondern auch auf der Art und Weise, in der der Patient schwere Belastung bewältigt und sich ihr anpaßt. Mithin wurde die Frage der Verwundbarkeit, d.h. welche Faktoren die Bewältigung einer Krebserkrankung vorantreiben oder stören, zum Schwerpunkt unserer Studien.

Unser Interesse an Holocaustüberlebenden setzte mit der weitergefaßten Frage nach den möglichen Folgen zurückliegender Traumatisierung für die Bewältigung neuer Belastungen an. Enger präzisiert lautete die Frage, ob das Bewältigen von vergangenen lebensbedrohlichen Situationen die Fähigkeiten zur Bewältigung einer neuen lebensbedrohlichen Situation verändert. Aus diesem Grund entschieden wir uns dafür, die Anpassungsmechanismen von Holocaustüberlebenden zu untersuchen, einer Personengruppe die eine extreme, chronische, lebensbedrohliche Situation bewältigt und überlebt hatte (Baider et al. 1992) und die sich nun einer neuen Lebensgefährdung ausgesetzt sahen, die sie bewältigen mußten wegen einer Krebserkrankung.

Die meisten holocaustüberlebenden Krebspatienten befragten wir in der Abteilung für Onkologie des Hadassah Hospitals. Die Holocausterfahrung beinhaltete viele Spielarten der Hölle - Gettos, Arbeitslager, Konzentrationslager, das Sichverbergen bei nicht-jüdischen Familien usw. Um die "vergangene Lebensbe-

drohung" so homogen wie möglich zu machen, nahmen wir nur Leute in unsere
Untersuchung auf, die in Konzentrationslagern gewesen waren. Es war nicht leicht
an unsere Stichprobe zu kommen: Information über den Holocaust ist normalerweise in medizinischen Unterlagen nicht eingeschlossen.

Dann begannen wir unsere Vergleichsgruppe von Nicht-Holocaust Patienten
zusammenzustellen, die sowohl hinsichtlich der Hintergrundvariablen, d.h. Geschlecht, Alter, Familienstand und (Aus-)Bildung, als auch hinsichtlich der spezifischen Krebsvariablen, d.h. Stelle und Stadium des Karzinoms, Zeitraum seit der
Diagnose sowie vorangegangene und gegenwärtige Behandlungen usw. überein-
stimmte. Die Stichprobe setzte sich aus 53 holocaustüberlebenden Krebspatienten,
darunter 42 Frauen, und einer Vergleichsgruppe von 53 Krebspatienten, darunter
41 Frauen, zusammen, die während des Zweiten Weltkriegs nicht im besetzten Europa gewesen waren.

Tabelle 1 faßt den soziodemographischen Hintergrund und die medizinische
Information zu beiden Gruppen zusammen. Wir hatten es mit einer Gruppe älterer Krebspatienten zu tun, die sich hauptsächlich aus Frauen, durchschnittlich mit
einem Hauptschulabschluß, zusammensetzte. Etwa ein Viertel der Gruppe war
verwitwet. Im Durchschnitt lag die erste Krebsdiagnose für die Patienten vier
Jahre zurück; sie befanden sich in guter körperlicher Verfassung und zeigten keinen Hinweis einer aktiven Erkrankung.

Alle 106 Patienten wurden individuell zu Hause befragt. Drei Berichte über
sich selbst wurden ihnen abverlangt: Die PAIS (*Psychosocial Adjustment to Physical
Illness Scale*; Derogatis & Lopez 1983) um den Einfluß der Krankheit auf Funktio-
nen messen; die IES (*Impact of Events Scales*; Horowitz et al. 1979) um die
Vermeidung der Krankheit und ihre Intrusivität zu messen; und die BSI (*Brief
Symptom Inventory*; Derogatis 1985) um das psychische Leiden zu messen.

Die zwei Gruppen wurden mit dem Gruppe T-Test verglichen. Die wichtigsten Ergebnisse waren die folgenden:

a) Was die Funktionen anbetraf (PAIS), wurde in keinem der vier Bereiche der in
   der Untersuchung verwendeten PAIS ein statistisch signifikanter Unterschied
   zwischen den zwei Gruppen von Krebspatienten gefunden. Eine Tendenz war
   jedoch bei den Holocaustüberlebenden zu erkennen, die über mehr Probleme
   bei ihrer Orientierung auf Gesundheitsfürsorge und über mehr Probleme in ihrer heimischen und gesellschaftlichen Umgebung ebenso, wie in ihren weiteren
   Familienbeziehungen berichteten. Das Gesamtergebnis der vier Bereiche der
   PAIS betrug 15,8 für die Überlebenden des Holocaust und 11,5 für die Vergleichsgruppe.

b) In der IES waren die Unterschiede zwischen den zwei Gruppen von Krebspatienten erheblich und hochsignifikant (siehe Tabelle 2). Die Überlebenden des
   Holocaust berichteten über eine viel höhere Vermeidung der Krankheit, die
   jedoch gleichzeitig viel intrusiver war. Diese hohe Vermeidung und Intrusivität
   kann als Mißlingen der Mobilisierung von sich anpassenden Abwehrmechanismen verstanden werden.

Tabelle 1: Krebspatienten - Überlebende des Holocaust und Kontrollgruppe

		Überlebende des Holocaust (53)	Kontroll-gruppe (53)
Alter (Jahre)	$\bar{x}$ =	68,2	64,1
	s =	6,0	11,7
Ausbildung (Jahre)	$\bar{x}$ =	11,6	12,8
	s =	3,6	4,4
Familienstand			
verheiratet		34	35
verwitwet		13	12
ledig/geschieden		6	6
Diagnose			
Brustkrebs		29	31
Kolonkarzinom		7	7
Andere Krebsarten		17	15
Zeit seit der Diagnose (Monate)		45	50
Stufe 1-2		41	42
3		6	7
4		6	4
Vorausgegangene medizinische Behandlungen			
Operation (þ Hormon)		23	26
Operation + Chemotherapie und/oder Röntgenbestrahlung		23	17
Röntgenbestrahlung		5	8
Chemotherapie þ Röntgenbestrahlung		2	2

c) Die Ergebnisse bei der BSI waren deshalb zu erwarten: Die kleine Gruppe männlicher Holocaustüberlebender berichtete über mehr Leid in allen neun Einzelskalen, und der Unterschied erreichte das Niveau statistischer Signifikanz bei drei dieser Skalen (obsessiv-zwanghaft, interpersonale Sensitivität und Feindseligkeit) sowie bei dem Gesamtergebnis (GSI). Die gleiche Tendenz war in der größeren Frauengruppe zu erkennen. Der Unterschied zwischen den Holocaustüberlebenden und der Vergleichsgruppe von Krebspatienten war nur bei drei Skalen statistisch nicht signifikant (interpersonale Sensitivität, paranoide Ideation und Psychotizismus). Der Unterschied des psychischen Leidens der zwei Krebsgruppen war noch auffälliger wenn man die Werte gemäß den (amerikanischen) Normen für Nicht-Patienten in T-Werte umwandelte: In der Vergleichsgruppe erreichte kein Wert (außer der für Somatisierung bei den Männern) einen T-Wert von 60. Somit berichtete die Vergleichsgruppe nur über geringes psychologisches Leid (ein GSI von 57 bei den Männern und 58 bei den Frauen), - ein zu erwartender Befund bei der Untersuchung psychologischer Anpassung von Krebspatienten in der Remission. Andererseits lagen praktisch alle T-Werte der Holocaustüberlebenden über 60, und bei 63 oder darüber bei Somatisierung, interpersonaler Sensitivität, Angst, Feindschaft und GSI bei den männlichen Patienten sowie im Falle von Somatisierung, Angst, phobischer Angst, Psychotizismus und GSI bei den weiblichen Patienten. Die holocaustüberlebenden Krebspatienten werden von der Fall-Definition abgedeckt (T-Werte von 63 in zwei Skalen oder bei GSI).

Tabelle 2: Skalen für den Eindruck von Ereignissen (IES)

	Überlebende d. Holocaust		Vergleichs-Wert gruppe		2-endiges t	2seitig p
	$\bar{x}$	s	$\bar{x}$	s		
Intrusion	9,5	8,2	5,0	6,2	3,18	002
Vermeidung	13,7	9,7	6,5	7,7	4,24	000
Gesamt	23,2	15,8	11,5	12,3	4,20	000

Die Ergebnisse legen es deshalb sehr nahe, daß Menschen, die in der Vergangenheit ernsthaft lebensbedrohliche Situationen überlebt haben, erneute Lebensbedrohungen weniger gut bewältigen. Es mißlingt ihnen, grundlegende Abwehrmechanismen zu mobilisieren, die neue Bedrohung ist in hohem Maße intrusiv, was in ernstem psycholologischen Leiden resultiert. Zu unserer Überraschung funktionieren sie im täglichen Leben instrumentell jedoch fast so gut wie andere Leute auch, die sich mit einer gleichen Lebensbedrohung konfrontiert sehen. Es scheint als hätten die Holocaustüberlebenden gelernt, eine Art von Dissoziationsmechanismus, wie beispielsweise Spaltung, anzuwenden und als seien sie in der Lage, sogar bei ernstem psychologischen Leiden weiter zu funktionieren. Untersuchungen in Israel, die sich ebenfalls mit Holocaustüberlebenden befassen, bestätigen einige unserer Befunde. Shanans Ergebnissen (1983) zufolge scheinen die Holocaustüberlebenden ihr Niveau der aktiven Bewältigung hauptsächlich durch ihre Bereitschaft, sich in instrumentelle Aktivitäten einzubringen zu erreichen, was mit dem relativen Aufwand verbunden ist, daß sie ihr affektives und soziales Feld "straffen". Untersuchungen von Harel et al. (1988) bestätigen ähnliche Ergebnisse. Das Signifikanteste an den Befunden scheint zu sein, daß das Verlassen auf emotionale Bewältigung einer weniger guten psychischen Befindlichkeit förderlich ist, während instrumentelle Bewältigung bei verschiedenen Gruppen von Überlebenden zu einem höheren Niveau psychischen Wohlbefindens beiträgt.

Unsere Ergebnisse über die holocaustüberlebenden Krebspatienten haben sodann eine weitere Frage aufgeworfen: Auf welchem Niveau war ihr psychisches Leid vor der Krebserkrankung? Oder, mit anderen Worten, waren sie psychisch "normal" und überreagierten sie auf die neue Belastung, oder befanden sie sich jederzeit auf einem hohen Leidensniveau und die Krebserkrankung verstärkte dies nur geringfügig? Es gibt viele Untersuchungen über die psychischen Probleme von Holocaustüberlebenden (Krystal 1968, Des-Pres 1976, Porter 1981, Eitinger 1985). Allerdings scheinen sich keine Veröffentlichungen zu finden, die das psychische Leiden unter Zuhilfenahme der Skalen SCL[3] 90 oder der BSI mißt. Deshalb entschieden wir uns dafür, eine zweite Vergleichsgruppe zu untersuchen, d.h. gesunde Holocaustüberlebende.

Es war schwieriger eine Gruppe gesunder Holocaustüberlebender zu finden: Es gibt kein Zentralregister für Holocaustüberlebende, und wir wollten die verfügbaren Listen "besonderer Überlebender", z.B. Überlebende, die vor Gericht ausgesagt haben oder ihre Aussagen aktenkundig gemacht haben, usw., vermeiden. Außerdem mußten wir Leute ausschließen, von denen bekannt war, daß sie ernsthafte medizinische oder psychiatrische Probleme hatten. Wir konnten schließlich eine Gruppe von 50 gesunden Holocaustüberlebenden, die in Konzentrationslagern gewesen waren, zusammenstellen, bestehend aus zwölf Männern und 38 Frauen. Im Hinblick auf den demographischen Hintergrund war diese Gruppe der der Holocaust-Krebspatienten ziemlich ähnlich. Die einzigen Unterschiede waren, daß diese Männer gebildeter waren als die männlichen Patienten (13,9 Jahre Schulbildung, Standardabweichung 3,99, verglichen mit 10,8 Jahre Schulbildung, Standardabweichung 5,6 t = 1,98 p = ,052). Alle 50 gesunden Holocaustüberlebenden wurden zu Hause befragt, und nur die BSI Skala wurde angewandt.

Wir verglichen die beiden Gruppen (die Gesunden und die holocaustüberlebenden Krebspatienten) nach Geschlecht. In den Männergruppen machten die gesunden Holocaustüberlebenden Angaben über geringeres psychisches Leiden, und nur bei drei Skalen (Depression, phobische Angst und Psychotizismus) war der Unterschied zwischen den zwei Gruppen statistisch nicht signifikant, - bei der Frauengruppe galt dies nur bei zwei Skalen (Depression und Psychotizismus).

Auf den ersten Blick könnte man folgendes annehmen:
a) Gesunde Holocaustüberlebende sind im Hinblick auf psychisches Leiden normal (GSI T-Wert von 53 bei der Männergruppe und 54 bei der Frauengruppe).
b) Das hohe psychische Leidensniveau bei den Holocaust Krebspatienten ist wahrscheinlich auf Überreaktion gegenüber der neuen Bedrohung zurückzuführen.

Ein näherer Blick auf das BSI-Symptomprofil der gesunden Überlebenden fügt eine neue Dimension hinzu. Bei allen vorherigen Untersuchungen erhielten wir flache Profile bei verschiedenen Skalen und fallenden T-Werten innerhalb einer Standardabweichung. Das Profil der gesunden Holocaustüberlebenden ist jedoch ganz anders: In der Skala Depression sind sie so hoch wie bei den Krebsüberlebenden und annähernd so hoch bei Psychotizismus (was auch das Bewußtsein von Isolation widerspiegelt). Zugleich waren sie äußerst niedrig bei (empfundener und geäußerter) Feindseligkeit. Man kann deshalb den Schluß ziehen, daß "Normalität" (repräsentiert durch einen normalen GSI-Wert) durch äußerste Unterdrückung und/oder Verdrängung bestimmter Gefühle erreicht wird. Der gesunde Holo-

---

3 SCL Symptom Check List

caustüberlebende scheint in einem engen Gefühlsgleichgewicht mit recht ausgeprägt depressiven Zügen zu leben. Sobald eine weitere Bedrohung hinzukommt,
ist die Fähigkeit erschöpft, zusätzliche Abwehrkräfte zu mobilisieren, insbesondere
die Fähigkeit zur Mobilisierung von sich anpassenden Abwehrmechanismen.

Diskussion

Was ermöglichte es diesen Menschen, die die extreme Belastung des Holocaust
überlebten, trotz all der traumatischen Erfahrungen die sie durchlebt hatten, weiterhin ein vernünftiges Niveau instrumenteller Anpassung aufrecht zu erhalten?

Einige Untersuchungen haben gezeigt, daß die Fähigkeit zu unterdrücken und
zu verleugnen, ein für das Überleben entscheidender Mechanismus ist (Bettelheim
1943, 1960; Hackett & Weismann 1969, Feifel 1987). Außerdem können
Strategien, die Vermeidung, Trennung und Isolierung der Situation beinhalten,
unter hochgradig belastenden Umständen adaptiv sein, insbesondere wenn die
belastende Situation eine unabänderliche ist (Pearlin & Schader 1978, Lazarus
1981, Felton et al. 1984, Shanan 1989).

Lifton (1963, 1968, 1976) hat gezeigt, daß einer der grundlegenden Mechanismen des Überlebenden das psychische Abschließen oder psychische Betäuben als
ein Stillstand der Gefühle, eine Art grundlegende Abwehr war, die anhielt um
"nichts zu fühlen", mit dem Zweck zu überleben. Chodoff (1963, 1986) nahm Bezug auf den anhaltend apathischen Zustand, welcher psychologisch schützte, indem
er eine Art Überwinterung der Gefühle gegenüber der Bedrohung von außen bot.

Einige Untersuchungen von Störungen bei post-traumatischer Belastung haben
gezeigt, daß schwere und fortgesetzte Belastung chronische und bleibende Folgen
haben kann, die unabhängig von der Prädisposition der Persönlichkeit vor oder
nach der Belastung sind (Horowitz 1986). Zahlreiche Untersuchungen bestätigen
das Vorkommen des Syndroms der Streßreaktion und sein Fortbestehen für Jahrzehnte und länger, ungeachtet der Anpassung des Opfers an die neuen Umgebun-
gen oder seiner instrumentellen Leistung.

In der Literatur herrscht außerdem Übereinstimmung darüber, daß diese irre-
versible und fortschreitende Form psychologischer Verwundbarkeit unbeeinflußt
ist von post-traumatischer Anpassung an gewöhnliche Lebensvorgänge und positive Erfahrungen.

Der klinische Eindruck war oftmals der, daß Überlebende extremer Belastung,
Überlebende des Holocaust eingeschlossen, viele Merkmale von PTSD[4] tragen:
Sie werden wiederholt durch einen Schwall von Erinnerungen und/oder Träumen
des Traumas übermannt, obwohl sie häufig bewußt versuchen, jede Erinnerung
daran zu vermeiden (Hedgni & Bridges 1985, Horowitz et al. 1980a, Speed et al.
1989).

In der vorliegenden Untersuchung wurden die gesunden Holocaustüberlebenden nur mit einem einzigen Maß beurteilt - der Kurzen Symptom-Bestandsauf-
nahme. Wir konnten keine andere Untersuchung von Holocaustüberlebenden fin-

---

4   PTSD Post Traumatic Stress Disorder

den, bei der dieses Maß oder SCL 90 verwendet wurde. Die Befunde zeigten an, daß, während die Personen in den Gesamtwerten normal waren, ihr BSI-Profil sehr ungewöhnlich war, mit hohen Werten bei einigen Skalen und sehr niedrigen bei anderen. Somit scheint es tatsächlich so zu sein, daß die gesunden Überlebenden, wie Lifton es beschrieb, eine Form von grundlegendem Abwehrmechanismus gebrauchen, der beispielsweise in einem geringen Maß an ausgedrückter Feindseligkeit resultiert. Andererseits werden, sobald diese gesunden Holocaustüberlebenden mit einer neuen Belastung konfrontiert werden, die sie an die zurückliegende Bedrohung zu erinnern scheint, deren Anpassungsmechanismen zerstört.

Zwei bedeutendere Untersuchungen in Israel haben sich mit der adaptiven Reaktion von Holocaustüberlebenden auf neue Belastungen befaßt. Eine der frühesten Untersuchungen wurde vor fast 35 Jahren von Shuval (1957/58) durchgeführt. Sie untersuchte 769 neue Einwanderer europäischer Herkunft, - 192 von ihnen Überlebende der Konzentrationslager, - die in Durchgangslagern in Israel lebten. Sie fand heraus, daß die Überlebenden bezüglich ihrer Zukunftsorientierung pessimistischer waren als die Menschen, die nicht in den Konzentrationslagern gewesen waren. Außerdem erschienen die Überlebenden "verhärtet", d.h. ihre pessimistische Orientierung war rigide und nur geringfügig beeinflußt durch die Lebensbelastungen in den Durchgangslagern. Antonovsky et al. (1971) untersuchten die Adaptation an das Klimakterium bei 287 Frauen, darunter 77 Überlebende von Konzentrationslagern. Sie befanden, daß die Überlebenden sich weniger gut auf diesen Wandel im Leben einstellen konnten als die übrigen Frauen.

Mithin scheint die Anpassung der Holocaustüberlebenden an verschiedene Belastungen sich von der anderer Leute, die nicht in den Konzentrationslagern gewesen waren, zu unterscheiden.

Außerdem wirft die Begegnung mit der neuen Belastung Fragen in neuer Form wieder auf über die vorherigen Erfahrungen von Bedrohung, Trennung, Verlust von Kontrolle, Hilflosigkeit und Unvorhersagbarkeit. Sie reaktiviert die Urangst vor dem Tod. Krebs wirkt als eine verzögerte Trauerreaktion, da der Holocaustüberlebende unfähig ist, einen grundlegenden Anpassungsmechanismus der Abwehr zu mobilisieren (Greer et al. 1990, Heim 1991). Das schwere zurückliegende Trauma hinterläßt das Individuum so sensiviert, daß die Person, sobald sie sich erneut mit einem extremen stressauslösenden Umstand konfrontiert sieht unfähig ist, die notwendigen adaptiven Abwehrmechanismen zu mobilisieren (Horowitz 1976, Caplan 1981, Breznits 1983).

Somit erscheint es logisch, daß diese Patienten bei erneuter Belastung nach einem PTSD-Muster reagieren, mit hoher Vermeidung in Verbindung mit hoher Intrusion (Brett-Litz et al. 1989, Speed et al. 1989). Wir stellten bei den Holocaust Krebspatienten eine sehr hohe Vermeidung der Krankheit fest, wobei die Krankheit dennoch zugleich sehr intrusiv war. Man kann sagen, daß die Bedeutung dieser hohen Vermeidung und Intrusivität in der Erfolglosigkeit der Patienten begründet ist, adaptive Abwehrmechanismen zu mobilisieren, was in dem sehr ernsten psychischen Leid resultiert, welches sich bei den holocaustüberlebenden Krebspatienten findet.

Für den Holocaustpatienten wird Krebs zum Paradigma für alles, das seit Jahrzehnten nicht gedacht, erinnert oder durch Gefühle zum Ausdruck gebracht werden konnte. Sodann wird Abwehr vollkommen zurückgenommen, Affektunterdrückung wird durchbrochen.

Worin besteht die Einzigartigkeit von Krebs, die die holocaustüberlebenden Patienten dazu bringt, in einer Form überzureagieren, als erlebten sie erneut die unausweichliche Todesbedrohung? Welche metaphorische Bedeutung Krebspatienten auch immer über ihre Krankheit vermitteln, es existiert im Zusammenhang mit der Krankheit eine erkennbare und universelle Haltung aus Furcht, Schmerz, Hilflosigkeit und Verwundbarkeit. Andere Krebspatienten, wie beispielsweise unsere Vergleichsgruppe, vermögen Abwehrmechanismen zu mobilisieren und das Leid auf niedrigen Niveaustufen zu halten.

Ist es nur die Krebsdiagnose, die die Studiengruppe der Überlebenden verwundbarer macht, oder wird jede beliebige lebensgefährliche Krankheit die gleiche psychologische Reaktion hervorrufen? Wird jedes lebensbedrohliche Ereignis mit assoziativer Bedeutung für das zurückliegende schwere Trauma eine ähnliche Reaktion schweren Leids und unzureichenden Bewältigungsverhaltens wachrufen? Unserem klinischen Eindruck gemäß führen andere lebensbedrohliche Krankheiten ebenso wie andere lebensbedrohliche Situationen zum gleichen Zusammenbruch der Abwehr und zu sehr hohem psychologischen Leiden. Ist die Überreaktion auf die Krebserkrankung spezifisch für Holocaustüberlebende, oder würden wir das Gleiche bei anderen ungerecht behandelten Gruppen (Kriegsgefangene, Vertriebene, Opfer von Naturkatastrophen usw.) vorfinden?

Die Erfahrung des Holocaust war für die Menschen im Hinblick auf die extreme Schwere und Dauer des Leidens eine einzigartige Begebenheit. Wir möchten jedoch anregen, daß jede Situation die Kahanas fünf Kriterien erfüllt, Menschen verwundbarer macht. Menschen die der vollkommenen Zerrüttung ihres Lebens ausgesetzt sind, die sich in einer extrem feindlichen Umgebung finden, welche sie ohne vernünftige Erklärung leiden läßt, Menschen, die keine Möglichkeit haben, diese feindliche Umgebung aktiv zu verändern, und die nicht wissen, wann diese "Hölle" enden wird, werden verwundbar bleiben und unfähig, erneut auftretende lebensbedrohliche Situationen adäquat zu bewältigen.

Tatsächlich haben wir eine Menge Fragen, aber nur wenige Antworten, nicht nur zu Holocaustüberlebenden, sondern bezüglich weiterer extremer Ereignisse in der menschlichen Realität. Wir hoffen, daß diese Untersuchung nur der Ausgangspunkt für andere Forscher ist, die Frage nach einem tieferen Verständnis menschlichen Verhaltens weiter voranzutreiben.

Coping bei Rückenbeschwerden

Ladislav Valach

Zusammenfassung

Es wird angenommen, daß ca. 80 % der Bevölkerung mindestens einmal im Laufe des Lebens an Rückenschmerzen (low back pain; LBP) leiden. LBP wird oft mit psychologischen Prozessen in Verbindung gebracht, deren Konzeptualisierung sich mit der Zeit allerdings verändert hat. Was früher etwa mit einer Konversionsneurose beurteilt wurde, wird heute eher mit 'Coping' in Verbindung gesetzt. In einer Meta-Analyse wird gezeigt, daß akuter Schmerz durch kognitive Coping-Strategien beeinflußt wird. Dies wird mit der Kapazitätsbeschränkung der Aufmerksamkeit erklärt. Bei chronischen Rückenschmerzen zeigen sich Überzeugungen bei Coping anpassungsfunktionell: interne Kontrollüberzeugung, Überzeugung über Schmerzkontrolle, Attributionsstil, kognitive Fehler, Eigenwirksamkeit und Resultatserwartungen sind vor allem wichtig.

Eine Übersicht über Coping-Studien zeigt auf, daß verschiedene Coping-Strategien chronischen LBP beeinflussen. Dies kann auch nach der Sichtung der Arbeiten über psychologische Behandlung von LBP behauptet werden. Eindeutig ist dies allerdings nur hinsichtlich des Befindens der Patienten. Gegenwärtig werden zahlreiche Coping-Interventionen geplant. Es müssen auch weitere methodologische Anstrengungen unternommen werden, um den konzeptuellen Vorstellungen gerecht zu werden.

Summary

It is assumed that about 80 % of the populaton will experience low back pain (LBP) at sometime in their life. LBP is often connected with psychological processes, the conceptualization of which, however, has changed with time. What was earlier assessed as Conversion Neurosis will today be described in a frame of reference of coping. A meta analysis is quoted indicating that acute pain can be influenced by coping strategies. It is explained by the limits of capacity of the attention processes. Some beliefs are reported being adaptive in chronic LBP. Internal locus of control, beliefs in controlling pain, attributional style, cognitive errors, self efficacy and the result expectation are the most important of them.

A review of studies on coping shows that various coping strategies influence chronical LBP. This conclusion can also be supported by the research reports on psychological treatment of LBP. However, it is valid only in regard to the wellbeing of the patients. At present several studies on coping intervention are planned or already in progress. Further methodological development is required in order to match the conceptual ideas.

1. Rückenschmerzen: Vorkommen und Konsequenzen

Rückenschmerzen (engl. low back pain, LBP) sind sehr verbreitet (Keel et al. 1990). Die britische National Back Pain Association gibt an, daß 80% der Bevölkerung solche Beschwerden zu irgendeinem Zeitpunkt in ihrem Leben mindestens einmal erfahren. Dies rückt die Verbreitung des LBP in die Nähe der gewöhnlichen Erkältung. Allerdings erreichen nur etwa 10% der Rückenepisoden die medizinische Aufmerksamkeit (Morrell & Wale 1976). Weniger als 3% der Patienten, die des LBP wegen einen Arzt aufsuchen, werden ein Spitalbett belegen (Wells

1985). Ein großer Teil der Patienten, die einen Allgemeinarzt des LBP wegen aufsuchen, sind nach einer Woche beschwerdefrei. Dillane et al. (1966) berichten über 44% solcher Patienten. Nach zwei Monaten hatten 8% immer noch Beschwerden. Von den Patienten, die mehr als sechs Monate mit LBP arbeitsunfähig waren, werden nur weniger als die Hälfte je wieder arbeiten. Nach zwei Jahren Arbeitsunfähigkeit besteht praktisch keine Aussicht auf eine Wiedereingliederung (Waddell 1987).

Hinter diesen Zahlen steht das individuelle Leiden. Patienten nehmen über Jahre hinaus schmerzstillende Mittel und Antidepressiva, und versuchen unzählige Behandlungen. Für den Einzelnen gehen mit dem LBP persönliche und psychische Belastungen und Störungen einher (Atkinson et al. 1991). Viele Bereiche des sozialen Lebens werden arg in Mitleidenschaft gezogen (Bouras et al. 1984), Familien werden schwer geprüft (Turk et al. 1987, Ferroni & Coates 1989) und partnerschaftliche Beziehungen gestört (Flor et al. 1987, Schwartz et al. 1991). Die finanzielle Belastung des Gesundheitswesens durch den LBP ist groß (12.9 Milliarden US Dollar in 1977 in den USA), und die Verluste, welche durch die LBP-bedingten Arbeitsplatzabsenzen entstehen, sind noch höher (Deyo et al. 1991).

Schmerzen können jedoch auch weitere gesundheitliche Auswirkungen haben. 'Schmerz kann töten' heißt es sogar (Liebeskind, 1991). Neben dem Selbstmord, um Schmerzen zu entgehen, kann auch die Hemmung immuner Funktionen schließlich zum Tod führen (Keller et al. 1981, Laudenslager et al. 1983).

2. Psychologische Prozesse bei Rückenbeschwerden

LBP wird in Verbindung mit psychischen Prozessen gebracht. Dies ist heute eine anerkannte Tatsache, die auch in entsprechenden Klassifizierungen und Diagnose- sowie Behandlungsempfehlungen der einschlägigen Gesellschaften ihren Ausdruck findet (NASS Ad Hoc Diagnostic and Therapeutic Committee 1991).

Lange Zeit stand das Interesse an psychologischer Ätiologie von LBP im Vordergrund und es wurden aus der psychoanalytischen Perspektive einige Modelle entwickelt (Bernstein 1978). Das Konzept des psychogenen Schmerzes (Hirsch 1989), der als Konversionsneurose (Hoffmann & Egle 1984, Hirsch 1989), als Depressionsäquivalent (Blumer & Heilbronn 1982) oder als hypochondrische Reaktion (Adler 1981) interpretiert wurde, war verbreitet. Darüber hinaus etablierte sich das Konzept des 'pain-prone' Individuums (Adler et al. 1989) und der Alexithymie-Persönlichkeit (Nemiah & Sifneos 1979, Ackin & Bernat 1987).

Die psychologische Ätiologie des chronischen LBP wurde aber auch mit widersprüchlichen Resultaten diskutiert (Love & Peck 1987). Darüber hinaus wurde darauf hingewiesen, daß die Unterscheidung zwischen funktionalen und organischen Schmerzen nicht sinnvoll ist. Es wurde angeregt, gegenwärtige emotionale Stressoren und erreichbare Coping Mechanismen zu erfassen (Trief et al. 1987). Das Forschungsinteresse hat sich aus vielen Gründen von der Ätiologie der Schmerzen auf die Chronifizierung verlagert. Von vielen Forschern wird die Meinung vertreten, daß monokausale Verursachungsmodelle die Ätiologie der chronischen Rückenbeschwerden nur unzureichend erklären (Sternbach 1978, Fordyce & Steger 1982, Crue 1983, Pinsky 1983, Turk & Flor 1984, Waddell et al. 1984, Waddell 1987, Pfingsten et al. 1988). In der Streßforschung wurden zuerst die Reaktionen des Organismus auf objektive Belastung untersucht, aber heute stehen die Formen der Wahrnehmung und Verarbeitung von Stress und Belastung im Zentrum des Interesses (Günther et al. 1991).

Auch die Art und Funktion der psychologischen Prozesse, die berücksichtigt und untersucht wurden, hat sich gewandelt. Waren es früher stabile dispositionale Charakteristika gewesen, die bestimmte LBP zu Folge hatten, sind es heute die situations-spezifischen Prozesse der Auseinandersetzung der Patienten mit ihren Rückenbeschwerden und den damit verbundenen Problemen. So schließen z.B. Ahrens und Deffner ihre Arbeit mit dem folgenden Hinweis ab: '..die sich aus den vorliegenden Ergebnissen anbietende Schlußfolgerung geht dahin, daß es keine Unterstützung der Hypothese eines stabilen Persönlichkeitsmerkmales 'Alexithymie' gibt, sondern daß eher situativ auftretende Effekte zu verzeichnen sind, die an bestimmte Auslösebedingungen gebunden sind und daher als Abwehr oder Copingmechanismen verstanden werden können' (Ahrens & Deffner 1985, S. 157).

Heute besteht mehr und mehr das Interesse eher an der Art und Weise, wie die Patienten denken und fühlen, wie sie sich selber mit den Rückenproblemen auseinandersetzen, um ihnen dann durch gezielte Unterstützung oder Korrekturen helfen zu können (Keefe et al. 1990). Die Mehrheit der Autoren, die sich in der neueren Zeit mit dem Einfluß der psychosozialen Aspekte bei Patienten mit LBP befaßt haben, schliessen ihre Forschungsberichte mit der Vermutung ab, daß die Coping-Prozesse eine wichtigere Rolle spielen und folglich auch untersucht werden sollen (Kleinke & Spangler 1988).

3. Kognitive Coping-Strategien und akuter Schmerz

Fernandez und Turk (1989) haben alle Artikel zwischen 1960 und 1988 analysiert, die sich mit dem Einfluß kognitiver Coping-Strategien auf akuten Schmerz befaßt haben. Sie sind zu dem Schluß gekommen, daß kognitive Coping-Strategien wirksam bei Linderung von akuten Schmerzen sind. Die Autoren haben alle formulierten Coping-Strategien in einige wenige Gruppen eingeordnet: 1. Externe Fokussierung der Aufmerksamkeit (Aufmerksamkeit wird z.B. durch das Anschauen von Landschaftsdias beansprucht), 2. Vorstellen von neutralen Qualitäten, 3. Vorstellen von angenehmen Inhalten, 4. Rhythmische kognitive Aktivität, 5. Neueinschätzung der Schmerzen als objektive Empfindung. In der Analyse der Wirksamkeit von kognitiven Coping-Strategien im Vergleich zu Patienten ohne Behandlung zeigten die Autoren, daß 85% der Untersuchungen einen positiven Einfluß solcher Coping-Strategien auf Schmerzeinschätzung beschreiben. Diesen positiven Einfluß zeigt auch der Vergleich solcher Coping-Strategien mit Placebo. (Placebo wurde z.B. als Erwartungsmanipulation definiert. Bei den Probanden wurde die Erwartung geweckt, daß der Schmerz abnehmen wird, bzw. daß der nachfolgende Schmerz schwächer wird.) Jede dieser Coping-Strategien lindert Schmerzen we-

sentlich und unterscheidet sich nur geringfügig von den anderen. Dennoch sind die
'Vorstellungs'-Strategien die wirksamsten und die Neueinschätzung von Schmerzen am schwächsten. Die Autoren interpretieren den Erfolg dieser kognitiven Co-
pingsstrategien bei Linderung akuter Schmerzen mit den Modellen der eingeschränkten Kapazität der Aufmerksamkeit (Broadbent 1958, Schiffrin & Schneider
1977, Treisman 1964). In diesen Modellen wird angenommen, daß die Kapazität
der Aufmerksamkeit eingeschränkt ist und daß bei konkurrierenden Reizen die
Aufmerksamkeit Teile der eingetretenen Information ausschließt. Dies wird erreicht durch kognitive Coping-Strategien (McCaul & Malott 1984). Solche Auf-
merksamkeitsprozesse können durch bestimmte Muster physiologischer Aktivität
begleitet werden. Melzack und Wall (1982) postulieren in ihrer 'gate-Theorie', daß
Aufmerksamkeit Schmerz beeinflußt. Der Zusammenhang zwischen dem Ablenken der Aufmerksamkeit und niedrigeren Schmerzen kann auch bei chronischen
Patienten beobachtet werden. In einer retrospektiven Follow-up-Untersuchung
von Diskushernie-operierten Patienten berichteten Patienten mit Schmerz seltener
über das Coping durch Ablenken (durch Tätigkeit oder Gedanken), dafür aber öf-
ter über das Akzeptieren der Schmerzen, als Patienten, die nach der Operation
ohne Schmerzen sind (Keel et al. 1990). Eine Identität zwischen dem akuten und
dem chronischen LBP sollte jedoch nicht apriori angenommen werden (Ackerman
& Stevens 1989).

4. Überzeugungen, Coping und Anpassung bei chronischen Beschwerden

4.1 Überzeugungen und Anpassung

Jensen et al. (1991) analysierten alle Arbeiten, die sich zwischen 1970 und 1991
mit Coping und chronischen Schmerzen, darunter auch LBP, befaßt haben. Es
wurde die Rolle der Überzeugungen und des Coping im Anpassungsprozeß untersucht und es zeigen sich einige konsistente Befunde. Die Überzeugungen, welche
in Verbindung mit Coping und Anpassung bei chronischen Schmerzen analysiert
wurden, ordneten die Autoren in folgende Gruppen:

4.1.1 Allgemeine Kontrollüberzeugungen

Schmerzpatienten, die interne Kontrollüberzeugungen aufweisen, verwenden eher
aktive Coping-Strategien (Crisson & Keefe 1988) und sind weniger depressiv
(Skevington 1983). Je mehr sie die Ereignisse dem Zufall zuschreiben, desto mehr
sind sie depressiv und über ihren Schmerz betrübt. Buckelew et al. (1990) zeigten
unter anderem, daß vor allem Frauen, die interne Kontrollüberzeugungen bevorzugen, eher die Coping-Strategie 'Informationssuche' und 'Selbstbeschuldigung'
wählen. Hohe wahrgenommene Kontrolle und niedrige Behinderung von Alltags-
aktivitäten korrelieren negativ mit Depression (Rudy et al. 1988). Insgesamt unterstützen die Studien die Annahme eines positiven Zusammenhanges zwischen der

internen Kontrollüberzeugung und der positiven Anpassung bei chronischen Schmerzen.

4.1.2 Überzeugungen betr. Schmerzkontrolle

Je mehr die Patienten mit LBP von ihrer Schmerzkontrolle überzeugt sind, desto weniger klagen sie über den Einfluß ihrer Schmerzen auf ihr Alltagsleben (Strong et al. 1990). Patienten mit hoher wahrgenommener Hilflosigkeit zeigten passive Schmerzbewältigung und einen höheren Grad psychologischer und physischer Störung. Flor & Turk (1988) zeigen, daß Hilflosigkeit positiv mit Schmerzstärke und -intensität, Störung im Alltagsleben und Arztbesuchen korreliert. Die Autoren ziehen den Schluß, daß sich Überzeugungen betr. Schmerzkontrolle in konsistenter Weise bei vergleichbaren Schmerzen auf das psychologische und physische Funktionieren beziehen.

4.1.3 Attributionsstil

Cheatle et al. (1990) konnten bei LBP belegen, daß ein interner, stabiler und globaler Attributionsstil bei negativen Ereignissen mit Depression assoziiert ist. Love (1988) zeigte, daß depressive Patienten mit LBP negative Resultate eher einer internen, stabilen und globalen Erklärung als Nichtdepressive zuordnen.

4.1.4 Kognitive Fehler

Hier werden Untersuchungen über negative verzerrte Kognition über sich selbst oder die eigene Situation eingeordnet. Solche Fehler beeinflussen das Ausmaß und die Erhaltung von Depression und beinhalten 'Katastrophieren' (Flor & Turk 1988, Mißinterpretieren eines Ereignisses als Katastrophe), 'Personalisieren' (Übernahme persönlicher Verantwortung für negative Ereignisse), 'selektive Abstraktion' (selektive Zuwendung zu negativen Aspekten der Situation). Die Anzahl kognitiver Verzerrungen beim chronischen LBP korreliert in konsistenter Weise mit Depression (Lefebvre 1981, Slater et al. 1991, Smith et al. 1986a,b) und Behinderung. Die Resultate dieser und einer Reihe anderer Untersuchungen bestätigen deutlich die Rolle der negativen Kognitionen in der Anpassung bei chronischen Schmerzen. Die Autoren weisen darauf hin, daß negative Kognitionen Langzeitanpassung voraussagen und zwischen dem Schweregrad der Krankheit und der Anpassung vermitteln können.

4.1.5 Eigene Wirksamkeit

Es handelt sich dabei um die Einschätzung eigener Fähigkeiten, bestimmte Handlungen auszuführen. Es wird berichtet, daß die Überzeugung, über die eigene

Wirksamkeit z.B. hinsichtlich Arbeit und Fähigkeit, ohne Medikamente mit Schmerzen umzugehen, positiv mit dem Arbeitsstatus nach der Behandlung und negativ mit der Medikation zusammenhängt (Dolce et al. 1986). In einer Reihe von anderen Untersuchungen wird gezeigt, daß Patienten, die an die eigene Wirksamkeit glauben, das betreffende Verhalten, die Handlungen und die Coping-Strategien auch aufweisen. Die Autoren stellen fest, daß die Forschung eine starke Beziehung zwischen der eigenen Wirksamkeit sowie dem Coping und der Anpassung belegt. Die Leute tun üblicherweise das, wovon sie glauben, daß sie auch imstande sind, es auch zu tun.

4.1.6 Resultatserwartungen

Es sind Urteile über die Konsequenzen bestimmter Handlungen. Die Forschung liefert nur begrenzte Unterstützung der These, daß die Leute das tun, wovon sie erwarten, es würde zu vorteilhaften Konsequenzen führen. Council (Council et al. 1988) berichtete, daß Überzeugungen über Resultate bestimmter Bewegungen hinsichtlich LBP mit der tatsächlichen Ausführung dieser Bewegungen zusammenhängen. Wenn mehr Schmerzen erwartet werden, dann werden weniger Bewegungen ausgeführt.

4.1.7 Andere Schmerzeinschätzungen und Überzeugungen

Es wirkt hinderlich, wenn sich die Patienten als behindert sehen (Strong et al. 1990), wenn sie glauben, daß Medikamente geeignet sind, um Schmerzen zu behandeln, daß Schmerzen das normale Funktionieren beeinflussen, daß Schmerz streßvoll, schädigend und bedrohend ist, daß Schmerz stabil ist (Williams & Thorn 1989). Positiv hingegen wirkt sich die Überzeugung aus, daß man Schmerzen bewältigen kann und soll (Boston et al. 1990). Die Überzeugung, daß man Schmerz verändern kann, korreliert positiv mit Wunschdenken, und die Überzeugung, daß die Schmerzprobleme in vier Jahren gelöst werden, korreliert negativ mit Vermeidung (Turner et al. 1987).

Zusammenfassend betonen die Autoren, daß sich klare Trends über den Zusammenhang zwischen verschiedenen Überzeugungen und der Anpassung abzeichnen. Patienten mit internen Kontrollüberzeugungen und Patienten, die glauben, daß sie Schmerzen kontrollieren können, 'funktionieren' besser. Kognitive Fehler hingegen hängen mit psychologischer und physischer Dysfunktion zusammen. Überzeugungen über die eigene Wirksamkeit, wie auch eine Reihe von weiteren Kognitionen, korrelieren mit Anpassung.

4.2 Coping und Anpassung

Im zweiten Teil der Übersichtsarbeit über Coping und chronische Schmerzen (Jensen et al. 1991) diskutieren die Autoren die Resultate der untersuchten Studien zum Thema Coping und Anpassung. Es sind vor allem Arbeiten, die mit drei Instrumenten gemacht wurden: Vanderbilt Pain Management Inventory, The Coping Strategy Questionnaire (Keefe) und The Ways of Coping Checklist (Lazarus). Hier werden nur die Resultate der Untersuchungen über Coping mit LBP aufgeführt. Gross (1986) fand 3 Faktoren 'Loss of Control', 'Active Coping and Suppression' und 'Self-Reliance'. 'Loss of Control' hängt negativ mit postoperativen Schmerzen und positiv mit der Patienteneinschätzung des Operationsresultates zusammen. 'Self-Reliance' wies eine negative Beziehung zur Intensität des postoperativen Schmerzes und Schlafstörungen sowie eine positive zur Patienteneinschätzung des Operationsresultates auf. Patienten mit chronischen Schmerzen, die 'Attentional Pain Coping' verwendeten, waren weniger depressiv und ängstlich und aktiver als chronische Patienten mit 'Avoidant Pain Coping'. Patienten mit akuten Schmerzen, die 'Avoidant Pain Coping' verwendeten, waren weniger depressiv und ängstlich und aktiver als akute Patienten mit 'Attentional Pain Coping' (Holmes & Stevenson 1990). 'Helplessness' verband sich mit psychologischem Distreß und Depression. 'Diverting Attention' und 'Praying' korrelierte positiv mit der Schmerzstärke (Keefe et al. 1990). Rosenstiel und Keefe (1983) fanden drei Coping-Faktoren 'Cognitive Coping and Suppression', 'Helplessness' und 'Diverting Attention and Praying'. Sie fanden eine positive Korrelation zwischen 'Cognitive Coping and Suppression' und funktioneller Beeinträchtigung. 'Helplessness' war positiv mit Depression und Angstzustand verbunden. 'Diverting Attention and Praying' korrelierte positiv mit Schmerzniveau und funktionaler Beeinträchtigung. Spinhoven et al. (1989) fanden in einer Faktoranalyse 'Active Coping', 'Perceived Control' und 'Helplessness'. Sie fanden, daß 'Active Coping' negativ mit Depression korrelierte, 'Perceived Control' im negativen Zusammenhang stand zu der Zeit, die die Patienten liegend verbrachten, zur Schmerzintensität und funktionalen Beschränkungen. 'Helplessness' zeigte positive Beziehung zu Schmerzintensität, funktionaler Einschränkung, Angst, Depression und Psychoneurotismus. Sullivan und D'Econ (1990) konnten über keine Coping-Strategie berichten, die mit Depression verbunden wäre. Turner und Clancy (1986) kamen zu folgenden drei Faktoren: 'Denial of Pain', 'Diverting Attention and Praying' und 'Helplessness'. Turner et al. (1987) fanden eine negative Beziehung zwischen 'Seek Social Support' und Schmerz sowie zwischen 'Blames Self' und dem mittleren Schmerz. In unserer Forschung (Valach et al. 1990) kamen wir zu dem Schluß, daß bei operierten Patienten mit LBP ablenkendes Anpacken, Ablenken, Akzeptieren, Haltung bewahren, Optimismus und Zuwendung zu sozial adaptiven Bewältigungsstrategien gehört. Ferner zeigte sich, daß Operierte ohne Schmerzen mehr ablenkendes Anpacken, Akzeptieren und Zuwendung angeben, als Patienten mit Schmerzen (Valach et al. 1988, Heim et al. 1991).

In diesen Studien wurde ein Zusammenhang zwischen einer Reihe von Coping-Formen und verschiedenen psychosozialen Prozessen bei Rückenbeschwerden gefunden. 'Self Reliance', 'Attentional Pain Coping', 'Active Coping', 'Perceived

Control', 'Seek Social Support/Zuwendung', 'Ablenkendes Anpacken', 'Akzeptieren', 'Optimismus' und 'Haltung bewahren' hängen negativ mit Schmerzen und/oder psychosozialer Beeinträchtigung zusammen. 'Helplessness', 'Diverting attention and praying', 'Cognitive coping and suppression' werden mit Distreß und/oder psychosozialer Beeinträchtigung in Zusammenhang gebracht.

Die Autoren der Übersichtsstudie schließen ihre Untersuchung mit der Feststellung, daß die besprochenen Forschungsberichte die Rolle deutlich bestätigen, die einige Überzeugungen und Coping-Strategien in der Anpassung an chronischen Schmerz spielen. Dies kann auch die Behandlung der Patienten beeinflussen, denn es zeigte sich, daß, z.B. die Anzahl von Behandlungen, welche die Patienten bekommen, mehr von ihrem psychischen Distreß und ihrem Krankheitsverhalten abhängig ist als von den eigentlichen physischen Symptomen (Waddell et al. 1984).

5. Psychologische Behandlungen von LBP

Untersuchungen der Wirksamkeit psychologischer Intervention bei LBP-Patienten sind ein Teil der Bemühungen, die Rolle psychosozialer Prozesse, darunter auch Coping bei LBP, zu klären. Malone und Strube (1988) analysierten alle Untersuchungen über 'nicht-medizinische' Behandlung bei chronischen Schmerzen klinischer Populationen, die zwischen 1950 und 1984 in wissenschaftlichen Zeitschriften publiziert wurden. Es wurden allerdings nicht nur Untersuchungen über LBP, sondern auch über Krebsschmerz, Zahn- oder Gesichtsschmerzen, Kopfschmerzen u.a. berücksichtigt. Dennoch können Aussagen spezifisch über LBP gemacht werden. Von 109 einschlägigen Studien befassen sich 11 mit psychologischer Behandlung bei LBP. Patienten mit LBP zeigen eine gute durchschnittliche Verbesserung (Effektgröße = 0.97; sechs Studien). 79% der untersuchten Patienten mit LBP zeigten Verbesserungen (vier Studien). Am effizientesten erwiesen sich Hypnose, Autogenes Training, Entspannungstechniken und Biofeedback. Dies ist allerdings auf alle Schmerzgruppen bezogen.

Diese Meta-Analyse zeigte, daß die psychologische Behandlung in einer zuverlässigen Weise nur das Befinden und die subjektive Einschätzung beeinflußt. Wie weit Schmerzen und Lebensqualität beeinflußt werden, ist ungewiß. Die Autoren schließen mit dem Hinweis, daß die Reduktion von Angst und Depression, die mit Schmerz auftreten, realistischere Ziele für die Behandlung sind als die Reduktion des Schmerzes selbst. Dennoch, um dies zu beurteilen, muß Schmerz in der Forschung als eine multidimensionale Erfahrung gesehen werden. Diese setzt sich aus Intensität und Emotion zusammen und soll nicht einfach als eine physische Empfindung dargestellt werden. Bei den Studien über LBP wurden folgende Behandlungstechniken untersucht: TENS (Transcutaneous electrical nerve stimulation) (Lehmann et al. 1983, Melzack et al. 1983), Biofeedback (Nouwen 1983, Peck & Kraft 1977), Hypnose (Cheek 1966), Operantes Lernen (Cohen et al. 1983, Newman et al. 1978), Entspannung (Trent 1982, Turner 1982), Behaviorale Behandlung (Keefe et al. 1981) und Rückenschule (Lankhorst et al. 1983).

6. Coping-Intervention

Die Mehrheit solcher Behandlungsstudien schöpft nicht die ganze Breite der Möglichkeiten einer Coping-Intervention aus. Sollen aber diese Techniken von den Patienten akzeptiert und in ihrem Alltag systematisch eingesetzt werden, müssen sie in das Coping der Patienten integriert werden. Adäquate Coping-Interventions- und Behandlungsstudien warten noch auf ihre Verbreitung bzw. auf ihre Evaluation oder sogar auf ihre Durchführung. Für viele Autoren ist eine Coping-Intervention eine natürliche Folge oder sogar der Grund der Coping-Erfassung. Lazarus und Folkman (1984) betrachten den kognitiv-behavioralen Ansatz von Ellis (1975), Beck (1976), Goldfried (1980) und Meichenbaum (Meichenbaum & Jaremko 1983) als höchst kompatibel mit ihrer Coping-Theorie. Auch Pfingsten et al. (1988) skizzierten ein Stützungs- bzw. ein Therapieverfahren. In einer Coping-Intervention bei Leuten mit Rückenbeschwerden wird auf irrationale Einstellungen, soziale Verhaltensmuster und die übersteigerte Leistungsorientiertheit fokussiert, und das Training assertiven Verhaltens in Alltagssituation nimmt einen wichtigen Stellenwert ein. Die Beeinflussung der emotionalen und motorischen Ausdruckshemmung soll die Entladung muskulärer und autonomer Prozesse fördern. Diesem therapeutischen Ziel dient das Bewußtmachen der problematischen Einstellung durch ein Training der individuellen Wahrnehmungsfähigkeit für die physiologischen, verbal-subjektiven und moralisch-verhaltensmäßigen Reaktionen in schmerz- und streßrelevanten Situationen. In vielen Forschungs- und Behandlungszentren im deutschsprachigen Europa wird zur Zeit eine Anzahl von Projekten durchgeführt, die den Einfluß von unterschiedlichen Behandlungsstrategien untersuchen (Keel et al. 1990).

Es gibt eine Reihe von konzeptuellen und methodischen Problemen, die an dieser Stelle diskutiert werden müßten, um den Geltungsbereich der aufgeführten Resultate abzustecken. In der Copingforschung werden unterschiedliche Forschungsstrategien eingesetzt, denen auch unterschiedliche Methodologien zugrunde liegen. Wir sollten jedoch nicht vergessen, daß das Konzept Coping mit ganz bestimmten theoretischen und methodologischen Vorstellungen eingeführt wurde. In der empirischen Forschung muß jedoch noch einiges getan werden, um diesen Ansprüchen gerecht zu werden. Eine der wichtigsten methodischen Aufgaben ist, den Unterschied zwischen dem diskursiven Zusammenhang der Monitorierung von Coping und dem Coping im individuellen und Gruppenhandeln nachzuvollziehen (vgl. Perrez & Reicherts 1987, Valach im Druck). Das Coping der Patienten zu beachten und zu stützen kann gewiß nicht mit einer Wunderbehandlung gleichgesetzt werden. Dennoch besitzt dieser Zugang eine Reihe von Vorzügen und ist vor allem wirksam. Es kann dabei auf die Ressourcen der Patienten aufgebaut werden, in der Begegnung von Arzt und Patient stellt das Konzept Coping einen alltagspsychologischen Diskursrahmen dar, und schließlich wird der Patient dadurch nicht psychiatrisiert oder psychopathologisiert.

Erste empirische Befunde zur Krankheitsbewältigung bei ersterkrankten Schizophrenen

Eibe-Rudolf Rey, Irmgard Thurm-Mussgay, Dagmar Laubenstein und Josef Bailer

Zusammenfassung

Die Schizophrenie zählt unter den psychischen Erkrankungen zu den häufigsten. Schon seit dem Ende des 19. Jahrhunderts beschäftigt man sich mit der Frage, in welchem Verhältnis die schizophrene Erkrankung und die aktive Auseinandersetzung mit ihr stehen. Eine erste systematische Beschreibung von Krankheitsbewältigung haben aber erst Thurm und Häfner (1987) publiziert. Die Autoren haben ein Bewältigungsmodell erstellt und darauf aufbauend ein "Instrument zur Erfassung der Krankheitsbewältigung" (IKB) entwickelt.

Nach der Beschreibung dieses Instruments werden erste Ergebnisse an einer Stichprobe von 277 erstmals hospitalisierten Schizophrenen mit dem IKB vorgestellt. Die Resultate belegen, daß sich Schizophrene aktiv mit ihrer Erkrankung auseinandersetzen. Viele Patienten scheinen zu Beginn ihrer Erkrankung eine Art Effektivitätsprüfung vorzunehmen, in dem sie zunächst sehr viele der verfügbaren Bewältigungsstrategien auf ihre Wirksamkeit hin und mehr oder weniger unsystematisch ausprobieren. Zahlreiche Patienten zeigen zudem auch Vermeidungs- und Ablenkungsstrategien. Deshalb wird die Frage diskutiert, ob nicht auch solche Strategien zur Abwehr der subjektiv erlebten Bedrohung durch die Erkrankung hilfreich sein können.

Im Bewältigungsmodell von Thurm und Häfner (1987) müssen die Patienten auch einschätzen, ob sie ihre Symptome selbst beeinflussen können, d.h. ob die Symptome regulierbar sind, und ob sie über eine ausreichende Bewältigungskompetenz verfügen. Hinsichtlich der subjektiv erlebten Regulierbarkeit von Symptomen und der subjektiven Einschätzung der eigenen Bewältigungskompetenz geben sich die meisten Patienten zum Zeitpunkt der Ersthospitalisierung recht optimistisch. Man muß aber vermuten, daß im weiteren Krankheitsverlauf dieser Optimismus durch das Erleben erneuter akuter Rezidive wieder deutlich abnimmt.

Allgemein kann mit dieser Arbeit die Frage nach dem Zusammenhang zwischen Bewältigungsversuchen der Patienten und dem weiteren Krankheitsverlauf, eine zentrale Frage der Bewältigungsforschung, nicht beantwortet werden. Die hier vorgestellte Untersuchung soll Anregungen liefern, dieser Fragestellung intensiver nachzugehen, um aus den Ergebnissen eventuell therapeutische Möglichkeiten zur Verbesserung der individuellen Krankheitsbewältigung abzuleiten.

Summary

Within the psychological illnesses schizophrenia is the most common one. The relation between the schizophrenic illness on the one side and the active dealing with it on the other side has been an issue discussed about since the end of the 19th century. It was only in 1987, however, that Thurm & Häfner published the first systematic description of coping with the illness. The authors conducted a coping model and based on this they developed an instrument to assess the coping (IKB).

Following the description of this instrument first findings of the application of the IKB on a sample of 277 initially hospitalized schizophrenic patients are presented. The results show that schizophrenic patients do deal with their illness in an active way.

At the onset of their illness many patients seem to apply something like an examination of the effectiveness by trying out many of the available coping strategies in a more or less unsystematic manner in order to determine their effectiveness. Numerous patients moreover show avoidance- and distractionstrategies. Because of this the question is discussed, whether such strategies for the defense of the subjectively experienced threat through the illness can't be helpfull, too.

In Thurm & Häfner's (87) coping model the patients must also state if they believe they can influence their symptoms themselves, meaning whether the symptoms can be regulated at all, and if they believe the possess enough competence of coping. Regarding both subjective measures at the point of initial hospitalization most of the patients are quite optimistic. One has to assume, however, that this optimism will decrease in the course of illness due to experiencing acute recurrences over again.

In general this study cannot answer one of the central questions in coping research, which concerns the relation between patiens tried coping and the continuing course of the illness.

The study introduced here should initiate a more intensive search for answers to this question, for those might allow to gain therapeutical options in order to improve individual coping with illness.

Unter den psychischen Erkrankungen ist die "Schizophrenie" zahlenmäßig zweifellos sehr stark vertreten und äußert sich oft in einer sehr schweren Erkrankungsform. Der Begriff geht auf Bleuler (1911) zurück, der als erster beschrieben hat, daß in der Krankheit der Strukturzusammenhang der Persönlichkeit verloren geht. Denken, Affekt und Erleben sind sowohl voneinander wie auch im Zusammenhang ihrer Komponenten gespalten (Benedetti 1986). Als gemeinsamen Wesensgehalt verschiedener Krankheitsbilder der Schizophrenie wie Katatonie, Hebephrenie und akute Paranoia hat Bleuler eine *primäre Störung* beschrieben, von der er die *sekundären Störungen* abgrenzt. Die primären Störungen können oft nicht direkt beobachtet werden, beobachtbar sind hingegen die sekundären Symptome, die entweder eine direkte Folge der primären Symptome sind oder als inadäquate Versuche der Reintegration von einer Störung in die Gesamtpersönlichkeit anzusehen sind (Rey & Thurm-Mussgay 1990). Die sekundären Symptome, von Bleuler weiter unterteilt in die Grundsymptome und die akzessorischen, sind somit die psychologischen Reaktionen der Psyche auf das Erleben der Krankheit. In seiner Monographie führt Bleuler auch Beispiele für das Verhalten erkrankter Patienten im Umgang mit ihren Wahnideen oder Halluzinationen an. Dies ist ein früher Beleg dafür, daß die Kranken aktiv auf ihren veränderten Zustand reagieren und sich mit ihrer Erkrankung auseinandersetzen. Eine Person, die unter ihren schizophrenen Symptomen leidet, fühlt sich ihnen nicht nur hilflos ausgeliefert, sondern setzt sich auch aktiv mit ihnen auseinander. Zahlreiche, eher anekdotische Beschreibungen und Beobachtungen von Erkrankten belegen dies.

Innerhalb der Psychiatrie beschäftigte man sich schon Ende des vorigen Jahrhunderts mit der Frage, in welchem Verhältnis zueinander die schizophrene Erkrankung und die aktive Auseinandersetzung mit ihr stehen (vgl. Böker & Brenner 1983). Die aktive Auseinandersetzung läßt sich mit dem Begriff "Bewältigung" bezeichnen. Es existieren bislang jedoch kaum systematische Untersuchungen an Schizophrenen zum Umgang mit ihrer Erkrankung. Es gibt einige eindrucksvolle Selbstschilderungen von Patienten, wie sie versucht haben, ihre Krankheit zu bewältigen (z.B. Sechehaye 1974, Wing 1977, Zerchin 1990), und es gibt einige erste Arbeiten zu Bewältigungsversuchen im Umgang mit einzelnen Aspekten der schizophrenen Symptomatik.

Falloon und Talbot (1981) haben untersucht, wie Patienten sich mit ihren akustischen Halluzinationen auseinandersetzen. Böker und Brenner (1983) haben den Umgang der Patienten mit ihren Basisstörungen beschrieben, Bewältigungsstrategien im Umgang mit Prodromalsymptomen haben Cohen und Berk (1985) aufgeführt und letztlich hat Tarrier (1987) beschrieben, wie Patienten chronische Symptome verarbeiten.

Bezüglich chronischer Symptome diskutiert Wing (1976, 1978) Aspekte der Minussymptomatik wie affektive Verflachung und sozialen Rückzug als Bewältigungsversuche, welche Patienten im Verlauf ihrer Erkrankung als Reaktion auf Denkstörungen entwickelt haben. Süllwold (1976) weist darauf hin, daß eine solche Bewältigungsreaktion eine zugleich stabilisierende wie auch den Rehabilitationsprozeß störende Funktion hat: "Die anfänglich der Stabilisierung dienenden Vermeidungsreaktionen sind in der Rehabilitationsphase häufig habituell geworden und müssen schrittweise wieder abgebaut werden. Dabei muß jedoch berücksichtigt werden, welche Belastungsgrenzen weiter bestehen" (S. 149). Man kann festhalten, daß schizophrene Patienten in recht vielfältiger Weise mit ihrer Erkrankung fertig zu werden versuchen. Sie entwickeln globale Strategien und Lebensstile, welche die Beeinträchtigungen durch die Psychose verringern helfen sollen. Die Entwicklung der Minussymptomatik ist nach Wing (1978) eine solche globale Strategie. Ferner entwickeln sie gegen einzelne Aspekte der Symptome adäquate oder inadäquate Selbsthilfemaßnahmen. Dabei ist es von hoher therapeutischer Bedeutung, die Selbsthilfemechanismen oder Bewältigungsstrategien empirisch genauer zu untersuchen, um sie in eine moderne Therapie der Schizophrenie einzubeziehen, denn Therapie- und Rehabilitationsmaßnahmen können bei Schizophrenen nur wirkungsvoll sein, wenn neben einer medikamentösen Erhaltungstherapie eben auch psycho- und soziotherapeutische Behandlungen durchgeführt werden.

Im Gegensatz dazu sind Selbstheilungsversuche und Bewältigungsstrategien von Patienten mit somatischen Erkrankungen zwischenzeitlich Gegenstand einer eigenen Forschungsrichtung in der Psychologie geworden. Trotz umfangreicher Literatur gibt es aber noch keinen endgültigen Konsens, wie der Begriff "Bewältigungsverhalten" im einzelnen definiert und von der Alltagssprache abzugrenzen ist (vgl. Braukmann & Filipp 1984, Filipp 1989). Bereits Prystav (1981) äußerte sich eher skeptisch zum Problem eines allgemein akzeptierten, einheitlichen Modells des Bewältigungsprozesses: "Ein solches Modell ist nach dem gegenwärtigen Stand der Copingforschung nur in Ansätzen möglich, da (1) die entscheidenden antezedenten Person- und Situationsvariablen, (2) die entscheidenden mediatisierenden Persönlichkeitsvariablen (auf Trait- und State-Ebene) und (3) die für die Prozeßbeschreibung validen Indikatorvariablen nur zum Teil bekannt sind, bzw. in keinen systematischen Untersuchungen verwendet wurden" (S.194/195).

Nach Lazarus und Launier (1981) wird die Beschreibung, und als Folge dann natürlich auch die Erfassung von Bewältigung, hauptsächlich durch das Fehlen einer brauchbaren Theorie und den Mangel an angemessenen Taxonomien der Bewältigung erschwert: "Einige rudimentäre Ansätze hierfür wurden in der Streßforschung entwickelt und angewendet, aber wir sind noch von einem System weit entfernt, das den Bereich angemessen abdeckt und gleichzeitig konkrete und detaillierte Beschreibungskategorien liefert, die die Forscher anwenden könnten" (S.243).

Krankheitsbewältigung bei schizophrenen Patienten

Diese unterschiedlichen Ansichten gelten nicht nur für die Copingforschung allgemein, sondern speziell für die Untersuchung von Bewältigungsprozessen bei Schizophrenen. In den Anfängen unserer Untersuchungen gab es weder systematische Beschreibungen noch brauchbare Kategorisierungen des Bewältigungsverhaltens Schizophrener. Neben einem sinnvollen theoretischen Konzept fehlte auch ein Instrument zur Messung von Bewältigungsverhalten Schizophrener, das die spezifischen Besonderheiten dieser Patienten gebührend berücksichtigte. Umfassende theoretische und empirische Vorarbeiten waren daher erforderlich, die einerseits zur Entwicklung eines Copingmodells Schizophrener (Thurm & Häfner 1987) und andererseits darauf aufbauend zur Konstruktion eines Instruments zur Erfassung von Bewältigungsprozessen bei Schizophrenen führten. Modell und Instrument sollen im folgenden kurz dargestellt werden.

Das Modell von Thurm und Häfner (1987)

Dieses Modell entstand im Zuge umfangreicher Forschungsarbeiten mit chronisch schizophrenen Patienten, die sich in ambulanter Behandlung befanden. Inhaltlich bezieht sich das Modell sowohl auf aktuelles Coping, d.h. auf den Umgang mit bestehenden Krankheitssymptomen bzw. -folgen, als auch auf antizipatorisches Coping, d.h. auf die individuelle "Rückfallprophylaxe" des betreffenden Patienten. Die Autoren beziehen sich in ihrem Ansatz auf Zubins Vulnerabilitätskonzept (vgl. Zubin & Spring 1977) sowie auf die theoretischen Ansätze zur Krankheitsbewältigung von Heim et al. (1983), Lazarus und Launier (1978) sowie Moos und Tsu (1977). In Analogie zu diesen Modellen betrachten Thurm und Häfner (1987) Krankheit als Lebenskrise oder "life event", das den gewohnten Lebensrhythmus des Betroffenen unterbricht oder sogar dauerhaft verändert. Für den Betroffenen ergeben sich dadurch zahlreiche "adaptive demands", d.h. Anforderungen, die inhaltlich nur z.T. als krankheitsspezifisch angesehen werden. Gerade bei der hier untersuchten Population muß man bei "adaptive demands" zwischen dem Umgang mit akuten psychotischen Symptomen und dem Verlust bestimmter sozialer Rollen mit entsprechender Selbstbildmodifikation als unmittelbarer Krankheitsfolge unterscheiden. Diesen unterschiedlichen Anforderungen setzen die Betroffenen auch verschiedene Bewältigungsstrategien entgegen. Das Modell von Thurm und Häfner (1987) ist in Abb. 1 aufgeführt.

Analog zu Moos und Tsu (1977) postulieren Thurm und Häfner (1987) drei wesentliche Kategorien von Faktoren, die die "adaptive demands" einer Person mitbestimmen:

- Personenfaktoren, wie Intelligenz, persönliche und biographische Faktoren, persönliche und soziale Ressourcen,
- Krankheitsfaktoren, wie Symptome und daraus resultierende Behinderungen sowie Vulnerabilität,
- Umweltfaktoren, sowohl stützende als auch belastende Faktoren, z.B. Sozialkontakte, life events.

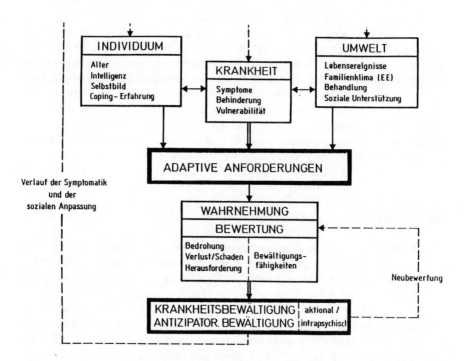

Abb. 1: Modell der Krankheitsbewältigung

In Anlehnung an Lazarus und Launier (1978) werden zwischen den "Anforderungen", die sich aus diesen drei Faktoren ergeben, und den letztlich angewendeten "Bewältigungsstrategien" "subjektive Wahrnehmungs- und Bewertungsprozesse" vermutet. Die Autoren unterscheiden dabei zwei Arten von Bewertungsprozessen, nämlich:

- die primäre Einschätzung der Relevanz eines Ereignisses für das subjektive Wohlbefinden sowie gegebenenfalls seine Einstufung als Schädigung/Verlust, Bedrohung oder Herausforderung,
- die sekundäre Bewertung, ein Vergleich der vorhandenen Ressourcen mit den gegebenen Anforderungen und der daraus resultierenden Einschätzung der ei-

genen Bewältigungsmöglichkeiten. Erst das Ergebnis der sekundären Bewertung steuert dann die Auswahl konkreter Copingstrategien.

Wie Lazarus (vgl. Lazarus & Launier 1978) berücksichtigen auch Thurm und Häfner (1987) in ihrem Modell eine anschließende Neubewertung der individuellen Situation: Die erfolgten Copingreaktionen beeinflussen - im Modell als Rückkopplung demonstriert - den weiteren Verlauf der Symptomatologie und die weitere Entwicklung sozialer Kompetenz und der Leistungsfähigkeit. Letztendlich werden also die Ausgangsfaktoren "Individuum", "Krankheit" und "Umwelt" über Rückkopplungsprozesse verändert. Das Modell von Thurm und Häfner (1987) ist demnach als "transaktionales Copingmodell" i.S.v. Lazarus einzustufen.

Instrument zur Erfassung der Krankheitsbewältigung (IKB) (Thurm-Mussgay 1990)

Da bislang auch ein geeignetes Instrument zur Erfassung von Coping bei Schizophrenen fehlte bzw. keines der bekannten Verfahren der Komplexität einer solchen Fragestellung gerecht wurde, entwickelte Thurm-Mussgay (1990) - aufbauend auf o.a. Modell - ein spezifisches halbstandardisiertes "Interview zur Erfassung der Krankheitsbewältigung" (IKB). Die Erarbeitung seiner Struktur orientierte sich an Turks Postulaten einer "funktionalen, verhaltensanalytischen Problemdiagnostik der Adaptationsprozesse bei chronischen Krankheiten" (Turk, 1979):
- Erstellung einer genauen Problemdefinition in Form einer Auflistung von Problembereichen und spezifischen Anforderungen, die sich aus der betreffenden Erkrankung ergeben.
- Darstellung der Coping-Ressourcen in Form einer Auflistung möglicher Bewältigungsreaktionen, sowohl offener als auch intrapsychischer Verhaltensweisen.

Das Ablaufschema des IKBs ist in Abbildung 2 aufgeführt.

Der erste Schritt der Autoren bei der Entwicklung des IKB war die Operationalisierung der Problembereiche, die sich aus den theoretischen und empirischen Vorarbeiten ergeben hatten. Sie betreffen inhaltlich das Bewältigungsverhalten Schizophrener einerseits im Umgang mit **Symptomen** und andererseits mit möglichen **psychosozialen Krankheitsfolgen**. Die konkreten Aspekte, die abgefragt werden, variieren in Abhängigkeit von der jeweils im individuellen Fall vorliegenden Symptomatik, sowie in Abhängigkeit vom Untersuchungszeitpunkt im Falle einer Verlaufsuntersuchung.

Der Themenkatalog des IKB zum Zeitpunkt einer Ersthospitalisierung ist folgender:

Abb. 2: Schematische Darstellung zum Ablauf des IKB

Schematische Darstellung zum Ablauf des IKB

ANFORDERUNGSBEREICHE
(1 - 10)

Nächster
Bereich:

Vorhandensein des
1. Symptoms / Problems
aus Bereich X

Vorhandensein des
2. Symptoms / Problems
aus Bereich X

Vorhandensein des
n. Symptoms / Problems
aus Bereich X

Falls mind.
ein Symptom /
Problem:

Falls
kein Symptom /
Problem:

Nennung des
maximal belastenden
Symptoms / Problems

Einschätzung der Valenz

falls keine
Belastung

Einschätzung der
Regulierbarkeit

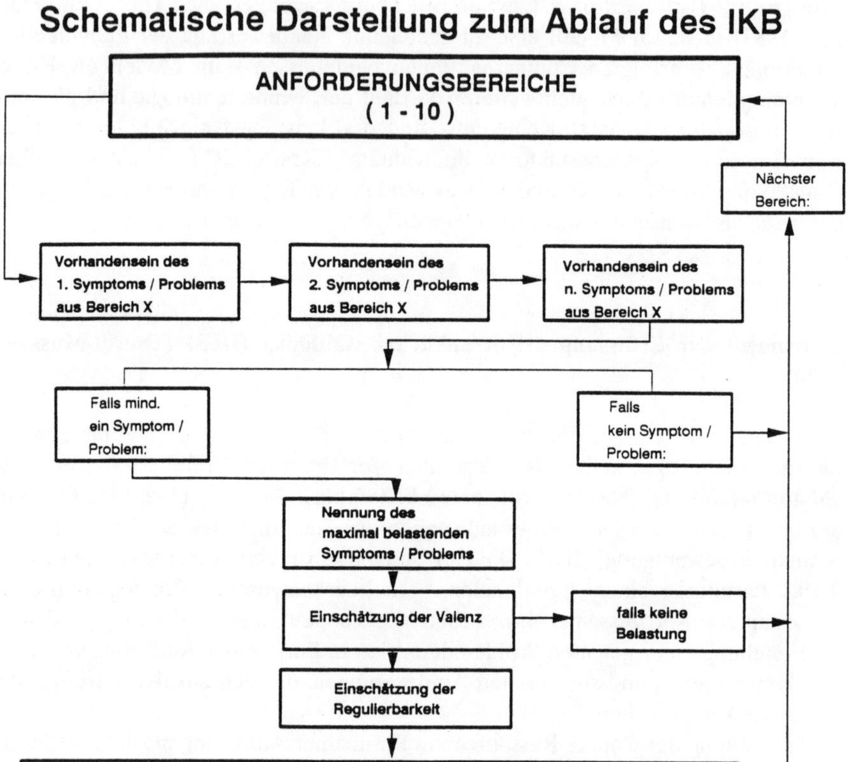

Nennung der Bewältigungsreaktionen			
	problemzentriert	**emotionszentriert**	**vermeidend**

aktional	- Aussprache
	- aktive Problemlösung
	- Medikamente /
	  Arztbesuch
		- Entspannung
		- sich etwas Gutes
		  gönnen
			- Vermeidung von
			  Situationen oder
			  Personen
			- Ablenkung

**Intra-
psychisch**
	- Lösungen suchen
	- Überprüfen der
	  Einschätzung
		- sich Mut zu-
		  sprechen
		- das Beste aus der
		  Situation machen
		  (Umbewertung)
			- Bagatellisierung
			- Veränderung
			  abwarten

REY22

- **Plussymptomatik**, operationalisiert wie in der "Present State Examination" (PSE) nach Wing et al. (1974), und zwar
  -- Gedankenstörungen (PSE, Sektion 13),
  -- Halluzinationen (PSE, Sektion 14) und
  -- Wahnsymptome (PSE, Sektion 15),
- **Basissymptome**, aufbauend auf der Mannheimer Revision des **Frankfurter Beschwerde-Fragebogens** von Süllwold (1977), von Langer et al. (1985),
- **Subjektiv erlebte Beschwerden, soziale Behinderungen** mittels einer in einer Vorstudie erstellten standardisierten Liste und letztlich
- **Subjektiv erlebte Irritierbarkeit, Vulnerabilität** wiederum mittels einer in einer Vorstudie erstellten standardisierten Liste.

Die IKB-Version, die im Rahmen einer Verlaufsuntersuchung in Nachbefragungen eingesetzt wird, umfaßt darüberhinaus das Bewältigungsverhalten bei folgenden thematischen Bereichen:
- **Familie**,
- **Partnerschaft** und/oder **Heterosexuelles Rollenverhalten**,
- **Sozialverhalten**,
- **Arbeit** bzw. **Interesse an Arbeit bei Nichtbeschäftigung** und
- Anzeichen für einen eventuellen akuten **Rückfall**.

In allen Sektionen folgt nach der Erhebung der konkreten Beschwerden eines Probanden die Frage nach der als am stärksten belastend erlebten Situation und nach dem Ausmaß der dabei subjektiv erlebten Belastung (Valenz), eingeschätzt auf einer mehrstufigen Skala. Nur bei Problemen, die einen bestimmten Belastungsgrad (cut-off) erreichen oder übersteigen, wird die Befragung zu dieser Sektion fortgesetzt. Diesem Vorgehen liegt die Annahme zugrunde, daß "Stressoren" nicht per se existieren, sondern daß bestimmte Gegebenheiten erst durch die subjektive Wahrnehmung und Bewertung zu einer Belastung werden, die dann allein ein bewußtes Bewältigungsverhalten letztendlich auslösen können.

Die Probanden müssen dann im IKB bzgl. der belastenden Aspekte angeben, ob sie glauben, selbst etwas gegen das betreffende Problem tun zu können (Regulierbarkeit). Diese Frage ist nebenbei auch als ein Indikator für das theoretische Konstrukt der "Kontrollüberzeugung" zu verstehen. Im letzten Schritt der Befragung wird dem Probanden eine standardisierte Liste möglicher Bewältigungsreaktionen zur Erfassung seiner Coping-Ressourcen vorgelegt und jeweils die subjektive Einschätzung ihrer Brauchbarkeit bzgl. der angegebenen individuellen Probleme erfragt. Das von Thurm-Mussgay (1990) erstellte Flußdiagramm veranschaulicht noch einmal den Ablauf einer solchen Befragung im IKB (vgl. Abb. 2).

Die Bewältigungsreaktionen, die von Thurm und Häfner (1987) festgelegt wurden, sind in Tabelle 1 aufgeführt.

Tabelle 1: Standardisierte Liste mit insgesamt 13 Bewältigungsreaktionen von Thurm und Häfner (1987)

1. Ich gehe bestimmten Personen oder Situationen aus dem Weg.
2. Ich spreche mich bei jemanden aus.
3. Ich lenke mich ab (z. B. durch Sport, Musik, Lesen usw.)
4. Ich warte ab, bis sich die Situation von alleine ändert.
5. Ich versuche, die Situation aktiv zu verbessern.
6. Ich betrachte das Problem von allen Seiten und überprüfe meine Einschätzung der Situation.
7. Ich gönne mir etwas Gutes.
8. Ich spreche mir Mut zu.
9. Ich sage mir, daß es im Leben wichtigere Dinge gibt als dieses Problem.
10. Ich gehe zum Arzt oder nehme (verordnete) Medikamente.
11. Ich überlege mir, was ich gegen das Problem tun könnte.
12. Ich suche innere Ruhe, indem ich bete, meditiere oder Entspannungsübungen mache.
13. Ich versuche, das Beste aus der Situation zu machen.

Diese Reaktionen wurden a priori in Analogie zum Klassifikationsmodell von Braukmann und Filipp (1984) folgendermaßen kategorisiert (vgl. Tabelle 2), und zwar in Reaktionen

- zur allgemeinen Aufmerksamkeitsorientierung: vigilant vs. vermeidend,

- zur Zielrichtung der Vigilanz: emotions- vs. problemzentriert und

- zu Form/Verhalten: aktional vs. intrapsychisch.

Die erste, ausführliche Übersicht über ihr IKB haben Thurm-Mussgay et al. (1991) veröffentlicht. Quantitative Maße des IKB sind die Zahl der Bewältigungsreaktionen, die ein Patient zu einem Symptom/Problembereich genannt hat. Abhängig von der Fragestellung, die untersucht werden soll, können mehrere Symptom-/Problembereiche zusammengefaßt werden.

Aufgrund der Datenanalyse erwies sich das Instrument als inhaltlich valide. Die praktische Anwendung erfordert eine Durchführungsdauer von 45-60 Minuten.

Erste Ergebnisse mit dem IKB

Das IKB wurde an einer Stichprobe von 277 erstmals hospitalisierten schizophrenen Patienten erhoben, die im Rahmen einer umfangreichen Verlaufsstudie[1] identifiziert wurden. In einer ersten Analyse soll das Bewältigungsverhalten Schi-

---

1   Wir danken der Deutschen Forschungsgemeinschaft für die großzügige finanzielle Unterstützung dieser Studie im Rahmen des SFB 258, Projekt S3, an der Universität Heidelberg.

zophrener näher beschrieben werden und die nach theoretischen Gesichtspunkten erstellte a-priori-Klassifikation der Bewältigungsreaktionen empirisch überprüft werden. Da es sich um ersterkrankte Schizophrene handelt, beschränkt sich das Interview auf die Befragung der Bewältigungsreaktionen im Umgang mit verschiedenen schizophrenen Symptomen. Der zweite Teil des Interviews, Bewältigung der sozialen Folgen der Erkrankung, kann naturgemäß erst dann erfragt werden, wenn die Patienten im weiteren Krankheitsverlauf entsprechende Erfahrungen gesammelt haben.

Tabelle 2: A priori Einteilung der 13 Coping-Reaktionen nach Thurm (1990)

	VERMEIDUNG	VIGILANZ	
		EMOTIONS-ZENTRIERT	PROBLEM-ZENTRIERT
AKTIONAL	1 3	7 12	2 5 10
INTRAPSYCHISCH	4 9	8 13	6 11

(Die Zahlen entsprechen den Nummern der Reaktionen der Copingliste des IKB)

Eine kurze Charakteristik der Stichprobe ist in Tabelle 3 aufgeführt.

Die Diagnosestellung erfolgte nach dem klinisch-psychiatrischen Urteil. In der Stichprobe wurden alle in der Zeit von Mai 1987 bis November 1989 erstmals hospitalisierten Patienten aufgenommen, die bei der Index-Aufnahme die Diagnose Schizophrenie (ICD-9: 295.0 - 295.9), paranoides Syndrom (ICD-9: 297.0 - 297.3) oder akute paranoide Reaktion (ICD-9: 298.3) bzw. psychogene Psychose mit paranoider Symptomatik (ICD-9: 298.4) erhalten hatten (vgl. Degkwitz et al. 1980). Es handelt sich um eine Repräsentativstichprobe schizophrener Patienten, die bezogen auf die Wohnbevölkerung im Einzugsgebiet einer Jahresinzidenzrate von 0.1 % (vgl. Häfner 1987) bei einer restriktiven Schizophreniedefinition entspricht.

Bevor man Bewältigungsreaktionen im Zusammenhang mit Stichprobenmerkmalen genauer analysieren kann, soll beschrieben werden, welche Symptome und Beschwerden allgemein bei den Patienten zu beobachten waren und wie stark die subjektive Belastung ausgeprägt war, denn die Einschätzung der Belastung ist nach dem theoretischen Modell ausschlaggebend für die adaptiven Anforderungen.

Im Bereich der Akutsymptomatik leiden 85,6 % aller Patienten unter Wahnsymptomen, 57,4 % unter Halluzinationen und 54,5 % unter Denkstörungen. Basissymptome (Teil II des IKB) traten in 88,8 % aller Fälle auf, subjektiv erlebte Irritierbarkeit (Teil III des IKB) in 83,4 %.

Tabelle 3: Die Gesamtstichprobe ersthospitalisierter Schizophrener im Überblick

VARIABLEN	Gesamt	Männer	Frauen
ANZAHL der Patienten	277	138	139
ALTER zum Zeitpunkt			
der Erkrankung ($\bar{x}$)	30	28	32
FAMILIENSTAND			
- ledig	155	98	57
- mit Partner lebend	88	28	60
- getrennt, geschie-			
den, verwitwet	26	7	19
- ohne Angabe	8	5	3
SCHULAUSBILDUNG			
- Sonderschule bzw. Hauptschule			
ohne Abschluß	14	5	9
- Hauptschule	104	56	48
- Realschule	57	25	32
- Gymnasium/FOS	97	49	48
- ohne Angabe	5	3	2
BERUFSAUSBILDUNG			
- keine bzw. angelernt	60	28	32
- Ausbildung	120	62	58
- Fach- bzw.			
Meisterschule	17	5	12
- Universität/FH	27	13	14
- ohne Angabe	53	30	23
KRANKHEITSBEGINN			
- akut	97	40	57
- subakut	49	22	27
- schleichend	128	75	53
- ohne Angabe	3	1	2
CATEGO-DIAGNOSE			
- 295.2 / 295.3	214	102	112
- 296.1 / 296.9	33	13	20
- 297.9	26	20	6
- 300.2	1	-	1
- ohne Angabe	3	3	-

Im Anschluß daran wird im IKB erfragt, wie stark die Patienten die aufgeführten Symptome als Belastung erleben. Als "sehr starke" bzw. "starke" Belastung empfinden 75,1 % (n = 178) der Patienten ihre Wahnsymptome, 74,0 % (n = 171) ihre subjektiven Beschwerden, 60 % (n = 76) ihre Basissymptome, 60,4 % (n = 96) ihre Halluzinationen und 63 % (n = 95) ihre Denkstörungen, jeweils bezogen auf diejenigen Patienten, die hierzu Angaben gemacht hatten. Man kann also aus diesen Prozentangaben ableiten, daß ein hoher Anteil von Patienten ihre Symptome und Beschwerden als gravierende Belastung erlebt.

Tabelle 4: Am häufigsten genannte Bewältigungsreaktionen

	gegenüber	
	allen Symptombereichen (1054 Beob.)	Akutsympt. (478 Beob.)
	"ja"	"ja"
- Ich überlege mir, was ich gegen das Problem tun kann.	55,0 %	55,0 %
- Ich versuche, das Beste aus der Situation zu machen.	51,4 %	49,6 %
- Ich spreche mir Mut zu.	50,3 %	49,8 %
- Ich versuche, die Situation aktiv zu verbessern.	49,1 %	43,7 %
- Ich lenke mich ab (z. B. Sport, Lesen usw.).	48,4 %	49,8 %
- Ich spreche mich bei jemanden aus.	46,9 %	46,4 %
- Ich betrachte das Problem von allen Seiten und überprüfe meine Einschätzung der Situation.	42,8 %	42,7 %
- Ich gehe bestimmten Personen oder Situationen aus dem Weg.	41,4 %	44,4 %
- Ich gehe zum Arzt oder nehme verordnete Medikamente.	39,8 %	51,3 %
- Ich suche innere Ruhe, indem ich bete, meditiere, Entspannungsübungen mache	39,6 %	40,8 %
- Ich gönne mir etwas Gutes.	37,0 %	35,4 %
- Ich warte ab, bis sich die Situation von alleine ändert.	32,9 %	35,8 %
- Ich sage mir, daß es im Leben wichtigere Dinge gibt als das Problem.	29,6 %	28,2 %

Im nächsten Schritt der Auswertung soll nun belegt werden, wie die Patienten diese Belastungen auch bewältigen. Unabhängig vom jeweiligen Symptombereich glaubt die Mehrzahl der Patienten, daß sie etwas gegen ihre Erkrankung tun können: 60,6 % können etwas gegen ihre Denkstörungen tun, 53,6 % gegen die Halluzinationen, 58,1 % gegen die Wahnsymptome, 62,6 % gegen die Basissymptome und 58,3 % gegen die subjektiven Beschwerden. Aus diesen Angaben wird deutlich, daß sich die Patienten keineswegs passiv und hilflos ihrer Krankheit gegenüber ausgeliefert fühlen.

Es liegt nun nahe, im weiteren Schritt zu überprüfen, welche Bewältigungsreaktionen die Patienten bevorzugen? In Tabelle 4 sind die Häufigkeiten, mit denen die einzelnen Bewältigungsreaktionen genannt wurden, aufgelistet, und zwar zum einen gemeinsam für alle drei Symptombereiche und zum anderen nur für die Akutsymptomatik allein.

Tabelle 5: Faktorenstruktur des IKB

	FAKTOR I	FAKTOR II	FAKTOR III	FAKTOR IV	
BWR01	.13	-.04	.73	.13	
BWR02	.36	.04	.10	.52	
BWR03	.10	.76	-.09	.08	
BWR04	-.06	.22	.72	-.04	
BWR05	.76	.11	-.23	.06	
BWR06	.67	.23	.12	.13	
BWR07	.30	.64	.06	.12	
BWR08	.58	.33	.19	.15	
BWR09	.24	.65	.23	-.08	
BWR10	.00	.14	.00	.88	
BWR11	.79	.16	.05	.04	
BWR12	.23	.50	.14	.29	
BWR13	.57	.38	.13	.13	
Varianz	31,2 %	9,9 %	7,7 %	7,1 %	gesamt 55,9 %

(BWR = Bewältigungsreaktion, vgl. Tabelle 1)

Die in diesen beiden Symptomgruppen genannten Bewältigungsreaktionen sind nahezu identisch. Sieht man einmal von der Bewältigungsreaktion "Ich gehe zum Arzt oder nehme verordnete Medikamente " ab, die bei der Akutsymptomatik verständlicherweise häufiger genannt wird, gleichen sich die Antwortmuster doch weitgehend.

Die Patienten präferieren deutlich solche Bewältigungsreaktionen, die auf aktive oder kognitive Auseinandersetzung mit der Erkrankung abzielen, während Bewältigungsreaktionen, die eher typisches Vermeidungsverhalten repräsentieren, überwiegend abgelehnt werden.

Bisher wurden nur allgemeine Aussagen über die Gesamtheit der Bewältigungsreaktionen, über alle Patienten und über globale Symptombereiche getroffen, differenzierte Analysen wurden noch nicht dargestellt. Eine differenzierte Analyse für jede einzelne Bewältigungsreaktion ist aber nicht sinnvoll, deshalb wurden zunächst mit Hilfe einer Faktorenanalyse übergeordnete Bewältigungsstrategien bestimmt, die dann daraufhin untersucht wurden, ob Beziehungen zwischen den so ermittelten Bewältigungsstrategien und definierten Merkmalen der Gesamtstichprobe bestehen.

Die Faktorenanalyse der 13 Bewältigungsreaktionen nach der Methode der Hauptkomponentenanalyse hat 4 Faktoren ergeben, mit denen 55,9 % der Gesamtvarianz aufgeklärt werden konnten (vgl. Tabelle 5), (vgl. auch Thurm-Mussgay et al. 1991).

Die vier Faktoren können als übergeordnete Bewältigungsstrategien folgendermaßen interpretiert werden:

Faktor 1:
"Kognitive Auseinandersetzung" (intrapsychisch-gerichtete Bewältigungsreaktionen). Patienten mit hohen Faktorwerten beobachten ihre Erkrankung aufmerksam und setzen sich kognitiv mit ihr auseinander.

Faktor 2:
"Ablenkung" (aktional-vermeidend). Patienten mit hohen Scores auf diesem Faktor versuchen, ihre Symptome zu verdrängen oder zu überdecken, in dem sie ihre Aufmerksamkeit auf bestimmte äußere Aktivitäten verlagern.

Faktor 3:
"Rückzug/Passivität" (intrapsychisch-vermeidend). Patienten, die diese Stragie bevorzugen, ziehen sich hilflos zurück und vermeiden jede aktive Auseinandersetzung mit ihrer Erkrankung.

Faktor 4:
"Hilfesuche" (aktional-gerichtet). Dieser Faktor betont das Bedürfnis nach sozialer Unterstützung und zwischenmenschlichen Kontakten, solche Patienten suchen zur Bewältigung ihrer Erkrankung Informationen, Hilfe und Beistand bei anderen Menschen.

Im folgenden Analyseschritt wurde nun überprüft, ob definierte Untergruppen von Patienten bestimmte Bewältigungsstrategien, wie sie durch die 4 Faktoren definiert sind, bevorzugen. In Tabelle 6 sind die Ergebnisse dargestellt.

Aus der zusammenfassenden Übersicht in Tabelle 6 wird deutlich, daß die häufigsten Gruppenunterschiede im Zusammenhang mit Faktor 4 "Hilfesuche " auftreten. Signifikante Unterschiede bestehen im Zusammenhang mit dem Geschlecht, dem Familienstand, der Art des Krankheitsbeginns und der Schulbildung, wobei die Ergebnisse recht deutlich in eine Richtung weisen. Bei hoher Symptombelastung präferieren Patienten mit Partnererfahrung, solche mit akutem Krankheitsbeginn und mit geringer Schulbildung - im Gegensatz zu ihren Vergleichsgruppen - Bewältigungsreaktionen wie z. B. "zum Arzt gehen", "verordnete Medikamente einnehmen", "sich bei jemandem aussprechen" usw. Das gleiche trifft für Frauen im Zusammenhang mit der Akutsymptomatik zu.

Tabelle 6: Signifikante Unterschiede zwischen definierten Untergruppen in bestimmten Bewältigungsstrategien

	Geschlecht m w	Alter Jahre <29 >30	Familienstand mit ohne Part. Part.	Krankheitsentwickl. akut/ schleisub- chend akut	Schule Sek. Sek. I >I
Ptn. mit Akutsympt. >Mdn	F_4		F_4	F_2 F_4	F_4
Ptn. mit Negativsymptomatik >Mdn	(F_2) (F_3)	F_2 (F_3) F_4	(F_2) F_4	(F_2) F_4	F_2 (F_3) F_4
Ptn. mit Basissympt.	(F_1)		F_4	F_1 (F_4)	F_4
Ptn. mit subj. Irrit./ Vulnerabilität		F_2	F_1 F_4	(F_4)	

F_1= "Kogn. Auseinandersetzung" F_3= "Rückzug/Passivität"
F_2= "Ablenkung" F_4= "Hilfesuche"
F_1: sign. bei p = 0.05 (F_1): sign. bei p = 0.10

Diese Ergebnisse sind im Grunde nicht überraschend. Gerade Patienten mit höherer Schulbildung nehmen vielleicht deshalb weniger soziale Unterstützung in Anspruch, weil sie glauben, auch ohne fremde Hilfe ihre Krankheit bewältigen zu können. Daß Patienten mit schleichender Krankheitsentwicklung sich im Gegensatz zu Patienten mit akutem Beginn weniger auf soziale Unterstützung verlassen, ist möglicherweise ein Effekt der unterschiedlichen Größe sozialer Netzwerke in beiden Gruppen, Patienten mit schleichendem Krankheitsbeginn haben auch sign. kleinere soziale Netzwerke (Bailer et al. 1992).

Die starke Inanspruchnahme von sozialer Unterstützung durch Patienten mit Partnererfahrung und hier insbesondere durch Frauen ist nachvollziehbar: Zum einem sind solche Patienten durch ihren Partner gewohnt, mit anderen Menschen über ihre Krankheit zu sprechen und zum anderen werden sie durch ihren Partner möglicherweise auch ermuntert, wenn nicht sogar gedrängt, sich einer Behandlung zu unterziehen, zumal wenn die Partnerschaft dadurch beeinträchtigt ist.

Beim Faktor 2 "Ablenkung" lassen sich deutliche Unterschiede im Zusammenhang mit der Krankheitsbewältigung feststellen, indem Patienten mit ausgeprägten Akut- oder Minussymptomen und schleichendem Krankheitsbeginn - im Gegensatz zur Gruppe mit akutem Beginn - Strategien wie z. B. "ich lenke mich ab", "ich suche innere Ruhe", "ich gönne mir etwas Gutes" usw. bevorzugen.

Auch unterscheiden sich die Patientengruppen am häufigsten bei den Negativsymptomen: Frauen, Patienten über 30 Jahre, Patienten mit Partner oder solche mit geringer Schulbildung bevorzugen hier Ablenkungsstrategien.

Auf Faktor 1 "Kognitive Auseinandersetzung", der ja den größten Teil der Varianz aufklärt, treten im Zusammenhang mit einer hohen Symptomatik keine Unterschiede im Bewältigungsverhalten der Patienten auf. Lediglich Patienten, die viele Basisstörungen bzw. subjektiv erlebte Irritationen/Vulnerability angeben, unterscheiden sich auf diesem Faktor: Patienten jünger als 29 Jahre, Patienten mit schleichendem Krankheitsbeginn und solche mit Partnererfahrung wenden im Gegensatz zu ihren Referenzgruppen häufiger intrapsychische Bewältigungsreaktionen wie z. B. "ich überlege, was ich gegen das Problem tun könnte", "ich spreche mir Mut zu" etc. an.

Bei dem Faktor 3 "Rückzug, Passivität" treten nur tendenzielle Unterschiede im Zusammenhang mit einer ausgeprägten Negativsymptomatik auf, indem Frauen und Patienten über 30 Jahre eher durch Reaktionen wie "Ich gehe bestimmten Personen oder Situationen aus dem Wege", und "Ich warte ab, bis sich die Situation von alleine ändert" solche Symptome bewältigen.

Insgesamt kann festgestellt werden, daß sich die Ersterkrankten zum Zeitpunkt der Ersthospitalisierung vor allem in der Inanspruchnahme sozialer Unterstützung unterscheiden.

Diskussion

Die hier vorliegenden Ergebnisse belegen, daß sich Schizophrene mit ihrer Erkrankung aktiv auseinandersetzen. Die Krankheit "Schizophrenie" ist - wie andere schwere Erkrankungen auch - durch eine Vielzahl von Anforderungs- und Belastungssituationen gekennzeichnet. Obwohl einem außenstehenden Beobachter die Symptomatik verschiedener Patienten ähnlich erscheinen mag, muß man dennoch davon ausgehen, daß die Patienten ihre Symptome individuell ganz unterschiedlich wahrnehmen, bewerten und bewältigen.

Zur Erfassung des Krankheitsbewältigungsverhaltens wurde ein standardisiertes Interview entwickelt, welches ohne großen organisatorischen und zeitlichen Aufwand durchführbar ist. Die Patienten wählen hierbei aus einer vorgegebenen Copingliste die Bewältigungsreaktionen aus, die sie bei bestimmten Symptomen verwenden. Eine solche Vorgehensweise ist sehr rationell, hat aber auch den Nachteil, daß nur solche Verhaltensweisen erfaßt werden, an die sich der Patient erinnert und die er auch bereit ist anzugeben. Gerade bei Interviews ist ja die Tendenz zu Antworten in Richtung sozialer Erwünschtheit besonders ausgeprägt.

Ein weiteres Problem bei der Erfassung der Krankheitsbewältigung besteht darin, daß das Copingverhalten je nach Anforderungssituation und Krankheitsphase variieren kann, so daß ein Patient, der zum Erhebungszeitpunkt der Ersterkrankung Vermeidungsstrategien präferiert, zu einem späteren Zeitpunkt möglicherweise Strategien im Zusammenhang mit sozialer Unterstützung bevorzugt. Bei vielen ersterkrankten Patienten scheint zu Anfang ihrer Erkrankung eine Art Effektivitätsprüfung stattzufinden, indem zunächst alle verfügbaren Bewältigungsstrategien auf ihre Wirksamkeit hin ausprobiert werden. So geben z. B. viele Patienten gegenüber ihren Wahnsymptomen zielgerichtetes Bewältigungsverhalten und gleichzeitig auch Vermeidungsstrategien an.

Innerhalb der Copingforschung wird den bewußten und aktionalen Bewältigungsstrategien eindeutig Priorität eingeräumt, wenngleich deren Effektivität bislang empirisch nicht eindeutig gesichert ist. Die Wirksamkeit von Vermeidungs- und Ablenkungsstrategien wird - wenn überhaupt - eher ablehnend diskutiert, es zeigt sich aber, daß Schizophrene diese Strategien häufig und gezielt einsetzen.

Wahrscheinlich kristallieren sich erst im weiteren Krankheitsverlauf bestimmte Strategien heraus, denen der Patient eine besondere Wirksamkeit zuschreibt. Es ist durchaus denkbar, daß ein Patient mit zunehmender Krankheitsdauer nur noch wenige Bewältigungsreaktionen konsistent anwendet, von denen er überzeugt ist, daß sie wirksam sind. Damit ein Patient die für ihn geeignetste Strategie herausfinden kann, könnte es zu Beginn seiner Erkrankung angezeigt sein, ihm möglichst viele Bewältigungsstrategien zur Verfügung zu stellen. Ob er letzten Endes viele verschiedene oder nur einige wenige Strategien anwendet, mag sekundär sein, entscheidend wird wohl sein, als wie wirksam der Patient die eingesetzte Bewältigungsstrategie subjektiv erlebt.

Betrachtet man die Ergebnisse im Zusammenhang, so zeigt sich deutlich, daß eine aktive Auseinandersetzung mit der schizophrenen Erkrankung möglich ist. Nach Derissen (1989) steht aktive Krankheitsbewältigung im Zusammenhang mit dem Krankheitsverlauf, operationalisiert bei dem Autor über Rückfallhäufigkeit. Nun, der Zusammenhang zwischen Krankheitsverlauf und Bewältigungsversuchen der Patienten stellt eine der zentralen Fragen der Bewältigungsforschung dar. Diese Frage kann aber erst sinnvoll beantwortet werden, wenn die subjektiv erlebten Beeinträchtigungen und die individuellen Bewältigungsprozesse der schizophrenen Patienten operationalisiert und verläßlich gemessen werden können. Die vorliegende Studie liefert einen ersten Beitrag, Teilaspekte eines multikonditionalen Konzepts von Coping zu erfassen.

Hinsichtlich der Beurteilung der subjektiv erlebten Regulierbarkeit bzw. Bewältigungskompetenz geben sich die meisten Patienten zum Zeitpunkt der Ersthospitalisierung recht optimistisch, was unter Umständen darauf zurückgeführt werden kann, daß sie Krankheiten bisher nur als vorübergehende Zustände erlebt haben. Mit zunehmender Krankheitsdauer ist deshalb zu vermuten, daß die Bewältigungskompetenz insgesamt abnimmt.

Die therapeutischen Möglichkeiten zur Verbesserung der Krankheitsbewältigung scheinen wegen des Fehlens von umfassenden psychosozialen Interventionsformen vor großen Schwierigkeiten zu stehen. Eine Übertragung der für den somatischen Bereich erarbeiteten Verfahren zur Verbesserung des Coping dürfte wegen der besonderen Problematik bei psychischen Erkrankungen nicht ohne weiteres möglich sein. Auch hier können solche Untersuchungen, wie die hier vorgestellten, Anregungen liefern, welche Bewältigungsformen bei einzelnen Patienten besonders gefördert werden müßten, beispielsweise durch Erstellung eines individuellen Belastungsprofils für Patienten und durch die Exploration besonders ausgeprägter oder defizitärer Bewältigungsstrategien. So lassen sich aus solchen Informationen vielleicht Anregungen ableiten, wie Bewältigungsverhalten verbessert werden kann, um ein drohendes Rezidiv abzuwenden oder um Probleme im Umgang mit Angehörigen oder im Arbeitsbereich leichter zu lösen.

IV.

Intervention im Bereich der

Belastungsverarbeitung

Bewältigung und präventives Gesundheitsverhalten

Toni Faltermaier

Zusammenfassung

Die Frage nach der Zielsetzung einer Bewältigungsforschung bei nicht krankheitsbezogenen Belastungen wird aufgeworfen. Nach einem Vergleich verschiedener Zielperspektiven in der neueren Forschung wird untersucht, welchen Stellenwert das Bewältigungskonzept unter der Perspektive einer Gesundheitsforschung und in Verbindung mit dem Konzept eines präventiven Gesundheitsverhaltens einnehmen könnte. Grundlegende konzeptionelle und methodische Probleme der Coping-Forschung werden dabei sichtbar.

Summary

The paper asks for the aims of coping research concentrated on non-illness stress events. After comparing different perspectives of recent research the concept of coping is analyzed in the context of health especially in the study of preventive health behavior. Attention is given to fundamental problems of theory and methods in the study of coping behavior.

Dieser Beitrag[*] beschäftigt sich mit der Zukunft einer Bewältigungsforschung, die sich auf die Verarbeitung von Belastungen in Zusammenhang mit Gesundheit und Krankheit konzentriert. Dabei werden einige grundsätzliche theoretische und methodische Fragen angeschnitten, die die Coping-Forschung in ihrer Gesamtheit betreffen. Die Argumente, die ins Feld geführt werden, führen allerdings nicht zu einfachen Lösungen; sie tragen eher zu einer Anreicherung von Komplexität und weniger zu ihrer Reduzierung bei. Dahinter steckt die Überzeugung, daß die Coping-Forschung in ihren Modellen und Methoden bisher eher zu einfach und reduktionistisch vorgegangen ist, daß sie die Theoriearbeit lange vernachlässigt hat, zugunsten von schnellen Operationalisierungen und empirischen Schnellschüssen.

Der Beitrag bezieht sich primär auf die Untersuchung der Bewältigung von nicht krankheitsbezogenen Belastungen. Er steht dabei im Zusammenhang mit einem Forschungsansatz und einem laufenden Projekt, das innerhalb der Gesundheitspsychologie angesiedelt ist und sich mit den subjektiven Konzepten von Gesundheit und den präventiv ausgerichteten Aktivitäten von Laien zum Erhalt ihrer Gesundheit beschäftigt (vgl. Faltermaier 1991, 1992).

Nach einer kurzen Charakterisierung der Bewältigungsforschung bei nicht krankheitsbezogenen Belastungen werde ich die für mich zentralen Fragen nach der Zielrichtung der Coping-Forschung und nach den sozialen und psychischen Entstehungshintergründen von Belastungen, auf die sich Bewältigungsversuche richten, aufwerfen. Das Konzept der Bewältigung soll dann in den Rahmen einer Gesundheitsforschung gestellt werden: Konzeptionelle Bezüge zwischen dem Be-

---

[*] Dieser Beitrag entstand auf der Grundlage eines Vortrags auf dem 5. Internationalen Coping-Workshop an der Universität Erlangen-Nürnberg, Juni 1991.

wältigungsverhalten und dem Gesundheitsverhalten im Alltag werden herausgearbeitet. In dieser Analyse werden alte und neue konzeptionelle und methodische Probleme der Coping-Forschung erkennbar.

1. Die Bewältigungsforschung im Wandel

Die Bewältigungsforschung bei nicht krankheitsbezogenen Belastungen soll zunächst in aller Kürze charakterisiert werden, um eine Basis für die folgende Argumentation zu legen: Ihr Entstehungskontext wird rekapituliert, ihre notwendige Orientierung am Belastungskonzept wird herausgestellt und die damit verbundenen Probleme werden angedeutet.

Die historischen Wurzeln der Coping-Forschung liegen einmal in den 60er Jahre in den experimentellen Anfängen einer psychologischen Streß- und Copingforschung. Diese ist wesentlich mit dem amerikanischen Streßforscher Lazarus (1966) verbunden. Er hat in die damals vorherrschenden Reiz-Reaktions-Modelle die kognitive Einschätzung eines Streßreizes ("appraisal") und das Bewältigungsverhalten als intervenierende Variablen eingeführt. Ein zweiter Entstehungsstrang für die Bewältigungsforschung stellen die sozialepidemiologischen Forschungen der 60er/70er Jahre dar; die zunächst untersuchten Zusammenhänge zwischen Krankheitsraten und sozialen Faktoren wurden allmählich differenzierter und führten zu einer Life-Event-Forschung (Dohrenwend & Dohrenwend 1974, 1981), in der die Coping- und Social-Support-Variable bald eine wesentliche Rolle spielten (vgl. im Überblick: Kessler et al. 1985, Faltermaier 1987a). Die Fragestellungen dieser beiden Forschungsrichtungen zielten zum einen darauf ab, die psychische Verarbeitung negativer Emotionen zu untersuchen, und zum anderen darauf, einen Beitrag zur Erklärung der Entstehung von psychischen Störungen zu leisten. Die Coping-Variable fungierte dabei als moderierende Variable zwischen externen Belastungsbedingungen und verschiedenen Störungsformen.

In der Folge liefen in der Copingforschung die experimentelle und epidemiologische Forschungstradition zusammen, ohne aber ganz ineinander aufzugehen. Lazarus (1981) propagierte die naturalistische Bewältigungsforschung und bestimmte durch seine transaktionale Konzeption von Coping die theoretischen Grundlagen vieler Untersuchungen in dieser Tradition. Coping wurde definiert "als die sich ständig verändernden kognitiven und verhaltensmäßigen Bemühungen einer Person, mit den spezifischen externen und/oder internen Anforderungen fertig zu werden, die sie als ihre persönlichen Ressourcen beanspruchend oder übersteigend einschätzt." (Lazarus & Folkman 1984, S. 141) Die Gegenstände der Forschung wurden in den 80er Jahren stark ausgeweitet und die Komplexität der Forschungsfragen nahm zu (vgl. Brüderl 1988). Die Richtung dieser Veränderungen könnte man in folgenden Stichworten charakterisieren: Vom Streß im Labor zum Streß im Alltag; von einfachen Streßreizen zu verschiedenen und komplexen Formen von Belastungssituationen; von Stimulus-Response-Modellen zu komplexeren Interaktions- und Transaktionsmodellen; von einer Konzeption von Bewältigung als Reaktions- und Verhaltensweise zu einem Verständnis von Bewältigung als intentionalem Handeln und als Prozeß. Schließlich wird die Bewältigung von Ereignissen, Krisen, Übergängen in den Kontext des Lebenslaufs gestellt und damit auch zu einem Schlüsselkonzept der Entwicklungspsychologie (Ulich 1987).

Der Bezug auf Belastungserfahrungen ist eine notwendige Orientierung für jede Bewältigungsforschung. Dieser ist aber dann nicht mehr so einfach zu realisieren, wenn man die umgrenzten Streßreize, die sich unter Laborbedingungen herstellen lassen, verläßt und Belastungen als Alltagsphänomene abbilden will.

Bekannterweise werden heute im wesentliche drei Arten von Belastungen des Alltags thematisiert:
- Lebensereignisse als diskrete, emotional bedeutsame Veränderungen im Person-Umwelt-System (vgl. etwa Faltermaier 1987);
- Dauerbelastungen (chronic stressors, role strains) als chronische Belastungsbedingungen (vgl. etwa Pearlin et al. 1981);
- "daily hassles" (minor events) als Alltagsbelastungen von geringfügigerem Ausmaß (vgl. etwa DeLongis et al. 1982).

Diese Belastungsformen hängen aber oft eng miteinander zusammen: Ereignisse treten als Komplexe oder Ketten von Ereignissen auf, führen zu Dauerbelastungen und "daily hassles" und umgekehrt. Sie lassen sich daher schwer oder nur unter ziemlicher Verzerrung der Realität voneinander isolieren (vgl. Faltermaier 1987a). Daher sind auch Forschungsergebnisse, die eine größere Bedeutung der einen oder anderen Belastungsart belegen sollen, höchst skeptisch einzuschätzen, weil der Verdacht vielfältiger Konfundierungen besteht.

Der moderne psychologische Belastungsbegriff (etwa Lazarus & Folkman 1984) impliziert zudem, daß Belastung keine objektiv feststellbare Größe darstellt, sondern immer entscheidend von der subjektiven Einschätzung abhängt; Belastung in der Lazarus'schen Fassung ist als relationaler Begriff, als Verhältnis von Anforderungen und Bewältigungskapazitäten, zu verstehen und kann daher - streng genommen - gar nicht unabhängig von dem Bewältigungsverhalten erfaßt werden. In der Forschungspraxis werden jedoch weiter Belastungssituationen als singuläre Ereignisse oder externe Belastungseinheiten betrachtet, die sich methodisch problemlos fixieren lassen.

Ein eindeutiger Belastungsbezug ist aber bei den alltagsnahen Gegenständen der heutigen Bewältigungsforschung nicht mehr gegeben. Belastung kann nicht unabhängig von der Bewältigungskompetenz und subjektiven Bewertung einer Person erfaßt werden. Das Bewältigungsverhalten setzt ebenso eine kognitive Einschätzung voraus, die von der Verhaltensebene nur künstlich zu trennen ist, und es ist im Zeitverlauf auf sich ständig wandelnde Person-Umwelt-Konstellationen bezogen. Die Bewältigungsforschung gerät auf diese Weise tendenziell in seiner Konzeption "ins Schwimmen". Zudem werden Bewältigungsversuche häufig als Bündel von Verhaltenssegmenten verstanden und methodisch erfaßt (etwa in der "Ways of Coping Checklist", vgl. Lazarus & Folkman 1984); sie sind so weder in in ihren Bezügen erkennbar noch als sinnvolle Alltagshandlungen verstehbar.

In Anbetracht dieser konzeptionellen Probleme und der theoretischen Schlichtheit vieler Coping-Ansätze, stellt sich die Frage, ob es ein sinnvolles Ziel der Forschung sein kann, den Copingvorgang an sich zu untersuchen und zu erklären, also eine eigenständige Bewältigungsforschung zu betreiben. Das Bewältigungskonzept ist möglicherweise dann fruchtbarer, wenn es in ausgearbeitete theoretische Bezüge integriert wird, etwa in Vorstellungen von der Verarbeitung organischer Erkrankungen, oder von den Entwicklungsprozessen in der Auseinandersetzung mit Lebensereignissen und Krisen des Erwachsenenalters, oder von der Aufrechterhaltung von Gesundheit.

Da die Zielrichtungen der Bewältigungsforschung aber ein Schlüssel für die Beurteilung ihres Stellenwerts sind, sollen diese im folgenden kurz diskutiert werden. In Abschnitt 3 wird dann der Versuch gemacht, das Bewältigungskonzepts in einen neuen theoretischen Zusammenhang zu integrieren, indem die Möglichkeit einer Bewältigungsforschung im Rahmen der Gesundheitspsychologie und unter der Zielsetzung einer Gesundheitsförderung verdeutlicht wird.

2. Zielsetzung einer Bewältigungsforschung

In einer krankheitsbezogenen Bewältigungsforschung ist relativ deutlich, worauf empirische Untersuchungen abzielen: Es geht darum, Grundlagenwissen für eine somatische und psychische Rehabilitation zu schaffen, die soziale und berufliche Reintegration eines Kranken zu ermöglichen, die psychische Verarbeitung von Krankheit und den Behandlungsprozeß zu unterstützen, oder die Lebensqualität mit einer chronischen Krankheit zu optimieren.

Die Untersuchung der Bewältigungsprozesse bei nicht krankheitsbezogenen Belastungen kann unter vielfachen Zielsetzungen stehen, die allerdings selten expliziert werden. Die im folgenden angeführten Aufgabenstellungen können die wesentlichen Orientierungen abbilden, die die Coping-Forschung heute leiten:
- einen Beitrag zu den psychologische Grundlagen zu leisten, also z.B. das Verständnis grundlegender Emotionen oder psychischer Entwicklungsprozesse zu vertiefen;
- eine Grundlage für therapeutische Interventionen zu liefern, etwa zum Aufbau und zur Stärkung von Bewältigungskompetenzen;
- einen Beitrag zur Prävention von psychischen Störungen über ein besseres Verständnis der ätiologischen Zusammenhänge zu leisten;
- einen Beitrag zur Prävention von somatischen Krankheiten über ein besseres Verständnis der ätiologischen Zusammenhänge zu leisten;
- eine Grundlage zur Entwicklungsförderung in allen Phasen des Lebenslaufs zu liefern;
- einen Beitrag zur Gesundheitsförderung zu leisten.

Es ist sehr wichtig, diese Zielrichtungen der Forschung stärker offen zu legen, weil sie oft Entscheidungen implizieren, die den weiteren Forschungsprozeß determinieren. Man kann wohl davon ausgehen, daß ein dominierendes Ziel der Bewältigungsforschung in der Prävention gesehen wird; in neuerer Zeit steht auch die Förderung von Entwicklungsprozessen als implizites Ziel entwicklungspsychologischer Projekte im Raum.

Was aber soll unter präventiven Zielsetzungen verhindert werden? In der Regel sind es psychische Störungen oder Fehlentwicklungen, in neuerer Zeit ist auch die Prävention körperlicher Erkrankungen in das Zentrum der Aufmerksamkeit gerückt. Präventive Ziele verweisen auf Entstehungsmodelle von Krankheit. Die psychosozial orientierten Modelle weisen in der Regel den Belastungen und dem Bewältigungsverhalten einen zentralen Stellenwert zu. In der Konzentration auf Bewältigung wird aber leicht übersehen, daß die Belastungen, auf die sie sich beziehen, oft soziale Ursachen haben, deren Veränderung zumindest prinzipiell möglich ist, wenn auch meist nicht vom Individuum allein. So entsteht in der Bewältigungsforschung leicht ein individualistischer Bias; schon in der Formulierung des Forschungsgegenstandes werden spätere Interventionen in Richtung der Bewältigungskompetenz des Individuums favorisiert und soziale Veränderungen in Richtung eines Abbaus von belastenden Lebensbedingungen tendenziell vernachlässigt. Eine Untersuchung der Bewältigung von Arbeitsbelastungen kann beispielsweise so angelegt werden, daß auch die strukturellen Ursachen dieser Belastungen erkennbar werden, oder aber in einer Weise, daß sie als natürlich erscheinen und die unterschiedlichen Bewältigungskompetenzen der Erwerbstätigen zur entscheidenden Variablen werden müssen. Aber auch das Bewältigungsverhalten muß nicht allein als individuelle Größe konzipiert werden, sondern es kann aus einem sozialen Entstehungshintergrund heraus verstanden werden. So ist beispielsweise das Typ-A-Verhaltensmuster als eine wichtige Variable in der Genese von koronaren Herzerkrankungen (vgl. Siegrist 1985, Krantz et al. 1987) bekannt. Man könnte sie als Persönlichkeitsdisposition für einen bestimmten Umgang mit beruflichen Belastungen begreifen, die sich als gesundheitlich riskant erwiesen hat. Aber man kann sich auch fragen, ob nicht manche beruflichen Karrieremuster geradezu den Boden für eine Sozialisation zu einer Typ-A-Persönlichkeit bereiten, die sich sowohl ihre Belastungen als auch den riskanten Umgang damit selbst schafft.

Die Bewältigungsforschung sollte diese sozialen Hintergründe mitreflektieren, will sie nicht zu einem "blaming the victims" beitragen. Schon in der Konzeptualisierung ihres Gegenstands wird die Grundlage dafür gelegt. Die Enge oder Breite des theoretischen Modells entscheidet schon über die möglichen praktischen Schlußfolgerungen aus den Ergebnissen. Insofern sollte in der Bewältigungsforschung die Zielrichtung schon zu Beginn eines Projekts geklärt und reflektiert werden.

3. Bewältigung und Gesundheit

Im folgenden wird das Bewältigungskonzept in den Rahmen einer psychologischen Gesundheitsforschung (vgl. Schwarzer 1990) gestellt. Es wird versucht zu begründen, daß das Ziel "Gesundheit" eine neue und interessante Perspektive für eine Bewältigungsforschung im Rahmen der Gesundheitspsychologie abgeben könnte.

Warum aber sollte sich die Forschung an der Förderung von Gesundheit und nicht mehr an der Prävention von Krankheit orientieren? Es bedarf zumindest ei-

ner kurzen Begründung, warum die Rede von Gesundheit statt Krankheit nicht
nur ein modisches Phänomen in Gesundheitspolitik und Wissenschaft darstellt,
warum eine Förderung von Gesundheit, wie sie von der WHO angeregt wurde,
eine sinnvolle Alternative zur krankheitsbezogenen Prävention konstituieren
könnte, es in Wirklichkeit aber noch nicht tut.

Die Kritik am medizinischen Krankheitsmodell ist nicht neu (Keupp 1979).
Wie von Theoretikern und Forschern immer wieder vorgebracht wird, ist die Vorstellung, jede spezifische Krankheit hätte eine spezifische Ursache, ein spezifisches
Pathogen, bei den heute dominierenden Krankheiten überholt (Maschewsky
1984). Sie weisen alle eine multiple Verursachung auf und vor allem müssen psychische und soziale Bedingungen wie Stressoren und Lebensweisen berücksichtigt
werden, so daß nur ein biopsychosoziales Modell (Engel 1979) der heutigen Befundlage angemessen ist. Einen Schritt weitergehend wird argumentiert, daß bei
der Fülle von Pathogenen, Stressoren und Risiken es eigentlich weniger die Frage
ist, warum Menschen krank werden, sondern vielmehr warum sie gesund bleiben.
Im Vergleich zum dominierenden Modell der Pathogenese würde die Frage nach
der Salutogenese eine völlig neue Perspektiven für die Forschung wie für die Praxis ergeben (Antonovsky 1979, 1987). Die Unterschiede zwischen beiden Modellen
seien nur kurz angedeutet:
- In einem pathogenen Modell werden die Menschen in der Dichotomie gesund
  oder krank klassifiziert, in einer salutogenen Orientierung auf einem Kontinuum, wobei die extremen Pole von völliger Gesundheit und völliger Krankheit
  praktisch von keinem Menschen eingenommen werden.
- Die pathogene Orientierung führt zu einer fast ausschließlichen Beschäftigung
  mit den Kranken, die ein Krankheitsetikett, eine Diagnose, und Patientenstatus
  erhalten. In einem salutogenen Ansatz kommen dagegen potentiell alle Menschen auf dem Kontinuum gesund/krank in das Zentrum der Aufmerksamkeit;
  es werden auch Beeinträchtigungen berücksichtigt, die nicht als Symptome einer Krankheit zu werten sind. Damit ist eine ganzheitlichere Einschätzung des
  Gesundheitszustands einer Person möglich.
- Als kausale Faktoren werden in einem pathogenen Modell die Risikofaktoren
  für spezifische Krankheiten gesucht. In einem salutogenen Modell wird nicht
  nach den Ursachen der Krankheit gesucht, vielmehr wird die Lokalisierung einer Person auf dem Kontinuum gesund/krank zu erklären versucht; dabei gerät
  ein sehr viel breiteres Spektrum an Informationen in den Blickpunkt, potentiell
  die ganze Geschichte einer Person und vor allem ihre Ressourcen und die Faktoren, die sie in Richtung Gesundheit bewegen.
- In diesem Verständnis sind dann Stressoren auch nicht mehr ausschließlich Risikofaktoren und pathogene Kräfte, obwohl die empirisch belegte Verbindung
  zwischen Streßfaktoren und Krankheiten natürlich nicht übersehen wird. Belastende Bedingungen sind zwar potentiell pathogen, sie können unter bestimmten Umständen aber auch positiv und förderlich für die Gesundheit sein.

Wird die Zielrichtung einer Bewältigungsforschung in der Förderung von Gesundheit gesehen, dann geraten andere Momente des Belastungs- und Bewältigungsprozesses in den Blickpunkt. Die folgende Abbildung kann das schematisch veran-

schaulichen: Sie ermöglicht einen Vergleich der Modelle im Hinblick auf die Zielvorstellungen einer Prävention, Entwicklungsförderung und Gesundheitsförderung:

```
(1) Prävention
                        Ressourcen
                            ↓
Lebensereignis          -> Bewältigung      -> psychisch/organische
Belastung                                      Krankheit
Ziel:        Prävention als Verhinderung von Zustand 'Krankheit'
Grundlage:   medizinisches Krankheitsmodell, Krankheit als
             dichotome Variable
Zielgruppen: Risikogruppen mit Risikomerkmalen


(2) Entwicklungsförderung
                        Ressourcen
                            ↓
Lebensereignis          -> Bewältigung      -> Entwicklung      ->
Belastung
Ziel:        Entwicklungsförderung als Unterstützung von Entwick-
             lungsprozessen im Lebenslauf
Grundlage:   Modell der Entwicklung über die Lebensspanne in Aus-
             einandersetzung mit Ereignis etc.
Zielgruppen: Altersgruppen; Menschen vor normativen Übergängen,
             nach Ereignissen, in Krisen etc.


(3) Gesundheitsförderung
                        Ressourcen
                            ↓
Lebensereignis          -> Bewältigung      -> Gesundheit       ->
Belastung
Ziel:        Gesundheitförderung als Unterstützung einer Bewegung
             in Richtung Gesundheit
Grundlage:   salutogenetisches Modell (Antonovska); Kontinuum von
             Gesundheit; Health ease/dis-ease
Zielgruppen: alle; Gesunde und "Kranke"
```

Abb. 1: Bewältigung und Ziele der Intervention in verschiedenen Modellen

Belastungen, Lebensereignisse und das Bewältigungskonzept haben zwar in allen Modellen einen zentralen Stellenwert, jedoch konzentriert sich die Aufmerksamkeit je nach Zielvorgabe auf unterschiedliche Gruppen und Prozesse, das Erklärungsmodell bezieht sich auf unterschiedliche theoretische Grundlagen. Es wird wohl inzwischen weitgehend akzeptiert und durch eine Vielzahl empirischer Belege gestützt, daß Belastungen auch in der Genese verschiedener körperlicher Erkrankungen eine wichtige Rolle spielen können (vgl. etwa Baum & Singer 1987). Ähnlich wie für psychische Störungen werden auch für die Entstehung organischer Krankheiten Modelle formuliert, in denen die Interaktionen von Belastungen, Ressourcen und Bewältigungsprozessen im Mittelpunkt stehen. In der Perspektive einer Gesundheitsforschung und -förderung ist aber eine Neuinterpretation der

Rolle von Belastungen und des Bewältigungsverhaltens möglich und notwendig (vgl. auch Beutel 1989).

Auf die Erkenntnisse und Modelle der Streßforschung wird natürlich auch ein gesundheitspsychologischer Ansatz zurückgreifen, der klären will, was Individuen im Alltag unternehmen, um sich gesund zu erhalten. Es kann hier nur angedeutet werden, daß in einem laufenden Projekt die subjektiven Vorstellungen (Theorien) von Gesundheit ("Gesundheitsbewußtsein") und das präventive Gesundheitshandeln fokussiert werden (vgl. Faltermaier 1992). Ein wichtiger Teil dieser Vorstellungen und Handlungen von Laien wird sich, so die Hypothese, auf die in ihrer Lebensumwelt auftauchenden Belastungen und den Umgang damit beziehen. In diesem Zusammenhang stellen sich Fragen wie: Werden Belastungen auch als Risiken für die Gesundheit erkannt? Wie wird versucht, sie zu vermeiden oder zu bewältigen? Auf welche Ressourcen wird dabei zurückgegriffen? Welche Ressourcen und Bewältigungsstile haben positive Auswirkungen auf die Gesundheit?

Das folgende salutogenetische Modell (angelehnt an Antonovsky 1979) soll verdeutlichen, daß sich ein Gesundheitshandeln auf verschiedene Momente im Belastungs- und Bewältigungsprozeß beziehen kann und daß das Bewältigungskonzept hier einen zentralen Stellenwert einnimmt.

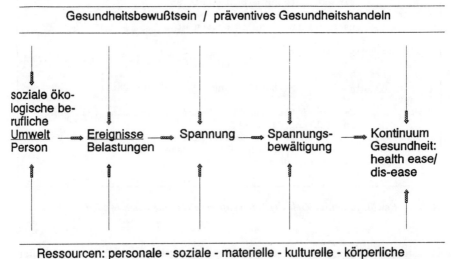

Abb. 2: Bewältigung im salutogenetischen Modell

Die aus der sozialen, beruflichen oder ökologischen Umwelt sowie aus internen Prozessen der Person (Lebensziele, Aktivitäten, organische Störungen) resultierenden Ereignisse oder Dauerbelastungen führen zu Spannungszuständen, die bewältigt werden müssen. Die Art der Bewältigung entscheidet darüber, ob sich ein Individuum in die positive oder negative Richtung des Gesundheitskontinuums bewegt. Die mehr oder weniger bewußten Vorstellungen eines Menschen von seiner Gesundheit und ihrer Erhaltung können an den verschiedenen Stellen Einflüsse auf diesen Prozeß der Spannungsbewältigung haben. Er oder sie verfügt in der Regel über diverse Handlungsmöglichkeiten, um in diesen Prozeß einzugreifen. Eine Person kann etwa bestimmte Risiken in seiner Lebensumwelt (z.B. die verwendeten Nahrungsmittel, die hohen Anforderungen in der Arbeit, die Luftbelastung in seiner Wohngegend) als solche wahrnehmen und in der Folge versuchen, sie zu vermeiden oder zu reduzieren (z.B. durch Kauf unbelasteter Nahrungsmittel, durch einen Wechsel der Arbeitsstelle, durch Umzug in eine "gesündere" Gegend, durch Engagement in der Umweltpolitik). Er oder sie kann die Folgen der körperlichen oder psychischen Anspannungen (z.B. die häufigen Kopfschmerzen, das nervöse Rauchen bei der Arbeit, die häufigen Atemwegserkrankungen) an sich erkennen und dann versuchen gegenzusteuern (z.B. durch Entspannungsübungen, durch häufigere Erholungsphasen, durch mehr Sport). Er oder sie könnte auch erkennen, daß die bisherigen Bewältigungsversuche der Belastungen (z.B. das Meiden eines Kollegen, mit dem man immer wieder Schwierigkeiten hat; die Einnahme von Schmerzmedikamenten oder das häufige Krankschreiben-Lassen) nicht sehr effektiv waren und versuchen, sie zu verbessern (z.B. durch ein klärendes Gespräch mit dem Kollegen, durch sportliche Aktivitäten zur Stärkung der körperlichen Fitness, durch eine gemeinsame Bemühung der Familie, die Ernährungsqualität zu steigern). Die Möglichkeiten des Individuums, durch aktive Bewältigung aus diesem Streßprozeß gestärkt hervorzugehen, hängen davon ab, auf welche Ressourcen es dabei zurückgreifen kann.

Antonovsky (1979) formulierte eine Reihe von psychosozialen Widerstandsressourcen, die in seinem Modell der Salutogenese eine zentrale Rolle spielen; sie sind entscheidende Grundlagen sowohl für das spezifische Bewältigungshandeln wie für die Auswirkungen dieses Prozesses auf dem Gesundheitskontinuum:

In Abbildung 3 sind jene Ressourcen mit einem Pfeil markiert, deren Verbindungen mit einem präventiven Gesundheitshandeln besonders deutlich sind. Wissen und Intelligenz auf einer eher kognitiven Ebene und die Ich-Identität als Gefühl einer inneren Stabilität und Integration auf einer eher emotionalen Ebene sind für Antonovsky grundlegende, aber nicht erschöpfende psychische Ressourcen für eine adäquate Bewältigung. Auf einer etwas spezifischeren Ebene gehört zu den personalen Ressourcen für das Bewältigungshandeln auch eine möglichst rationale, flexible und vorausschauende Coping-Strategie, die Antonovsky als relativ überdauerndes Merkmal eines Individuums betrachtet. Eine derartige Strategie kann man auch als personale Disposition für ein präventives Gesundheitshandeln verstehen. Auf einer interpersonalen Ebene werden die soziale Unterstützung und die Einbindung in soziale Netzwerke als entscheidende Widerstandsressourcen angeführt, für die es ja auch genügend empirische Belege gibt (vgl. Cohen 1988). Diese sozialen Ressourcen können natürlich auch entscheidende Determinanten für eine präventive Gesundheitsverhalten sein, wenn man in Betracht zieht, daß viele gesundheitsrelevante Aktivitäten, etwa in Ernährung, Arbeit und Freizeit, in sozialen Zusammenhängen stattfinden. Schließlich ist es offensichtlich, daß die Ressourcen einer präventive Gesundheitsorientierung sehr eng mit dem Konstrukt eines Gesundheitsbewußtsein verbunden ist, das der Autor als wesentliche Bedingung für ein präventives Gesundheitsverhalten untersucht (Faltermaier 1992).

1. Materielles
2. Wissen, Intelligenz
3. Ich- Identität
4. Coping-Strategie: rational, flexibel, vorausschauend
5. Soziale Bindungen / Unterstützung
6. Soziale Verpflichtungen (`commitment`): Kontinuität, Kohäsion, Kontrolle
7. Kulturelle Stabilität
8. Magie
9. Religion, Philosophie, Kunst: stabile Antworten
10. präventive Gesundheitsorientierung

Abb. 3: Psychosoziale Widerstandsressourcen (Generalized resistance resources-Autonovsky)

Welche Fragen lassen sich nun innerhalb eines derartigen Modells zum Bewältigungsprozeß bei gesundheitsrelevanten Belastungen stellen? Welche Rolle spielt das Bewältigungsverhalten als Teil eines präventiven Gesundheitsverhaltens?

Bewältigung als ein Handlungskonzept, das zunächst auf ein Universum von Belastungen bezogen ist, kann eine Reihe von Funktionen einnehmen, wenn man es im Rahmen eines präventiven Gesundheitsverhaltens versteht.

> Wahrnehmung von Belastungen
> Umgang mit Belastungen
> Wahrnehmen von Beschwerden
> Umgang mit Beschwerden
> Wahrnehmen von Risiken
> Umgang mit Risiken
> Risikoverhalten als Bewältigung (Trinken, Rauchen, Eßverhalten, Medikamentenkonsum, Drogen)
> Bewältigungsstile als Risiken, weil neue Belastungen hervorrufend (Typ-A-Verhalten, Abwehr, Medikamente)
> Bewältigungsstile als Indikator für gesundheitsbezogene Lebensweisen
> Hilfesuchverhalten (im sozialen Netzwerk, bei Professionellen)

Abb. 4: Bewältigung als präventives Gesundheitsverhalten

Die Auflistung in dieser Abbildung soll demonstrieren, daß das Bewältigungskonzept hier notwendigerweise eine komplexe Form annimmt; ein Bewältigungsverhalten läßt sich nicht eindeutig und ausschließlich als gesundheitsförderliches Verhalten interpretieren, vielmehr hängt es vom Kontext der Fragen ab, welchen Stellenwert es bekommt. Die Wahrnehmung und der Umgang mit den diversen Lebensbelastungen kann z.B. Hinweise darauf geben, ob eine Person dadurch ihre gesundheitlichen Belange tangiert sieht und wie sie die Belastungsgrenzen des eigenen Körpers einschätzt. Die Wahrnehmung von und der Umgang mit Beschwerden kann als Bewältigungsverhalten bei belastenden Körperereignissen verstanden werden. Die Art der Bewältigung kann gesundheitsförderlich sein, aber durchaus auch zu weiteren Belastungen und zu gesundheitlichen Risiken führen. Exzessiver Medikamentenkonsum bei streßbedingten Kopfschmerzen, vermehrter Alkoholkonsum als Reaktion auf Partnerkonflikte oder die Abwehr von beruflichen Überforderungssituationen durch Ignorieren von Körpersignalen wären Beispiele für gesundheitlich riskante Bewältigungsstile. Schließlich kann der Bewältigungsvorgang als solcher gesundheitliche Kosten haben, auch wenn er erfolgreich verläuft (Cohen et al. 1986). Die Einschätzung der gesundheitlichen Wirkung eines Bewältigungsverhaltens wird nicht a priori möglich sein, sondern erst durch eine Berücksichtigung des gesamten Kontextes und längerer zeitlicher Phasen.

Mit dieser Skizzierung von Fragestellungen einer Bewältigungsforschung im Rahmen eines salutogenetischen Modells wird natürlich eine ganze Pandorra-Büchse an überwiegend noch ungelösten Problemen geöffnet.

4. Probleme der Konzeption und Erfassung von Bewältigung

Für die meisten Coping-Forscher stellt wohl der Bezug von Bewältigungsversuchen auf Belastungsituationen eine notwendige Ausgangsbedingung ihrer Untersuchungen dar. Da diese Belastungen aber, wie schon angedeutet, nicht objektiv festzuschreiben sind, sondern in einer Relation von Anforderungen und Kompetenzen sowie durch subjektive Einschätzungen bestimmt werden müssen, ergeben sich große Schwierigkeiten, den Belastungsbezug eindeutig herzustellen. Die Bewältigungsforschung bei Krankheiten ist hierbei nur scheinbar in einer besseren Position, weil sie sich zwar auf eine Art von Belastung konzentriert, diese aber so vielfältige Formen, Verläufe und subjektive Bedeutungen haben kann, daß sie im Prinzip vor dem gleichen Problem steht. Der manchmal verfolgte Weg, Belastungsreize oder -situationen standardmäßig vorzugeben, ist kein Ausweg sondern eine Sackgasse, weil man sich damit sowohl eine Künstlichkeit und Ferne von der konkreten Erfahrungswelt einer Person als auch einen dispositionellen Bias einhandelt.

Es gibt für diese Problematik keine einfache Lösung. Eine Möglichkeit liegt in der sorgfältigen Analyse der objektiven und subjektiven Dimensionen von Belastungen im biographischen Kontext. Damit ist sowohl eine Rekonstruktion der objektiven Bedingungen und Veränderungen gemeint, die mit Lebensereignissen und Dauerbelastungen verbunden sind, als auch eine Rekonstruktion der jeweiligen individuellen Bedeutung. Ein derartiger methodischer Ansatz muß natürlich auf den Äußerungen von Befragten basieren und damit alle Nachteile in Kauf nehmen, die mit dieser Erhebungsmethode verbunden sind. Dabei sollen eher die Entwicklungen in großen Zügen im Mittelpunkt stehen; eine Vernachlässigung von Detailprozessen kann tendenziell in Kauf genommen werden, zumal in retrospektiven Berichten die Erinnerungsgenauigkeit begrenzt ist. Auf den so herausgearbeiteten und biographisch wie sozial verorteten Belastungsformen und Ereigniskomplexen hätte eine Analyse des Bewältigungshandeln anzusetzen. Wie man sich vorstellen kann, ist eine Vergleichbarkeit von in dieser Art individuell analysierter Fälle immer nur relativ herstellbar.

Bewältigung wird in der obigen Konzeption im Unterschied zu der Lazarus'schen Vorstellung eher als relativ überdauernder Handlungsstil verstanden; sie ist eher spezifisch für bestimmte Belastungsarten (und nicht für punktuelle Situationen) konzipiert, wird als relativ bewußte, integrierte und sinnvolle Handlungssequenz gesehen (und nicht als Verhaltenselemente nach dem Muster der "Ways of Coping Checklist") und soll schließlich einen eher längerfristigen Prozeß umfassen (und weniger aktualgenetisch rekonstruierte diskrete Verhaltensweisen).

Am Beispiel von Arbeitsbelastungen läßt sich die hier vertretene Position verdeutlichen: Die relevanten Anforderungen am Arbeitsplatz sind dauerhaft; eine Bewältigung der daraus entstehenden Belastungen wird somit eher als ein langfristiger Handlungsprozeß zu verstehen sein, der intentional gesteuert und durch strategische Entscheidungen bestimmt ist. Anforderungen und Handlungen sind nicht immer deutlich abgrenzbar; sie stehen in einem oft widersprüchlichen Verhältnis, denn zum einen werden die Arbeitsbedingungen z.T. von den Arbeitenden mitgestaltet und zum anderen können aus dem Bewältigungsvorgang selbst wieder Belastungen entstehen. Die Anforderungen können sehr vielfältig sein und sind in komplexer Weise miteinander verknüpft; oft sind sie auch diffus und zum Teil werden sie positiv gewertet. Entsprechend komplex und in die gesamte Lebensweise einer Person integriert sind die Bewältigungshandlungen. Sie aktualisieren sich zwar in jeweils spezifischen Situationen, doch muß davon ausgegangen werden, daß sich im Laufe der beruflichen Sozialisation situationsübergreifende, aber belastungsbezogene Handlungsstile herausbilden, die es zu erkennen gilt - natürlich auf der Basis einer Analyse konkreter Belastungssituationen und -episoden.

Damit sind allerdings auch eine Reihe methodischer Probleme aufgeworfen, die es noch kurz anzudiskutieren gilt. Die Vielfalt an Belastungen macht es zum Problem, wie spezifisch das Bewältigungsverhalten zu fassen ist. Ein Mittelweg würde darin bestehen, daß verschiedene rekonstruierbare Arten von Belastungen zum Bezugspunkt gemacht werden, nicht jedoch jede einzelne Belastungssituation.

Die Dauerhaftigkeit von Belastungen macht eine prozeßorientierte Erfassung von Bewältigung unumgänglich. Darum und auch um den biographischen Zusammenhang herzustellen, ist es notwendig, biographische Erhebungsmethoden zu verwenden, die aber weder in einen vollkommen narrativen Ansatz münden müssen noch immer einer Längsschnittdesign haben müssen.

Wenn die Art der Bewältigungsversuche nicht antizipierbar ist, was für viele Fragestellungen gilt, dann sind offene und qualitative Ansätze die Methode der Wahl (vgl. Flick et al. 1991, Mayring in diesem Band). Diese vertragen jedoch durchaus eine explizite theoretische Vorstrukturierung, wenn sie offen für neue Erkenntnisse und Inhalte bleiben. Eine Orientierung an den subjektiven Bedeutungen von Belastungen und ein Verständnis von Coping als Alltagshandeln muß die subjektiven Motive und Äußerungen der Befragten ernst nehmen und ihnen den Spielraum geben, sich in die Forschungsinteraktion einzubringen. Wieweit dabei auch unbewußte Motive berücksichtigt werden sollen und damit auch Abwehrprozesse in das Blickfeld geraten sollen, ist eine schwierige Frage und hängt auch von der theoretischen Grundorientierung und den entsprechenden Kompetenzen der Coping-Forscher ab; sie sollten aber dann nicht ausgeschlossen werden, wenn sie auf kontrollierbare und nachvollziehbare Weise methodisch zu erfassen sind.

Psychosoziale Interventionen bei Krebspatienten - Eine Übersicht

Liliane Schaffner

Zusammenfassung

In den achtziger Jahren wurden von verschiedenen Autoren psychosoziale Interventionen zur Unterstützung von Aspekten der Krankheitsbewältigung und Verbesserung der Lebensqualität bei Krebspatienten entwikkelt, angewandt und auf ihre Effektivität hin untersucht. Im allgemeinen erwiesen sich die Interventionen als nützlich. In der vorliegenden Übersichtsarbeit werden 26 prospektive, 21 davon kontrollierte, Studien zum Thema zusammengefaßt und soweit möglich miteinander verglichen, und anschließend methodische und konzeptuelle Aspekte solcher Arbeiten diskutiert.

Summary

In the eighties many psychosocial interventions for cancer patients to improve aspects of coping and quality of life were developed, applied and evaluated. In general they proved to be effective. 26 prospective, mostly controlled intervention studies are reviewed and compared as far as possible, and methodological and conceptual issues are discussed.

Einleitung

Holland (1991) hat in stark reduzierter Form die wichtigsten Ergebnisse der Copingforschung bei Krebserkrankungen der letzten zehn Jahre zusammengestellt und dabei festgehalten: Während Arbeiten über Zusammenhänge zwischen Coping und anderen psychosozialen Faktoren zu uneinheitlichen, z.T. sogar widersprüchlichen Ergebnissen führten und wir bisher nur über wenige gesicherte Erkenntnisse aufgrund solcher Studien verfügen, ergaben Untersuchungen zum Angebot von psychosozialen Interventionen praktisch einheitlich positive Auswirkungen bezüglich der Lebensqualität von Krebspatienten. Ähnlich wurde dies auch von Greer (1989) beschrieben. Ziel der vorliegenden Übersichtsarbeit ist die nähere Auseinandersetzung mit diesen Resultaten. Es wurden 26 prospektive, größtenteils kontrollierte Studien zum Thema vergleichend untersucht. Tab. 1 faßt Angaben zu Patientengruppen, Interventionen, Outcome-Kriterien und Resultaten zusammen. Infolge der Schwierigkeit, sinnvolle inhaltliche Gliederungskriterien zu finden, wurden die Arbeiten chronologisch geordnet.

PatientenInnen

Zahlenmäßig fällt das deutliche Überwiegen von Mammacarzinompatientinnen auf. Zwölf Studien befassen sich mit gemischten Gruppen von Krebspatienten, sieben nur mit Mammacarzinompatientinnen und sieben mit Patienten mit anderen Krebsarten. Dies spiegelt übrigens in etwa die Verteilung der psychoonkologischen Arbeiten im allgemeinen wider, da sich etwa die Hälfte aller Publikationen auf das Mammacarzinom beziehen (s. z.B. Beutel 1988).

Ein Grund dafür liegt sicher in der absoluten Auftretenshäufigkeit des Mammacarzinoms (in Industrieländern erkrankt daran, je nach Schätzung, jede 11. bis jede 9. Frau). Noch mehr ins Gewicht fallen dürfte allerdings die komplexe Bedeutung der Brust und die daraus sich ergebenden Schwierigkeiten bei deren Verlust, welche zusätzlich zu den üblichen Belastungen einer Krebserkrankung hinzukommen (Schaffner & Heim 1991).

Hinsichtlich *Gruppenhomogenität* bestehen bei den erwähnten Studien erhebliche Unterschiede, sowohl in bezug auf die Krankheitsspezifität als auch das Stadium. Maguire et al. (1980) und Bloom et al. (1978) z.b. beschränken sich auf Mammacarzinompatientinnen in der ersten Krankheitsphase, während Ferlic et al. (1979) Patienten mit verschiedenen Erkrankungen in einem einheitlichen, fortgeschrittenen Stadium untersuchen. Bei Dodd (1984) sind Patienten mit verschiedenen Krankheiten in verschiedenen Stadien, jedoch alle unter Chemotherapie stehend, miteinbezogen. Die Auswahlkriterien und die sich daraus ergebenden Homogenitätsansprüche hängen in hohem Masse von der Ausgangssituation und Zielsetzung der therapeutischen Intervention ab. In frühen Krankheitsphasen stehen bei einigen Tumorlokalisationen ganz spezifische Belastungen im Vordergrund, wie z.B. der Umgang mit einem Stoma oder anus preater, oder die Verarbeitung einer Mastektomie. Mit dem Fortschreiten der Krankheit und deren Ausbreitung können diese spezifischen Belastungen gegenüber allgemeineren, z.B. den Folgen von Metastasen und belastenden somatischen Therapien oder die Auseinandersetzung mit dem bevorstehenden Tod, in den Hintergrund treten. Dies hat zur Folge, daß in einem solchen Stadium Patienten mit verschiedenen Tumorlokalisationen ähnlichen Belastungen ausgesetzt sein können.

Zu erwähnen ist auch die Anzahl untersuchter Patienten, welche je nach Studie zwischen acht (Allison et al. 1983) und mehreren Hunderten (Gordon et al. 1980) variiert, was selbstverständlich methodische Konsequenzen hat und die Aussagemöglichkeiten beeinflußt.

Interventionen

Vom Setting her werden bevorzugt einzel- und gruppentherapeutische Verfahren beschrieben. Während das Einzelsetting größtmögliche Flexibilität und Anpassung an die individuellen Bedürfnisse erlaubt, bietet der Gruppenansatz den Vorteil eines ökonomischeren Vorgehens. Zudem gibt es Erfahrungen, welche nur in der Gruppe möglich sind, so z.B. das Erleben von Solidarität von Mitbetroffenen, das Erlernen von alternativen Verhaltensweisen durch andere oder die gedankliche Vorwegnahme von schwierigen Situationen durch das Miterleben bei anderen Gruppenteilnehmern. In diesem Zusammenhang wurde verschiedentlich die Frage aufgeworfen, wie sich Krankheitsrückfälle oder das Sterben von Gruppenteilnehmern auf das Befinden der übrigen Mitglieder auswirken. Es gibt dazu von Vertretern der einen oder der anderen Therapieform unterschiedliche Stellungnahmen. Spiegel und Glafkides (1983) z.B. vertreten die Ansicht, daß gerade bei Patienten in einem fortgeschrittenen Krankheitsstadium der Gruppenansatz erfolgversprechender sei und zwar besonders dann, wenn es um die Konfrontation mit dem Tod gehe. Sie zitieren die Ergebnisse von Gibbs und Achterberg-Lawlis (1978), wonach das Miterleben des Sterbens einer nahestehenden Person die Auseinandersetzung mit dem eigenen Tod erträglicher mache. Einen Beitrag zu der Frage, welchem Setting der Vorzug zu geben sei, liefert auch die Arbeit von Cain et al. (1986), welche versuchten, eine Intervention mit identischen Methoden und Zielen im Individual- und im Gruppensetting durchzuführen. Es stellte sich heraus, daß beide Ansätze zu ähnlichen Resultaten bezüglich Effektivität führten, was impliziert, daß dem Gruppenansatz, falls durchführbar, wegen besserer Ökonomie der Vorzug gegeben werden kann. Erstaunlich ist die Tatsache, wie selten Angehörige in die Therapie miteinbezogen werden. Dies obwohl verschiedentlich, z.B. von Baider & Kaplan De-Nour (1988), festgestellt wurde, daß die Krebserkrankung längerfristig bei den nächsten Bezugspersonen zu ähnlichen Belastungen führte wie bei den Patienten selbst. Deshalb betonen sie die Wichtigkeit, Partnerinnen und Partner in die Therapien mit Krebskranken miteinzubeziehen. Auch von anderen Autoren wurde hervorgehoben, wie wichtig eine effektive soziale Unterstützung im Prozeß der Anpassung an die Krebserkrankung sei, ganz besonders im terminalen Stadium der Erkrankung (z.B. Gibbs & Achterberg-Lawlis 1978, Bloom et al. 1978, Worden & Weisman 1984).

Sowohl hinsichtlich Methodik, Inhalten und Aufwand als auch hinsichtlich angestrebten therapeutischen Zielen sind die Interventionen sehr heterogen. Somit ist es schwierig, sie miteinander zu vergleichen. Schematisch lassen sich drei Gruppen von Interventionen unterscheiden:

1. *Didaktische Interventionen:*
Therapeutische Interventionen mit klar umschriebenen Zielsetzungen, die sich begrenzt mit einigen spezifischen Aspekten der Krankheitsbewältigung befassen. Meist strukturiertes Vorgehen mit festgesetzter Anzahl Sitzungen. Neben dem Gespräch oft Miteinbezug von Entspannungs- oder Visualisierungstechniken. Inhaltlich Vermittlung von Informationen und/oder bestimmten Fertigkeiten.
Beispiel:
    Burish & Lyles (1981) konnten aufzeigen, daß die Anleitung zu progressiver Muskelentspannung mit Visualisierungsübungen bei einer Gruppe von Patienten mit konditionierten Nebenerscheinungen der Chemotherapie zu einer Verbesserung der Verträglichkeit führte im Vergleich zu einer Gruppe ohne diese zusätzliche Behandlung.

2. *Unterstützende psychotherapeutische Interventionen:*
Interventionen mit dem globaleren Ziel, die Lebensqualität in einer gegebenen Krankheitssituation zu verbessern. Die Inhalte werden meist den individuellen Bedürfnissen angepaßt, das Vorgehen ist offener, flexibler, die Auseinandersetzung erfolgt im Gespräch, die Begleitung kann über längere Zeit erfolgen.

Beispiel:
Spiegel et al. (1981) beschreiben ein Modell, in welchem Mammacarzinompatientinnen in fortgeschrittenem Krankheitsstadium während eines Jahres an wöchentlichen Gruppensitzungen teilnahmen, die von Sozialarbeiterinnen und mitbetroffenen Frauen in Remission geleitet wurden und in welcher verschiedenste Themen im Zusammenhang mit der Erkrankung besprochen wurden.

3. *Mischformen aus 1. und 2.:*
Beispiel:
Cain et al. (1986) stellen ein themenzentriertes Beratungsmodell für KrebspatientInnen vor, welches acht Sitzungen mit klar definierten Themenbereichen beinhaltet. Ziele sind sowohl Informationsvermittlung und die Instruktion von Entspannungsmethoden als auch die Schaffung eines Freiraumes zur Diskussion von individuellen, belastenden Problemen.

Außer bei Dodd (1984) (Abgabe von schriftlichem Informationsmaterial) bildet das Gespräch die Grundlage der Interventionen. Dieses soll nach Meinung der meisten Autoren tragend, stützend sein. Gefühlsäußerungen sollen gefördert werden, ohne daß sich eine Stimmung von Hoffnungslosigkeit ausbreitet. Konfrontative und überwiegend aufdeckende Techniken werden selten verwendet, die meisten Ansätze sind problemorientiert und an das Kriseninterventionsmodell angelehnt. Auch bei Interventionen unter 2. wird immer wieder auf die eminente Wichtigkeit der Informationsvermittlung hingewiesen. Mit zwei Ausnahmen, nämlich der Arbeit von Greer et al. (1991) und derjenigen von Fawzy et al. (1990a), werden keine Ansätze von gezielter Copingmodifikation erwähnt, was uns erstaunt. Wir selbst haben gute Erfahrungen gemacht mit einem auf die Copingverbesserung zentrierten Verfahren (Heim 1991).

Outcome Kriterien

Die gängigen Verfahren zur Prüfung des Effektes von durchgeführten Interventionen basieren auf dem Nachweis von Veränderungen bezüglich Fragebogen oder Checklisten, welche Aspekte des psychischen Befindens oder der Lebensqualität erfassen. Am häufigsten werden Maße für die Depressivität, Selbstkonzepte und Orte der Kontrolle eingesetzt. Die am meisten verwendeten Instrumente sind das "Profile of mood states, POMS", das "Health locus of control, HLC", etwas weniger häufig das "Spielberger trait anxiety inventory, STAI". Durch diese indirekte Erfassung ergeben sich die aus der Psychotherapieforschung hinlänglich bekannten Probleme im Zusammenhang mit dem Eruieren von therapeutischen Wirkfaktoren. Auf diese Weise gelingt nämlich wohl das Feststellen einer Differenz, von der angenommen werden kann, daß sie mit der durchgeführten Maßnahme in Zusammenhang steht: Über die Art dieses Zusammenhangs läßt sich jedoch nichts weiteres aussagen. Bei Studien wie der von Burish und Lyles ('1981), wo unter recht homogenen Bedingungen strukturierte Anleitungen gegeben werden und klare Therapieziele bestehen, fällt dieses Problem weit weniger ins Gewicht als bei offenen, längerdauernden, prozeßorientierten Verfahren, wie z.B. bei der Arbeit von Spiegel et al. (1981), bei welchen oft explizite Angaben bezüglich Zielsetzungen fehlen.

In einigen Arbeiten wird für den Effektivitätsnachweis das harte Kriterium der Überlebenszeit eingesetzt. Linn et al. (1982) fanden in ihrer Arbeit mit Krebspatienten in fortgeschrittenen Krankheitsstadien keine Auswirkung der angebotenen Intervention auf die Überlebenszeit. Spiegel et al. (1989) hingegen konnten in einer Studie, deren Resultate aufsehenerregend waren und nicht unbestritten blieben, belegen, daß Patientinnen mit metastasierendem Mammacarzinom, welche an einem einjährigen Gruppentherapieprogramm teilnahmen, im Mittel eine etwa doppelt so lange Überlebenszeit hatten wie "unbehandelte" Frauen mit gleicher Diagnose. Auch Wirsching et al. (1989) fanden bei Patienten, welche in einem Liaison-Beratungsmodell Einzel- oder Familientherapie bekamen, langfristig längere Überlebenszeiten als bei Patienten der Vergleichsgruppe. Im Gegensatz dazu ergab sich in einer Untersuchung von Morgenstern et al. (1984) (die wir nicht in unsere Übersicht aufgenommen haben, da sie retrospektiv angelegt ist) nach anfänglich in dieselbe Richtung weisenden Resultaten nach Revision der statistischen Methoden kein nachweisbarer Einfluß einer Selbsthilfegruppe auf die Überlebenszeit.

Interessant, bezüglich der klinischen Relevanz jedoch noch unsicher, scheint der Versuch von Fawzy et al. (1990b) zu sein, über neuroimmunologische Parameter eine Brücke zwischen psychosozialen und somatischen Faktoren zu schlagen, mit dem Nachweis eines Effektes von gruppentherapeutischen Interventionen auf den Immunstatus.

Indikation

Die Frage nach der Bedürfnisabklärung und Indikationsstellung wird kontrovers behandelt. Spiegel (1991) äußerte sich dahingehend, daß zusätzliche unterstützende Maßnahmen für alle Betroffenen von Nutzen seien, da eine Krebserkrankung in jedem Fall mit vielfältigen Belastungen verbunden sei. Dem stehen Schätzzahlen zur Prävalenz von psychischen Störungen bei Krebspatienten gegenüber, welche meist bei 25-40 % liegen (z.B. Maguire et al. 1980). Die am häufigsten beschriebenen Symptome sind depressive Störungen, Angst und Schlafstörungen. Die große Streubreite der Prävalenzzahlen führen Stam et al. (1986) auf unterschiedliche Erhebungsinstrumente und Einschlußkriterien zurück. Es wird immer wieder darauf hingewiesen, daß in vielen Fällen die Störungen passager bleiben und dank eigener Copingressourcen ohne spezifische Interventionen überwunden werden können (z.B. Greer 1989). Daraus ist zu folgern, daß nicht alle Krebspatienten zusätzliche Hilfe benötigen, und daß ohne Abklärung der Indikation stets auch solche in die Therapien miteingeschlossen werden, bei welchen die Adaptation auch sonst gut gelungen wäre. Stam et al. (1986) sprechen von 20-25 % der Krebspatienten mit hohem Risiko, an die sich psychosoziale Interventionen richten sollen. Trotz diesen Angaben und dem oft geäußerten Wunsch nach spezifischer Indikation (Wirsching et al. 1989, Watson 1988), gehen in den von uns zusammengefaßten Arbeiten lediglich zwei Autorengruppen auf dieses Problem ein:

Worden und Weisman (1984) beschreiben drei mögliche Vorgehensweisen:

1. Allen dafür in Frage kommenden Patienten werden psychosoziale Interventionen angeboten.
2. Durch ein reliables und valides Screeninginstrument werden Risikopatienten eruiert - diesen werden unterstützende Maßnahmen angeboten.
3. Es wird abgewartet, bis ein Teil der Patienten Auffälligkeiten und Symptome aufweisen, - diesen Patienten werden unterstützende Maßnahmen angeboten.

Die unter 1. und 2. beschriebenen Vorgehensweisen sind mit großem Aufwand verbunden, und für die meisten Krebspatienten trifft in der Regel immer noch die unter 3. aufgezeigte Realität zu.

Weisman und Worden stellen als Screeninginstrument ein 20 Fragen umfassendes Interview zur Einschätzung der psychosozialen Situation vor.

Bei Maguire et al. (1980) hingegen bildet das Screening einen integralen Teil der angebotenen Intervention selbst, indem einer dafür ausgebildeten Person die doppelte Aufgabe zukommt, Mammacarzinompatientinnen individuell zu beraten und Risikopatientinnen zu eruieren, welche sie für eine spezifischere Therapie dem Psychotherapeuten zuweist.

Greer (1991) und Watson (1991) berichteten von einer noch im Gange sich befindenden Interventionsstudie, bei welcher sowohl der Copingstil (anhand der Mental Adjustment to Cancer Scale, MAC) als auch ein Maß für Angst und Depressivität (Hospital Anxiety and Depression Scale, HAD) als Screeninginstrumente eingesetzt werden.

Im Zusammenhang mit der Indikationsstellung tauchen unter anderem folgende Probleme auf: Häufig wird beobachtet, daß die Motivierung gerade bei solchen Patienten am schwierigsten ist, für welche die Teilnahme an einem Beratungsprogramm klar indiziert wäre. Ein anderes Problem ist die Wahl des geeigneten Zeitpunktes für eine Intervention. Es ist durchaus möglich, daß Patienten kurz nach dem Erfahren der Krebsdiagnose mit der Stigmatisierung, welche eine solche mit sich bringt, fertig werden müssen und sich nicht einer zusätzlichen Stigmatisierung aussetzen wollen, die darin besteht, auch psychisch "krank" zu sein. Dies zeigt übrigens, wie wichtig die Einbettung von psychosozialen Interventionen in ein holistisches somatopsychisches Behandlungskonzept ist. Oft zeigt sich auch, daß Bedürfnisse nach Unterstützung erst dann spürbar werden, wenn die alle Aufmerksamkeit und Energie fordernden aufwendigen somatischen Therapien abgeschlossen sind.

Resultate, Gesamtkonzeption

Wie der Tabelle 1 zu entnehmen ist, erwiesen sich mit einer Ausnahme (Golonka 1976) alle Interventionen in irgendeiner - wenn auch keineswegs einheitlichen - Weise als effektiv, sei es nur in der subjektiven Einschätzung der PatientenInnen, sei es auch hinsichtlich gegebener Outcome-Parameter. Der Versuch, verschiedene Ansätze auf ihre Wirksamkeit hin miteinander zu vergleichen, scheitert an der schon weiter oben erwähnten Inhomogenität bezüglich der therapeutischen Maßnahmen und Ziele. Letztere werden meist nicht genügend explizit operationalisiert. Auch Arbeiten, in welchen zwei oder mehrere Verfahren einander gegenübergestellt werden, führen diesbezüglich nicht weiter. Jacobs et al. (1983) und Wirsching et al. (1989) vergleichen Interventionen miteinander, die sich hinsichtlich Intensität und Aufwand sehr unterscheiden. Bei Jacobs et al. erwies sich die weniger aufwendige Intervention als effektiver, während es sich bei Wirsching et al. - den Erwartungen entsprechend - umgekehrt verhält. Dodd (1984) vergleicht zwei vom Aufwand her entsprechende, jedoch inhaltlich verschiedene schriftliche Informationsabgaben, es resultieren je nach Inhalt unterschiedliche, spezifische Effekte. In den Studien von Farash (1978), Cumbia (1985), Worden und Weisman (1984) sowie Cain et al. (1986), welche verschiedene Interventionsansätze von ähnlichem Aufwand miteinander vergleichen, erweist sich keine als effektiver gegenüber den anderen.

Wir stellen also fest: Aufgrund der Ergebnisse läßt sich im allgemeinen ein positiver Effekt von psychosozialen Interventionen auf die Lebensqualität, eventuell sogar auf die Überlebenszeit von Krebspatienten feststellen. Wegen inhaltlicher und methodischer Heterogenität lassen die Studien jedoch im Moment keine darüber hinausgehenden Aussagen zu, die uns insbesondere eine gewisse Optimierung der Verfahren erlauben würden.

Dies könnte - hypothetisch - damit zusammenhängen, daß der positive Effekt der Maßnahmen ein unspezifischer ist. Es könnte aber auch an der Konzeption solcher Studien liegen.

In ihrem Übersichtsartikel zu psychosozialen Interventionen bei Krebspatienten stellt Watson (1987) eine Art Anforderungskatalog für zukünftige Arbeiten zum Thema zusammen. Sie nennt u.a. folgende Kriterien:
- die Notwendigkeit einer Kontroll- oder Vergleichsgruppe
- die Evaluation nach objektiven psychologischen Kriterien
- die voneinander unabhängige Durchführung von Intervention und Evaluation
- die uniforme Durchführung der Intervention und
- die genaue Beschreibung der verwendeten statistischen Methoden.

Es ist klar, daß für die Auswertung solcher Studien eine saubere Methodik maßgebend ist. Es stellt sich aber die Frage, ob die einseitige Forderung nach methodischen Verbesserungen, welche klinische Studien von den Gütekriterien her in die Nähe von naturwissenschaftlichen Experimenten rücken lassen, tatsächlich den Gegebenheiten Rechnung tragen und den einzigen Weg zum Erkenntnisgewinn darstellen. Mit anderen Worten: Soll (und kann) die klinische Situation sich immer mehr den methodischen Zwängen anpassen, oder sollte nicht viel mehr die Methodik den tatsächlichen Arbeitsbedingungen angepaßt werden? Dazu zwei Beispiele:
- Entsprechend der wissenschaftlichen Forderung werden die Patienten so ausgewählt, daß sie aus einer gegebenen Menge nach dem Zufallsprinzip in Interventions- und Vergleichsgruppen eingeteilt werden. Die Interventionsgruppen (und meist nur sie!) verändern sich in der Folge durch die Nichtteilnahme von nicht motivierten PatientInnen. Was wissen wir darüber, wie sich durch diesen Entscheidungsprozeß der "Zufall" verändert?
- Intervention und Evaluation sollen unabhängig voneinander stattfinden. Wie kann ein Auswerter, wenn die Auswertung in Form eines Interviews stattfindet, "blind"

oder besser "taub" bleiben in bezug auf die Frage, ob die interviewte Person zur Interventions- oder zur Vergleichsgruppe gehört.

Diese Beispiele sollen aufzeigen, wie schwierig es ist, trotz aufwendiger Bemühungen den geforderten Gütekriterien in der klinischen Alltagssituation zu entsprechen.

Bezüglich der Gesamtkonzeption der Arbeiten fällt auf, daß das Hauptgewicht stets auf dem quantitativen Effektivitätsnachweis der Interventionen liegt. Die Inhalte der durchgeführten Therapien werden nur stichwortartig und summarisch erwähnt (mit Ausnahme der Arbeit von Ferlic et al. 1979), auf den therapeutischen Prozeß wird kaum eingegangen. Anschaulichere und aufschlußreichere diesbezügliche Informationen enthalten rein deskriptive Arbeiten wie z.B. der Beitrag von Holland (1987) zum Aspekt der Depression, derjenige von Vachon (1987) zum Thema der Trauer, der von Margolis (1983) zu Imaginationsverfahren sowie mehrere Arbeiten zum Thema Schmerzbekämpfung (Senn 1988, Zenz et al. 1985, McGuire 1987, Aronoff 1982, Raimbault 1986).

Wir denken, daß der Miteinbezug von *qualitativen, inhaltsanalytischen* Aspekten bei der Auswertung auch von kontrollierten prospektiven Studien sinnvoll und der klinischen Situation besser angepaßt wäre. Verfahren, wie sie z.B. von Mayring (1990) beschrieben werden, würden uns erlauben, nicht mehr bloß Effektivitäten, sondern therapeutische Prozesse miteinander in Beziehung zu bringen. Insbesondere wäre zu überprüfen, ob ein mehr argumentatives Vorgehen gegenüber einem streng metrischen bei der Auswertung nicht zusätzliche Erkenntnisse liefern würde.

Wir haben eine einzige Arbeit gefunden, die qualitative nebst quantitativen Aspekten berücksichtigt, nämlich diejenige von Goldberg und Wool (1985), welche eine psychosoziale Intervention bei Partnern von Lungenkrebspatienten vorstellt. Die Autoren verwenden neben quantifizierbaren Outcome-Kriterien auch ein inhaltsanalytisches Instrument zur Codierung der Intervention.

Tab. 1: Psychosoziale Interventionsstudien bei Krebspatienten

Autor	**Golonka, L.M., 1977**
Zielpopulation	53 Frauen mit Mammacarzinom (behandelte Gruppe N = 19, Vergleichsgruppe N = 34) alle unter Chemotherapie
Intervention	12 Gruppensitzungen Dauer?, Dichte?, Leitung Ziel: Angstminderung
Technik	keine näheren technischen Angaben
Outcome Kriterien	Spielberger State-Trait-Anxiety Inventory (STAI) Daily Activity List Anxiety Rating Scale
Resultat	Keine signifikanten Unterschiede zwischen Experimentalgruppe und Vergleichsgruppe ohne Intervention

Autor	Farash, J.L. 1978
Zielpopulation	80 Frauen mit Mammacarzinom, 60 davon mit Mastektomie, 20 mit Tumorektomie. 20 Pat. = Interv. 1 20 Pat. = Interv. 2 20 Pat. = keine Interv. 20 Pat. = Tumorektomie (keine Interv.) 2 Monate nach Operation, Frauen nicht hospitalisiert
Intervention	Vergleich von 2 Interventionen: 1. 12 Einzeltherapiesitzungen nach dem Kriseninterventionsmodell 2. 12 Gruppensitzungen in einer Selbsthilfegruppe. Ziel: Veränderungen des Körperschemas bearbeiten.
Technik	Einzelgespräche, Gruppengespräche
Outcome Kriterien	Beck Depression Inventory; Beck Depression Rorschach Inventory
Resultat	Körperschema bei Frauen mit Tumorektomie und Frauen mit Mastektomie plus Intervention besser als bei Frauen mit Mastektomie ohne Intervention. Bezüglich verschiedener Interventionen keine Unterschiede.

Autor	Bloom, J.L. et al. 1978
Zielpopulation	39 Frauen mit neu diagnostiziertem Mammacarzinom. Behandelte Gruppe N = 21; Vergleichsgruppe N = 18. Intervention vor, während und nach Hospitalisation.
Intervention	Kontinuierliche Begleitung der Patientin vom Zeitpunkt der diagnostischen Abklärung an während Hospitalisation und in der Rekonvaleszenz, so lange wie die Betroffene es wünscht. Leitung: Interdisziplinäres Team: 1 speziell ausgebildete Schwester, 1 Sozialarbeiterin 1 mitbetroffene Frau Ziele: Information und Beratung
Technik	Einzelgespräche, Gruppengespräche, kombinierte Intervention nach dem Kriseninterventionsmodell. Holistisches Konzept des "Social Support".
Outcome Kriterien	Demographische Daten Health Locus of Control (HLC) Profile of Mood States (POMS)
Resultat	2 Monate nach Intervention: Selbsteffizienz: Experimentalgruppe besser als Vergleichsgruppe Kurz nach Intervention: Spannung, Depressivität, Verwirrung: bei Experimentalgruppe geringer als bei Vergleichsgruppe

Autor	**Richards, W.A. et al. 1979**
Zielpopulation	30 Krebspatienten verschiedener Diagnose und Krankheitsstadium, 1/3 Männer; 2/3 Frauen
Intervention	1 Sitzung mit DPT (verwandte Substanz zu LSD) plus ca. 10 Therapiesitzungen mit Gesprächen zur Vorbereitung und Nachbehandlung. Ganze Intervention dauert ca. 4 Wochen
Technik	1 Sitzung mit halluzinogener Droge; klärende Gespräche
Outcome Kriterien	- MMPI-Kurzform - Emotional Condition Rating Scale (ECRS) - Personal Orientation Inventory (PO)
Resultat	Nach Intervention signif. Verbesserung im MMPI und POI, weniger im ECRS.

Autor	**Ferlic, M. et al. 1979**
Zielpopulation	30 Männer und 30 Frauen mit neu diagnostizierter, fortgeschrittener Krebserkrankung, z.T. hospitalisiert, z.t. in ambulanter Chemotherapie (behandelte Gruppe N = 30, 15 Männer vs. 15 Frauen, Vergleichsgruppe parallelisiert)
Intervention	Insgesamt 6 Gruppensitzungen à 1,5 Std., 3x/Woche. Leitung: 1 Sozialarbeiterin (fix) plus eine Person aus einem Team von Ärzten, Schwestern, Geistlichen, ErgotherapeutIn, ErnährungsberaterIn, abwechselnd, d.h. interdisziplinäre Gruppentherapie. Ziele: Anpassung an neue Rolle als Krebskranke(r), Kommunikation mit Behandelnden verbessern, Info über Krebs, Selbstkonzept
Technik	Intervention basiert auf Kriseninterventionsmodell, Gespräche mit Betonung von Information und Anleitung
Outcome Kriterien	Patient Perception Questionnaire Differential Personality Questionnaire Self-concept Questionnaire (abgeleitet von der Adjective Checklist)
Resultat	Selbstwahrnehmung: Experimentalgruppe besser als Vergleichsgruppe Selbstkonzept: Experimentalgruppe besser als Vergleichsgruppe d.h. die Experimentalgruppe zeigte nach Intervention signifikant bessere Werte, während die Vergleichsgruppe stabil blieb

Autor	Capone, M.A. et al. 1980
Zielpopulation	97 Frauen mit neu diagnostiziertem Malignom der Genitalorgane (Experimentalgruppe N = 56; Vergleichsgruppe N = 41) Hospitalisierte Patientinnen
Intervention	Einzelsitzungen vor Eingriff, während Hospitalisation, kurz nach Spitalentlassung, mindestens 4x, nach individuellen Bedürfnissen auch mehr. Leitung: 1 PsychologIn Themen: Adaptation an Krankheit, Information, Selbstwert, Feminität, familiäre und sexuelle Probleme
Technik	Gespräche basierend auf Kriseninterventionsmodell
Outcome Kriterien	Self-Rating-Symptom-Scale Profile of Mood States (POMS) Tennesse Self-Concept Scale Arbeitsfähigkeit Häufigkeit von Geschlechtsverkehr
Resultat	Verwirrung: Experimentalgruppe < Vergleichsgruppe Verbesserte Selbstwahrnehmung: Experimentalgruppe > Vergleichsgruppe Sexuelle Störungen: Experimentalgruppe < Vergleichsgruppe Arbeitsfähigkeit: Experimentalgruppe > Vergleichsgruppe

Autor	**Gordon, W.A. et al. 1980**
Zielpopulation	308 PatientInnen mit Mammacarzinom, Bronchuscarzinom oder Melanom. Behandelte Gruppe N = 157 (50 Mamma-Ca, 42 Bronchus-Ca, 65 Melanom) 2 Vergleichsgruppen N = 151. Alle PatientInnen bei Beginn der Intervention hospitalisiert
Intervention	3 Schritte: Psychosoziale Belastungen bei Krebspatienten erheben, therapeutische Intervention entwickelt. Durchführung und Evaluation der Intervention. Einzelberatung durch "Oncology counselor" (Psychologe, Sozialarbeiter, Psychiatrieschwester). Immer durch gleiche Person, Dauer, Dichte und Inhalt der therapeutischen Begleitung flexibel, bis zu 6 Monaten nach Spitalentlassung.
Technik	Gespräche mit einem und immer demselben "oncology counselor". 3 Aspekte: - Adaptation an das Leben mit der Krankheit, Information. - "Counselling", Reaktionen u. Gefühle in bezug auf Krankheit äußern, Ermutigung - Hilfe im Zurechtkommen mit dem Medizinalsystem Strukturierte Interviews nach dem Problemlöseansatz
Outcome Kriterien	Demographische Daten, Selbsteinschätzung des Gesundheitszustandes - Quality of Life Skala - Multiple Affect Adjective Check List (MAACL) - Langner Psychiatric Impairment Scale (LPIS) - Schedule of recent events (SRE) - Health Locus of Control (HCL) - Activities of Daily Living Checklist (ADL) - Activity Pattern Indicators
Resultat	Anzahl Probleme: keine Unterschiede zwischen Experimentalgruppe und Vergleichsgruppe aber Abnahme neg. Affekte, Realistischer Ausblick, Arbeitsfähigkeit, Aktivität bei Experimentalgruppe ausgeprägter als bei Vergleichsgruppe

Autor	**Maguire, P. et al. 1980**
Zielpopulation	152 mastektomierte Frauen, Experimentalgruppe N = 75, Vergleichsgruppe N = 77. Patientinnen zu Beginn der therapeutischen Intervention hospitalisiert.
Intervention	Kontinuierliche, in Intensität flexible Begleitung der Patientin durch speziell hierfür ausgebildete Schwester. Dauer individuell. Ziele: Hilfe bei psychischen Problemen, Triagefunktion durch Erkennen von gravierenden Problemen und Zuweisung zu Facharzt (Psychiater)
Technik	Beratende Gespräche
Outcome Kriterien	- Present State Evaluation (PSE) - Brown-Burley Life Events Schedule - Tonbandaufzeichnungen der Interviewratings der Angst und Depression
Resultat	Screening und Überweisung an Spezialisten von Patienten mit psychischen Problemen in Experimentalgruppe bei 76% vs. in Vergleichsgruppe bei 15%; was dazu führt, daß in der Experimentalgruppe nach 18 Monaten signifikant weniger Patienten mit psychischen Problemen

Autor	**Spiegel, D. et al. 1981**
Zielpopulation	58 Frauen mit metastasierendem Mammacarzinom (behandelte Gruppe N = 34, Vergleichsgruppe N = 24). Rekrutierung über niedergelassene Onkologen, Patienten vorwiegend nicht hospitalisiert.
Intervention	Gruppensitzungen à 90' 1x/Woche während einem Jahr. Leitung: Psychiaterin oder Sozialarbeiterin und eine betroffene Frau in Remission. Themen: Sterben, Behandlungen, familiäre Probleme usw.
Technik	Gespräche stützend und fokussierend, wenig konfrontierend oder deutend.
Outcome Kriterien	- Health Locus of control (HLC) - Profile of Mood States (POMS) - Self-esteem Skala (Janis-Field) - 9-items-Skala zu maladaptivem Coping - Phobie Checklist - 9-items Maß für Verleugnung
Resultat	Experimentalgruppe besser als Vergleichsgruppe in POMS-Subskalen, im Coping-Verhalten, in Werten für Phobie

Autor	**Spiegel, D. et. al. 1989**
Zielpopulation	"
Intervention	"
Technik	"
Outcome Kriterien	Überlebenszeit
Resultat	EG signifikant längere Überlebenszeit (36,6 Monate vs. 18,9 Monate)

Autor	Burish, T.G., Lyles, J.N. 1981
Zielpopulation	16 KrebspatientInnen mit verschiedenen Krebsdiagnosen in verschiedenem Stadium, alle mit konditionierten unerwünschten Reaktionen auf Chemotherapie. Randomisiert auf zwei Gruppen
Intervention	Experimentalgruppe: 5 Chemotherapiesitzungen: 1. Blutdruck, Pulsmessung, Information über Intervention. 2.-3. wie 1. + Anleitung zu progressiver Muskelentspannung und Imagination. 4.-5. wie 1. + Aufforderung, Intervention ohne Anleitung durchzuführen. Vergleichsgruppe nur physiologische Messungen
Technik	- Aufklärendes Gespräch; - Anleitung zur Muskelentspannung und Visualisierung von entspannenden Bildern
Outcome Kriterien	Physiologische Messungen (Blutdruck, Puls) Arousal (nicht spezifiziert) Auftreten von Erbrechen Nausea Negative Affekte: Selbst- und Fremdeinschätzung
Resultat	Experimentalgruppe besser als Vergleichsgruppe (auch bei 4. und 5. Sitzung) bezüglich: - BD, Puls; - emotionalem Distreß; - Nausea; - physiolog. Arousal. Keinen Effekt auf Erbrechen, das ohnehin nur in 2 Fällen auftrat.

Autor	Linn, M.S. et al. 1982
Zielpopulation	120 Männer mit Krebserkrankung Stadium IV (unheilbar, mit diagnostizierten Fernmetastasen) Experimentalgruppe N = 62, Vergleichsgruppe N = 58. Die Patienten waren teils zuhause, teils hospitalisiert.
Intervention	Sterbebegleitung durch einen "counselor". Intensität der Therapie individuell, oft Weiterarbeit mit Angehörigen nach dem Tod des Patienten. Anzahl Sitzungen individuell, meistens mehrere pro Woche. Ziele: Verleugnung minimisieren, Hoffnung fördern, Unerledigtes abschließen, Selbstvertrauen fördern, Lebensgeschichte (life review) ermöglichen usw.
Technik	Gespräche. Wichtiges Kriterium: Empathie. Therapeuten erhielten zusätzliche Ausbildung bei Kübler-Roos.
Outcome Kriterien	Demographische Daten; Daten aus medizinischer Krankengeschichte; Cumulative Illness Rating Scale; Quality of Life Scale; Psychiatric Outpatient Mood Scale (POMS); Life Satisfaction; Cantril's 9-Items Scale (Verwirrung, soziale Isolation und Ohnmacht); Healths Locus of Control (HLC); Rapid Disability Rating Scale; Survival Time
Resultat	Lebensqualität Experimentalgruppe > Vergleichsgruppe jedoch keine signifikanten Unterschiede in bezug auf: körperliche Beschwerden, Überlebenszeit

Autor	**Belzer, H. 1982**
Zielpopulation	46 Krebspatienten und 39 Angehörige werden aufgeteilt in 4 Gruppen: - Behandelte Krebspatienten; - Behandelte Familien; - Vergleichsgruppe Krebspatienten; - Vergleichsgruppe Familien
Intervention	8 strukturierte Sitzungen mit "psychosocial interventions"
Technik	Nicht näher expliziert
Outcome Kriterien	Total Mood Disturbance (TMD) Inventory of Current Concerns (ICC) Health Locus of Control (HLC)
Resultat	TMD: Experimentalgruppe < Vergleichsgruppe; ICC: Experimentalgruppe < Vergleichsgruppe; HLC: Experimentalgruppe mehr innere Kontrolle, unabhängig davon, ob Intervention Familien- oder im Einzelsetting

Autor	**Allison, H. et al. 1983**
Zielpopulation	8 Krebspatienten in terminalem Stadium
Intervention	Individuelle Betreuung durch SozialarbeiterIn Themen: Gleichgewicht verbessern zwischen Frustration, Disstreß und Befriedigung, trotz nahendem Tod noch sinnvolles Leben
Technik	Gespräche nach dem Heimler Human Social Functioning Approach. 5 Schritte: Standortbestimmung durch Patienten Zusammenfassung durch Therapeuten Zusammenfassung durch Patienten Erste Schritte der Selbstbeoachtung durch Patienten Formulierung von Zielen und Planen von Schritten auf das Ziel zu (durch Pat.)
Outcome Kriterien	Heimler Scale of Human Social Functioning Profile of Mood States (POMS)
Resultat	durch Intervention: Helplessness und emotionaler Disstreß nahmen ab.

Autor	**Jacobs, C. et al. 1983**
Zielpopulation	81 Männer mit Hodgkin Lymphom, während oder innerhalb von 2 Jahren seit Chemotherapie. Education Study: Behandelte Gruppe N = 21; Vergleichsgruppe N = 26. Peer Support Group Study: Behandelte Gruppe N = 16; Vergleichsgruppe N = 18
Intervention	Vergleich von zwei Interventionen: Education study - Abgabe von 27seitiger Broschüre mit Information zum Hodgkin Lymphom + Artikel mit Fortschritten in Behandlung. Peer support group study - 8 Gruppensitzungen à 1,5 Std. 1x/Woche. Leitung: 1 Onkologe, 1 Psychologe, 1 SozialarbeiterIn. Ziele: Gespräche fördern unter Mitbetroffenen
Technik	Schriftliche Information Gruppengespräche (nicht näher spezifiziert)
Outcome Kriterien	Cancer Patient Behavior Scale (CPBS) Test über das Wissen in bezug auf das Hodgkinlymphom demographische Daten
Resultat	Bei Abgabe von schriftlichen Informationen: Angst, Behandlungsprobleme, Depression, Zerrissenheitsgefühl nahmen ab. "Peer support group": Keine signifikanten Verhaltensveränderungen

Autor	**Carpenter, J.G. 1984**
Zielpopulation	KrebspatientInnen und Familienangehörige, verschiedene Diagnosen und Krankheitsstadium
Intervention	Gruppensitzungen, nicht näher beschrieben
Technik	Streß Management; Kommunikationsstil verb.; Selbstbehauptungstraining; Information
Outcome Kriterien	???
Resultat	Nach Intervention: - Hilf- und Hoffnungslosigkeit nahmen ab - assertives Verhalten nahm zu

Autor	Youssef, F.A. 1984
Zielpopulation	18 hospitalisierte Mammacarzinom-Patientinnen (behandelte Gruppe N = 8; Vergleichsgruppe N = 10)
Intervention	Gruppensitzungen à 60', 3x/Woche, insgesamt 18 Sitzungen. Leitung: Autorin + Psychiatrieschwester Themen: Selbstbild, Coping, Ängste, Autonomieverlust, subjektive Krankheitstheorien usw.
Technik	Gespräche nach Kriseninterventionsmodell, besonderes Gewicht gelegt auf Depressions- und Selbstkonzept-Thematik - Informationsvermittlung; - Empathie
Outcome Kriterien	Self-rating depression scale (SDS) Tennessee self-concept scale (TSCS)
Resultat	Nach Intervention: - Vergleichsgruppe: keine signifikanten Veränderungen - Experimentalgruppe: Selbstwertgefühl(+), Depression(-)

Autor	Dodd, M.J. 1984
Zielpopulation	48 PatientInnen in chemotherapeutischer Behandlung wegen verschiedener Krebsarten. PatientInnen mit Intervention: N = 36; Vergleichsgruppe: N = 12
Intervention	4 Gruppen: 1. Mündliche und schriftliche Information über Chemotherapeutica und Nebenwirkungen, die der/die PatientIn einnimmt. 2. Angaben mündlich und schriftlich über mögliche Nebenwirkungen von Chemotherapie + Angaben zum Umgang mit möglichen Nebenwirkungen. 3. = 1. + 2. 4. Informationsgespräch ohne besondere Betonung der Chemotherapie
Technik	Informationsgespräche + Abgabe von schriftlichen Informations- broschüren
Outcome Kriterien	Profile of Mood States (POMS) Self-Care Behavior Questionnaire Chemotherapy Knowledge Questionnaire
Resultat	3 Hypothesen: 1. Medikamenteninformation führt zu größerem Wissen über Chemotherapie. Bestätigt. 2. Techniken zum Umgang mit Nebenwirkungen von Chemotherapie erhöht "self-care"-Verhalten. Bestätigt. 3. Kombinierte Information hat Effekt auf affektiven Zustand. z.T. bestätigt

Autor	**Worden, J.W., Weisman, A.D. 1984**
Zielpopulation	381 neu diagnostizierte KrebspatientInnen mit verschiedener Diagnose. Screening in bezug auf Coping und emotionalen Disstreß. 125 "high risk" Patienten, davon 59 mit Intervention A oder B. Intervention durchgeführt vor 1. Follow up.
Intervention	Screening: Interview mit 20 Fragen zu psychosozialen Aspekten. Intervention A: **personenzentriert** 4 Sitzungen Gespräche, Emotionen äußern, Information, Konfrontation und Compliance. Intervention B: **problemzentriert** 4 Sitzungen kognitive Therapie, Muskelentspannung.
Technik	Gespräche, Rollenspiele. Anleitung zur progr. Muskelentspannung
Outcome Kriterien	POMS; Index of vulnerability (VVL) Weisman & Worden (1977) Inventory of current concerns (ICC) Coping + Problemlösen Rating Skalen
Resultat	Beide, Experimentalgruppe vs. Vergleichsgruppe: POMS: Müdigkeit, Verwirrung (-), Kraft(+) Coping: Verleugnung(-). Keine sign. Unterschiede in bezug auf Hoffnung **Problemlöseverfahren:** Experimentalgruppe > Vergleichsgruppe. Beide Interventionen gleich effektiv in Reduktion des emotionalen Disstresses.

Autor	**Cumbia, G.G. 1985**
Zielpopulation	18 Patienten mit metastasierenden Krebserkrankungen, nicht hospitalisierte Patienten.
Intervention	Gruppensitzungen à 1,5 Std., 2x/Woche, während 5 Wochen. 2 verschiedene Interventionen: - non-direktiver Ansatz; - Streßmanagement
Technik	nicht näher beschrieben
Outcome Kriterien	State-Trait Anxiety Inventory (STAI) Tennessee Self Concept Scale Personal Orientation Inventory
Resultat	Subjektive Einschätzung der Teilnehmer an Intervention: 1. und 2. Gruppe hat geholfen. Objektive Maße: Keine sign. Unterschiede zwischen beiden Interventions- und Vergleichsgruppen

Autor	**Heinrich, R.L. & Coscarelli-Schag 1985**
Zielpopulation	51 KrebspatientInnen und 25 Ehepartner. Behandelte Gruppe N = 26, plus 12 Ehepartner, Vergleichsgruppe N = 25, plus 13 Ehepartner. PatientInnen nicht hospitalisiert
Intervention	6 Gruppensitzungen, 1x/Woche, 2Std./Sitzung. Leitung: beide Autoren (Ärzte) Inhalte: Information und Anleitung zum Leben mit der Krebserkrankung, Umgang mit Streß und Alltagsproblemen, Anleitung zu körperlichen und Freizeitaktivitäten. Bezeichnung: SAM (Streß and Activity Management Treatment Program)
Technik	Gemischte Techniken: Information und Anleitungen, Entspannungsanleitung, kognitive Therapie, Problemlösungsprogramm, Aktivitätentraining, Manual (schriftlich) mit Hausaufgaben, Information usw., Kassetten zu Entspannungsübungen mit KB
Outcome Kriterien	Karnofsky Performance Status Scale (KPS); Cancer Information Test (CIT); Psychosocial Adjustment to Illness Scale (PAIS); "Quality of Life" 6-Punkte-Skala; Daily Activity Diary (DAD); Evaluation of Current Care (ECC); Symptom Checklist-90-Revised (SCL-90-R); Interview zur Erhebung des Erfolges der Intervention
Resultat	Information: Experimentalgruppe > Vergleichsgruppe, vor allem bei Ehepartner Psychosoziale Anpassung und Aktivität = keine signifikanten Ergebnisse Problemlöseverhalten: Experimentalgruppe > Vergleichsgruppe Einschätzung der Intervention von Patienten und Ehepartnern als sehr nützlich

Autor	**Cain, E.N. et al. 1986**
Zielpopulation	72 Patientinnen mit Unterleibskrebs* (Endometrium, Cervix, Ovarien, Vagina, Vulva) Individuelle Intervention N = 21. Gruppenintervention N = 22, Vergleichsgruppe N = 29 *Verschiedene Stadien. Geschätzte Überlebenszeit mind. 1 Jahr.
Intervention	Vergleich eines strukturierten themenzentrierten Beratungs- modells mit 8 Sitzungen zu folgenden Themen: Krebs, Kausalitätsfaktoren, Behandlung und Folgen, Diät, Entspannung, Beziehung zu Angehörigen und Behandlungsteam bezüglich Setting: Experimentalgruppe (1) = Gruppe; Experimentalgruppe (2) = Einzelsetting
Technik	Gespräche, Information, Anleitung zu Entspannungstechniken
Outcome Kriterien	Hamilton Depression Rating Scale; Hamilton Anxiety Scale Psychological Adjustment to Illness Scale (PAIS) vor, 1-2 Wochen nach Intervention und nach 6 Monaten
Resultat	1-2 Wochen nach Intervention: Angst, Depression: Vergleichsgruppe > Experimentalgruppe (1) > Experimentalgruppe (2) Adaptation: Vergleichsgruppe < Experimentalgruppe (1) < Experimentalgruppe (2) Wissen über Krankheit, pos. Einstellung: Verbesserung bei Experimentalgruppe (1) + (2) Nach 6 Monaten: Angst, Depression: Experimentalgruppe (1) u. (2) etwa gleich. Adaptation: Experimentalgruppe (1) und (2) etwa gleich. Interventionen (1) u. (2) auf längere Sicht nicht signifikant verschieden effektiv.

Autor	**Wirsching, M. et al. 1989**
Zielpopulation	164 Patienten mit Bronchialkarzinom, erstmals untersucht vor Beginn der medizinischen Behandlung. Randomisiert in 3 Gruppen. 1. Konsiliar- u. Laisongruppe (N = 58) 2. "Beratung bei Bedarf"-Gruppe (N = 46) 3. Vergleichsgruppe (N = 60)
Intervention	Vergleich von 1. und 2. 1. Individuelle Anzahl Gespräche mit Pat. und wenn möglich Angehörigen (in 42% der Fälle) bis max. 1 Jahr. Anzahl Gespräche 1-12, Durchschnitt 5,9 2. Nach Erstgespräch weitere Kontakte angeboten. Nur in 1 Fall mehr als 2 Gespräche realisiert.
Technik	Gesprächsinhalte nicht spezifiziert, individuell, bei 1. z.T. Familientherapie, sonst Einzelgespräche
Outcome Kriterien	Psychosoziale Risikoskalen (s. Wirsching 1982) Familienberatung, Beziehungsdiagnose Psycholog. Fragebogen und PAIS nicht ausgewertet

Resultat	- Bewältigungsverhalten von Ausmaß und Setting der Intervention wenig
	  beeinflußt.
	- Effektivitätsunterschied zwischen Einzel- und Familiensetting läßt sich
	  nicht feststellen, aus methodischen Gründen.
	- Überlebenszeit: langfristige Experimentalgruppe 1 längere Überlebenszeiten.

Autor	**Fawzy, I.F. et al. 1990a**
Zielpopulation	38 PatientInnen mit kürzlich diagnostiziertem malignem Melanom St. I u. II (keine Fernmetastasen). Vergleichsgruppe mit 28 PatientInnen gleicher Diagnose. Patienten nicht hospitalisiert.
Intervention	Gruppensitzung à 90', 1x/Woche während 6 Wochen. Leitung: Arzt oder Psychologe Themen: Information über Krankheit, Prävention, Gesundheitsverhalten. Problemlöseverhalten in bezug auf Krankheit verbessern. Umgang mit Streß. Unterstützung und Zuwendung
Technik	Strukturierte unterstützende Gespräche; Muskelrelaxation; Verhaltenstherapeutisch orientiertes Einüben von neuen Verhaltensweisen.
Outcome Kriterien	POMS, Dealing with Illness Coping Inventory (48-items-Inventar) 3 Coping-Stile: aktiv handelnd, aktiv kognitiv, Vermeidung Katamnese nach 6 Wochen und 6 Monaten
Resultat	- POMS nach 6 Wochen: Experimentalgruppe > Vergleichsgruppe in vigor (Lebenskraft) - nach 6 Monaten: Experimentalgruppe < Vergleichsgruppe bezüglich Depression, Müdigkeit, Verwirrung; Experimentalgruppe > Vergleichsgruppe in vigor (Lebenskraft) - Coping nach 6 Wochen: Experimentalgruppe > Vergleichsgruppe aktiv handelnd; - nach 6 Monaten: Experimentalgruppe > Vergleichsgruppe aktiv handelnd; Experimentalgruppe < Vergleichsgruppe Resignation

Autor	**Fawzy, I.F. et al. 1990b**
Zielpopulation	s. oben außer Vergleichsgruppe N = 26
Intervention	"
Technik	"
Outcome Kriterien	Immunstatus
Resultat	Nach der Intervention angedeutet, nach 6 Monaten signifikante Zunahme an einigen Subtypen von "natural killer" cells, ebenso Reaktionsfähigkeit auf Interferon*; Abnahme an CD4 helper/inducer T-cells; Zunahme an Granulozyten *besonders hoch bei Patienten mit Abnahme der Depressivität und Angst sowie Zunahme an Wut

Autor	**Greer, S. et al. 1991**
Zielpopulation	44 KrebspatientInnen verschiedener Diagnose und Stadiums
Intervention	Adjuvant psychological therapy (APT): Strukturiertes, auf Grundlagen der kognitiven Therapie basierendes Kurztherapieprogramm, spezifisch für Krebspatienten. Themen: - Bedeutung der Krankheit - Copingressourcen. Anzahl der Sitzungen variabel 2-8, Durchschnitt 5, je 1 Std.
Technik	Gespräche nach dem Ansatz der kognitiven Therapie Einüben von schwierigen Situationen Entspannungsübungen
Outcome Kriterien	Anxiety and depression scale (HAD) Mental adjustment to cancer scale (MAC), vor und 8 Wochen nach Beginn des APT
Resultat	Nach 8 Wochen: - Angst(-); - Depression(-); - fighting spirit(+); - Hilflosigkeit(-).

V.

Rezensionen

Krankheitsverarbeitung im Schnittpunkt verschiedener Teildisziplinen der Psychologie - eine Bücherschau der letzten fünf Jahre

Leokadia Brüderl und Annette Schröder

In den letzten Jahren entwickelte sich ein reges Forschungsinteresse im Gegenstandsbereich der "Krankheitsverarbeitung bzw. -bewältigung". Zahlreiche Beiträge in psychologischen und psychosomatischen Fachzeitschriften, themenbezogene Monographien und Reader, aber auch auf Krankheitsverarbeitung bezogene Kapitel in Standardwerken der Psychologie verdeutlichen die rasche Entwicklung dieser "klinischen" Belastungs-Bewältigungs-Forschung. Krankheitsverarbeitung hat sich als eigenständiges Forschungsgebiet etabliert. Dabei findet häufig eine Orientierung an Theorienkonzeptionen aus der Psychologie bzw. an Partialtheorien, wie beispielsweise attributionstheoretischen Annahmen oder sozialpsychologischen Ansätzen, statt. Es wird versucht, das dort vorhandene konzeptuelle Werkzeug für die Krankheitsverarbeitungsforschung nutzbar zu machen. Impulse aus der Grundlagenforschung befruchten die Forschungsströmung der Krankheitsverarbeitung. Seltener sind momentan noch Modellbildungen, in denen theoretische Annahmen bzw. differentialpsychologisch akzentuierte Moderatorhypothesen formuliert und einer empirischen Überprüfung unterzogen werden.

Versuche der Modellbildung sind für eine fruchtbare Nutzbarmachung der Erkenntnisse der Krankheitsverarbeitungsforschung in praxisbezogene Implikationen für Präventions- und Interventionsmöglichkeiten außerordentlich bedeutsam. Diese werden jedoch erschwert durch den nur vage konzeptuell erfaßbaren Gegenstandsbereich der "Krankheitsverarbeitung". So bezweifeln beispielsweise Perrez und Reicherts (1987) oder Filipp (1990), daß dieser in einem umfassenden Sinne bestimmbar sei. Eine weitgehende inhaltliche Präzisierung könne kaum erfolgen. Daß die Bezeichnung "Krankheitsbewältigung" bzw. "-verarbeitung" lediglich ein formaler Begriff zur Kennzeichnung eines vage umgrenzbaren Gegenstandsbereiches verschiedener Forschungbemühungen sein kann, verdeutlicht sich bereits in der großen Variabilität des Ausgangszustandes "Krankheit", der den einzelnen Reaktionen jeweilig zugeordneten subjektiven Instrumentalitätsannahmen der erkrankten Person sowie der anvisierten Zielzustände (vgl. auch Hasenbring, 1988). "Krankheit" ist für jeden Menschen mit einer individuellen Belastungsstruktur verbunden, denn die in hohem Maße idiographisch strukturierte Erfahrung einer Erkrankung ist eingebettet in den jeweiligen individuellen Lebenskontext und geht mit unterschiedlich wahrgenommenen und bewerteten Anforderungen einher. Nicht also die "Krankheit" als solche muß bewältigt werden, sondern die vielfältigsten damit einhergehenden Belastungen, wie beispielsweise körperliche Beeinträchtigungen, Verlusterfahrungen bzw. Veränderungen in den bedeutsamen Zielbindungen und Anliegen, komplexe und vielfältige Emotionen (z. B. Angst, Trauer), Schmerzen und nicht zuletzt veränderte soziale Relationen (vgl. z.B. Filipp, 1990; Montada, Filipp & Lerner, 1992; Schröder, 1988). Ob dann ein Verhalten in diesem vielschichtigen Ausgangszustand der Belastungsverarbeitung als protektiv bzw. belastungsreduzierend bewertet werden kann, hängt wiederum von der konzeptuellen Eingrenzung des Bewältigungsverhaltens und der Festlegung des Zielkriteriums ab (vgl. Weber, in diesem Buch).

An dieser Stelle kann die Komplexität des Forschungsfeldes "Krankheitsverarbeitung" lediglich angedeutet werden. Die Breite und zum Teil fast unübersichtliche Fülle von Veröffentlichungen, die dem Thema "Krankheitsbewältigung" zugeordnet werden können, belegt die Vielschichtigkeit des Forschungsgegenstandes. Sie erklärt jedoch auch sehr eindrucksvoll den, trotz wichtiger Fortschritte in der Erforschung von Bewältigungsprozessen im allgemeinen und bei chronischen Erkrankungen im besonderen, auch in den nächsten Jahren zu erwartenden erheblichen Forschungsbedarf.

Bei der Auswahl der Veröffentlichungen zur Krankheitsverarbeitung, auf die wir im folgenden aufmerksam machen möchten, haben wir uns auf Reader und Monographien aus den letzten fünf Jahren konzentriert. Aufgrund der eingangs benannten Fülle von Veröffentlichungen zum Thema "Krankheitsbewältigung" war eine Eingrenzung auf eine überschaubare Anzahl von Publikationen unabdingbar. Natürlich ist mit der Beschränkung auf Buchpublikationen ein Ausschnitt gewählt, der die Breite und Tiefe der bestehenden Forschungsaktivitäten im deutschsprachigen Raum zu Krankheitsbewältigung nur schwerlich in vollem Umfange abbilden kann. Außerdem gibt die Anzahl der hier besprochenen Bücher selbstredend per se keinen Hinweis auf die Bedeutsamkeit einzelner Autoren oder Forschergruppen innerhalb der Krankheitsbewältigungsforschung, da Bücher nur eine, für die Aktualität zumeist schwerfällige Publikationsmöglichkeit darstellen, um theoretische bzw. methodische Entwicklungen und deren praxisbezogene Implikationen der Öffentlichkeit zugänglich zu machen.

Zunächst werden zwei Monographien besprochen, die in hervorragender Weise dafür geeignet sind, einen Überblick über die grundlegenden theoretischen Konzepte und methodischen Zugänge zur Krankheitsbewältigung zu gewinnen. Sie bieten sowohl einführende Grundinformationen über das Forschungsgebiet als auch fundierte Orientierungshilfe bei theoriebezogenen und methodischen Fragen.

> Beutel, M. (1988). Verarbeitung chronischer Krankheit. Theorien, Forschung und Möglichkeiten praktischer Hilfen an ausgewählten Krankheitsbildern. Weinheim: Ed. Medizin, VCH.

Beutel möchte mit seinem Buch Brücken zwischen Forschung, Theorie und Praxis der Krankheitsverarbeitung schlagen, indem er Theorien der Krankheitsverarbeitung zunächst umfassend darstellt und analysiert, und diese dann auf ausgewählte Krankheitsformen und auch auf Möglichkeiten psychosozialer Hilfen anwendet. Der Autor konzentriert sich auf Prozesse der Krankheitsverarbeitung (Adaptationsprozesse) bei chronischen Erkrankungen. Obgleich damit eine Vielzahl von Erkrankungen mit unterschiedlicher Ätiologie, Pathogenese, Symptomatik und Prognose angesprochen werden, verdeutlicht der Autor die Gemeinsamkeiten für diese heterogenen Krankheiten und weist auf die äußerst starken Belastungen für die stetig steigende Zahl Betroffener und deren Angehörigen hin. Mit bestechend klarer Sprache und aus kritischem Blickwinkel heraus analysiert Manfred

Beutel die Literatur zur Krankheitsverarbeitung im Bereich chronischer Erkrankungen in umfassender Weise. Als wichtigste Ansätze zum Verständnis der Adaptationsprozesse fokussiert der Autor zunächst die Konstrukte Abwehr, Coping und Soziale Unterstützung, bevor er dieses Grundlagenwissen in einem integrativen Kapitel zum Adaptationsprozeß zusammenführt. Er hebt dabei sowohl die situativen und personalen Einflußgrößen im Bewältigungsprozeß hervor als auch die Bedeutung der einzelnen Verarbeitungsstrategien, wobei der Autor in Anlehnung an Günther Prystav insbesondere die differenzierenden und integrativen Merkmale von Abwehr und Coping herausarbeitet.

An vier ausgewählten, unterschiedlichen Krankheitsgruppen (Krebserkrankung, Herzinfarkt, Rheuma, chronische Nierenerkrankung) analysiert der Autor dann auf der Basis der umfangreichen Literatur zu den betreffenden Krankheitsbildern die spezifischen Belastungsmerkmale, Aspekte der Krankheitsverarbeitung und daraus ableitbare Implikationen für praktische Hilfestellungen. Er ermöglicht dem Leser einen raschen und umfassenden Überblick über die Besonderheiten der Krankheitsverarbeitung bei den vier ausgewählten Krankheitsgruppen.

Beutel läßt es damit jedoch nicht bewenden. Er arbeitet in einem Vergleich und einer Zusammenfassung der vier Krankheitsgruppen allgemeine und spezifische Aspekte der Verarbeitung chronischer Krankheiten heraus. Dabei konzentriert sich der Autor auf die Identifikation von übergreifenden somatischen und psychosozialen Belastungsdimensionen, ebenso wie auf Spezifität und Determinanten psychosozialer Reaktionen und Verarbeitungsformen. Er diskutiert die Bedeutung von Verleugnung als Verarbeitungsform , von subjektiver Krankheitstheorie, Krankheits- und Selbstkonzept. Einflüsse des sozialen Umfeldes werden ebenso berücksichtigt wie Probleme der Bewertung und Erfassung "gelungener" Krankheitsverarbeitung. Schließlich widmet sich Beutel Fragen der Besonderheiten und Möglichkeiten der Psychotherapie chronisch kranker Menschen und reflektiert den Nutzeffekt der Copingforschung für psychosoziale Hilfen. Der Anhang des Buches mit methodischen Zugängen zur Krankheitsverarbeitung rundet das Gesamtwerk ab.

Beutel legte mit dieser Monographie 1988 ein Buch zur Krankheitsverarbeitung vor, das nicht nur in jede psychosoziale Bibliothek gehört, sondern auch sowohl Forschern als auch Praktikern Überblick und wichtige Anregungen für ihre Arbeit liefern kann.

Rüger, U., Blomert, A. F. & Förster, W. (1990). Coping. Theoretische Konzepte, Forschungsansätze, Meßinstrumente zur Krankheitsverarbeitung. Göttingen: Verlag für Medizinische Psychologie.

Rüger, Blomert und Förster geben unter der Mitarbeit von Schüßler und Leibing einerseits einen umfassenden Überblick über verschiedene dominante Konzepte und Forschungsansätze zur Krankheitsbewältigung und konzentrieren sich andererseits mit Sorgfalt auf die Darstellung der verschiedenen Möglichkeiten zur Erfassung von biologischen, psychischen und sozialen Prozessen bei der Krankheitsverarbeitung. Ihr Buch gliedert sich in zwei große Teile. Ausgehend von einer kri-

tischen Begriffsbestimmung von "Coping" bzw. "Bewältigungsverhalten" im allgemeinen und einer Analyse der historischen Wurzeln der Krankheitsverarbeitung im
besonderen stellen die Autoren verschiedene psychologische Modelle zur
Konzeptualisierung von Bewältigungsverhalten im Kontext von Lebenskrisen bzw.
schweren körperlichen Erkrankungen gegenüber. Sie konzentrieren sich dabei
zunächst auf das außerordentlich einflußreiche transaktionale Bewältigungsmodell
der Forschergruppe um Lazarus, widmen sich danach der Theorie von Haan, welche ausgehend von den psychoanalytischen Abwehrmechanismen um eine Integration psychoanalytischer und kognitionspsychologischer Konzepte bemüht ist, und
stellen schließlich die theoretischen Überlegungen von Vaillant zu adaptiven Ich-
Mechanismen dar, welcher den Bewältigungsprozeß im begrifflichen Kontext der
Analytischen Ich-Psychologie sieht. Neben diesen "klassischen" theoretischen Konzepten verweisen die Autoren auf neuere Entwicklungen einer integrativen Sichtweise von Abwehr und Bewältigung der Arbeitsgruppen um Heim und Kächele.

Die Darstellung psychologischer Theorien und Modellvorstellungen findet eine
interessante Ergänzung durch die Analyse biologisch-somatischer Aspekte von
Prozessen der Auseinandersetzung mit Belastungen. Die Autoren berücksichtigen
dabei insbesondere biochemische, neuroendokrinologische und psychoimmunolo-
gische Grundlagen des Bewältigungsverhaltens und tragen somit zu einer Perspek-
tiverweiterung bei.

Im zweiten Teil ihres Buches erörtern die Autoren die verschiedensten
Operationalisierungsmöglichkeiten von Bewältigungs- und Abwehrverhalten. Eine
umfangreiche Auflistung der unterschiedlichen Erfassungsverfahren im Hinblick
auf ihre Grenzen und sinnvolle Anwendbarkeit bietet einen Überblick über die
verschiedenartigsten Vorgehensweisen bei der Erfassung nicht nur krankheitsbe-
zogener Bewältigungsbemühungen.

Gerade in der Analyse der Heterogenität von theoretischen Konstrukten,
unterschiedlichsten Belastungskontexten und verschiedensten Methoden der Erfassung von Bewältigungsbemühungen leisten die Autoren einen Beitrag zu Versuchen einer einheitlicheren Modellentwicklung innerhalb des Forschungsgebietes
zur Krankheitsverarbeitung. Dem Leser bzw. der Leserin des Buches werden dadurch Kriterien für die Einordnung und Bewertung empirischer Studien zur Belastungs-Bewältigungs-Forschung transparenter gemacht. Schließlich bietet es umfangreiche Orientierungsunterstützung bei der Planung und Vorbereitung von
künftigen Forschungsvorhaben durch die Darstellung der verschiedensten Erfas-
sungsmöglichkeiten von Bewältigungsverhalten und stellt somit eine Fundgrube für
forschungsinteressierte Leserinnen und Leser dar.

Reader oder Sammelbände bieten im Gegensatz zu Monographie meist einen
komprimierten Überblick über die Forschungsarbeit bestimmter Forscher oder
Arbeitsgruppen aus deren eigener Perspektive bzw. Gewichtung und dokumentieren damit häufig den jeweilig aktuellen Forschungsstand. In Abhängigkeit von den
in solchen Sammelbänden mitwirkenden Autorinnen und Autoren werden Entwicklungen von Forschungsschwerpunkten und methodischen Zugängen innerhalb
eines Forschungsgebietes in einer vergleichenden Betrachtung dieser Bücher häufig transparenter. Eine repräsentative Berücksichtigung aller Forschungs-

aktivitäten im deutschsprachigen Raum kann dadurch jedoch nicht gewährleistet sein. Im folgenden stellen wir drei Reader vor, die auf der Basis von einer Expertengesprächsrunde 1986 in Ulm bzw. im Kontext zweier Coping-Workshops (1988 in Freiburg und 1992 in Göttingen) in der Tradition der von Heim 1986 initiierten Treffen deutschsprachiger Copingforscher entstanden und jeweils durch ergänzende Beiträge erweitert wurden.

> Kächele, H. & Steffens, W. (Hrsg.). (1988). Bewältigung und Abwehr. Beiträge zur Psychologie und Psychotherapie schwerer körperlicher Krankheiten. Berlin: Springer.

Der Reader von Kächele und Steffens enthält die überarbeiteten Beiträge des 1986 in Ulm durchgeführten Kolloquiums zum Stand der Copingforschung. Darüber hinaus ergänzen Artikel über Ergebnisse des Berner Projektes zur Bewältigung bei Brustkrebs und über erste Analysen des Ulmer Projektes zu Verarbeitungsprozessen bei Knochenmarktransplantationen diesen Sammelband. Die Herausgeber sehen trotz der Divergenz der einzelnen Artikel als gemeinsames Rahmenthema die Beziehung zwischen Bewältigung und Abwehr. Kächele und Steffens selbst sind bestrebt, psychoanalytische Denkansätze mit kognitionspsychologisch orientierten Modellen der Bewältigungsforschung zu verbinden. Prozesse der Verarbeitung schwerer körperlicher Erkrankungen werden aus der Sicht verschiedener Forschungsrichtungen beleuchtet. Neben grundlegenden Mechanismen, Hintergründen und Effekten der intrapsychischen Abwehr und des Bewältigungsverhaltens werden auch beispielsweise Aspekte der sozialen Unterstützung thematisiert. Krankheitsverarbeitung im globaleren Sinne wird neben Bewältigungsprozessen im Kontext spezifischer Erkrankungen analysiert.

Die Herausgeber weisen in ihrem Vorwort selbst auf die außerordentliche Heterogenität der unterschiedlichen Ansätze hin, welche sie als Ausdruck des Forschungsstandes sehen. Sie erhoffen sich in einer vergleichenden Betrachtung dieser heterogenen Standpunkte eine eher anregende als trennende Auseinandersetzung mit den verschiedenen Ausgangspunkten. Der Reader soll Anregungen für eine Analyse der theoretischen Konzepte der Copingforschung und für eine kritische Betrachtung des forschungspraktischen Vorgehens bzw. der empirischen Umsetzung der theoretischen Modelle geben.

Steffens und Kächele bemühen sich um eine integrative Sicht von Abwehr und Bewältigung. Filipp und Klauer stellen ein dreidimensionales Modell zur Klassifikation von Formen der Krankheitsbewältigung zur Diskussion. Bergerhoff und Novak sehen Coping als soziales Handeln und versuchen eine soziologische Ortsbestimmung. Spezifische und generelle Aspekte der Verarbeitung chronischer Erkrankungen hebt dagegen Manfred Beutel in seinem Beitrag hervor, während sich Hasenbring mit Aspekten der Krankheitsverarbeitung bei Krebs auseinandersetzt. Die Arbeitsgruppe um Heim berichtet von ihrer Längsschnittstudie zur Bewältigung von Brustkrebs. Jordan weist auf die Bedeutung institutioneller Rahmenbedingungen für individuelle Copingmechanismen am Beispiel der transluminalen Coronarangioplastie hin. Seiffge-Krenke widmet sich den Bewältigungsprozessen Jugendlicher, einer in diesem Kontext häufig vernachlässigten

Altersgruppe. Abschließend berichtet die Ulmer Forschergruppe um Kächele mit methodischen Anmerkungen und kasuistischen Illustrationen von ihrer Studie zur langfristigen Bewältigung von Knochenmarktransplantationen.

In diesem Reader sind zweifellos interessante und bedeutsame Beiträge der Krankheitsbewältigungsforschung vereint. Die vergleichende Bewertung und kritische Auseinandersetzung mit den verschiedenen Akzentuierungen der einzelnen Forschergruppen verlangt der Leserin bzw. dem Leser jedoch wesentliche Grundkenntnisse der Bewältigungsforschung ab.

Unter diesem Gesichtspunkt sehen wir auch den Sammelband von Muthny.

Muthny, F. A. (Hrsg.) (1990). Krankheitsverarbeitung. Hintergrundtheorien, klinische Erfassung und empirische Ergebnisse. Berlin: Springer.

Grundlage dieses Readers bilden die Beiträge für den 3. Coping-Workshop in Freiburg. Leitthema der Tagung war das Spannungsfeld zwischen theoriegeleiteter Copingforschung insbesondere in der Psychologie und der klinischen Polypragmasie in der Psychosomatik und medizinischen Psychologie. Auch Muthny möchte mit seinem Reader die theoretische Auseinandersetzung verschiedener Schulen und Grundsatzpositionen innerhalb der Bewältigungsforschung fördern. Darüber hinaus sollen aber auch die Kontakte zwischen Bewältigungsforschern und klinischen Anwendern intensiviert werden. Ferner erhofft der Herausgeber Anregungen für weitere multimodale und methodenkritische Forschung zur Krankheitsverarbeitung und damit letztlich auch Verbesserungsmöglichkeiten der psychosozialen Versorgungssituation chronisch Kranker.

Im Unterschied zum erstgenannten Reader gliedert sich dieser Sammelband in zwei größere Bereiche. Einerseits beinhaltet das Buch eher theoriegeleitete, z.T. wissenschaftstheoretische Positionsbeiträge, wie beispielsweise von Beutel, Broda, Filipp, Fahrenberg und Olbrich. Andererseits werden Theorie-Empirie-Bezüge durch empirische Ergebnisdarstellungen und Aspekte der klinischen Anwendungsmöglichkeiten untermauert (Hasenbring, Heim et al., Moos & Brennan, Schüßler & Leibing, Faller, Muthny). Diese Strukturierung erleichtert den Zugang und die Einordnung der einzelnen Beiträge, obgleich auch dieser Reader einen grundlegenden Kenntnisstand der Bewältigungsforschung voraussetzt. Vergleicht man den Beitrag von Filipp zu Möglichkeiten der theoretischen Rekonstruktion und Konzeptualisierung von Bewältigung schwerer körperlicher Erkrankungen mit dem Artikel von Weber im vorliegenden Jahrbuch der Medizinischen Psychologie, so wird die nach wie vor vorhandene Aktualität des Readers deutlich.

Noch stärker, als dies Muthny in seinem Sammelband tut, stellen Schüßler und Leibing in ihrem Reader die anwendungsrelevanten Fragen der Copingforschung in den Mittelpunkt.

Schüßler, G. & Leibing, E. (Hrsg.) (1994). Coping. Verlaufs-und Therapiestudien chronischer Krankheit. Göttingen: Hogrefe.

In ihrem Einführungskapitel formulieren sie programmatisch eine neue Phase der Forschung zu Krankheitsbewältigung, die anhand von zeitlich und methodisch aufwendigen Längsschnittstudien versuchen muß, z.B. zu klären, wie die Krankheitsbewältigung über einen längeren Zeitraum verläuft, welchen Einfluß sie auf den Verlauf der Krankheit nimmt und wie sie - letztlich die Kardinalfrage - therapeutisch beeinflußt werden kann. Daß diese Fragen nicht nur bloßes Wunschdenken der Herausgeber darstellen, beweisen die in diesem Sammelband zusammengestellten Forschungsreferate zu gleich fünf Therapiestudien (Rogner, Bartram et al., Jäkle et al., Leibing, Konermann, Schüßler & Weddige-Diedrichs, Olbrich et al.). Auch sonst bietet dieses Buch dem Leser einen aktuellen Überblick über den Stand der Krankheitsbewältigung in Forschung und Anwendung. Einige Autorennamen und Forschergruppen sind aus den vorangegangenen Readern schon vertraut und unterstreichen so die kontinuierlichen Forschungsbemühungen und den wissenschaftlichen Austausch, wie sie mit den Coping-Workshops realisiert werden können. Die Herausgeber haben sich aber auch bemüht, in ihrem Buch Arbeitsgruppen zu Wort kommen zu lassen, die nicht zur ersten Generation der Krankheitsbewältigungsforschung gehören, und die durch die Einführung anderer Krankheitsgruppen (Schmerzerkrankungen, HIV-Infektionen und Schizophrenie) neue Akzente setzen. Beeindruckend sind - neben den bereits oben erwähnten Therapiestudien, bei denen sich leider gelegentlich die Frage stellt, ob sie wirklich Bewältigungsstrategien verändern - die zahlreichen prospektiv längsschnittlich angelegten Studien und die Multimethodalität. Es wird deutlich, daß mit der Frage nach klinischer, insbesondere Therapierelevanz die ursprünglich in der Copingforschung dominierenden Krankheitsgruppen wie Krebs etwas in den Hintergrund treten.

Das Buch ist übersichtlich strukturiert: In einem einleitenden Überblick wird von Muthny zunächst ein Abriß der aktuellen Forschungssituation gegeben, der neben der sonst üblichen Einteilung in Theorien, Methoden, exemplarische Ergebnisse und Desiderata auch die verschiedenen Sichtweisen von Krankheitsbewältigung der am Krankheitsprozeß beteiligten Berufsgruppen und der Betroffenen aufgreift. Die weitere Gliederung des Buches ergibt sich aus den verschiedenen Themenschwerpunkten (Krebs, Chronische Erkrankungen, Schmerzerkrankungen, HIV-Infektionen, Schizophrenien). Zusammenfassend muß aber betont werden, daß dieser Reader - obwohl er um den Brückenschlag zur klinischen Praxis bemüht ist - kein Buch für den reinen Praktiker darstellt.

Insgesamt gesehen bieten die drei Reader einen guten Einblick in die Schwerpunktsetzung einiger bedeutender und miteinander im wissenschaftlichen Austausch stehender Arbeitsgruppen zur Krankheitsverarbeitung im deutschsprachigen Forschungsbereich. Es werden sowohl konzeptuelle Grundlagen als auch methodische und - besonders im dritten Reader - anwendungsrelevante Umsetzungsbemühungen deutlich. Zudem bilden sie auch eine kontinuierliche Entwicklung des Forschungsinteresses über die letzten Jahre hinweg ab.

Im folgenden wenden wir uns einer Monographie von Perrez und Reicherts zu. In umfassender Weise stellt dieses Buch den innovativen und innerhalb der Belastungs-Bewältigungs-Forschung im allgemeinen wie auch für Studien zur Krankheitsverarbeitung im speziellen, sowohl in konzeptueller Hinsicht als auch in bezug auf einen neueren methodischen Zugang zu Prozessen der Belastungsverarbeitung bedeutsamen Forschungsansatz dieser Schweizer Arbeitsgruppe dar.

Perrez, M. & Reicherts, M. (1992). Stress, Coping, and Health. A Situation-Behavior Approach. Theory, Methods, Applications. Seattle: Hogrefe & Huber.

Da dieses Buch die intensive Forschungstätigkeit beider Autoren der letzten fünf Jahre zusammenfaßt und detailliert diskutiert, möchten wir an dieser Stelle lediglich auf das überaus wichtige Buch von Reicherts zur "Diagnostik der Belastungsverarbeitung. Neue Zugänge zu Streß-Bewältigungs-Prozessen" hinweisen, welches 1988 im Hans Huber Verlag erschien und bereits an anderer Stelle ausführlich besprochen wurde.

Das Buch von Perrez und Reicherts gliedert sich in drei Teile. Im ersten Teil widmen sich die Autoren den theoretischen Grundlagen ihres Forschungsansatzes. Wichtige Bestimmungsstücke ihres theoretischen Hintergrundes basieren auf den Arbeiten von Lazarus und seinem transaktionalen Prozeßmodell von Belastungsbewältigung mit dem Fokus auf subjektive Wahrnehmungs- und Bewertungskomponenten von Streßsituationen. Perrez und Reicherts selbst stellen ein Situations-Verhaltens-Modell der Belastungsverarbeitung vor. Sie sind dabei stets um begriffliche Klarheit bemüht und illustrieren ihre theoretischen Überlegungen durch anschauliche Beispiele. "Belastungs-Episoden" umfassen
- belastungsrelevante Ereignisse und Situationen (mit spezifischen Situationsmerkmalen),
- die eigentliche Belastungsverarbeitung (mit der Wahrnehmung und Bewertung von externen oder internen Zustandsänderungen im Hinblick auf Homöostasestörungen, mit dem emotionalen Erleben sowie mit dem internen und/oder externen, von subjektiven Anliegen bzw. Zielbindungen beeinflußten Bewältigungsreaktionen) sowie
- das Ergebnis der Belastungsverarbeitung (mit jeweiligen Ist-Soll-Zustandsvergleichen im Hinblick auf die Wiederherstellung der Homöostase). In Abhängigkeit von der jeweiligen Analyseebene findet eine Unterscheidung in Makro- bzw. Mikro-Episoden statt. Molare belastungsrelevante Ereignisse, wie beispielsweise eine schwere chronische Erkrankung, lassen sich in verschiedene Mikro-Episoden der Belastungsverarbeitung untergliedern, welche ihrerseits die verschiedenartigsten, heterogenen Anforderungen an das subjektive Bewältigungsverhalten stellen. Perrez und Reicherts diskutieren nicht nur Situationskomponenten und personologische Merkmale der Belastungsverarbeitung, sondern stellen auch eine Taxonomie von Bewältigungsverhalten vor. Sie nehmen darüber hinaus auch explizit Stellung zur Frage der Effizienz von Belastungsverarbeitung. Das bemerkenswerte und innovative Kernstück des Forschungsansatzes der beiden Autoren besteht in der Verknüpfung von Situations- und Verhaltensmerkmalen, im Bestreben um die Aufdeckung von kontingenzanalytischen Regelhaftigkeiten und Regeln der Belastungsverarbeitung. Es geht dabei um die intraindividuelle Analyse von Zusammenhängen zwischen subjektiven Situationsbewertungen und den Bewälti-

gungsbemühungen in Relation zu a priori vorgegebenen Mustern bzw. der Orientierung einer Person an handlungsleitenden Regeln, die als belastungsreduzierend bzw. effektiv im Hinblick auf bestimmte durch Situationsmerkmale gekennzeichnete Belastungs-Episoden gelten. Erkenntnisse über diese Regelhaftigkeiten und handlungsleitenden Regeln in belastungsrelevanten Situationen eröffnen einen transparenteren Zugang zur Bewertung von individueller Belastungsverarbeitung und bieten fundierte Hinweise für interventionsorientierte Bestrebungen der Veränderung von Bewältigungsbemühungen in spezifischen Belastungs-Episoden.

Im zweiten Teil des Buches werden auf der Basis des Situations-Verhaltens-Modells neue, interessante Strategien der Erfassung von Belastung und Bewältigung diskutiert. Der von der Arbeitsgruppe um Perez entwickelte Fragebogen zur Erfassung des "Umgangs mit Belastungen im Verlauf (UBV)" wird detailliert vorgestellt. Die empirische Umsetzung und Bewährung des theoretischen und methodischen Forschungsansatzes am Beispiel einer Studie mit 100 Erwachsenen, denen der UBV vorgelegt wurde, wird eindrucksvoll dargestellt. Darüber hinaus stellen die Autoren die Erfassungsmethode der computerunterstützten Selbstbeobachtung von Belastungsverarbeitung (COMRES) zur Diskussion. Mit Hilfe eines Taschencomputers mit vierzeiligem Display können jederzeit belastungsrelevante Fragen hinsichtlich verschiedener Ereignismerkmale sowie der Bewältigungsbemühungen zu einer oder mehreren BelastungsEpisoden über längere Zeiträume hinweg im Felde durch die ForschungspartnerInnen selbst beantwortet werden. Die Autoren berichten von zufriedenstellender Reliabilität und Validität bei studentischen, d.h. überdurchschnittlich reflektionsfähigen und motivierten ForschungspartnerInnen.

Im letzten Teil des Buches diskutieren die beiden Autoren die Implikationen ihres Forschungsansatzes für klinische Fragestellungen innerhalb der Bewältigungsforschung sowie für die Gesundheitspsychologie. Fragen der Umsetzbarkeit des theoretischen Bezuges in der Empirie werden erörtert und durch verschiedenen Studien eindrucksvoll und überzeugend belegt. So wurden beispielsweise depressive Personen in verschiedenen Situationen (aversive/loss/failure) mit dem UBV-Fragebogen in ihrem Bewältigungsverhalten untersucht und mit als nicht-depressiv eingestuften Menschen verglichen. Außerdem wird über eine Analyse von Prozessen der Belastungsverarbeitung im Kontext von HIV-infizierten Personen berichtet. Ferner erörtern die Autoren Aspekte des Bewältigungsverhaltens in bezug auf Gesundheit in alltäglichen Belastungskontexten. Abschließend diskutieren die Autoren ihren Ansatz zur Bewertung von Bewältigungsverhalten, wobei "Verhaltensregeln" (unter Berücksichtigung von Kosten-Nutzen-Relationen, von ethischen Grundlagen sowie von Effizienzgesichtspunkten verschiedener Strategien unter bestimmten internalen und externalen Bedingungen) im Umgang mit Belastungen von zentraler Bedeutung sind. Belastungsrelevantes bzw. angemessenes Bewältigungsverhalten basiert für die beiden Autoren einerseits in einer Passung zwischen objektiven Merkmalen der spezifischen Anforderungssituation und ihrer kognitiven Repräsentation bei der betroffenen Person. Andererseits müssen die Bewertungsprozesse der Belastungen mit den Bewältigungsbemühungen korrespondieren. Eine kontrollierbare Anforderung ermöglicht beispielsweise eine aktive Einflußnahme, während bei einer unkontrollierbaren Belastung eher eine Einstellungsänderung und/oder ein Zielwechsel als belastungsrelevante Reaktion angesehen werden kann.

Alles in allem ist das Buch von Perrez und Reicherts eine interessante, zum theoretischen "Weiterdenken" und Diskutieren anregende Darstellung ihrer langjährigen, eindrucksvollen Forschungsarbeit. Obgleich der Bezug zur Krankheitsbewältigungsforschung nicht per se gegeben ist, kann dieses Buch die naheliegende starke Verzahnung zwischen Belastungs-Bewältigungs- und Krankheitsverarbeitungsforschung sowohl auf der konzeptuellen als auch auf der methodischen Ebene verdeutlichen. Man kann gespannt sein, inwieweit dieses theoriegeleitete und gelungen empirisch umgesetzte Erforschen von Belastungsverarbeitungsprozessen innovativ auf zukünftige Forschungsvorhaben innerhalb der Krankheitsbewältigung ausstrahlt, die wissenschaftliche Diskussion belebt und zur Entwicklung von Möglichkeiten der Stärkung bzw. Unterstützung adaptiver Reaktionen auf Belastungen im Kontext einer Erkrankung beiträgt.

An dieser Stelle möchten wir auch noch auf einen Herausgeberband von Heinz Walter Krohne hinweisen.

H. W. Krohne (Ed.). (1993). Attention and Avoidance. Strategies in Coping with Aversiveness. Toronto, Göttingen: Hogrefe & Huber.

Dieser Reader thematisiert zwar ebenfalls nicht unmittelbar Bewältigungsforschung im Kontext von Erkrankungen, leistet aber dennoch einen wesentlichen Beitrag zum Erkenntnisgewinn bei der Erforschung von Prozessen der Krankheitsverarbeitung. Insbesondere innerhalb der Gesundheitspsychologie wird den beiden kognitiven Reaktionsweisen der Aufmerksamkeitszentrierung auf die belastenden Aspekte einer Situation sowie der Vermeidung bedrohungsbezogener Informationen in der Auseinandersetzung mit aversiven Situationen zunehmend Bedeutung zugemessen. Dabei wird der Einfluß dieser beiden Coping-Strategien bei der Entstehung und Manifestation von Krebs- oder koronaren Herzerkrankungen ebenso diskutiert wie die Bedeutung dieser kognitiven Reaktionsweisen in der Auseinandersetzung mit chronischen Erkrankungen. Aber auch im Kontext von präoperativen Belastungssituationen bzw. von postoperativen Anpassungsprozessen werden die beiden Copingstrategien als Mediatoren zwischen belastenden Ereignissen und gesundheitlichen Konsequenzen analysiert. Krohne führt in seinem Buch bemerkenswerte Beiträge von WissenschaftlerInnen zusammen, die sich konzeptuell und durch empirische Studien der Erforschung von Vigilanz und kognitiver Vermeidung widmen, und stellt einen integrativen Rahmen zur gegenwärtigen Streß- und Bewältigungsforschung her.

Das Buch gliedert sich in vier Teile. Im ersten Teil führt der Herausgeber selbst in die zentralen Forschungsströme bei der Erforschung der beiden zentralen Copingstrategien ein und gibt zugleich einen detaillierten Abriß über die einzelnen Beiträge des Readers. In den Beiträgen des zweiten Teiles des Buches werden sowohl die zentralen Konzepte der Vigilanz und der kognitiven Vermeidung als auch grundlegende theoretische Forschungsrichtungen in diesem Kontext detailliert vorgestellt (Krohne, Miller et al., Leventhal et al., Borkovec & Lyonfields, Mathews). Der dritte Teil widmet sich insbesondere den empirischen Befunden zur Bedeutung von vigilantem und vermeidendem Coping mit aversiven internalen oder auch externalen Informationen (Beiträge von Hock, Ben-Zur et al., Hodapp & Knoll sowie Kohlmann). Der vierte Teil des Readers schlägt mit seinen Beiträgen eine Brücke zwischen allgemeiner Bewältigungsforschung und angewandter Psychologie. Zusammenhänge zwischen den kognitiven Reaktionsweisen der Vigilanz bzw. der Vermeidung und Gesundheit stehen im Zentrum der einzelnen Artikel. Weidner und Collins widmen sich aus einer eher präventionsorientierten Perspektive heraus der Frage nach dem Zusammenhang zwischen den geschlechtsspezifischen Prävalenzraten bei Depression, Herzerkrankungen oder Alkoholismus und unterschiedlichen Bewältigungsstilen bei Frauen und Männern in der Auseinandersetzung mit Belastungen. Den Einfluß von Bewältigungsreaktionen auf den Krankheitsverlauf insbesondere von Krebserkrankungen thematisieren Filipp, Klauer und Ferring. Inwieweit selbstzentrierte Aufmerksamkeitsorientierung eher als Risiko- oder als protektiver Faktor im Prozeß der Krankheitsverarbeitung gesehen werden kann, hängt von einer Vielzahl spezifischer Umstände ab, welche die Autorin und Autoren ausführlich diskutieren. Carver und Scheier befassen sich ebenso wie Slangen, Kleemann und Krohne mit Prozessen der Auseinandersetzung mit Belastungen im Kontext von chirurgischen Eingriffen.

Der Reader von Krohne macht sowohl Überschneidungen als auch Differenzen einer zentralen Forschungsrichtung innerhalb der Belastungs-Bewältigungs-Forschung transparent. Die Bedeutung für die Erforschung von Prozessen der Krankheitsverarbeitung steht außer Frage und wird durch die verschiedenartigsten empirischen Befunde eindrucksvoll belegt. Gleichzeitig verdeutlichen die einzelnen Beiträge aber auch den nach wie vor erheblichen Forschungsbedarf in diesem Bereich insbesondere im Hinblick auf Präventions- und Interventionsmöglichkeiten.

Im folgenden möchten wir uns nun Büchern zur Krankheitsverarbeitung bei spezifischen Krankheitsbildern zuwenden. Gesundheitsstatistiken der meisten Industriestaaten belegen die steigenden Inzidenzraten chronischer Erkrankungen. Dies spiegelt sich jedoch in der Literatur zur Krankheitsbewältigung weniger wider. Als primär fokussierte Krankheitsgruppe dominiert in den Publikationen nach wie vor die der Krebspatienten und hier wiederum insbesondere die Gruppe der Brustkrebspatientinnen. Eine erst kürzlich veröffentlichte Studie aus der Schweizer Forschergruppe um Perez beschäftigt sich mit dieser wahrscheinlich am häufigsten untersuchten Stichprobe der Krankheitsbewältigungsforschung. Daß dies nicht bedeuten muß, daß damit bereits alles erforscht wäre, dafür liefert dieses Buch einen glänzenden Beleg.

Wittig, R. (1992). Differentielle Verarbeitungsformen bei Brustkrebs. Klinische und methodische Aspekte. *Bern: Huber*

Die Arbeit orientiert sich theoretisch an den Arbeiten der Lazarusgruppe, greift dabei aber mit der Fokussierung auf Bewältigungsstile (sensu Krohne) und dem

Rückgriff auf die von der Perrez-Gruppe erarbeiteten Belastungsklassifikationen neuere Entwicklungen der Bewältigungsforschung auf. Die Brustkrebserkrankung wird hier einmal nicht als ein interindividuell sehr unterschiedlich zu bewältigendes kritisches Lebensereignis aufgegriffen. Vielmehr bilden konkrete alltägliche Belastungssituationen, die mit der Erkrankung in Zusammenhang stehen, den thematischen Schwerpunkt der Arbeit. Dem liegt die Annahme zugrunde, daß Situationen und Ereignisse objektive Merkmale besitzen, die von deren subjektiver Repräsentation zu unterscheiden sind. Von Nutzen kann diese Akzentuierung insbesondere bei der Frage der Wirksamkeit bzw. Angemessenheit von Bewältigungsbemühungen sein. Inhaltlich werden in der Arbeit von Wittig Reaktionsweisen von Brustkrebspatientinnen im Sinne einer detaillierten, längsschnittlichen Erfassung beschrieben. Originell ist hierbei das methodische Vorgehen der Autorin: sie entwickelt ein halbstandardisiertes Selbstbeobachtungsprotokoll zur Erfassung von Stimmung und Körperbefinden im Zeitverlauf, das die mehrdimensionale Beschreibung differentieller Verarbeitungsmuster ermöglicht. Dabei kann sie an bewährte Konzepte der aktuellen Belastungsforschung anknüpfen, wie etwa der Formulierung von Bewältigungsstilen. Sie beschreitet aber in der multivariaten deskriptiven Auswertung ihrer Daten neue methodische Wege, indem sie auf Faktoren- und Clusteranalysen aus dem französischen Sprachraum zurückgreift, die zur explorativen Analyse komplexer Daten verschiedener Datenniveaus geeignet sind. Unter praktisch-therapeutischen Gesichtspunkten liefern die gefundenen Stilvarianten der Krankheitsverarbeitung darüber hinaus diagnostische Hilfen beim Umgang mit Betroffenen und bei der Planung unterstützender Maßnahmen.

Die Arbeit liefert insgesamt eine Fülle von Anregungen für die Forschung zur Krankheitsbewältigung in inhaltlicher, methodischer und praxisorientierter Sicht. Auch wenn das Buch einen hohen wissenschaftlichen Standard erfüllt, geht darüber die sehr gute Lesbarkeit nicht verloren. Allerdings sollten die Leser und Leserinnen mehr als nur Grundkenntnisse zur Krankheitsbewältigung besitzen, wenn sie von dem Wert der Arbeit voll profitieren wollen.

Auch die Monographie von Buddeberg beschäftigt sich mit der Bewältigung von Brustkrebs.

Buddeberg, C. (1992). Brustkrebs. Psychische Verarbeitung und somatischer Verlauf. Stuttgart: Schattauer.

Es stellt die Ergebnisse aus einer der nach wie vor wenigen längsschnittlichen prospektiven Studien an neu an Brustkrebs erkrankten Patientinnen dar. Buddeberg, in der Abteilung für Psychosoziale Medizin des Universitätsspitals Zürich tätig, behandelt als inhaltlichen Schwerpunkt seiner Studie die aus der psychosomatischen Onkologie kommende Frage nach psychischen Einflußfaktoren auf den somatischen Verlauf des Krebsgeschehens. Er legt dazu mit diesem Buch eine umfassende und sorgfältig geplante Studie vor. In Aufbau und Darstellung ist diese Monographie sehr gut und übersichtlich gegliedert. Zwar folgt sie der weitgehend geschlossenen Struktur eines Forschungsberichts, ist aber so geschrieben, daß einzelne Kapitel auch unabhängig voneinander gelesen werden können. Dadurch können Leser und Leserinnen mit unterschiedlich umfangreichem Vorwissen gleichermaßen profitieren. In theoretischer Hinsicht basiert die Studie auf dem Krankheitsbewältigungskonzept von Heim, ohne daß im Detail darauf (und andere alternative Konzepte) eingegangen wird. Im Unterschied zur Heim-Gruppe wird die Krankheitsverarbeitung mit zwei standardisierten Fragebögen erfaßt (dem Freiburger Fragebogen zur Krankheitsverarbeitung und dem Züricher Fragebogen zur Krankheitsverarbeitung), um so den hohen amerikanischen Standards an kontrollierten klinischen Studien gerecht zu werden. Buddeberg selbst empfiehlt das Buch Ärzten und Psychologen, die im Bereich der Psychoonkologie wissenschaftlich oder praktisch klinisch tätig sind. Dieser Empfehlung können wir uns anschließen: Dem forscherisch Tätigen, der an psychosomatischen Fragestellungen interessiert ist, wird ein guter Einblick in die heute erforderlichen, aufwendigen Studiendesigns innerhalb der Psychoonkologie geboten; für klinisch Arbeitende kann dieses Buch von Interesse sein, da es auch Folgerungen für die praktische Arbeit mit Krebspatienten zuläßt.

Auch das Buch von Wirsching dokumentiert empirische Befunde seiner Forschungsgruppe zu psychosomatischen Fragestellungen der Psychoonkologie.

Wirsching, M. (unter Mitarb. von Beckmann, D., Dobroschke, J., Drings, P., Emrich, M., Georg, W., Hoffmann, F., Riehl, J., Schlag, P., Schmidt, P. & Schwarz, R.) (1990). Krebs. Bewältigung und Verlauf. Berlin: Springer.

Ähnlich wie bei Buddeberg sind die Fragen aus der langjährigen klinisch-praktischen Arbeit entwickelt und angeregt worden, Unterschiede bestehen jedoch in der theoretischen und therapeutischen Orientierung. Der inhaltliche Schwerpunkt des Buches von Wirsching liegt auf einer psychodynamischen Betrachtung der Wechselwirkungen von Krankheitsbewältigung und Krankheitsverlauf bei verschiedenen Krebsleiden. Einem systemischen Krankheitskonzept folgend werden sowohl die Auswirkungen der Krankheit auf den Patienten und seine Angehörigen als auch Auswirkungen der Lebenssituation auf den Krankheitsverlauf selbst beschrieben. Hinzu kommt in einer randomisierten kontrollierten Prozeßstudie eine Analyse der Einflüsse psychologischer Hilfen auf die Krankheitsbewältigung und den Krankheitsverlauf. Dem "klassischen" Copingforscher, der seine Wurzeln eher in der psychologischen Streßforschung sieht, wird dieses Buch wenig Anregungen für die eigene Arbeit bringen, zu verschieden sind die theoretischen Ansichten und methodischen Vorgehensweisen. Wir haben uns aber entschlossen, es in unsere Rezension aufzunehmen, um damit auch die neu am Thema Interessierten auf die Breite und Vielschichtigkeit des Forschungsgegenstandes "Krankheitsbewältigung" aufmerksam zu machen. Dieses Buch nicht zu beachten, wäre außerdem schon deshalb schade, weil die in 12jähriger Arbeit durchgeführten und hier dargestellten Studien so ziemlich alle in der Psychoonkologie virulenten Fragestellungen aufgreifen. Gerade die klinisch (familien-)therapeutisch Interessierten und in diesem Kontext Arbeitenden können aus den Daten für die Praxis Anregungen ziehen. Vom forscherischen Standpunkt ist außerdem hervorzuheben, daß einmal nicht nur Brustkrebspatientinnen untersucht wurden, sondern auch Patienten mit Bronchialkrebs bzw. mit Kolorektalkarzinom.

Im einzelnen werden folgende Themen behandelt: (1) Bewältigung und Lebensqualität zu Krankheitsbeginn - Vergleichende Untersuchungen beim Brustund Bronchialkrebs. (2) Familieninteraktionen beim Beginn einer Bronchialkrebserkrankung. (3) Bewältigung, soziale Unterstützung und Lebensqualität in den ersten beiden Jahren einer Bronchialkrebserkrankung. (4) Lebensqualität, soziale Unterstützung und Krankheitsbewältigung als Prädiktoren der Gesundheitsentwicklung bei Brustkrebs, Bronchialkrebs und Mastopathia fibrocystica. (5) Einfluß psychoonkologischer Konsiliartätigkeit auf die Bewältigung und den Verlauf einer Bronchialkrebserkrankung - Eine kontrollierte Interventionsstudie. (6) Psychosoziale Rehabilitation 1-11 Jahre nach Operation eines kolorektalen Karzinoms - ein Vergleich von Patienten mit und ohne Anus praeter in zwei verschiedenen Nachsorgesettings.

Diese einzelnen Kapitel sind unter Mitarbeit verschiedener Autoren entstanden. Zur Lesbarkeit und dem - trotz der zum Teil heterogenen Studien - geschlossenen Gesamteindruck trägt nicht zuletzt die Tatsache bei, daß die Mehrzahl der Kapitel aus der Feder des Hauptautors stammen. Insgesamt erhalten die Leserin und der Leser einen komprimierten Überblick über den gegenwärtigen Stand der Psychoonkologie, wobei sowohl kasuistische, qualitative Daten, als auch statistische Ergebnisse berichtet werden.

Aus einer gänzlich anderen Perspektive dokumentiert die Monographie von Aymanns einen Ausschnitt aus den umfangreichen Studienergebnissen, die im Rahmen des Projekts zur "Psychologie der Krankheitsbewältigung" unter der Leitung von Filipp vorgelegt wurden.

Aymanns, P. (1992). Krebserkrankung und Familie. Zur Rolle familialer Unterstützung im Prozeß der Krankheitsbewältigung. Bern: Huber.

Im Mittelpunkt stehen hier einmal nicht so sehr die Bewältigungsstrategien, die zu einem günstigen Krankheitsverlauf beitragen können. Vielmehr liegt die Betonung der Arbeit auf Variablen wie sozialer Unterstützung und Selbstwirksamkeitsüberzeugung. Theoretisch wird davon ausgegangen, daß familiale Unterstützung sowohl das Bewältigungsverhalten selbst als auch die Krankheitsanpassung determinieren kann. In den ersten zwei Kapiteln der Arbeit wird ein umfassender Überblick über die Social Support-Forschung der letzten zehn Jahre gegeben, die im dritten Kapitel dann im Zusammenhang mit der Krebserkrankung vertiefend diskutiert wird. Empirisch setzt Aymanns zwei Schwerpunkte. So geht es ihm zu einen um die Beschreibung unterschiedlicher Formen familialer Unterstützung im Zusammenhang mit einer Krebserkrankung und damit verbunden auch um die Frage nach Angemessenheit und personalen Voraussetzungen sozialer Unterstützung. Ein zweiter Schwerpunkt widmet sich der Frage, inwieweit Unterstützung dazu beiträgt, die Krankheitsanpassung der Patienten über den Verlauf mehrerer Monate zu fördern. Gerade mit diesem letztgenannten Punkt ist diese Arbeit sicher von großem Wert für die Krankheitsbewältigungsforschung, zumal der Autor auf die vermittelnden Prozesse abhebt, wie die Krankheitsanpassung fördernde Unterstützung.

Aymanns geht diesen Fragen in einer methodisch anspruchsvollen Längs-schnittstudie nach. Bei der Darstellung der Ergebnisse genügt die Arbeit dem in Dissertationen geforderten Impetus zu Detailaussagen und verlangt deshalb aber einen in den derzeitigen Forschungsstand der Bewältigungsforschung gut eingele-senen und auch methodisch kundigen Leser. Die Ergebnisse können u.a. die Re-sultate bisheriger Studien bestätigen, daß sich die an der Untersuchung teilneh-menden Krebspatienten zumeist in angemessener Weise durch die Familie unter-stützt sehen. Allerdings finden sich bemerkenswerte Unterschiede zwischen Frauen und Männern, unterschiedlichen Altersgruppen sowie länger und kürzer erkrankten Patienten, so daß von einer differentiellen Wirkung familialer Unterstützung ausgegangen werden muß. Weiterhin - und für Interessierte an Prozessen der Krankheitsverarbeitung besonders interessant - ist das Ergebnis, daß familiale Unterstützung die Auseinandersetzung mit einer Krankheit dahingehend beein-flußt, daß Patienten ermutigt werden, mehr und auch neue Bewältigungsstrategien einzusetzen.

Zusammenfassend läßt sich als Gesamturteil sagen, daß es sich bei diesem Buch um eine sowohl argumentativ gut durchdrungene als auch methodisch an-spruchsvolle Monographie handelt. In der Fokussierung auf die Untersuchung moderierender Einflußfaktoren auf das Bewältigungsverhalten über einen längs-schnittlichen Verlauf schließt die Arbeit eine wesentliche Lücke der bisher vorlie-genden deutschsprachigen Forschung zur Krankheitsverarbeitung.

Wir möchten an dieser Stelle auf eine 1993 im Hogrefe Verlag erscheinende Monographie von Filipp mit dem Titel "Subjektive Theorien zu Krebserkran-kungen" hinweisen, welche einen differenzierten Einblick in die For-schungsaktivitäten der Trierer Arbeitsgruppe um Sigrun-Heide Filipp zur Krank-heitsverarbeitung ermöglichen wird.

Eine Personengruppe, die - neben den Krebspatienten und -patientinnen - in-nerhalb der Krankheitsverarbeitungsforschung in letzter Zeit häufiger zu finden ist, umfaßt insbesondere Schmerzpatienten, wobei wiederum die an Rheuma er-krankten Frauen und Männer dominieren. Wir wollen im folgenden zwei jüngst er-schienene Monographien zu diesem Themenkreis vorstellen.

Leibing, E. (1992). Krankheitsbewältigung bei Patienten mit rheumatoider Ar-thritis. Regensburg: Roderer.

Bei diesem Buch handelt es sich um eine Monographie, die Leibing als Dissertation vorgelegt hat. Den Anstoß für die Arbeit gab die Tätigkeit des Autors im Konsi-liardienst der Abteilung Psychosomatik und Psychotherapie der Universität Göttingen. Die Leserinnen und Leser bekommen dadurch eine wissenschaftlich anspruchsvolle Arbeit geboten, die zugleich viele Berührungspunkte zur therapeu-tischen Arbeit hat.

Das Buch ist gut gegliedert. So sind positiv etwa die Zusammenfassungen am Ende der jeweiligen Kapitel zu bewerten, die einen schnellen Überblick ermögli-chen. Es wird eingegangen auf das Krankheitsbild, auf Schmerz und psychothera-peutische Einflußmöglichkeiten, auf Copingmodelle allgemein und deren Opera-tionalisierungen wie auch auf Krankheitsbewältigung bei rheumatoider Arthritis.

Diese Themen finden sich auch bereits in den hier von uns genannten Forschungs-
readern, sind aber für den Kliniker interessant, der in einem einzigen Buch damit
einen guten, komprimierten Überblick und empirische Befunde findet.

Den besonderen Wert erhält dieses Buch durch seinen empirischen Teil, der
neben einem deskriptiven Querschnitt zur Krankheitsbewältigung bei rheumatoider
Arthritis eine kontrollierte Therapieinterventionsstudie mit Follow-up-Messung
enthält. Für Forschende wie für praktisch-therapeutisch Arbeitende dürften
insbesondere diese Ergebnisse zur Krankheitsbewältigung interessant sein. Bemerkenswert ist zum Beispiel, daß die Erfassung durch je ein Verfahren der Selbst-
und Fremdeinschätzung erfolgt. Verwendung finden hier die "Way of Coping
Checklist" der Arbeitsgruppe um Lazarus und die "Berner Bewältigungs-Formen"
von Edgar Heim und seinen Mitarbeitern, wobei sich die Ergebnisse in diesen
unterschiedlichen Verfahren weitgehend decken. Bemerkenswert ist außerdem, daß
sich durch ein Schmerzbewältigungstraining die Verwendung passiver und
resignativer Bewältigungsformen verringern und die Verwendung problembe-
zogener, aktiver Bewältigungsformen erhöhen läßt. Weiter ist für den therapeutisch
Arbeitenden von Interesse, daß sich u.a. durch die verwendeten Bewältigungsformen Patienten beschreiben lassen, die vom durchgeführten Therapie-
programm besonders gut profitieren. Aufgrund der sorgfältigen Planung und
Durchführung der Studie lassen sich diese Ergebnisse auch für den "klinischen Alltag" auf andere Rheumapatienten generalisieren.

Es ist dem Autor zu danken, daß es ihm gelungen ist, diese Fülle der Ergebnisse
übersichtlich und verständlich darzustellen.

Die Monographie von Jungnitsch skizziert aus zweierlei Hinsicht den Forschungsstand zu "Krankheitsbewältigung" gerade durch seine Absetzung und
Ausweitung.

> Jungnitsch, G. (1992). Schmerz- und Krankheitsbewältigung bei rheumatischen
> Erkrankungen. Psychologische Hilfen im Einzel- und Gruppentraining. Mün-
> chen: Quintessenz.

Erstens ist hier die Akzentsetzung in der Behandlung des Themas selbst zu nennen:
bei Leibings Buch nur angedeutet, in dessen empirischen Ausformungen aber nicht
verfolgt, dokumentiert sich im Buch von Jungnitsch die Sichtweise, Krankheitsbewältigung als Ziel therapeutischen Arbeitens mit chronisch Kranken aufzu-
greifen. Dies führt zweitens in der inhaltlichen Schwerpunktsetzung zu einer Konzentration auf therapeutisches Tun, das sich aus der wissenschaftlichen Beschäftigung mit entzündlich-rheumatischen Erkrankungen einerseits und spezifischen
psychologischen Interventionsmethoden andererseits schlüssig ergibt. Der Autor,
Leiter der psychologischen Abteilung der Rheumaklinik Oberammergau, formuliert
sehr praxisnahe und -relevante Zielkriterien für Krankheitsbewältigungstrainings:
dem Patienten ein zufriedenstellendes Leben mit der Erkrankung zu ermöglichen
und dem Betroffenen Hilfen zur Verfügung zu stellen, damit er die mit der
Krankheit verbundenen Probleme und Aufgaben besser und effizienter (im Sinn
des Patienten) bewältigen kann. Inhaltlich werden die verschiedenen - für die hier
im Vordergrund stehende Gruppe der entzündlich-rheumatischen Erkrankungen -

Behandlungsformen im Detail beschrieben, Schwierigkeiten und Besonderheiten geschildert und konkrete Stundenabläufe vorgestellt. Das Buch ist für Psychologen und verhaltensmedizinisch geschulte Ärzte, die mit chronisch Kranken (besonders Rheumapatienten) arbeiten, sicher von großem Interesse. Zu den Stärken des Buches zählen ohne Zweifel seine sorgfältig aufbereiteten Arbeitsmaterialien und seine gut gegliederte Struktur, die sich auch in den vorgeschlagenen Therapiestunden wiederfindet.

Unter thematischen Gesichtspunkten könnte dieses Buch sicher auch in einer Rezension zu Schmerz oder zur Verhaltensmedizin aufscheinen. Es unter dem Blickwinkel der Krankheitsverarbeitung aufzunehmen, dokumentiert unseren Wunsch, diesen Forschungsbereich in seinen vielen Facetten aufzuzeigen. Die Monographie von Georg Jungnitsch zählt zu den Büchern zur Krankheitsbewältigung, die auf bereits erworbenem theoretischen Wissen aufbauen.

Im Gegensatz zur Erforschung von Belastungs-Bewältigungs-Prozessen bei Erwachsenen wird der Krankheitsverarbeitung bei Kindern und Jugendlichen vergleichsweise wenig Aufmerksamkeit geschenkt. Darauf verweist Seiffge-Krenke (1990) im Vorwort zu ihrem Herausgeberband.

Seiffge-Krenke, I. (Hrsg.). (1990). Krankheitsverarbeitung bei Kindern und Jugendlichen. Jahrbuch der medizinischen Psychologie 4. Berlin: Springer.

Das Buch gliedert sich zunächst einmal in vier große Teile. Der erste Teil umfaßt die dem Leitthema untergeordneten Artikel. Im zweiten Teil greift Forschungsstrategien in der medizinischen Psychologie auf. Der dritte Teil enthält Rezensionen zur Psychogynäkologie, und im vierten werden schließlich historische Seiten der kindzentrierten Betrachtung angesprochen. Der für diese Rezension maßgebliche Teil der Krankheitsverarbeitung bei Kindern und Jugendlichen unterteilt sich in acht Abschnitte.

Seiffge-Krenke und Brath geben dabei zunächst einleitend einen Überblick über den Stand der Forschung zu Fragen der Krankheitsverarbeitung bei Kindern und Jugendlichen aus entwicklungspsychologischer Perspektive. Fragestellungen, Konzeptbildung und methodische Zugänge in Versuchsplanung und Operationalisierung werden dabei für die in den Studien berücksichtigten, verschiedenen Altersstufen analysiert. Es zeigt sich, daß Altersdifferenzierungen nur sehr eingeschränkt in der Erforschung von Krankheitsverarbeitung bei Kindern und Jugendlichen vorgenommen werden. Ferner fehlen bisher Längsschnittstudien mit umfangreicher Stichprobengröße und mit Kontrollgruppen. Auf die Verzahnung von verschiedenen Entwicklungsbereichen bei der Auseinandersetzung mit Erkrankungen von Kindern und Jugendlichen sowohl im Sinne einer Beeinträchtigung als auch im Hinblick auf entwicklungsdynamisierende Komponenten weisen Seiffge-Krenke und Brath eindrucksvoll hin.

Entwicklungspsychologische Korrelate werden dann von Eiser bei Vorstellungen über Körperfunktionen und Krankheit bei Kindern sowie von Maxin und Smith beim kindlichen Schmerzerleben und -verarbeiten aufgezeigt. Im dritten Abschnitt "Gesundheit und Krankheit" beleuchten Holler und Hurrelmann ausgehend von einem Konzept von Gesundheit, welches Zustände des objektiven und subjektiven

Wohlbefindens in allen Dimensionen des täglichen Lebens und Erlebens berücksichtigt, die Bedeutung des sozialen Netzwerkes für die Gesundheitsbalance von Jugendlichen. Dabei analysieren sie die Belastungspotentiale ebenso wie die der Unterstützung insbesondere in der Beziehung von Jugendlichen zu deren Eltern und Gleichaltrigen. Der Zusammenhang zwischen der sozialen Einbindung Jugendlicher und dem Auftreten von Gesundheitsbeeinträchtigungen in Form von psychosomatischen Beschwerden wird dabei eindrucksvoll in einer repräsentativen Längsschnittstudie an 1717 Schülerinnen und Schülern im Alter von 13-16 Jahren aufgezeigt. Es zeigte sich eine unerwartet große körperliche Beeinträchtigung besonders bei weiblichen Jugendlichen. Lediglich vier Prozent der Mädchen und Jungen nannten keinerlei Körperbeschwerden. Verhulst und Achenbach stellen in ihrem Beitrag interkulturelle Forschungsergebnisse zur Psychopathologie im Kindes- und Jugendalter vor. Dabei berücksichtigen sie standardisierte Verfahren zur Einschätzung von verhaltensbezogenen bzw. emotionalen Störungen ebenso wie Kompetenzen in verschiedenen Situationen und mit unterschiedlichen Interaktionspartnern. Ergebnisse der Bielefelder Studie zur Invulnerabilität stellen Lösel, Bliesener und Köferl vor. Sie vergleichen Jugendliche, die sich trotz Risikobelastung in der Kindheit psychisch relativ gesund entwickeln mit einer Gruppe von Jugendlichen, welche unter kumulierten und ernsthaften Belastungen risikogemäß Erlebens- und Verhaltensstörungen zeigen. Belastung und Bewältigung bei verschiedenen Erkrankungsgruppen werden im vierten Abschnitt des Buches von Albert Hürter sowie von Brath und Seiffge-Krenke thematisiert. Mit der Perspektive der Familie befassen sich im fünften Teil des Readers drei Beiträge. Shulman analysiert familiäre Bewältigungs- und Anpassungsprozesse von Familien mit körperlich behinderten und chronisch kranken Kindern aus systemischer Perspektive. Es gelingt ihm sehr eindrucksvoll, auch die Risiken funktionaler Bewältigungsformen innerhalb der Familien aufzuzeigen. So kann sich eine funktionale, für die Bewältigung der Bedürfnisse des behinderten Kindes effektive Bewältigungsform insbesondere in bestimmten Entwicklungsstufen des Kindes bzw. der Familie als zu rigiditätsorientierter familiärer Stil erweisen. Meyer und Pauli berichten von einer Längsschnittstudie, welche die positiven und negativen Auswirkungen von drei verschiedenen Familienbeziehungsmustern auf die neurologische, geistige und allgemein-gesundheitliche Entwicklung von peri- oder postnatal beeinträchtigten Kindern in einem Zeitraum von drei Jahren nach der Geburt der Kinder untersuchte. Während Kinder aus "depressiven" Familien sich deutlich schlechter entwickelten, hatten Kinder aus "individuierten" Familien trotz relativ starker Ausgangsschädigung bei bzw. kurz nach der Geburt einen günstigen Entwicklungsverlauf. Hinze und Rauh befassen sich in ihrem Beitrag mit Merkmalen und Bedingungen des Verarbeitungserfolges bei Vätern und Müttern behinderter Kinder. In einer retrospektiv angelegten Studie zeigte sich eine adaptivere Verarbeitung der Mütter, wobei die rollenspezifischen familiären und sozialgesellschaftlichen Lebensbedingungen der Eltern den mütterlichen Verarbeitungsprozeß stärker unterstützten als den der Väter der behinderten Kinder. Die Bewältigung von Krankenhausaufenthalten und medizinischen Eingriffen bei Kindern steht im Zentrum der Beiträge von Saile und Schmidt sowie Smorti und Tani. Habermas und Rosemeier widmen sich der Auseinandersetzung mit Tod und Sterben. Die Entwicklung des Todesbegriffes wird dabei in Relation zur kognitiv-emotionalen Entwicklung bei Kindern aufgezeigt. Im letzten Abschnitt des dem Leitthema gewidmeten Teiles des Readers werden Behandlungsansätze sowohl im Hinblick auf Krankheitsbewältigungsprozesse als auch bezogen auf psychosoziale Betreuungskonzepte insbesondere bei Krebserkrankungen im Kindes- und Jugendalter von Eckert, Siegrist und Koch thematisiert. Noeker und Petermann diskutieren ein psychologisches Beratungskonzept für Familien mit krebskranken Kindern, welches auf die vielschichtigen psychosozialen Belastungen ausgerichtet ist. Prävention und Reduktion von Belastungen, Mobilisierung von sozialer Unterstützung und Verbesserung des Bewältigungsverhaltens werden dabei gleichermaßen angestrebt. Abschließend werden pädiatrische und psychotherapeutische Ansätze der Betreuung chronisch kranker Kinder und ihrer Familien von Höck vorgestellt. Sie fordert eine stärkere Einbindung der psychosozialen Betreuung chronisch kranker Kinder und ihrer Familien in den Diagnostik- und Therapieprozeß, welche auf das Alter des Kindes, auf die spezifische Familiensituation und auf das Krankheitsbild auch im Hinblick auf die Prognose abgestimmt sein sollte, um die Krankheitsverarbeitung adäquat zu unterstützen.

Insgesamt gesehen, bietet der Reader einen breiten Einblick in die unterschiedlichsten Facetten der Erforschung von Verarbeitungsprozessen im Kindes- und Jugendalter im Kontext von Erkrankungen. Sowohl MedizinerInnen als auch Psychologen und Psychologinnen können aus den Beiträgen wichtige Anregungen für ihre Arbeit mit Kindern und Jugendlichen ableiten. Der Reader trägt aber nicht nur zu einem besseren Verständnis der Lebenssituation chronisch kranker und behinderter Kinder und Jugendlicher und ihren Familien bei, sondern liefert ebenso wichtige Anregungen für weitere Forschungsarbeiten auf dem Gebiet der Krankheitsverarbeitung dieser in den Forschungsarbeiten häufig vernachlässigten Altersgruppe.

Auch beim folgenden Reader handelt es sich um eines der wenigen Bücher, die sich hinsichtlich der Krankheitsbewältigung auf das Kindes- und Jugendalter eingrenzen.

Petermann, F. & Lecheler, J. (Hrsg.) (1992). Asthma bronchiale im Kindes- und Jugendalter. Behandlungskonzepte und Krankheitsbewältigung (2. durchges. Aufl.). München: Quintessenz.

Vom Interessentenkreis her ist es für Psychologen und Kinderärzte geschrieben, die mit asthmakranken Kindern und Jugendlichen arbeiten. Es gibt aber auch anderen praktisch Arbeitenden einen guten Einblick in die Besonderheiten der Krankheitsbewältigung in diesen Entwicklungsabschnitten. Der inhaltliche Schwerpunkt des Readers liegt auf der Vermittlung medizinischer und psychologischer Grundlagen einerseits und der praxisnahen Darstellung zweier Patientenschulungen andererseits. In einem dritten Teil werden bereits bestehende Rehabilitationskonzepte vorgestellt.

Die Herausgeber, Petermann, Leiter der Abteilung Klinische Psychologie der Universität Bremen, und Lecheler, ärztlicher Direktor des Asthmazentrums Jugenddorf Buchenhöhe in Berchtesgaden, können auf eine langjährige praktische

Erfahrung mit einem in diesem Buch beschriebenen Asthma-Verhaltenstraining zurückgreifen. Dies spiegelt sich auch in der Anschaulichkeit der Beschreibung des Trainingsprogramms wider. Thematisch wiederholen sich manche Aspekte in verschiedenen, von unterschiedlichen Autoren geschriebenen Kapiteln. Das Buch vermittelt gleichwohl einen runden Eindruck. Insgesamt ist der Reader ein gutes Beispiel für eine gelungene Kooperation von Medizin und Psychologie, die in einem integrativen Behandlungskonzept mündet, das - ähnlich wie das weiter oben besprochene Buch von Jungnitsch - die gelungene Krankheitsbewältigung durch Eigenverantwortung als langfristiges Ziel angibt.

Koch und Heim (1988) zogen vor fünf Jahren in ihrem Editorial zum Schwerpunktheft "Bewältigungsprozesse bei chronischen Erkrankungen" eine Zwischenbilanz der damaligen Copingforschung im Kontext von Krankheitsverarbeitung und wiesen dabei auf einen erheblichen Forschungsbedarf hin, welchen sie insbesondere in den folgenden Schwerpunkten sahen:

"- Differenzierung zwischen übergreifenden und spezifischen Elementen bei den Belastungsfaktoren und Bewältigungsmöglichkeiten verschiedener chronischer Erkrankungen,
- inhaltliche Auseinandersetzung über die Bewältigungsziele (Klärung der "Wertfrage"),
- Klärung von Zusammenhängen zwischen Art des Bewältigungsverhaltens und Zielerreichung,
- stärkere Integration der Social support-, Bewältigungs- und Lebensqualitätsforschung,
- Entwicklung von Hilfsstrategien zur Stärkung des Bewältigungsverhaltens,
- in einem sekundär-präventiven Sinne als "Lebensqualität" trotz chronischer Erkrankung,
- als supportive/palliative Unterstützung bei Betroffenen mit besonders schlechter Prognose (unheilbar Kranke und Sterbende)" (S. 2).

Eine neuerliche Bestandsaufnahme kann zwar nicht durchgängig Erfolgsmeldungen verbuchen. Allein, die hier durchgeführte selektive, auf einige Monographien und Herausgeberbände der letzten fünf Jahre bezogene Literaturschau, dürfte den Leserinnen und Lesern verdeutlichen, daß sich mit der Forschung zur Krankheitsbelastung und -bewältigung ein Betätigungsfeld eröffnete, welches theoretisch wie auch methodisch und praktisch-therapeutisch innovativ und integrativ ist. Gerade auch die sich derzeit etablierende Gesundheitspsychologie sollte deshalb nicht durch eine zu starke Konzentration auf Aspekte von Gesundheit die Bedeutung der Forschungen zur Krankheitsverarbeitung vernachlässigen. Angesichts der für die Zukunft nicht gerade optimistisch einzuschätzenden Inzidenzraten bei schweren und chronischen Erkrankungen wäre eine solche Entwicklung zu bedauern. Eine gegenseitige Befruchtung beider Forschungsrichtungen, verbunden mit einem Erfahrungstransfer aus anderen Teildisziplinen der Psychologie sowohl in konzeptuell-theoretischer als auch methodischer Hinsicht wäre wünschenswert.

VI.

Historischer Beitrag[*]

---

[*] aus: George L. Engel: Psychisches Verhalten in Gesundheit und Krankheit. Ein Lehrbuch für Ärzte, Psychologen und Studenten. Aus dem Englischen übersetzt von R. Adler. Huber: Bern

Psychologische Antworten auf bedeutenden, umweltbedingten Streß
Trauer und Trauern;
Gefahr, Katastrophe und Entbehrung

Wir haben schon genügend auf den *Streß* hingewiesen, um zu zeigen, daß damit Einflüsse auf den lebenden Organismus gemeint sind, die ihn entweder direkt schädigen oder solche Veränderungen nach sich ziehen, daß Verletzungen und Schäden auftreten, wenn sie nicht behoben oder kompensiert werden. *Gleichzeitig muß auch betont werden, daß erfolgreich bewältigter Streß ebenso oft günstig und stimulierend, wie unbewältigter Streß ungünstig und schädigend auf die Entwicklung wirken kann.* Streß darf nicht einfach den Begriffen schlecht oder schädigend gleichgesetzt werden. Das Konzept des Streß' ist notwendigerweise ein relatives, auch wenn er in einigen Prozessen eindeutig schädigender Natur ist. Ob eine besondere Kraft oder Situation von einem bestimmten Organismus als Streß erlebt wird oder nicht, hängt zudem davon ab, ob dieser Organismus früher entsprechende Mittel zur Anpassung oder Verteidigung entwickelt hat oder befähigt ist, dies zu tun. Als Beispiele könnte man die erste Begegnung mit physischen Agentien wie Bakterien erwähnen, wenn eine spezifische immunologische Abwehr noch nicht verfügbar ist; den ersten verhaltensmäßigen Ausdruck eines instinktmäßigen Bedürfnisses des Kindes wie beispielsweise die Masturbation, welche mit den durch die Familie repräsentierten Erwartungen der Umgebung in Konflikt gerät; oder die erste Anforderung an einen in der Kindheit übermäßig behüteten Menschen, Verantwortungen des Erwachsenen zu übernehmen. Diese Beispiele unterscheiden sich darin, daß zwei davon Situationen beschreiben, in denen komplexere psychische Belastungen vorkommen können, während das dritte einen physischen Streß betrifft. In allen drei Beispielen aber fehlt die Vorbereitung auf die bis dahin noch nie angetroffene Situation, welche dadurch zu einem potentiellen Streß wird.

Ein späteres Erlebnis kann sich auch als Streß erweisen, weil frühere Anpassungsversuche relativ erfolglos oder unvollständig waren, nicht mehr länger angepaßt sind, oder weil das erste Erlebnis zu einer ungünstigen Veränderung geführt hat. So kann man beispielsweise beim zweiten Kontakt mit einem Mikroorganismus mit einer zweiten Infektion antworten, auf eine zweite Dosis eines Mittels oder Serums überempfindlich reagieren,

oder nach einem chirurgischen Eingriff können infantile Komplexe wieder
aufleben, die frühere, ungelöste Konflikte hinsichtlich Verletzung oder
Trennung betreffen.

Streß muß auch in einem quantitativen Sinne betrachtet werden: wie
groß ist er, wie abrupt setzt er ein und wie lange hält er an? Für jedes
lebende System gibt es einen Bereich, der die Fähigkeit des Systems bestimmt, erfolgreich auf Veränderungen zu antworten.

Schließlich kann Streß nicht einfach nach seinem Ursprung definiert
werden. Es wäre leichter, die Streßformen nach umweltmäßigen Faktoren
oder Situationen einzuteilen. Aber manche Einflüsse, die einen Streß darstellen, wurzeln eher im Innern des Organismus als in der Umgebung, und
die für jedes einzelne Individuum den Streß definierenden Bedingungen
finden sich gleichzeitig im Individuum und in der äußeren Umgebung.
Zudem hat man es, wie schon betont, selten mit einem einzelnen Streß zu
tun, sondern eher mit einer Reihe von Reaktionen des Organismus im Zusammenhang mit seiner Umgebung. Eine vielfältige Hierarchie und ein
Mosaik von Streßformen ergeben sich daraus. Dennoch lehrt uns die Erfahrung, daß sich gewisse Umweltfaktoren oder Ereignisse voraussichtlich
für die meisten, aber nicht für alle Leute als Streß erweisen werden (siehe
Kapitel 25). Solche Streßsituationen finden sich in der Umwelt so häufig,
daß Antwortmuster in großen Bevölkerungsgruppen untersucht werden
können. Wir wählen zwei dieser häufigen Quellen von psychischem Streß
als Modelle aus, um an ihnen Muster von psychologischer Antwort und
Anpassung näher zu erklären. Es sind dies Verlust von realen Objekten
und Situationen von Gefahr und Entbehrung.

TRAUER UND TRAUERN ALS ANTWORTEN
AUF EINEN REALEN OBJEKTVERLUST

In dieses Kapitel gehören alle die allgemeinen Antworten auf den Verlust
von Objekten (Personen, die Arbeit, geschätzte Besitztümer, das Heim,
die Zugehörigkeit zu einer Gruppe, das Land, Ideale usw.). Im allgemeinen bezieht sich Trauer mehr auf das, was gefühlt oder erlebt wird, und
Trauern auf die beteiligten Prozesse. Das menschliche Leben feit nieman-
den gegen solche Ereignisse, und wahrscheinlich bleibt niemand zeitlebens
von tiefer Trauer verschont. Trauer-Reaktionen sind nicht auf die Menschen allein beschränkt. Sie sind auch bei Tieren beobachtet worden. Der
Verlust, welcher am eindeutigsten Trauer hervorruft, ist der Tod eines
geliebten Menschen. Wir werden als Modell für die Trauer-Reaktion die
Antwort auf einen unerwarteten Todesfall heranziehen. Die grundsätzlichen Gesetzmäßigkeiten gelten auch für andere Arten des Objektverlustes.

Offensichtlich gibt es aber in den Mustern von Trauer bedeutende Unterschiede, die von den Umständen, unter denen der Verlust stattfindet und von der Bedeutung des verlorenen Objektes abhängen. Trauer und Trauern sind recht umschriebene Vorgänge. Am besten können sie als eine Reihe von psychischen Prozessen verstanden werden, die ablaufen, wenn man den Verlust erfährt, ihn zu bewältigen versucht und er sich schließlich auflöst. Definitionsgemäß besitzt ein Objekt Eigenschaften, welche für das psychische Funktionieren des Individuums wesentlich sind. Deshalb kann der Objektverlust mit einer Wunde und das Trauern mit der Wundheilung verglichen werden. Erfolgreiches Trauern läuft ebenso wie die Wundheilung schrittweise und geordnet ab und beansprucht einen nicht verkürzbaren Zeitabschnitt. Wird der Vorgang gestört, dann kann der Heilungsprozeß beeinträchtigt werden und pathologische Folgen können auftreten. Wie bei der Wundheilung vermögen vorbestehende und frühere Umstände den Verlauf des Prozesses zu beeinflussen, zu verändern und zeitweilig ganz zu verhindern.

Die Phase von Schock und Unglauben

Erfährt man von einem unerwarteten Todesfall, so antwortet man zuerst mit Schock und Unglauben. Die Realität kann einfach nicht angenommen werden. Der Benachrichtigte reagiert oft, indem er sich weigert, die vernommene Tatsache zur Kenntnis zu nehmen oder zu verstehen und ruft häufig: «Nein, es kann nicht sein!», «ich glaube es nicht!», «es ist nicht wahr!». Er kann sich auch über den Körper werfen, um noch Lebenszeichen zu finden oder den Toten ins Leben zurückzurufen. Dieser Reaktion kann dann ein Gefühl von Benommenheit und Staunen folgen. Die von Trauer überwältigte Person nimmt die Eindrücke ihrer Sinnesorgane nur noch verlangsamt auf oder sperrt sie gänzlich ab und gestattet sich selbst keine Gedanken oder Empfindungen, welche die Realität des Todesfalles anerkennen. Die Person kann verzweifelt aber automatisch versuchen, ihren gewohnten Tätigkeiten nachzugehen, wie wenn nichts geschehen wäre, oder ruhig, benommen und bewegungsunfähig dasitzen. In diesem Moment scheint der Betroffene keinen Kontakt mit der Umwelt zu haben und es kann schwierig sein, seine Aufmerksamkeit zu erregen. Diese Phase kann wenige Minuten, Stunden oder sogar Tage anhalten und von Augenblicken der Verzweiflung und Angst unterbrochen werden, wenn die Realität des Verlustes kurz ins Bewußtsein dringt.

Hie und da besteht die erste Antwort darin, daß die Realität des Verlustes intellektuell angenommen wird und angepaßtes Verhalten unmittelbar einsetzt, indem beispielsweise nötige Schritte unternommen, andere Personen getröstet werden usw. Dies kann aber nur dadurch stattfinden ,daß dem vollen gefühlsmäßigen Anteil am Velust der Zugang zum Bewußtsein untersagt wird. In diesem Falle wird der Verlust anerkannt,

sein schmerzlicher Charakter aber verleugnet oder mindestens unterdrückt. Da die Aktivität angepaßt ist, hilft sie mit, die Affekte zu verleugnen.

Im allgemeinen ist diese einleitende Phase durch die Versuche gekennzeichnet, sich vor den Auswirkungen des überwältigenden Streß' zu schützen, indem die Schwelle gegenüber seiner Anerkennung oder gegenüber
den durch ihn hervorgerufenen schmerzlichen Gefühlen erhöht wird. Verleugnung ist der zu diesem Zeitpunkt vorherrschende psychische Mechanismus. Obwohl solche Antworten gewöhnlich eher bei raschem und
unerwartetem Ableben vorkommen, können sie auch in Fällen beobachtet
werden, in denen der Tod vorausgesehen worden war. Im allgemeinen
aber ist es bei erwarteten Todesfällen eher möglich, den Tod anzuerkennen
und durchzuarbeiten. Die Schockphase ist dann weniger ausgeprägt oder
fehlt ganz.

Die Phase, in welcher der Verlust allmählich gewahr wird

Innerhalb kurzer Zeit beginnt die Realität des Todes uns seine Bedeutung
als ein Verlust mehr und mehr ins Bewußtsein zu dringen. Dies geschieht,
indem der Verlust unter Schmerz und Beklemmung immer klarer gewahrt
wird. Dabei tritt häufig das Gefühl auf, daß etwas fehlt oder verloren-
gegangen ist, und oft wird eine schmerzliche Leere in der Brust oder im
Epigastrium empfunden. Der erlebte Affekt ist vor allem akute Trauer, der
eine gewisse Angst, Hilflosigkeit oder Hoffnungslosigkeit beigemischt sein
kann. Die Umgebung erscheint frustrierend und leer, da sie die geliebte
Person nicht mehr enthält. Die Aggression gegenüber Menschen oder Umständen, die für den Tod verantwortlich gehalten werden, kann als Zorn
empfunden werden. Dies gilt auch für den Trauernden selbst, der sich für
verantwortlich halten und Schuld empfinden kann.

Weinen und Tränenvergießen sind für diese Phase typisch. Gerade in
dieser Periode wird der höchste Grad von Beklemmung oder Verzweiflung
in den durch die kulturellen Muster gesetzten Grenzen erlebt und ausgedrückt. Einige Kulturen verlangen lautes und öffentliches Klagen, während andere Zurückhaltung und Vermeidung öffentlich gezeigter Trauer
fordern. Um beurteilen zu können, ob eine Trauer-Reaktion angepaßt ist,
muß man mit solch kulturellen Mustern vertraut sein. Wunsch und Bedürfnis zu weinen sind stark und unabhängig von solchen Faktoren, und
das Weinen scheint bei der Trauerarbeit eine wichtige homöostatische
Funktion zu erfüllen. Im allgemeinen umfaßt das Weinen sowohl die
Anerkennung des Verlustes als auch eine dadurch hervorgerufene Regression auf eine hilflosere und kindlichere Stufe. Auf dieser stellt das Weinen
eine Kommunikation dar. Der von Trauer überwältigte Mensch, der weint,
erhält von der Gruppe Unterstützung und Hilfe, die aber je nach Kultur
stark unterschiedlich. Trauer stellt eine Sitation dar, in welcher Tränen

bei einem Erwachsenen im allgemeinen angenommen und verstanden werden, und der Mensch, der weint, empfindet immer noch Selbstachtung,
Wertgefühl und glaubt, Hilfe zu verdienen.

Einige Menschen, die einen Verlust erleiden, können nicht weinen, obwohl sie weinen möchten oder fühlen, daß sie weinen sollten. Diese Hemmung zu weinen muß vom Nichtweinen, weil die verstorbene Person nicht
ernstlich vermißt wird und wo weder Neigung noch Bedürfnis zu weinen
bestehen, unterschieden werden. Sie darf auch nicht mit der willentlichen
Unterdrückung des Weinens vermengt werden, die wegen umweltbedingter
oder kultureller Forderungen geschieht. Hier weint der Mensch «in sich
hinein» oder wartet mit Weinen, bis er allein und unbeobachtet ist. Unfähigkeit zu weinen aber ist etwas Ernsteres. Sie stellt sich meistens dann
ein, wenn die Beziehung zur verstorbenen Person hochgradig ambivalent
war und der Hinterbliebene starke Schuld- und Schamgefühle erlebt. Er
kann ganz verzweifelt sein, daß er nicht zu weinen vermag oder daß ihm
sogar nicht einmal nach Weinen zumute ist. Seine Ambivalenz, die ihm
gewöhnlich nicht bewußt ist, drückt sich oft in seinen Bedenken aus, daß
ihn andere als hartherzig betrachten könnten; gegen diese Möglichkeit
führt er seine Ergebenheit dem Verstorbenen gegenüber ins Feld. Herrscht
als Affekt Hoffnungslosigkeit vor, so findet sich das zusätzliche Element
von Rückzug und Ablösung mit Apathie gegenüber dem Ereignis. Die
Unfähigkeit, bei einem ernsten Verlust zu weinen, ist ein Vorbote späterer
Schwierigkeiten, wie besprochen werden soll.

Restitution – die Arbeit des Trauerns

Die Institutionalisierung des Trauerns in Form der verschiedenen Begräb-
nis Rituale hilft, die Heilungsprozesse einzuleiten. Die Familienmitglieder
und Freunde treffen zusammen und tragen den Verlust, wenn auch nicht
alle im gleichen Maße, miteinander. Gleichzeitig wird das Bedürfnis
nach Unterstützung der stärker betroffenen Hinterbliebenen anerkannt
und deren Regression angenommen. In dieser Umgebung wird der offene
oder bewußte Ausdruck von Aggression auf ein Minimum beschränkt.
Viele der Begräbnisrituale haben die wichtige Aufgabe, die Realität
des Todes klar und unzweideutig zu betonen, da dessen Verleugnung
nicht stattfinden soll. Das Zurschaustellen des Körpers, das Versenken
des Sarges und die vielfältigen, für die verschiedenen religiösen Bekennt-
nisse charakteristischen Rituale erlauben keine Zweideutigkeit. Zudem
geht dieses Erlebnis in einer Gruppe vor sich. Dies gestattet, daß gewöhnlich gehütete Gefühle geteilt und bereitwilliger ausgedrückt werden.
Zusätzlich bieten individuelle religiöse und geistige Auffassungen auf
verschiedene Weisen Zuflucht bei einer mächtigen wohlwollenden Figur,
die hilft und stützt, oder sie liefern die Hoffnung auf irgend eine Form der
Wiedervereinigung nach dem Tode. Die Begräbniszeremonie leitet durch

die verschiedenen Rituale, welche eine Identität zwischen dem Trauernden und dem Toten symbolisieren (z. B. Sackkleider und Asche), den Prozeß der Identifikation mit der verlorenen Person ein. In primitiven Gesellschaften findet eine lebhaftere und wörtlichere Darstellung der Identifikation statt. Die Begräbniszeremonie umfaßt in vielen Kulturen ein Fest oder eine Abdankung, mit der symbolisch durch primitive Phantasien oraler Einverleibung ein Triumph über den Tod, eine Verleugnung der Furcht vor dem Tod oder dem Toten und ein Versuch zum Leben zurückzukehren ausgedrückt wird.

Die Hauptarbeit des Trauerns aber geht intrapsychisch vor sich. Die Institutionalisierung sorgt in dieser Phase vor allem für Unterstützung. Wenn die Realität des Todes einmal angenommen wird, geht die Auflösung des Verlustes in mehreren Schritten und mit Verzögerung und Unterbrüchen vor sich. Zuerst versucht der Trauernde, die schmerzliche Leere und das Gewahren des Objektverlustes, der auch als Defekt des psychischen Selbst empfunden wird, zu bewältigen. Er vermag noch kein neues Objekt anzunehmen, um das Verlorene zu ersetzen, obwohl er passiv und vorübergehend eine abhängigere Beziehung zu alten Objekten wieder aufnehmen kann. In dieser Phase kann er sich vermehrt seines Körpers bewußt werden und verschiedene körperliche Empfindungen oder Schmerzen erleben. Dies steht im Gegensatz zur früheren Periode, in der er sogar großen körperlichen Schmerzen gegenüber recht unempfindlich sein konnte. Oft ist solch ein Schmerz oder Unbehagen identisch mit einem Symptom, das die verstorbene Person in der Vergangenheit, gelegentlich während der letzten Krankheit, erlebte. Wie der Verstorbene zu leiden, weist auf eine teilweise Identifikation hin. Der Trauernde leidet anstelle des Verstorbenen und erhält damit nicht nur ein Band mit ihm aufrecht, sondern versöhnt auch einen Teil seiner Schuldgefühle, welche die Folge aggressiver Impulse gegen den Toten sind. Unter normalen Umständen halten solche Symptome, wenn sie überhaupt vorkommen, nur kurze Zeit an, aber manchmal stellen sie einen bedeutenden Zug der Antwort auf den Verlust dar und sind dann pathologisch (siehe Kapitel 27 und 32).

Während einiger Zeit befassen sich die Gedanken des Trauernden fast ausschließlich mit dem verlorenen Objekt, wobei die Betonung zuerst mehr auf dem persönlichen Erlebnis des Verlustes und später mehr auf dem verlorenen Objekt liegt. Er findet es notwendig, Erinnerungen an den Verstorbenen wieder aufleben zu lassen, zu überdenken und darüber zu sprechen. Dies ist ein langsamer und schmerzlicher, mit starken Empfindungen von Trauer verbundener Vorgang, der anhält, bis im Geiste ein von negativen oder unerwünschten Zügen fast gänzlich freies Bild des Verstorbenen errichtet ist. Ein solcher Idealisierungsvorgang aber verlangt, daß alle negativen und feindlichen Gefühle gegenüber dem verlorenen Objekt verdrängt werden. Eine solche Verdrängung aber kann zu an- und abschwel-

lenden Empfindungen von Schuld, Reue und Furcht führen. Diese sind
dann mit Bedauern für vergangene feindselige, unbedachte oder unfreund-
liche Handlungen oder Phantasien verbunden und werden zum Teil über-
wertet. Hie und da kommt es zu einer zwangshaften Beschäftigung mit
Gefühlen von Verantwortung für den Tod. Die verschiedenen primitiven
Auffassungen von der Rückkehr des Toten, um sich an den Zurückgebliebenen zu rächen und sie zu verfolgen, wurzeln in solchen Schuldgefühlen.
Wie die Idealisierung der toten Person aber fortschreitet, werden zwei
wichtige Veränderungen erreicht. Das verlorene Objekt wird mehr und
mehr vom Selbst abgelöst, indem es in Form einer intellektuellen, oft durch
äußerliche Andenken verschiedener Art gefestigten Erinnerung verewigt
wird. Zusätzlich beginnt der Trauernde bewußt und unbewußt durch
Identifikation bestimmte bewunderte Eigenschaften und Attribute des Toten zu übernehmen. Dies kann sich darin zeigen, daß er gewisse Ausdrucks-
formen der verlorenen Person annimmt und ihre Ideale und guten Taten
weiterführt. Es drückt sich auch in seinem eingestandenen Wunsch aus,
ihr zu gleichen. Wenn Schuldgefühle vorliegen, nimmt der Trauernde eher
unerwünschte Züge oder sogar Symptome des Dahingegangenen an oder
versucht, seine Wünsche in übertriebenem Maße zu erfüllen. Solche Iden-
tifikationen mit negativen Zügen stellen eine potentielle Quelle für spätere
psychopathologische Zustände dar.

Dieser Vorgang benötigt mehrere Monate. Wenn er beendigt ist, schwindet die vorwiegende Beschäftigung des Zurückgebliebenen mit der toten
Person mehr und mehr. Nun wecken Erinnerungen weniger oft und stark
traurige Empfindungen, und ambivalente Gedanken an sie können mit
weniger Schuldgefühlen ertragen werden. Wie sich die Bindungen zunehmend lockern, wird die frühere Sehnsucht, mit der toten Person zusammen,
ja sogar im Tod vereinigt zu sein, mehr und mehr durch eine Rückkehr
zum Leben ersetzt. Die Identifikation mit den Idealen, Wünschen und
Strebungen des verlorenen Objektes regt an, weiterzuleben. Dies wird oft
in den Wunsch gekleidet, «zu sein, was er mich zu sein gewünscht hätte»
oder «an seiner Stelle fortzufahren». Eine erfolgreiche Identifikation stellt
einen entwicklungsmäßigen Vorgang, tatsächliches Wachstum dar, das
beim Trauernden zuweilen sogar zu einer deutlichen charakterologischen
Veränderung beitragen kann, wie wenn sich beispielsweise ein Sohn nieder-
läßt und Verantwortungen übernimmt, die er vor dem Tode des Vaters
umgangen hatte. Wie schon gesagt, kann das Endresultat eines Streß' heil-
sam sein.

Wenn die psychische Abhängigkeit vom verlorenen Objekt abnimmt,
kehrt das Interesse des Trauernden für neue Objekte zurück. Zu Beginn
des Trauerns kann dies die Form von Interesse für Sorge um andere
Trauernde annehmen, die das gleiche Objekt verloren haben. Greene[7]
nannte dies die Verwendung eines Ersatzobjektes. Bei diesem Vorgang

gibt es der Trauernde zeitweilig auf, sich mit sich selbst und der toten Person zu beschäftigen und bemitleidet und umsorgt statt dessen den anderen Trauernden. «Mein Sohn, der seine Mutter verloren hat, tut mir so leid.» Dies erlaubt ihm, wieder für seine andern Objekte Gefühle zu empfinden und gleichzeitig durch Identifikation mit dem Menschen, den er nun tröstet und umsorgt, selbst etwas Trost zu finden. Zusätzlich verschafft es ihm etwas Abstand von der schmerzlichen, jedoch notwendigen Aufgabe, sich mit dem Verlust und dem verlorenen Objekt auseinanderzusetzen. In Familieneinheiten können verschiedene Mitglieder einander die Arbeit des Trauerns erleichtern, indem sie in solchen Rollen abwechseln. Mit der Zeit beginnt aber das Interesse des Trauernden an Personen und Sachen, die mit dem Verlust und mit dem Trauern nichts zu tun haben, wieder zu erwachen, und damit entwickelt sich eine Neigung, das alte Objekt durch neue zu ersetzen. Um annehmbar zu sein, muß das neue Objekt zuerst so stark wie nur möglich dem alten Objekt gleichen, was der Beziehung zum neuen Objekt immer noch einen stellvertretenden anstatt einen realen Charakter verleiht. Diese Neigung schwindet aber schließlich und die Wahl neuer Objekte vollzieht sich wirklichkeitsgerechter. Während all dieser Zeit versagt sich der Trauernde Vergnügungen. Zunehmendes Aufgeben solcher Einschränkungen kennzeichnet die endgültige Auflösung der Trauer.

Das Trauern beansprucht sechs bis zwölf Monate, und die Fähigkeit, sich getrost und realistisch sowohl der angenehmen Seiten als auch der Enttäuschungen der verlorenen Beziehung zu erinnern, zeigt die vollständige Auflösung der Trauer an. Wenn sie erfolgreich verlief, vermag der Hinterbliebene sein Leben weiter zu führen und neue Beziehungen anzuknüpfen, wobei er durch die positive Identifikation mit der verlorenen Person oft gewinnt. Viele Faktoren beeinflussen den schließlichen Ausgang. Zu diesen gehören a) die Bedeutung des verlorenen Objektes als Quelle der Unterstützung – je mehr Abhängigkeit in der Beziehung lag, desto schwieriger wird es sein, sie aufzulösen; b) der Grad der Ambivalenz gegenüber dem Objekt; c) das Alter des verlorenen Objektes – der Verlust eines Kindes wiegt gewöhnlich schwerer als derjenige der betagten Eltern; d) das Alter des Trauernden; e) die Anzahl und Natur anderer Objektbeziehungen; f) die Anzahl und Natur früherer Verluste und Trauer-Erlebnisse; g) der Grad der Vorbereitung auf den Verlust – im Falle eines betagten oder kranken Menschen kann ein Teil der Trauerarbeit schon vor dem Tod stattfinden; h) die körperliche und psychische Gesundheit des Trauernden zur Zeit des Verlustes. Sie ist für die Bestimmung seiner Fähigkeit, den Verlust bei seinem Eintritt zu verarbeiten, wichtig.

Erfolgloses oder unbewältigtes Trauern

Erfolgloses oder unbewältigtes Trauern kann verschiedene Formen annehmen, von denen einige psychopathologische Einheiten darstellen, die später
genauer beschrieben werden (Kapitel 31).

Verleugnung des Todes. Bei ihr wird übertrieben oder verlängert empfunden, was man oft normalerweise spürt, und sie stellt eine psychotische Antwort dar, welche die Realität weitgehend verwirft. Die Person weigert sich,
den Tod anzuerkennen, und fährt zu handeln und zu sprechen fort, wie
wenn der Verstorbene noch leben würde. Bei der Reaktion können auch die
schmerzlichen Affekte verleugnet und durch unpassende Heiterkeit und
gute Laune ersetzt werden. Ophelias Antwort (in Hamlet) auf die Ermor-
dung ihres Vaters ist ein gutes Beispiel dafür aus der Literatur.

Verleugnung des Verlustes oder des Affekts. Der Tod wird anerkannt,
seine Bedeutung aber intellektuell oder affektiv verleugnet; z. B. kann der
Hinterbliebene sagen, daß der Tod ihn nicht traf, daß er keinen Verlust
darstellte, oder daß er beim Tod einfach nichts empfand oder zu empfinden vermochte, obwohl er zu wissen zugibt, daß er Trauer hätte fühlen
sollen. Wenn sie verleugnet wird, kann die Arbeit des Trauerns nicht oder
nur unvollständig stattfinden. Eine psychotische Depression, eine manische
Reaktion oder ein anderes Leiden, auch organische Krankheiten, können
einige Monate später oder an einem für die verlorene Beziehung symbolisch bedeutsamen Jahrestag folgen.

Die Verwendung eines Ersatzobjektes. Der Hinterbliebene kann die Auswirkung des Verlustes vermindern, indem er ihn auf einen Mittrauernden
projiziert, den er bemitleidet. Zusätzlich wird der Mittrauernde als Ersatzobjekt benutzt, von dem er auf unrealistische Weise erwartet, daß er die
Rolle des verlorenen Objekts erfüllt. Geschieht dies auf Kosten der Trauer-
Arbeit, so kann sich später, wenn das Ersatzobjekt beispielsweise enttäuscht oder weggeht, eine depressive Antwort einstellen (Greene[7]), auf die
hin der Hinterbliebene erkranken kann.

Verlängerte unbewältigte Trauer. Aus vielfältigen Gründen verschwindet
bei gewissen Menschen das Gefühl von Verlust und ihre Abhängigkeit vom
verlorenen Objekt nie ganz, und sie verharren in einem verlängerten, ja
sogar dauernden Zustand unbewältigter Trauer. Sie vermissen die tote
Person weiterhin heftig und empfinden sogar noch Jahre später bei jeder
Erinnerung und jedem Gedanken an sie Trauer oder beginnen zu weinen.
Wird die Person erwähnt, ruft dies sofort Tränen hervor. Dies nimmt
manchmal die Form von Jahrestags-Reaktionen an; jähren sich bedeu-

tungsvolle Erlebnisse mit dem verlorenen Objekt wie an Feiertagen, Geburtstagen oder dem Todestag, so stellen sich Gefühle von Verlust, Trauer, Hilflosigkeit, Hoffnungslosigkeit oder andere Symptome ein. Gelegentlich gehen Menschen sogar so weit, daß sie alle Besitztümer des Toten in ihrer ursprünglichen Form zu erhalten versuchen oder alles ausschließen, was mit dem Dahingegangenen nichts zu tun hat.

Neben dem Geistlichen hat am häufigsten der Arzt den Hinterbliebenen zu trösten und ihm zu helfen. Da vieles darauf hinweist, daß die Erhaltung der Gesundheit von der erfolgreichen Auflösung der Trauer abhängt, muß der Arzt sowohl bei der Trauerarbeit mithelfen, als auch diejenigen Umstände erkennen, in denen Schwierigkeiten oder Mißerfolge bei der Trauerarbeit auf spätere ernstere Entwicklungen hinweisen.

PSYCHOLOGISCHE ANTWORTEN AUF ÄUSSERE GEFAHREN UND KATASTROPHEN

Im großen und ganzen gehören zu den äußeren Gefahren, denen der moderne Mensch gegenübersteht, gröbere Störungen der sozialen und kulturellen Organisationen, in denen er lebt, und persönliche Bedrohungen oder Gefahren dieser oder jener Art. Politische und wirtschaftliche Umstürze oder von Menschen verursachte Katastrophen zerstören plötzlich oder allmählich das gesamte soziale Gefüge, in dem man sich zu bewegen und zu leben gewohnt war oder drohen, dies zu tun. Dann werden die Veränderungen in Rolle und Stand verschiedener sozialer Gruppen, die Störung der Kontinuität des Familienlebens, der Verlust des Heims und anderer Güter, die Zerstörung der Kommunikationsmittel und der behördlichen Einrichtungen bedeutsam. Um die Auswirkung solch wichtiger Veränderungen im sozialen Gefüge untersuchen zu können, muß man ein Stück weit verstehen, wie die Zusammensetzung und Struktur sozialer und familiärer Einrichtungen zur Stabilität und wirksamen Funktion des psychischen Apparates und der Anpassung des Individuums beiträgt. Der plötzliche Verlust sozialer oder örtlicher Fixpunkte oder ernstliche Veränderungen in Bau und Organisation der Struktur von Gesellschaft und Gruppe erlegen dem Individuum eine bedeutende Anpassungsaufgabe auf. Sein Verhalten und seine psychischen Funktionen widerspiegeln sein Bemühen, angepaßt zu bleiben, fortzubestehen und wieder aufzubauen.

Naturkatastrophen

Untersuchungen von Katastrophen in Friedenszeiten wie bei Wirbelstürmen, Überschwemmungen und Explosionen lassen feste Verhaltensmuster erkennen, die gut zeigen, was für psychische Mittel unter diesen Umständen eingesetzt werden. Natürlich unterscheiden sich solche Muster nach Person und Art der Katastrophe. Katastrophen unterscheiden sich bezüglich: a) ob es eine *Warn*-Periode gibt, und wenn ja, wie lange sie dauert; b) dem Vorliegen und der Dauer der *Bedrohung* oder der Situation wirklich drohender Gefahr; c) der Zeitspanne der *Einwirkung*, während der die Person «auszuhalten» hat (bei einem Wirbelsturm ist sie relativ kurz, verglichen mit derjenigen bei einer Überschwemmung; d) der Natur der Gelegenheit, die Situation zu prüfen und über das Vorgehen zu beschließen (Stadium des *Abschätzens*); e) der Art der möglichen *Rettungs*-Aktionen.

Die Phasen von Antworten auf Katastrophen sind wie folgt gegliedert worden (Wolfenstein [17]):

Die Drohung. Droht eine entfernte Gefahr, so neigen die Menschen dazu, Warnungen zu mißachten und die Gefahr zu verleugnen. In Friedenszeiten ist es z. B. schwer, am Zivilschutz Interesse zu wecken. Andererseits können Menschen, die wegen ihrer eigenen zerstörerischen Impulsen latent ängstlich sind, sogar auf sehr entfernte Drohungen übermäßig reagieren und unruhig werden. Viele aber wenden die Verleugnung weiter an, auch wenn die Drohung immer mächtiger wird. Einige weigern sich einfach, die Realität der Gefahr anzuerkennen und bezichtigen sogar die Behörden, zu übertreiben, während andere die Gefahr mit Worten zur Kenntnis zu nehmen vermögen, die zum Schutze notwendigen Handlungen aber sogar dann nicht ausführen, wenn Gelegenheit dazu vorhanden ist. Das Gefühl, daß hier wirklich nichts geschehen wird oder «daß ich keine Verletzung erleiden werde», herrscht besonders dann vor, wenn die Gefahr früher nie erlebt worden ist, und widerspiegelt, wie stark die persönliche und gemeinschaftliche Unverletzlichkeit empfunden wird. Dieses Empfinden kann sogar dann anhalten, wenn die Gefahr intellektuell angenommen wird. Anstrengungen der Behörden, die Bevölkerung zu veranlassen, auf die Drohung zu reagieren, werden oft von eben denjenigen mißachtet oder beargwöhnt, die ihnen später vorwerfen, keine Warnungen erlassen zu haben.

Die Einwirkung. Zur Zeit der Einwirkung besteht eine starke Neigung, zu fühlen, daß der Schlag vor allem auf einen selbst gerichtet ist und daß man im Zentrum der Katastrophe steht. Dies stellt einen auffallenden Gegensatz zum früheren Gefühl von Unverletzlichkeit dar. Das Opfer ist oft überrascht, andere Gebiete geschädigt und andere Personen verletzt zu finden. Die Entdeckung eines ausgedehnten Schadens führt zum sekundären Bedenken, daß erhoffte Hilfsquellen vielleicht nicht bereitstehen. Andererseits tritt die Tatsache, daß das Opfer der Katastrophe dieses Erlebnis mit einer Gruppe teilt, der Neigung entgegen, sich zu beklagen, was das Opfer eines vereinzelten Unglücks oft zu tun pflegt.

Die «Schock»-Phase. Gewöhnlich sind die Opfer unmittelbar nach der Katastrophe fassungslos, verwirrt und apathisch. Ihre Fähigkeit, wahrzunehmen, was um sie herum vorgeht oder darauf zu antworten, ist vermindert, und oft wird sogar dann bemerkenswert wenig Affekt oder Schmerz ausgedrückt, wenn schwere Verluste oder ernste Verwundungen vorliegen. Es besteht auch ein Gefühl von Unwirklichkeit – «es geschah gar nicht», «es ist nur ein Traum» –, das nur allmählich einer Vergegenwärtigung dessen, was vorgeht, und einer Antwort darauf weicht. Einige Opfer verbleiben sogar in Abwesenheit manifester Gehirn- oder anderer Körperverletzungen für längere Zeit in Dämmerzuständen mit Amnesien und eingeschränktem Bewußtsein. Es kann zu schwersten Hemmungen der Aktivität kommen, wobei die betroffene Person regungslos verharrt oder Bewegungen nur langsam und mit Mühe ausführt. Das Opfer sitzt oder steht bewegungslos da, wandert ziellos umher oder macht sich an Arbeiten, die keinen Zusammenhang haben. Es kann teilweise oder gänzlich unfähig sein, auf Rettungsbemühungen zu antworten, oder es kann sich äußerst gehorsam und unterwürfig benehmen. Zuerst fehlen die Affekte, sind sporadisch oder unangepaßt. Werden sie erkannt und mitgeteilt, so gehen sie mit Furcht, Verlassen- und Verlorensein einher. Gelegentlich sind sie mit äußerster Hilflosigkeit und seltener mit Hoffnungslosigkeit verbunden. Diese «Schock»-Phase kann Minuten oder Stunden dauern und weist viele Kennzeichen der primitiven Depression-Rückzug-Reaktion auf (Kapitel 14). Diese stellt einen Versuch dar, sich vor der Größe des Streß» zu schützen und sich gegen ihn abzukapseln, weil er zu übermächtig ist, um auf einmal bewältigt zu werden.

Rettung und Erholung. In dieser Periode sieht man Aktivität und Ansprechbarkeit allmählich zurückkehren. Obwohl gehorsam und oft unbeteiligt, beginnen die Opfer an den Rettungsaktionen teilzunehmen. Sie sind oft außerordentlich dankbar für jegliche Hilfe, aber auch altruistisch, indem sie darauf bestehen, daß andern zuerst geholfen wird. Menschliche Kontakte aller Arten werden äußerst wichtig. Es kann zu einer Phase von relativer Euphorie und Erhebung kommen, die mit Gefühlen von Erleichterung verschont geblieben zu sein und mit heftigsten Empfindungen von Gemeinschaftsgeist und Kameradschaft einhergeht, und in der soziale und andere Schranken zeitweilig fallen. Gleichzeitig können sich feindselige und vorwurfsvolle Gefühle gegen Außenstehende, eingeschlossen die Retter, richten, welche als kalt und gefühllos empfunden werden. Von Zeit zu Zeit wird diese relative Euphorie und die sie begleitende mehr oder minder altruistische oder brüderliche Überaktivität von Gefühlen von Verlust,

Trauer, Schuld, Scham, Hilflosigkeit oder Hoffnungslosigkeit unterbrochen; dies geschieht dann, wenn das Opfer sich gestattet, die Realität des Verlusts von Liebsten, Besitz usw. oder vom eigenen enttäuschenden Verhalten während der Katastrophe anzuerkennen. Oft kommt es an- und abschwellend oder anhaltend zu Perioden frei flotierender Angst, während denen die betroffene Person unter Schlafstörungen und wiederholten Angstträumen leidet.

Einige Menschen leben nach der Katastrophe das Ereignis in der Erinnerung wieder durch. Andere versuchen dies zu vermeiden, wobei sich sogar eine Amnesie einstellen kann, oder sie wünschen zum mindesten, weder Erinnerungen daran zu sehen noch zu hören. Andere werden von den Erinnerungen mit Beschlag belegt und sprechen fortwährend vom Erlebnis. Dieses Erinnern und Wiedergeben stellt ein wenn auch schmerzhaftes Mittel dar, um von Passivität zu Aktivität überzugehen. Erzählung und Erinnerung werden zunehmend überarbeitet und Auslassungen, Verschönerungen und Umformungen vorgenommen, wobei sich der Überlebende zunehmend weniger hilflos, überwältigt und erschreckt zeichnet, als er wirklich war. Der Humor kann beigezogen werden, um einem schlimmen Vorfall einen heiteren Anstrich zu geben. Das Gefühl von Verlassensein und Verlust wird dadurch gelindert, daß man das Erlebnis mit mitfühlenden Zuhörern wieder zu erleben vermag.

Die weitere Erholung hängt ebensosehr von der Weise ab, auf welche die soziale Struktur reorganisiert wird, wie von entwicklungsmäßigen, für das Individuum charakteristischen Faktoren. Vieles weist darauf hin, daß das Teilen der leidvollen Erfahrung auf die Dauer beträchtlich zum Heilungsvorgang beiträgt. Da viele Verluste gegenseitig geteilt werden, ist die Technik weitverbreitet, den Verlust durch die Verwendung eines Ersatzobjektes zu bewältigen. Wenn man sich von einem traumatischen Erlebnis nicht zu erholen vermag, nachdem die soziale Struktur wieder hergestellt ist, so weist dies gewöhnlich auf vorbestehende psychologische Schwierigkeiten hin. Die meisten Katastrophenopfer finden zum vorbestehenden Gesundheitszustand zurück und zeigen wenige erlebnisbedingte Residuen.

Solche Beobachtungen von Reaktionen bei Katastrophen dienen dazu, das tiefe Gefühl persönlicher Unverletzbarkeit und das starke Bedürfnis der meisten Menschen hervorzuheben, ihre vertraute Umgebung und ihre psychischen Objekte, die durch andere Personen, Heim, Arbeit, Güter, Gemeinde usw. repräsentiert werden, ungestört beizubehalten. Diese Einflüsse sind so mächtig, daß viele außerstande sind, die reale Möglichkeit einer Gefahr ins Auge zu fassen und es deshalb verpassen, sich psychisch und materiell vorzubereiten. Die unfaßbare Einwirkung der Katastrophe widerspiegelt, wie schlecht der unvorbereitete psychische Apparat solch mächtige Veränderungen in der Umwelt mit ihrem Verlust geschätzter Objekte, der Zerstörung vertrauter Fixpunkte und der drohenden oder wirklichen körperlichen Verletzung zu bewältigen vermag. Sie belegt auch lebhaft, in welchem Grade man normalerweise zur Erhaltung psychischer Stabilität vom Einfluß einer vertrauten Umgebung abhängt. Veränderungen sind gewöhnlich nötig und anregend. Große und plötzliche Veränderungen aber führen zur Desorganisation, die sich im Verlust von früher gut entwickelten Fähigkeiten und im Ausmaß der hilflosen Abhängigkeit des Opfers ausdrückt. Gleichzeitig kann man beobachten, wie über vorher gut kontrollierte Impulse, insbesondere die Aggression, die Kontrolle verloren zu gehen droht. Bemerkenswert sind die altruistischen und Objekt-Beziehung suchenden Aktivitäten, welche den Beginn der Heilung kennzeichnen. Im allgemeinen erleichtert die Tatsache, daß Verluste von einer Gemeinschaft geteilt werden, die Arbeit des Trauerns.

Psychologische Reaktionen im Krieg

Das Gefecht oder die Schlacht stellt auch eine komplexe soziale, laborähnliche Situation dar, in welcher Reaktionen auf Streß beobachtet werden. Es handelt sich hier um eine ausgewählte Population, um junge Männer, die getrennt von ihrer Familie, dem Heim und normalen Aktivitäten und wirklicher Gefahr ausgesetzt, in einem einzigartigen sozialen Milieu und mit andern ethischen Grundsätzen leben. Die Folge von Ereignissen, welche den Zusammenbruch während des Kampfes kennzeichnet, liefert eine weitere Gruppe von Angaben über Reaktionsmuster während schwerem und oft lange anhaltendem psychologischem Streß. Ein Reichtum von Angaben findet sich in den verschiedenen Publikationen über Militärpsychiatrie, besonders in den Veröffentlichungen der Spezial-Kommission ziviler Psychiater über «Erschöpfung im Kampf» (Bartemeier et al.[1]), welche hier zusammengefaßt werden. Wir gehen dabei nicht auf die individuellen Faktoren ein, welche die Anfälligkeit des einzelnen Soldaten für einen Zusammenbruch mitbestimmen, sondern heben nur den aufbauenden und integrierenden Einfluß der eng zusammengeschweißten Kampfgruppe auf die Stabilität des Soldaten hervor. Bricht die Gruppe und/oder ihre Führung auseinander oder löst sich ihre Ordnung auf, so stellt dies einen der wichtigsten Faktoren für die Beschleunigung des individuellen Zusammenbruchs dar. Einmal ausgelöst, stimmen die Verhaltensmuster bei einer großen Anzahl von Menschen beachtlich überein.

Das Anfangsstadium. Die ersten Anzeichen des Zusammenbruchs sind Reizbarkeit und Schlafstörungen. Die Reizbarkeit zeigt sich äußerlich darin, daß man auf geringfügige Störungen übermäßig reagiert und auf leichte Provokationen hin unangepaßten Ärger und Tränen zeigt. «Schreck-Reaktionen» und übermäßiges Aufderhutsein herrschen vor. Der Soldat bekundet Mühe, ein- und durchzuschlafen.

Stadium der teilweisen Desorganisation. Hält der Streß an, dann zeigt sich eine Vielfalt zusätzlicher Erscheinungen. Sie umfassen a) eine allgemeine psychomotorische Verlangsamung mit Mühe oder Schwerfälligkeit, sich zu konzentrieren, zu handeln und zu antworten; b) eine Neigung, sich zu verschließen, unfreundlich zu werden und zu verstummen oder übermäßig zu schwatzen, zu rauchen oder zu trinken; c) eine Tendenz, persönliche Ausrüstungsgegenstände mit der Beschwerde fortzuwerfen, daß sie zu schwer, zu mühselig zu schleppen sind; d) ein Verlust an Interesse für Kameraden, militärische Aktivitäten, Essen und sogar Briefe von zuhause; e) eine zunehmende Ängstlichkeit; f) eine zunehmende Abhängigkeit von Kameraden und ein Widerstreben, Verantwortung zu übernehmen; g) eine Neigung zu Verwirrtheit und Kritik-Verlust; h) verschiedene somatische Symptome wie Schwitzen, Herzklopfen, Zittern, Erbrechen und Durchfall.

Stadium der vollständigen Desorganisation. Wird der Soldat nicht aus dem Kampfgeschehen genommen, dann können alle die erwähnten Symptome plötzlich zunehmen; er wird unausgeglichen, verwirrt, widerspenstig, wild und reizbar. Er kann ziellos und unbesehen der Gefahr herumrennen, ins Weite glotzen, unkontrollierbar schluchzen und schreien oder wie ein Säugling lallen, ataktisch und zittrig werden und gelegentlich kollabieren.

Solche Kampf-Reaktionen zeigen gewisse Unterschiede zu denjenigen nach plötzlichen zivilen Katastrophen. Am wichtigsten ist vielleicht, daß dem Zusammenbruch eine lange Vorbereitungsperiode auf den Streß des Kampfes vorangeht, der eine rasche oder allmähliche Abnützung oder Zerstörung der aufgebauten Verteidigungsmechanismen folgt. Die Kontrolle des eigenen Verhaltens geht zunehmend verloren und das Opfer scheint mehr und mehr in Gefahr zu geraten, von inneren Kräften überwältigt zu werden. Im Lichte der vorgängig besprochenen primären Affekte (Kapitel 14) ist es theoretisch bedeutsam, daß die Reaktion sowohl primitive Angst als auch Depression-Rückzug umfaßt; hält der Streß lange an, so beginnt letzterer zu überwiegen. Ein vielleicht bedeutenderer Einfluß aber kommt, verglichen mit anderen Streß-Situationen, im Kampf der Quantität freigesetzter Aggression zu. Dies zeigt sich in Wutanfällen, blindem Haß usw. und trägt dazu bei, daß Schuld und ihre Folgen vorherrschen. Gegen Kameraden, Offiziere oder die Gruppe gerichtete Aggression gefährdet die Gruppenstruktur und vermindert ihren Wert für das Individuum.

Entbehrung und Isolation

Verlust persönlicher Freiheit, Gefängnis, Einzelhaft, verschlagen oder verloren sein, sind alles höchst belastende Erlebnisse, über die wir durch das Studium von Personen erfahren haben, welche in Gefängnissen, Gefangenen- oder Konzentrationslagern eingesperrt waren, oder welche Opfer von Unfällen zur See geworden sind. Experimentelle Situationen mit verschiedenen Graden sensorischer Isolation und motorischer Einschränkung liefern zusätzliche Informationen über solche Reaktionen. Im großen und ganzen umfassen alle diese Situationen nicht nur eine Trennung von der vertrauten Umgebung und vertrauten Objekten und eine wirkliche Gefahr für Leib und Leben, sondern auch eine schwere Einbuße an Quantität und Vielfalt sensorischer Erlebnisse und motorischer Aktivität. Die Opfer sehen sich in eine äußerst monotone und begrenzte Umgebung gestellt und haben kaum Gelegenheit für Körperübungen, geschweige denn für Unternehmungen. Befinden sie sich im Gefängnis, dann sind sie auch vollständig der Gnade ihrer Häscher ausgeliefert und allein von dieser Seite her großer Angst ausgesetzt. Auf See oder in der Arktis verschollene Menschen sind der Natur gegenüber hilflos. Aber sie vermögen ihre Identität dank ihrer Handlungsfreiheit viel besser beizubehalten.

Wenn wir hauptsächlich diejenigen Aspekte der Reaktion betrachten, welche mit sensorischen und motorischen Einschränkungen zusammenhängen, und Antworten beiseite lassen, die eher mit Gefahr und Trennung von Objekten verbunden sind, gewinnen wir weitere Hinweise dafür, wie notwendig sensorische Zuflüsse und motorische Aktivität zur psychischen Anpassung sind. In der Einzelhaft ist der Hunger nach menschlichem Kontakt so gross, daß die Gefangenen begrüßen, von ihren Häschern einvernommen zu werden. In all diesen Situationen bemerken wir, wie schwer es ist, mit der Realität in Kontakt zu bleiben. Wir beobachten das Auftauchen lebhafter Vorstellungen, die gelegentlich die Qualität von Gesichts- oder Gehörshalluzinationen annehmen und die Neigung, Umweltsreize falsch zu interpretieren, eingeschlossen solche, die vom Körper ausgehen. Zudem stellen wir eine abnehmende Fähigkeit fest, logisch, zusammenhängend und rational zu denken. Es scheint, daß logisches, realitätsgerechtes Denken einer bestimmter Art ständigen Zuflusses aus der realen Umwelt bedarf. Sonst nehmen im Innern wurzelnde psychische Prozesse, welche nicht notwendigerweise mit der Realität verbunden sind, das psychische Leben mehr und mehr in Beschlag (was für das Träumen im gewöhnlichen Schlaf gilt). Einige Menschen bekämpfen diesen Verlust von Kontrolle und Schwächung der Ich-Autonomie. Sie durchgehen systematisch vergangene intellektuelle Erlebnisse wie Bücher oder Reisen. Sie erfinden oder arbeiten im Rahmen der Lage mögliche geistige Übungen aus, indem sie Merkmale der Zelle analysieren oder zählen. Sie improvisieren Spiele oder Übungen mit Kieselsteinen, Sand oder zerstückelter Nahrung. Sie untersuchen die Aktivität anderer Lebewesen wie von Insekten oder Ratten. Solche Anstrengungen, welche die reale Ärmlichkeit der Umgebung auszugleichen versuchen, sind oft sehr wertvoll. Sie befähigen das Opfer, zu überleben, und liefern weitere Hinweise für die Rolle, welche der psychischen Nahrung für die Erhaltung der geistigen Kontrolle und des Kontakts mit der Realität zukommt. Menschen, welche die Fähigkeit dazu nicht mitbringen oder denen die Umstände der Haft dies erschweren oder verunmöglichen, brechen eher zusammen. Schwerste Zustände von Apathie, Depression und Rückzug, unterbrochen von Ausbrüchen desorganisierter Panik, sind die Folge. Wenn diesem Zustand nicht Einhalt geboten wird, kann er zum Tode führen. Solche Gefangene verlieren jegliches Interesse, auch dasjenige an der Nahrung, geben die Hoffnung auf und verlieren den Lebenswillen. Jenseits eines gewissen Punktes ist kein Kontakt mit ihnen mehr möglich, und der Tod, manchmal an einer Infektion, tritt rasch ein.

Die relativ übereinstimmenden Antworten auf äußere Bedingungen, die das Individuum nur geringfügig oder gar nicht kontrollieren kann, verschaffen wertvollen Einblick in die Arbeitsweise und den Funktionsbereich des psychischen Apparates. Diese Umstände sind sozusagen «Naturexperimente», welche die mehr oder weniger charakteristischen psychologischen und verhaltensmäßigen Mechanismen enthüllen, durch die der Organismus auf Streß reagiert, ihn bewältigt und zu einem dynamischen Gleichgewicht zurückfindet. Die Abweichungen von diesen gebräuchlichen Mustern sind gewöhnlich Reaktionen eines Individuums mit bedeutsamen Abnormitäten der psychologischen Entwicklung und Struktur, die es beeinträchtigen, mit diesen Mechanismen zu antworten und sie zu verwenden. Dieses Versagen kann darauf beruhen, daß der eine oder andere Mechanismus fehlt oder überwiegt. Ein Mensch, der gar nicht zu verleugnen vermag, kann ebenso schlecht davonkommen wie jemand, der übermäßig verleugnet. Die Schwere der pathologischen Zustände geht dem Grad der Abweichungen parallel. In Analogie zur Wundheilung entspricht dies dem Vergleich zwischen der Wunde, die ohne Komplikation heilt, und derjenigen, welche sich entzündet, abszediert und aufspringt.

Literaturhinweise

1. Bartemeier, L., Kubie, L. S., Menninger, K., Romano, J. and Withehorn, J. C.: Combat Fatigue. J. Nerv. and Ment. Dis., *104*, 358, 1946.
2. Cohen, E. A.: Human Behavior in the Concentration Camp. New York, W. W. Norton & Co., 1953.
3. Engel, G. L.: Is Grief a Disease? A Challenge for Medical Research. Psychosom. Med., *23*, 18, 1961.
4. Freud, A. and Burlingham, D.: War and Children. New York, International Universities Press, 1944.
5. Freud, S.: Trauer und Melancholie. Gesammelte Werke, S. Fischer, Frankfurt, Band X, 1913–1917, S. 428.
6. Goldberger, L. and Holt, R. R.: Experimental Interference with Reality Contact (Perceptual Isolation). J. Nerv. and Ment. Dis., *127*, 99, 1958.
7. Greene, W. A.: Role of a Vicarious Object in the Adaptation to Loss. I. Use of a Vicarious Object as a Means of Adjustment to Separation from a Significant Person. Psychosom. Med., *20*, 344, 1958.

8. Grinker, R. and Spiegel, J. P.: Men under Stress. Philadelphia, The Blakiston Co., 1945.
9. Hinkle, L. E. and Wolff, H. G.: Communist Interrogation and Indoctrination of «Enemies of the State». A. M. A Arch. Neurol. and Psychiat., 76, 115, 1956.
10. Jacobson, E.: Observations on the Psychological Effect of Imprisonment on Female Political Prisoners.'In: Eissler, K. R.: Searchligths on Delinquency. New York, International Universities Press, 1949, p. 341.
11. Kinkead, E.: In Every War but One. New York, W. W. Norton & Co., 1959.
12. Lindemann, E.: Symptomatology and Management of Acute Grief. Am. J. Psychiat., 101, 141, 1944.
13. Marris, P.: Widows and Their Families. London, Routledge and Kegan Paul, 1958.
14. Meerloo, J. A. M.: Mental Danger, Stress, and Fear. J. Nerv. and Ment. Dis., 123, 513, 1956.
15. Roheim, G.: Psychoanalysis and Anthropology. Culture, Personality and the Unconscious. New York, International Universities Press, 1950.
16. Solomon, P., Kubzanksy, P., Leidermann, P. H., Mendelson, J., Trumbull, R. and Wexler, D. (eds.): Sensory Deprivation. Cambridge, Mass., Harvard University Press, 1961.
17. Wolfenstein, M.: Disaster. Chicago, The Free Press of Glencoe, 1957.
18. Wretmark, G.: A Study in Grief Reactions. Acta psychiat. et neurol. scandinav., 136, 292, 1959.

Literaturverzeichnis

Abele, A. & Becker, P. (Hrsg.) (1991): Wohlbefinden. Theorie-Empirie-Diagnostik. Weinheim: Juventa

Ackerman, M.D. & Stevens, M.J. (1989): Acute and chronic pain: Pain dimensions and psychological status. Journal of Clinical Psychology, 45, 223-228

Ackin, M.W. & Bernat, E. (1987): Depression, alexithymia, and pain prone disorders: A Rorschach study. Journal of Personality Assessment, 51, 462-479

Adler, R. (1981): Schmerz. In: T. v.Uexküll (Hrsg.) Lehrbuch der Psychosomatischen Medizin, S. 498-508. München: Urban & Schwarzenberg

Adler, R.H., Zlot, St., Hürny, Ch. & Minder, Ch. (1989): Engel's 'psychogener Schmerz und der zu Schmerz neigende Patient': Eine retrospektive, kontrollierte klinische Studie. Psychotherapie, Psychosomatik, Medizinische Psychologie, 39, 209-218

Ahrens, S. & Deffner, G. (1985): Alexithymie - Ergebnisse und Methodik eines Forschungsberichtes. Psychotherapie, Psychosomatik, Medizinische Psychologie, 35, 147-159

Aldwin, D.M. & Revenson, T.A. (1987): Does coping help? A reexamination of the relation between coping and mental health. Journal of Personality and Social Psychology, 53, 337-348

Alexander, F. (1950). Psychosomatic Medicine. New York: Norton.

Allison, H., Gripton, J. & Rodway, M. (1983): Social work services as a compontent of palliative care with terminal cancer patients. Social Work in Health Care, 8, 29-44

Alloy, L.B. & Abramson, L.Y. (1988). Depressive realism: Four theoretical perspectives. In: L.B. Alloy (Ed.) Cognitive processes in depression: Treatment, research and theory, p. 223-265. New York: Guilford.

Andreasen, N.C. & Olsen, S. (1982): Negative vs. positive schizophrenia. Archives of General Psychiatry, 39, 789-794.

Antonovsky, A. (1979): Health, stress, and coping. San Francisco: Jossey Bass

Antonovsky, A. (1987): Unraveling the mystery of health. San Francisco: Jossey Bass

Antonovsky, A., Maoz, B. & Dowty, N. et al. (1971): Twenty five years later: a limited study of the sequelae of the concentration camp experience. Social Psychiatry, 6, 186-193

Appel, M. A., Holroyd, K. A. & Gorkin, L. (1983): Anger and the etiology and progression of physical illness. In: L. Temoshok, C. van Dyke & L.S. Tegans (Eds.) Emotions in health and illness, p. 73-87. Orlando: Grune & Stratton

Aronoff, G.M. (1982): The use of non-narcotic drugs and other alternatives for analgesia as part of a comprehensive pain management program. Journal of Medicine, Clinical Experimental and Theoretical, 13, 191-202

Atkinson, J.H., Slater, M.A., Patterson, T.L., Grant, I. & Garfin, S.R. (1991): Prevalence, onset, and risk of psychiatric disorders in men with chronic low back pain: a controlled study. Pain, 45, 111-121

Auckenthaler, A. (1988): Wer hilft wem - Zum Verhältnis von qualitativer Methodologie und klinischer Einzelfallforschung. In: W. Schönpflug (Hrsg.) Bericht über den 36. Kongreß der Deutschen Gesellschaft für Psychologie, Bd 1, S. 270. Göttingen: Hogrefe

Backeland, F., Lundwall, L. & Shanahan, T. J. (1973). Correlates of patient attrition in the outpatient treatment of alcoholism. Journal of Mental Disease, 157, 99-107

Badura, B. (Hrsg.) (1981): Soziale Unterstützung und chronische Krankheit. Zum Stand sozialepidemiologischer Forschung. Frankfurt/Main: Suhrkamp

Badura, B. (1985): Zur Soziologie der Krankheitsbewältigung. Oder: Das emotionale Defizit soziologischer Handlungstheorie. Zeitschrift für Soziologie, 14, 339-348

Baer, P.E., Garmezy, L.B. McLaughlin, R.J., Pokorny, A.D. & Wernick, M.J. (1987): Stress, coping, family conflict, and adolescent alcohol use. Journal of Behavioral Medicine, 10, 449-466.

Baider, L.A & Kaplan De-Nour, A. (1988): Breast cancer - a family affair. In: C.L. Copper (Ed.) Stress and Breast Cancer. Chichester: John Wiley

Baider, L., Perez, T. & Kaplan De-Nour, A. (1992): Effect of the Holocaust on coping with cancer. Social Science Medicine, 34, 11-15

Baider, L. & Sarell, M. (1983). Perceptions and causal attributions of Israeli woman with breast cancer concerning their illness: The effects of ethnicity and religiosity. Psychotherapy and Psychosomatics, 39, 136-143

Bailer, J., Bräuer, W., Laubenstein, D. & Rey, E.-R. (1992): Unterschiede im psychosozialen Risikofaktorenprofil von schizophrenen Patienten mit akutem versus schleichendem Krankheitsbeginn. Posterbeitrag, Fachtagung Klinische Psychologie, Osnabrück

Balch, P. & Ross, A.W. (1975): Predicting success in weight reduction as a function of locus of control: A unidimensional and multidimensional approach. Journal of Consulting and Clinical Psychology, 43, 119

Balint, M., Hunt, J., Joyce, D., Marinker, M. & Woodcock, J. (1975): Das Wiederholungsrezept. Behandlung oder Diagnose? Stuttgart: Klett

Bandura, A. (1977): Self-efficacy: Toward a unifying theory of behavioral change. Psychological Review, 84, 191-215.

Bandura, A. (1982): Self-efficacy mechanisms in human agency. Psychological Monographs, 37, 122-147

Barnes, G.E. (1983): Clinical and prealcoholic personality characteristics. In: B. Kissin & H. Begleiter (Eds.) The biology of alcoholism, Vol. 6. New York: Plenum Press

Basch, M.F. (1983): The perception of reality and the disavowal of meaning. Annual of Psychoanalysis, 11, 125-153

Basler, H.D., Brinkmeier, U., Buser, K., Haehn, K.D. & Mölders-Kober, R. (1984): Psychologische Gruppenverfahren bei der Behandlung des hohen Blutdrucks. In: U. Tewes (Hrsg.) Angewandte Medizinpsychologie, S. 56-68. Frankfurt/Main: Fachbuchhandlung für Psychologie

Baum, A. & Singer, J.E. (Eds.) (1987): Handbook of psychology and health. Vol. V: Stress. Hillsdale: Lawrence Erlbaum Ass

Beck, A.T. (1976): Cognitive Therapy and the Emotional Disorders. New York: International Universities Press

Beck, A.T., Weissman, A., Lester, D. & Trexler, L. (1974): The measurement of pessimism: The hopelessness scale. Journal of Consulting and Clinical Psychology, 42, 861-865

Becker, H. (1984): Die Bedeutung der subjektiven Krankheitstheorie des Patienten für die Arzt-Patient-Beziehung. Psychotherapie, Psychosomatik und Medizinische Psychologie, 34, 313-321

Becker, P. (1985): Bewältigungsverhalten und seelische Gesundheit. Zeitschrift für Klinische Psychologie, 14, 169-184

Becker, P. (1989): Der Trierer Persönlichkeitsfragebogen (TPF). Handanweisung. Göttingen: Hogrefe

Beckmann, D. (1978): Übertragungsforschung. In: L.J. Pongratz (Hrsg.) Klinische Psychologie. Handbuch der Psychologie. Bd. 8/2, S. 1242-1257. Göttingen: Hogrefe

Beckmann, D. (1982): Zur Theorie der Medizinischen Psychologie. In: W.R. Minsel & R. Scheller (Hrsg.), Psychologie und Medizin, S. 110-135. München: Kösel

Beckmann, D. (1990): Hermeneutik in der Psychologie. In: R. Verres & M. Hasenbring (Hrsg.) Psychosoziale Onkologie, S. 285-318. Berlin: Springer

Belzer, H. (1982): The effectiveness of a psychosocial intervention with cancer patients and their families in facilitating their adaptation to living with cancer. Dissertation Abstracts International, 43, 8: 2700-B

Benedetti, G. (1986): Schizophrenie. In: Ch. Müller (Hrsg.) Lexikon der Psychiatrie, 2. Aufl., S. 593-609. Berlin: Springer

Bernstein, A.E. (1978): A psychoanalytic contribution to the etiology of 'back pain' and 'spinal disc syndromes'. Journal of the American Academy of Psychoanalysis, 6, 547-556

Bettelheim, B. (1943): Individual and man behavior in extreme situations. Journal of Abnormal and Social Psychology, 38, 417-452

Bettelheim, B. (1960): The Informed Heart. Glencoe: Free Press of Glencoe

Beutel, M. (1988): Bewältigungsprozesse bei chronischen Erkrankungen. Weinheim: Edition Medizin

Beutel, M. (1989): Was schützt Gesundheit? Zum Forschungsstand und der Bedeutung von personalen Ressourcen in der Bewältigung von Alltagsbelastungen und Lebensereignissen. Psychotherapie, Psychosomatik, Medizinische Psychologie, 39, 452-462

Beutel, M. & Muthny, F.A. (1988): Konzeptualisierung und klinische Erfassung von Krankheitsverarbeitung - Hintergrundstheorien, Methodenproblem und künftige Möglichkeiten. Psychotherapie, Psychosomatik, Medizinische Psychologie, 38, 19-27

Billings, A.G. & Moos, R.H. (1981): The role of coping responses and social resources in attenuating the stress of life events. Journal of Behavioral Medicine, 4, 139-157

Bischoff, C. & Luderer, H.J. (1981): Arztverhalten, Schmerzerwartung und Schmerzwahrnehmung bei ärztlichen Eingriffen. Medizinische Psychologie, 7, 1-26

Bischoff, C. & Zenz, H. (Hrsg.) (1989): Patientenkonzepte von Körper und Krankheit. Bern: Huber

Blane, H.T. & Leonard, K.E. (Eds.) (1987): Psychological theories of drinking and alcoholism. New York: Guilford Press

Bleuler, E. (1911): Dementia Praecox oder die Gruppe der Schizophrenien. Leipzig: Deuticke

Bloom, J.R., Ross, R.D. & Burnell, G. (1978): The effect of social support on patient adjustment after breast surgery. Patient Counselling and Health Education, 1, 50-59

Blumenfield, M. (1983): Patient's fantasies about physical illness. Psychotherapy and Psychosomatics, 39, S. 171-179.

Blumer, D. & Heilbronn, M. (1982): Chronic pain as a variant of depressive disease. The pain-prone disorder. Journal of Nervous and Mental Disease, 170, 381-406

Böker, W. & Brenner, H.-D. (1983): Selbstheilungsversuche Schizophrener: Psychopathologische Befunde und Folgerungen für Forschung und Therapie. Der Nervenarzt, 54, 578-589

Böker, W. & Brenner, H.D. (1984): Über Selbstheilungsversuche Schizophrener. Schweizer Archiv für Neurologie, Neurochirurgie und Psychiatrie, 135, 123-133

Bolger, N. (1990): Coping as a personality process: A prospective study. Journal of Personality and Social Psychology, 59, 525-537

Boston, K., Pearce, S.A. & Richardson, P.H. (1990): The Pain Cognition Questionnaire. Journal of Psychosomatic Research, 34, 103-109

Bouras, N., Bartlett, J.R., Neil-Dwyer, G. & Bridges, P.K. (1984): Psychological aspects of patients having multiple operations for low back pain. British Journal of Medical Psychology, 57, 147-151

Bowers, K. (1968): Pain, anxiety and perceived control. Journal of Consulting and Clinical Psychology, 32, 596-602

Boyle, C.M. (1970): Difference between patient's and doctor's interpretation of some common medical terms. British Medical Journal, 2, 286-295

Brähler, E. (1986): Körpererleben - ein vernachlässigter Aspekt der Medizin. In: Ders. (Hrsg.) Körpererleben. Ein subjektiver Ausdruck von Leib und Seele. Beiträge zur psychosomatischen Medizin, S. 3-18. Berlin: Springer

Braukmann, W. & Filipp, S.H. (1984): Strategien und Techniken der Lebensbewältigung. In: U. Baumann, H. Berbalk & G. Seidenstücker (Hrsg.) Klinische Psychologie. Trends in Forschung und Praxis, Band 6, S. 52-87. Bern: Huber

Brehm, J.A. (1966): A theory of psychological reactance. New York: Academic Press

Brenznits, S. (Ed.) (1983): The Denial of Stress. New York: International Universities Press

Broadbent, D.E. (1958): Perception and Communication. London: Pergamon Press

Broda, M. (1987): Wahrnehmung und Bewältigung chronischer Krankheiten. Weinheim: Deutscher Studien Verlag

Brüderl, L. (Hrsg.) (1988): Theorien und Methoden der Bewältigungsforschung. Weinheim: Juventa

Brüderl, L., Halsig, N. & Schröder, A. (1988): Historischer Hintergrund, Theorien und Entwick-lungstendenzen der Bewältigungsforschung. In: L. Brüderl (Hrsg.) Theorien und Methoden der Bewältigungsforschung, S. 25-45. Weinheim: Juventa

Brunstein, J.C. (1990): Hilflosigkeit, Depression und Handlungskontrolle. Göttingen: Hogrefe

Bucci, W. (1985): Dual coding: A cognitive model for psychoanalysis. Journal of the American Psy-choanalytic Association, 33, 571-608

Buckelew, S.P., Shutty Jr, M.S., Hewett, J., Landon, T., Morrow, K. & Frank, R.G. (1990): Health lo-cus of control, gender differences and adjustment to persistent pain. Pain, 42, 287-294

Bullinger, M., Ludwig, M. & Steinbüchel, N. von (Hrsg.) (1991): Lebensqualität bei kardiovaskulären Erkrankungen. Göttingen: Hogrefe

Bullinger, M. & Pöppel, E. (1988): Lebensqualität in der Medizin: Schlagwort oder Forschungsan-satz. Deutsches Ärzteblatt, 85, 504-505

Bulman, R.J. & Wortman, C.B. (1977): Attributions of blame and coping in the 'real world': Severe accident victims react to their lot. Journal of Personality and Social Psychology, 35, 351-363

Burish, T.G. & Lyles, J.N. (1981): Effectiveness of relaxation training in reducing adverse reactions to cancer chemotherapy. Journal of Behavioural Medicine, 4, 65-78

Cain, E.N. et al. (1986): Psychosocial benefits of a cancer support group. Cancer, 57, 183-189

Caldwell, J. R., Cobb, S., Dowling, M. D. & DeJongh, D. (1970): The dropout problem in anti-hy-pertensive therapy. Journal of Chronical Disease, 22, 579-592

Calnan, M. (1987): Health and illness. The lay perspective. London: Tavistock

Candib, L.M. (1987): What doctors tell about themselves to patients: Implications for intimacy and reciprocity in the relationship. Family Medicine, 19, 23-30

Caplan, G. (1981): Mastery of stress: psychological aspects. American Journal of Psychiatry, 128, 413-420

Capone, M.A., Good, R.S.; Westie, K.S. & Jacobson, A.F. (1980): Psychosocial rehabilitation of gynecologic oncology patients. Archives of Physical Medicine & Rehabilitation, 61, 128-132

Carey, M.P., Carey, K.B., Carnrike, C.L. & Meisler, A.W. (1990): Learned resourcefulness, drinking, and smoking in young adults. Journal of Psychology, 124, 391-395

Carpenter, J.G. (1984): A study of group psychosocial intervention with cancer patients and their fa-milies. Dissertation Abstracts International, 45, 12

Carr, V. (1988): Patients' techniques for coping with schizophrenia: An exploratory study. British Journal of Medical Psychology, 61, 339-352.

Carriére, B. (1983): Schmerz. In: B. Luban-Plozza et al. (Hrsg.) Der Zugang zum psychosomatischen Denken, S. 74-87. Berlin: Springer

Carver, C.S., Scheier, M.F. & Weintraub, J.K. (1989): Assessing coping strategies: A theoretically ba-sed approach. Journal of Personality and Social Psychology, 56, 267-283

Cassileth, B.R., Lusk, E.J., Miller, D.S., Brown, L.L. & Miller, C. (1985): Psychological correlates of survival in advanced malignant disease. New England Journal of Medicine, 312, 1551-1555

Cheatle, M.D., Brady, J.P. & Ruland, T. (1990): Chronic low back pain, depression and attributional style. Clinical Journal of Pain, 6, 114-117

Cheek, D.B. (1966): Therapy of persistent pain states. I. Neck and shoulder pain of five years dura-tion. Americal Journal of Clinical Hypnosis, 8, 281-286

Chipp, P.E. & Scherer, K.R. (im Druck): Les comportements de coping: étude de leur structure théo-rique et élaboration d'une échalle en langue francaise. Revue Européenne de Psychologie Appliquée

Chodoff, P. (1963): Late effects of the concentration camp syndrome. Archives of General Psychiatry, 8, 323-333

Chodoff, P. (1986): Survivors of the Nazi Holocaust, in: R.H. Moos (Ed.) Coping with Life Crises, p. 407-417. New York: Plenum Press

Claer, S.v., Engelhardt, D., Monyer, H. & Warecka, K. (1988): Das Arztbild des Multiple-Sklerose-Patienten in der Perspektive der Copingstruktur. Medizin - Mensch - Gesellschaft, 13, 108-115

Cohen, C.J. & Berk, L.A. (1985): Personal coping styles of schizophrenic outpatients. Hospital and Community Psychiatry, 36, 407-410

Cohen, J. (1960): A coefficient of agreement of nominal scales. Journal of Educational and Psychological Measurement, 20, 37-46

Cohen, M.J., Heinrich, R.L., Naliboff, B.D., Collins, G.A. & Bonebakker, A.D. (1983): Group outpatient physical and behavioral therapy for chronic low back pain. Journal of Clinical Psychology, 39, 326-333

Cohen, S. (1988): Psychosocial models of the role of social support in the etiology of physical disease. Health Psychology, 7, 269-297

Cohen, S., Evans, G.W., Stokols, D. & Krantz, D.S. (1986): Behavior, health and environmental stress. New York: Plenum

Conte, H.R., Plutchik, R., Picard, S. Galanter, M. & Jacoby, J. (1991): Sex differences in personality traits and coping styles of hospitalized alcoholics. Journal of Studies on Alcohol, 52, 26-32

Cooper, C.L. & Watson, M. (Eds.) (1991): Cancer and Stress: Psychological, Biological and Coping Studies. New York: John Wiley & Sons

Cooper, M.L., Russell, M. & George, W.H. (1988): Coping, expectancies and alcohol use: A test of social learning formulation. Journal of Abnormal Psychology, 97, 218-230

Coopersmith, S. & Woodrow, K. (1967): Basal conductance levels of normals and alcoholics. Quarterly Journal of Studies on Alcohol, 28, 27-32

Coplin, S., Hine, J.. & Gormican, A. (1976): Out-patient dietary management in the Prader-Willi-Syndrome. Journal of the American Diet Association, 68, 330-334

Corneille, P. (1959): Sertorius. Edition Critique, Paris

Council, J.R., Ahren, D.K., Follick, M.J. & Kline, C.L. (1988): Expectancies and functional impairment in chronic low back pain. Pain, 33, 323-331

Cox, W.M. (1985): Personality correlates of alcohol abuse. In: M. Galizio & S.A. Maisto (Eds.) Determinants of substance abuse: Biological, psychological, and environmental factors. New York: Plenum Press

Cox, W.M (1987): Personality theory and research. In: H.T. Blane & K.E. Leonard (Eds.), Psychological theories of drinking and alcoholism. New York: Guilford Press

Crisson, J.E. & Keefe, F.J. (1988): The relationship of locus of control to pain coping strategies and psychological distress in chronic pain patients. Pain, 35, 147-154

Crue, B.L. (1983): The peripheralist and the centralist concept of chronic pain: the centralist concept of chronic pain. Seminars in Neurology, 3, 331-339

Crutchfield, R.D. & Gove, W.R. (1984): Determinants of drug use: A test of the coping hypothesis. Social Science and Medicine, 18, 503-509

Cumbia, G.G. (1985): Therapeutic intervention in the treatment of adult patients with metastatic cancer: A comparative study of two group counselling approaches. Dissertation abstracts International, 46, 12

Cummings, K.M., Becker, M.H. & Maile, M.C. (1980): Bringing the models together: An empirical approach to combining variables used to explain health actions. Journal of Behavior Medicine, 2, 123-145

Davis, M.S. (1966): Variations in patience' compliance with doctors' orders: Analysis of congruence between survey responses and results of empirical investigations. Journal of Medical Education, 41, 1037-1048

Degkwitz, R., Helmchen, H., Kockott, G. & Mombour, W. (1980): Diagnoseschlüssel und Glossar psychiatrischer Krankheiten: ICD-9, 5. Aufl., Heidelberg: Springer

DeLongis, A., Coyne, J.C., Dakof, G., Folkman, S. & Lazarus, R.S. (1982): Relationship of daily hassles, uplifts, and major life events to health status. Health Psychology, 1, 119-136

Derissen, W. (1989): Krankheitsverarbeitung und Krankheitsverlauf bei schizophrenen Psychosen. Fortschritte Neurologie Psychiatrie, 57, 434-439

Derogatis, L.R. (1985): Brief Symptom Inventory, Clinical Psychometric Research. Baltimore: John Hopkins University

Derogatis, L.R., Abeloff, M.D. & Melisaratos, N. (1979): Psychological coping mechanisms and survival time in metastatic breast cancer. Journal of the American Medical Association, 242, 1504-1508

Derogatis, L.R. & Lopez, M.C. (1983): PAIS and PAIS-SR. Administration, Scoring and Procedures Manual. Clinical Psychometric Research. Baltimore: John Hopkins University

Des-Pres, T. (1976): The Survivors: An Anatomy of Life in the Death Camps. New York: Oxford University Press

Deyo, R.A., Cherkin, D., Conrad, D. & Volinn, E. (1991): Cost, controversy, crisis: low back pain and the health of the public. Annual Review of Public Health, 12, 141-156

D'Houtaud, A. & Field, M.G. (1984): The image of health: variations in perception by social class in a French population. Sociology of Health and Illness, 6, 30-60

Dillane, J.B., Fry, J. & Kalton, G. (1966): Acute back syndrom - a study from general practice. British Medical Journal, 2, 82-84

DiMatteo, M. R. & DiNicola, D. D. (1982): Achieving patient compliance. The psychology of the medical practitionier's role. New York: Pergamon.

Dodd, M.J. (1984): Measuring informational intervention for chemotherapy knowledge and self-care behavior. Research in Nursing and Health, 7, 43-50

Dohrenwend, B.S. & Dohrenwend, B.P. (Eds.) (1974): Stressful life events: Their nature and effects. New York: Wiley

Dohrenwend, B.S. & Dohrenwend, B.P. (Eds.) (1981): Stressful life events and their contexts. New York: Prodist

Dolce, J.J., Crocker, M.F. & Dolexs, D.M. (1986): Prediction of outcome among chronic pain patients. Behavioral Research and Therapy, 14, 313-319

Dorian, B. & Garfinkel, P.E. (1987): Stress, immunity and illness - a review. Psychological Medicine, 17, 393-407

Dunkel-Schetter, C. A. (1984): Social support and cancer: Findings based on patient interviews and their implications. Journal of Social Issues, 40, 77-98

Duval, S. & Wicklund, R. A. (1972): A theory of objective self-awareness. New York: Academic Press.

Edwards, J., DiClemente, C. & Samuels, M.C. (1985): Psychological characteristics: A pretreatment survival marker of patients with testicular cancer. Journal of Psychosocial Oncology, 3, 79-94

Eitinger, L. (1985): The concentration camp syndrome: an organic brain syndrome? Integrative Psychiatry, 3, 115-126

Ellis, A. (1975): How to live with a 'neurotic' at home and at work. New York: Crowne

Engebretson, T.O., Matthews, K.A. & Scheier, M.F. (1989): Relations between anger expression and cardiovascular reactivity: Reconciling inconsistent findings through a matching hypothesis. Journal of Personality and Social Psychology, 57, 513-521

Engel, G.L. (1979): Die Notwendigkeit eines neuen medizinischen Modells: Eine Herausforderung der Biomedizin. In: H. Keupp (Hrsg.) Normalität und Abweichung, S. 63-85. München: Urban & Schwarzenberg

Engel, G.L. & Schmale, A.H. (1967): Psychoanalytic theory of somatic disorder. Journal of the American Psychoanalytic Association, 15, 344-365

Epstein, S. (1983): The unconscious, the preconscious and the self-concept. In: J. Suls & A.G. Greenwald (Eds.) Psychological perspectives on the self, p. 219-247. Hillsdale: Erlbaum.

Epstein, S. (1992): Constructive thinking and mental and physical well-being. In: L. Montada, S.H. Filipp & M.J. Lerner (Eds.) Life crises and experiences of loss in adulthood, p. 385-409. New York: Erlbaum

Faller, H. (1990): Subjektive Krankheitstheorie und Krankheitsverarbeitung bei Herzinfarktrehabilitanden. Frankfurt/Main: Lang

Falloon, I.R.H. & Talbot, T. (1981): Pessistent auditory hallucinations: Coping mechanisms and implications for management. Psychological Medicine, 11, 329-339

Faltermaier, T. (1987a): Lebensereignisse und Alltag. München: Profil

Faltermaier, T. (1987b): Das Subjekt in einer Lebensereignis-Perspektive. Ein qualitativer Forschungsansatz. In: J.B. Bergold & U. Flick (Hrsg.) Ein-Sichten, S. 137-148. Tübingen: DGVT

Faltermaier, T. (1988): Notwendigkeit einer sozialwissenschaftlichen Belastungskonzeption. In: L. Brüderl (Hrsg.) Theorien und Methoden der Bewältigungsforschung, S. 46-62. Weinheim: Juventa

Faltermaier, T. (1991): Subjektive Theorien von Gesundheit: Stand der Forschung und Bedeutung für die Praxis. In: U. Flick (Hrsg.) Alltagswissen über Gesundheit und Krankheit, S. 45-58. Heidelberg: Asanger

Faltermaier, T. (1992): Gesundheitsbewußtsein und Gesundheitshandeln: Wie wir im Alltag mit unserer Gesundheit umgehen. Ein gesundheitspsychologischer Entwurf und eine explorative Studie. Unveröffentl. Habilitationsschrift, Universität Augsburg

Farash, J.L. (1978): Effect of counselling on resolution of loss and body imae disturbance following a mastectomy. Dissertation Abstracts international, 39, 4027-B

Fawzy, F.I., Cousins, N., Fawzy, N.W., Kemeny, M.E.; Elashoff, R. & Morton, D. (1990a): A structured psychiatric intervention for cancer patients: I Changes over time in methods of coping and affective disturbance. Archives of General Psychiatry, 47, 720-725

Fawzy, F.I., Kemeny, M.E.; Fawzy, N.W., Elashoff, R., Morton, D., Cousins, N. & Faney, J.L. (1990b): A structured psychiatric intervention for cancer patients: II Chances over time in immunological measures. Archives of General Psychiatry, 47, 729-735

Feifel, H., Strack, S. & Nagy, V.T. (1987): Degree of life-threat and differential use of coping modes. Journal of Psychosomatic Research, 31, 91-99

Felton, B.J. & Revenson, T. (1984): Coping with chronic illness: A study of illness controllability and the influence of coping strategies on psychological adjustment. Journal of Consulting and Clinical Psychology, 52, 343-353

Felton, B.J., Revenson, T.A. & Hinrichsen, G.: (1984): Stress and coping in the explanation of psychological adjustment among chronically ill adults. Social Science Medicine, 18, 889-898

Ferlic, M., Goldman, A & Kennedy B.J. (1979): Group counseling in adult patients with advanced cancer. Cancer 43, 730-766

Fernandez, E. & Turk, D.C. (1989): The utility of cognitive coping strategies for altering pain perception: a meta-analysis. Pain, 38, 123-135

Ferring, D. (1987): Krankheit als Krise des Erwachsenenalters. Zur Rolle wahrgenommener Kausalität und Kontrolle in der Befindlichkeitsregulation. Regensburg: Roderer

Ferring, D. & Filipp, S.H. (1992): Erfassung intrusiver Gedanken mittels der "Impact of Event-Scale" (zur Veröffentlichung eingereicht)

Ferring, D., Filipp, S.H. & Freudenberg, E. (1990): Der "freie" Wille der Versuchsperson: Zum Problem des Selektionseffektes und des "drop-outs" in empirischen Untersuchungen. Universität Trier (Forschungsberichte aus dem Projekt "Psychologie der Krankheitsbewältigung" Nr. 26)

Ferroni, P.A. & Coates, R. (1989): Blue-collar workers: Back injury and its effect on family life. Australian Journal of Sex, Marriage & Family, 10, 5-11

Filipp, S.H. (1989): Möglichkeiten der Modellbildung im Forschungsbereich "Krankheitsbewältigung". Universität Trier, Forschungsbericht Nr. 22

Filipp. S.-H. (1990): Bewältigung schwerer körperlicher Erkrankungen: Möglichkeiten der theoretischen Rekonstruktion und Konzeptualisierung. In: F.A. Muthny (Hrsg.) Krankheitsverarbeitung. Hintergrundtheorien, klinische Erfassung und empirische Ergebnisse, S. 24-40. Berlin: Springer

Filipp, S.H. (1992): Could it be worse? The diagnosis of cancer as a prototype of traumatic life events. In: L. Montada, S.H. Filipp & M.J. Lerner (Eds.) Life crises and experiences of loss in adulthood, p. 23-56. New York: Erlbaum

Filipp, S.H. & Buch-Bartos, K. (1992): Zur Virulenz temporaler Vergleichsprozesse bei alten Menschen - eine Pilotstudie. Zeitschrift für Entwicklungspsychologie und Pädagogische Psychologie (eingereicht)

Filipp, S.H. & Klauer, T. (1988): Ein dreidimensionales Modell zur Klassifikation von Formen der Krankheitsbewältigung. In: H. Kächele & W. Steffens (Hrsg.) Bewältigung und Abwehr. Beiträge zur Psychologie und Psychotherapie schwerer körperlicher Krankheiten, S. 51-68. Berlin: Springer

Filipp, S.-H. & Klauer, T. (1991): Subjective well-being in the face of critical life events: the case of successful copers. In: F. Strack, M. Argyle & N. Schwarz (Eds.) Subjective well-being: An interdisciplinary perspective, p. 213-234. Oxford: Pergamon Press

Filipp, S.H., Klauer, T., Freudenberg, E. & Ferring, D. (1990): The regulation of subjective well-being in cancer patients: An analysis of coping effectiveness. Psychology and Health, 4, 305-317

Fisher, S. (1984): Doctor-Patient Communication: A social and micropolitical performance. Social Health and Illness, 6, 1-18

Flammer, A. (1990): Erfahrung der eigenen Wirksamkeit. Einführung in die Psychologie der Kontrollmeinung. Bern: Huber.

Flick, U., Kardorff, E.v., Keupp, H., Rosenstiel, L.v. & Wolff, S. (Hrsg.) (1991): Handbuch Qualitative Sozialforschung. Grundlagen, Konzepte, Methoden und Anwendungen. München: Psychologie Verlags Union

Flor, H. & Turk, D.C. (1988): Chronic back pain and rheumatoid arthritis: predicting pain and disability from cognitive variables. Journal of Behavioral Medicine, 11, 251-265

Flor, H., Turk, D.C. & Scholz, O.B. (1987): Impact of chronic pain on the spouse: marital, emotional and physical consequences. Journal of Psychosomatic Research, 31, 63-71

Folkman, S. & Lazarus, R.S. (1988): Ways of Coping Questionnaire. Palo Alto: Consulting Psychologists Press

Folkman, S., Lazarus, R.S., Gruen, R.J. & DeLongis, A. (1986): Appraisal, coping, health status, and psychological symptoms. Journal of Personality and Social Psychology, 50, 571-579

Fordyce, W.E. & Steger, J.C. (1982): Chronischer Schmerz. In: W. Keeser, E. Pöppel & E. Mitterhusen (Hrsg.) Schmerz - Fortschritte der klinischen Forschung 27. München: Urban & Schwarzenberg

Frankel, R.M. (1984): From sentence to sequence: Unterstanding the medical encounter through microinteractional analysis. Discourse Process, 7, 135-151

Freidson, E. (1979): Der Ärztestand. Berufs- und wissenschaftssoziologische Durchleuchtung einer Profession. Stuttgart: Enke.

Frese, M. (1992): Work stress and unemployment: A plea for realistic pessimism. In: L. Montada, S.H. Filipp & M.J. Lerner (Eds.) Life crises and experiences of loss in adulthood, p. 81-94. New York: Erlbaum

Freud, A. (1982): Das Ich und die Abwehrmechanismen. München: Kindler

Freud, S. (1915b): Zeitgemäßes über Krieg und Tod. In: Ders., Gesammelte Werke, Bd. X, S. 323-355. Frankfurt/Main: Fischer.

Friczewski, F. (1985): Ganzheitlich-qualitative Methoden in der Streßforschung. In: G. Jüttemann (Hrsg.) Qualitative Forschung in der Psychologie, S. 282-296. Weinheim: Beltz

Galizio, M. & Maisto, S.A. (Eds.) (1985): Determinants of substance abuse: Biological, psychological, and environmental factors. New York: Plenum Press

Garrity, T.F. et al. (1976): Report of the task group of cardiac rehabilitation. In: S.M. Weiss (Ed.) Proceedings of the National Heart and Lung Institute working conference on health behaviour (DHEW Publication No. 76-868). Washington D.C.: US Government Printing Office

Geißler, R. & Bischoff, C. (1989): Einstellung von Allgemeinärzten zu Krebspatienten und zur Krebserkrankung. In: C. Bischoff & H. Zenz (Hrsg.) Patientenkonzepte von Körper und Krankheit, S. 134-147. Bern: Huber

Gerhardt, U. (1986): Patientenkarrieren. Eine medizinsoziologische Studie. Frankfurt/Main: Suhrkamp.

Gerhardt, U. (1991): Krankheits- und Patientenkarrieren. In U.Flick, E. v.Kardorff, H. Keupp, L. v.Rosenstiel & S. Wolff (Hrsg.) Handbuch Qualitative Sozialforschung, S. 312-316. München: Psychologie Verlags Union

Gibbons, F.X. (1990): Self-attention and behavior: A review and theoretical update. In: M. Zanna (Ed.) Advances in experimental social psychology, p. 249-303. San Diego: Academic Press

Gibbs, H.W. & Achterberg-Lawlis, J. (1978): Spiritual values and death anxiety: Implications for counseling with terminal cancer patients. Journal of Counseling Psychology, 25, 563-569

Goldberg, R.J. & Wool, M.S. (1985): Psychotherapy for the spouses of lung cancer patiens: Assessment of an intervention. Psychotherapy and Psychosomatics, 43, 141-150

Goldberg, R.J. et al. (1984): Teaching brief psychotherapy for spouses of cancer patients: Use of a codable supervision fortmat. Psychotherapy and Psychosomatics, 41, 12-19

Goldfried, M.R. (1980): Psychotherapy as coping skills training. In: M.J. Mahoney (Ed.) Psychotherapy Process: Current Issues and Future Directions. New York: Plenum

Golonka, L.M. (1976): The use of group counseling with breast cancer patients receiving chemotherapy. Dissertation Abstracts International, 37, No. 10-A

Gordon, W.A., Freidenbergs, I. & Diller, L.Ö. (1980): Efficacy of psychosocial intervention with cancer patients. Journal of Consulting and Clinical Psychology, 48, 743-759

Graham, J.R. & Strenger, V.E. (1988): MMPI characteristics of alcoholics: A review. Journal of Consulting and Clinical Psychology, 56, 197-205

Green, B.L., Wilson, J.P. & Lindy, J.D. (1985): Conceptualizing post-traumatic stress disorder: A psychosocial framework. In: Ch. Figley (Hrsg.) Trauma and its wake. The study and treatment of post-traumatic stress disorder, S. 53-69. New York: Brunner/Mazel.

Greenberg, J., Pyszczynski, T. & Solomon, S. (1986): The causes and consequences of a need for selfesteem: A terror managment theory. In: R.F. Baumeister (Eds.) Public self and private self, p. 189-212. New York: Springer

Greenwald, A.G. (1980): The totalitarian ego: Fabrication and revision of personal history. American Psychologist, 35, 603-618

Greer, S. (1989): Can Psychological therapy improve the quality of life of patients with cancer? British Journal of Cancer, 59, 149

Greer, S. (1991): Psychological response to cancer and survival. Psychological Medicine, 21, 43-49

Greer, S., Moorey, S. & Baruch, J. (1991): Evaluation of adjuvant psychological therapy for clinically referred cancer patients. British Journal of Cancer, 63, 257-260

Greer, S., Morris, T., Pettingale, K. et al. (1990): Psychological response to breast cancer and 15-year outcome. Lancet, 335, 49-50

Gross, A.R. (1986): The effect of coping strategies on the relief of pain following surgical interventions for lower back pain. Psychosomomatic Medicine, 48, 229-241

Groves, J.E. (1978): Taking care of the hateful patient. New English Journal of Medicine, 298, 883-887

Gullo, S.V., Cherico, D.J. & Shadick, R. (1974): Suggested stages and response styles in life-threatening illness: A focus on the cancer patient. In: B. Schoenberg et al. (Eds.) Anticipatory grief, p. 53-78. New York: Columbia University Press

Günther, V., Schett, P., Kinigadner, U. & Mur, E. (1991): Streß- und Krankheitsbewältigungsverhalten von Patienten mit chronischer Polyarthritis. Psychotherapie, Psychosomatik, Medizinische Psychologie, 41, 372-378

Guthke, J. & Adler, C. (1990): Empirische Untersuchungsergebnisse zum "dynamischen Testen" bei der Psychodiagnostik von Hirnorganikern. Zeitschrift für Gerontopsychologie und -psychiatrie, 3, 1-12

Haan, N. (1977): Coping and defending: Processes of self-environment organization. New York: Academic Press

Hackett, T.P. & Cassem, N.H. (1973): Psychological adaption to convalescence in myocardial infarction patients. In: J.P. Naughton et al. (Eds.) Exercise testing and exericise training in coronary heart disease, p. 73-85. New York: Academic Press

Hackett, T.P. & Weisman, A.D. (1969): Denial as a factor in patients with heart disease and cancer. Annals of the New York Academy of Science, 164, 802-817

Häfner, H. (1987): Epidemiology of Schizophrenia. In: H. Häfner, W. Janzarik & W. Gattaz (Eds.) Search for the causes of schizophrenia, p. 47-74. Heidelberg: Springer

Hamera, E. & Shontz, F.C. (1978): Perceived positive and negativ effects of life-threatening illness. Journal of Psychosomatic Research, 22, 419-424

Harel, Z., Kahana, B. & Kahana, E. (1988): Psychological well-being among Holocaust survivors and immigrants in Israel. J. Traum. Stress, 1, 413-429

Hartmann, H. A., Haubl, R., Neuberger, O., Peltzer, U. & Wakenhut, R. (1984): Diagnostische Probleme psychologischer Begutachtung. In: H.A. Hartmann & R. Haubl (Hrsg.) Psychologische Begutachtung. Problembereiche und Praxisfelder, S. 75-127. München: Urban & Schwarzenberg

Hasenbring, M. (1988): Krankheitsverarbeitung bei Krebs. In: H. Kächele & W. Steffens (Hrsg.) Bewältigung und Abwehr. Beiträge zur Psychologie und Psychotherapie schwerer körperlicher Krankheiten, S. 105-131. Berlin: Springer

Hasenbring, M. (1989): Laienhafte Ursachenvorstellungen und Erwartungen zur Beeinflußbarkeit einer Krebserkrankung - erste Ergebnisse einer Studie an Krebspatienten. In: C. Bischoff & H. Zenz (Hrsg.) Patientenkonzepte von Körper und Krankheit, S. 25-37. Bern: Huber

Haubl, R. (1982): Gesprächsverfahrenanalyse. Ein Beitrag zur sprachwissenschaftlichen Sozialforschung. Frankfurt/Main: Lang.

Haubl, R. (1984): Praxeologische und epistemologische Aspekte psychologischer Begutachtung. In: H.A. Hartmann & R. Haubl (Hrsg.) Psychologische Begutachtung. Problembereiche und Praxisfelder, S. 33-75. München: Urban & Schwarzenberg

Haubl, R. (1986): Identität - Zwischen Anpassung und Anpassungsverweigerung. In: R. Haubl et al. (Hrsg.) Struktur und Dynamik der Person, S. 205-232. Opladen: Westdeutscher Verlag

Haubl, R. (1991): "Unter lauter Spiegelbildern..." Zur Kulturgeschichte des Spiegels, 2 Bde. Frankfurt/Main: Stroemfeld/Nexus

Haynes, R.B. (1982): Einleitung. In: R.B. Haynes, D.V. Taylor & D.L. Sackett (Hrsg.) Compliance Handbuch, S. 11-19. München: Oldenbourg

Haynes, S.G., Feinleib, M. & Kannel, W.B. (1980): The relationsship of psychosocial factors to coronary heart disease in the Framingham Study: III. Eight-year incidence of coronary heart disease. American Journal of Epidemiology, 111, 37-58

Hedgni, E. & Bridges, M. (1985): Post-traumatic stress disorder. Psychiatric Clinics of North America, 8, 89-103

Heim, E. (1988): Coping und Adaptivität: Gibt es geeignetes oder ungeeignetes Coping? Psychotherapie, Psychosomatik und Medizinische Psychologie, 38, 8-18

Heim, E. (1991): Coping als Interventionsstrategie bei psychosozialer Belastung durch somatische Krankheiten. In: E. Brähler, M. Geyer & M.M. Kabanow (Hrsg.) Psychotherapie in der Medizin, S. 60-79. Opladen: Westdeutscher Verlag

Heim, E. (1991): Coping and Adaptation in Cancer. In: Cooper, C.L. & Watson, M. (Eds.) Cancer and Stress: Psychological, Biological and Coping Studies, p. 197-235. London: John Wiley & Sons

Heim, E., Augustiny, K.-F. & Blaser, A. (1983): Krankheitsbewältigung (Coping): ein integriertes Modell. Psychotherapie, Psychosomatik, Medizinische Psychologie, 33, 35-40

Heim, E., Augustinsky, K., Blaser, A. & Schaffner, I. (1991): Berner Bewältigungsformen. Bern: Huber

Heim, E., Moser, A. & Adler, R. (1978): Defense mechanisms and coping behavior in terminal illness. An overview. Psychotherapy and Psychosomatics, 30, 1-17

Heinrich, R.L. & Cossarelli-Schag, C. (1985): Stress and acitivity management: Group treatment for cancer patients and spouses. Journal of Consulting and Clinical Psychology, 53, 439-446

Helman, C.G. (1978): Feed a cold 'starve a fever'. Folk models of infection in an English suburban community and their relation to medical treatment. Cultural Medicine and Psychiatry, 2, 107

Herzlich, C. (1973): Health and illness. A social psychology analysis. European Monographs in Social Psychology 5. London: Academic Press.

Higgins, R.L. & Marlatt, G.A. (1975): Fear of interpersonal evaluation as a determinant of alcohol consumption in male social drinkers. Journal of Abnormal Psychology, 84, 644-651

Hildenbrand, B., Müller, H., Beyer, B. & Klein, D. (1984): Biographiestudien im Rahmen von Milieustudien. In: M. Kohli & G. Robert (Hrsg.) Biographie und soziale Wirklichkeit, S. 29-52. Stuttgart: Metzler

Hirsch, M. (1989): Psychogener Schmerz als Repräsentant des Mutterobjektes. Psychotherapie, Psychosomatik, Medizinische Psychologie, 39, 202-208

Hoffmann, S.O. & Egle, U. (1984): Zum Beitrag von J.J. Groen über das psychogene Schmerzsyndrom - zugleich ein Plädoyer für die Erweiterung des Konversionsbegriffes. Psychotherapie, Psychosomatik, Medizinische Psychologie, 34, 25-26

Hojat, M. & Vogel, W.H. (1987): Socioemotional bounding and neurobiochemistry. In: M. Hojat & R. Crandall (Hrsg.) Loneliness: Theory, research, and applications. Journal of Social Behavior and Personality, 2, 135-144

Holahan, C.J. & Moos, R.H. (1990): Life stressors, resistance factors, and improved psychological functioning: An extension of the stress resistance paradigm. Journal of Personality and Social Psychology, 58, 909-917

Hollaender, J. & Florin, I. (1983): Expressend emotion and airway conductance in children with bronchial asthma. Journal of Psychosomatic Research, 27, 307-311

Holland, J.C. (1987): Managing depression in the patient with cancer. CA-A Cancer Journal for Clinicans, 37, 366-372

Holland, J.C. (1991): Psychosocial variables: Are they factors in cancer risk or survival? Vortrag anläßlich des Postgraduate Course "Current Concepts in Psycho-Oncology IV", Oktober 1991, Memorial Sloan-Kettering Cancer Centre, New York

Holland, J.C. & Rowland, J.H. (Eds.) (1989): Handbook of Psychooncology. New York: Oxford University Press

Holmberg, G. & Martens, S. (1955): Electroencephalographic changes in man correlated with blood alcohol concentration and some other conditions following standardized ingestion of alcohol. Quarterly Journal of Studies on Alcohol, 16, 411-425

Holmes, J.A. & Stevenson, C.A.Z. (1990): Differential effects of avoidant and attentional coping strategies on adaptation to chronic and recent-onset pain. Health Psychology, 9, 577-584

Holroyd, K.A. (1978): Effects of social anxiety and social evaluation on beer consumption and social interaction. Journal of Studies on Alcohol, 39, 737-744

Horowitz, M.J. (1972): Modes of representation of thought. Journal of the American Psychoanalytic Association, 20, 793-819

Horowitz, M.J. (1976): Stress Response Syndromes. New York: Jason Aronson

Horowitz, M.J. (1982): Stress response syndromes and their treatment. In: L. Goldberger & S. Breznitz (Eds) Handbook of stress, p. 711-733. New York: Free Press

Horowitz, M.J. (1986): Stress Response Syndromes, (2nd Ed.) New York: J. Aronson Publ.

Horowitz, M.J. & Wilner, N. (1980): Life events, stress, and coping. In: L. Poon (Ed.) Aging in the 1980's: Selected contemporary issues in the psychology of aging, p. 363-370. Washington: American Psychological Association

Horowitz, M.J., Wilner, N. & Alvarez, C. (1979): Impact of events scale - a measure of subjective distress. Psychosomatic Medicine, 41, 19-31

Horowitz, M. J., Wilner, N., Kaltreider, N. & Alvarez, W. (1980): Signs and symptoms of post-traumatic stress disorder. Archives of General Psychiatry, 37, 85-92

Horowitz, M. J., Wilner, N., Marmar, C. & Krupnic, C. (1980): Pathological grief and the activation of latent self-images. American Journal of Psychiatry, 137, 1157-1162

Hsee, Chr. K., Hatfield, E., Carlson, J. G. & Chemtob, C. (1990): The effects of power on susceptibility to emotional contagion. Cognition and Emotion, 4, 327-340

Jacobs, C., Ross, R.D., Walkes, I.M. & Stockdale, F.E. (1983): Behavior of cancer patients: A randomized study of the effects of education and peer support groups. American Journal of Clinical Oncology, 6, 347-350

Jacobs, T. J. & Charles, E. (1980): Life-events and the occurence of cancer in children. Psychosomatic Medicine, 42, 11-24

Janke, W., Erdmann, G. & Kallus, W. (1985): Streßverarbeitungsfragebogen (SVF). Göttingen: Hogrefe

Janke, W. & Hüppe, M. (1990): Emotionalität bei alten Personen. In: K.R. Scherer (Hrsg.) Psychologie der Emotion. Enzyklopädie der Psychologie, Bd. 4. Göttingen: Hogrefe

Jarvik, L.F. & Bank, L. (1983): Aging twins: Longitudinal psychometric data. In: K.W. Schaie (Ed.) Longitudinal studies of adult psychological development, p. 40-63. New York: The Guilford Press

Jaspers, K. (1912): Die phänomenologische Forschungsrichtung in der Psychopathologie. Zeitschrift für die gesamte Neurologie und Psychiatrie, 9, 391-408

Jensen, M.R. (1987): Psychobiological factors predicting the course of breast cancer. Journal of Personality, 55, 317-342

Jensen, M.P., Turner, J.A., Romano, J.M. & Karoly, P. (1991): Coping with chronic pain: a critical review of the literature. Pain, 47, 249-283

Jewson, N. D. (1976): The disappearance of the sick-man from medical cosmology 1770-1880. Sociology, 10, 225-244

Johne-Manthey, B. & Thurke, M. (1990): Die Genese von Bewältigungsstrategien am Beispiel des Mamma-Carcinoms. In: G. Jüttemann (Hrsg.) Komparative Kasuistik, S. 251-264. Heidelberg: Asanger

Johnson, J. E. (1973): Effects of accurate expectations about sensations on the sensory and distress components of pain. Journal of Personality and Social Psychology, 27, 261-275

Julius, M., Harburg, E., Cottington, E.M. & Johnson, E.H. (1986): Anger-coping types, blood pressure, and all-cause mortality: A follow-up in Tecumseh, Michigan (1971-1983). American Journal of Epidemiology, 124, 220-233

Jüttemann, G. (1981): Komparative Kasuistik als Strategie psychologischer Forschung. Zeitschrift für klinische Psychologie und Psychotherapie, 29, 101-118

Jüttemann, G. (Hrsg.) (1990): Komparative Kasuistik. Heidelberg: Asanger

Kahana, E., Kahana, B. & Harel, Z. et al. (1988): Coping with Extreme Trauma. In: J.P. Willson, Z. Harel & E. Kahana (Eds.) Human Adaptation to Extreme Stress from the Holocaust to Vietnam, p. 55-77. New York: Plenum Press

Kallinke, D. (1982): Psychotherapie bei chronisch körperlichen Krankheiten. In: R. Bastine et al. (Hrsg.) Grundbegriffe der Psychotherapie, S. 202-212. Weinheim: Edition Psychologie

Katon, W., Kleinman, A. & Rosen, G. (1982): Depression and somatization. American Journal of Medicine, 72, p. 127-135; 241-247

Keefe, F.J., Block, A.R., Williams, R.B. & Surwit, R.S. (1981): Behavioral treatment of chronic low back pain: Clinical outcome and individual differences in pain relief. Pain, 11, 221-231

Keefe, F.J., Crisson, J., Urban, B.J. & Williams, D.A. (1990): Analyzing chronic low back pain: the relative contribution of pain coping strategies. Pain, 40, 293-301

Keel, P., Läubli, Th., Oliveri, M., Santos-Eggimann, B. & Valach, L. (1990): Nationales Forschungsprogramm 26, Teil B: Chronifizierung von Rückenschmerzen. Sozial- und Präventivmedizin, 35, 46-58

Keller, S.E., Weiss, J.M., Schleifer, S.J., Miller, N.E. & Stein, M. (1981): Suppression of immunity by stress: effect of a graded series of stressors on lymphocyte stimulation in the rat. Science, 213, 1397-1400

Kessler, R.C., Price, R.H. & Wortman, C.B. (1985): Social factors in psychopathology: Stress, social support, and coping processes. Annual Review of Psychology, 36, 531-572

Keupp, H. (Hrsg.) (1979): Normalität und Abweichung. Fortsetzung einer notwendigen Kontroverse. München: Urban & Schwarzenberg

Kissen, D. M. (1963): A further report on personality and psychosocial factors in male conducive to lung cancer. British Journal of Medical Psychology, 36, 37-51.

Kissin, B., Schenker, V. & Schenker, A. (1959): The acute effects of ethyl alcohol and chlorpromazine on certain physiological functions in alcoholics. Quarterly Journal of Studies on Alcohol, 20, 480-492

Klapp, Ch., Heckers, H., Klapp, B.F. & Scheer, J.W. (1984): Compliance-Studie an coronaren High-risk-Patienten. In: U. Tewes (Hrsg.) Angewandte Medizinpsychologie, S. 96-103. Frankfurt/Main: Fachbuchhandlung für Psychologie.

Klauer, T. & Filipp, S.-H. (1990): Formen der Krankheitsbewältigung bei Krebspatienten. In: R. Schwarzer (Hrsg.) Gesundheitspsychologie, S. 333-364. Göttingen: Hogrefe

Klauer, T., Filipp, S.H. & Ferring, D. (1989): Der "Fragebogen zur Erfassung von Formen der Krankheitsbewältigung" (FEKB): Skalenkonstruktion und erste Befunde zu Reliabilität, Validität und Stabilität. Diagnostica, 35, 316-335

Kleinke, Ch. L. & Spangler, A.S. (1988): Psychometric analysis of the audiovisual taxonomy for assessing pain behavior in chronic back-pain patients. Journal of Behavioral Medicine, 11, 83-94

Kleinman, A. & Kleinman, J. (1985): Somatization: The interconnections in Chinese society among culture, depressive experience, and the meanings of pain. In: A. Kleinman & B. Good (Eds.) Culture and depression, p. 429-490. Berkeley: University of California Press.

Kobasa, S.C. (1979): Stressful life events, personality, and health: An inquiry into hardiness. Journal of Personality and Social Psychology, 37, 1-11

Koch, U. & Heim, E. (1988): Editorial "Schwerpunktheft": Bewältigungsprozesse bei chronischen Erkrankungen. Psychotherapie, Psychosomatik, Medizinische Psychologie, 38, 1-2

Koch, U., Speidel, H. & Balck, F. (1982): Psychische Probleme von Hämodialysepatienten und ihren Partnern. In: D. Beckmann et al. (Hrsg.) Medizinische Psychologie, S. 310-336. Berlin: Springer

Kraemer, S. & Schickor, I. (1991): Streßbewältigungsstrategien schizophrener Patienten: Eine Pilotstudie. Verhaltenstherapie, 1, 212-218.

Krampen, G. (1979): Hoffnungslosigkeit bei stationären Patienten. Medizinische Psychologie, 5, 39-49

Krampen, G. (1982): Differentialpsychologie der Kontrollüberzeugungen. Göttingen: Hogrefe

Krantz, D.S., Lundberg, U. & Frankenhauser, M. (1987): Stress and type A behavior: interactions between environmental and biological factors. In: A. Baum & J.E. Singer (Eds.) Handbook of psychology and health, Vol. V: Stress, p. 203-228. Hillsdale: Erlbaum

Krohne, H.W. (1986): Coping with stress: Dispositions, strategies, and the problem of measurement. In: M.H. Appley & R. Trumbull (Eds.) Dynamics of stress. New York: Plenum Press

Krohne, H.W., Kleemann, P.P, Hardt, J. & Theisen, A. (1989): Beziehungen zwischen Bewältigungsstrategien und präoperativen Streßreaktionen. Zeitschrift für Klinische Psychologie, 18, 350-364

Krohne, H.W. & Rogner, J. (1982): Repression-sensitization as a central construct in coping research. In: H.W. Krohne & L. Laux (Eds.) Achievement, stress and anxiety, p. 167-193.

Kröner-Herwig, B., Muck, C. & Weich, K.-W. (1988): Bewertung der Effizienz von Bewältigungsverhalten am Beispiel der Streßverarbeitungsmaßnahmen aus dem SVF. Zeitschrift für Differentielle und Diagnostische Psychologie, 9, 295-307

Krystal, H. (Ed.) (1968): Massive Psychic Trauma. New York: International Press

Kübler-Ross, E. (1974): Interviews mit Sterbenden. Stuttgart: Kreuz-Verlag

Kuiper, N.A., MacDonald, M.R., Derry, P.A. (1983): Parameters of a depressive self-schema. In: J. Suls & A.G. Greenwald (Eds.) Psychological perspectives on the self, Vol. 2, p. 191-217. Hillsdale: Erlbaum

Kulik, J.A. & Mahler, H.I.M. (1987): Health status, perceptions of risk, and prevention interest for health and non health problems. Health Psychology, 6, 15-27

Lachmund, J. (1987): Die Profession, der Patient und das medizinische Wissen. Zeitschrift für Soziologie, 16, 353-366

Lang, A.R. (1983): Addictive personality: A viable construct? In: P.K. Levison, D.R. Gerstein & D.R. Maloff (Eds.) Commonalities in substance abuse and habitual behavior

Lang, H. (1990): Zur Dialektik der Abwehrvorgänge. In: L. Nagl, H. Vetter, H. & H. Leupold-Löwenthal (Hrsg.) Philosophie und Psychoanalyse. Symposium der Wiener Festwochen, S. 221-234. Frankfurt/Main: Nexus

Langer, H., Oldigs, J. & Roy, E.R. (1985): Vorstellung und Analyse einer empirisch begründeten Itemselektion von Fragebögen zur Erfassung subjektiv erlebter Störungen bei Schizophrenie. In: F.-J. Hehl, V. Ebel & W. Ruch (Hrsg.) Diagnostik psychischer und psychophysiologischer Störungen, S. 112-153. Bonn: Deutscher Psychologen Verlag

Langley, G. B. & Sheppeard, H. (1985): Pain-mood relationships in patients with rheumatoid arthritis. New Zealand Medical Journal, 98, 774, 138-141

Lankhorst, G.J., van de Stadt, R.J., Vogelaar, T.W., van der Korst, J.K. & Prevo, A.J. (1983): The effect of the Swedish Back School in chronic idiopathic low back pain: a prospective controlled study. Scandinavian Journal of Rehabilitation Medicine, 15, 141-145

Larson, M.S. (1977): The rise of professionalism: A sociological analysis. Berkeley: University of California Press

Lau, R.R. & Hartman, K.A. (1983): Common sense representation of common illness. Health Psychology, 3, 167-186

Laudenslager, M.L., Reite, M. & Harbeck, R. (1982): Immune status during mother-infant separation. Psychosomatic Medicine, 44, 303

Laudenslager, M.L., Ryan, S.M., Drugan, R.C., Hyson, R.L. & Maier, S.F. (1983): Coping and immunosuppression: inescapable but not escapable shock suppresses lymphocyte proliferation. Science, 221, 568-570

Laux, L. & Weber, H. (1990): Bewältigung von Emotionen. In: K.R. Scherer (Hrsg.) Psychologie der Emotion. Enzyklopädie der Psychologie, S. 560-629. Göttingen: Hogrefe

Lazarus, R.S. (1966): Psychological stress and the coping process. New York: McGraw-Hill

Lazarus, R.S. (1981): The Stress and Coping Paradigm. In: C. Eisdorfer et al. (Eds.) Models for Clinical Psychopathology, p. 177-214. New York: Spectrum

Lazarus, R.S. (1981): Streß und Streßbewältigung - Ein Paradigma. In: S.-H. Filipp (Hrsg.) Kritische Lebensereignisse, S. 198-232. München: Urban & Schwarzenberg

Lazarus, R.S. (1991): Emotion and adaptation. Cary: Oxford University Press

Lazarus, R.S. & Folkman, S. (1984): Stress appraisal and coping. New York: Springer

Lazarus, R.S. & Launier, R. (1978): Stressrelated transactions between person and environment. In: L.A. Pervin & M. Levis (Eds.) Perspectives in interactional psychology, p. 287-327. New York: Plenum Press

Lazarus, R.S. & Launier, R. (1981): Streßbezogene Transaktionen zwischen Personen und Umwelt. In: J.R. Nitsch (Hrsg.) Streß, S. 213-259. Bern: Huber

Lefebvre, M.F. (1981): Cognitive distortion and cognitive errors in depressed psychiatric and low back pain patients. Journal of Consulting and Clinical Psychology, 49, 517-525

Lehmann, R.T., Russell, D.W. & Spratt, K.F. (1983): The impact of patients with nonorganic physical findings on a controlled trial of transcutaneous electrical nerve stimulation and electroacupuncture. Spine, 8, 625-634

Leibing, E. (1992): Krankheitsbewältigung bei Patienten mit rheumatoider Arthritis - Faktoren der Bewältigung, des Verlauf und der therapeutischen Beeinflussung durch ein psychologisches Schmerzbewältigungsprogramm. Regensburg: Roderer

Levenson, R.W., Sher, K.J., Grossman, L., Newman, J. & Newlin, D. (1980): Alcohol and stress response dampening: Pharmacological effects, expectancy, and tension reduction. Journal of Abnormal Psychology, 89, 528-538

Leventhal, H., Meyer, D. & Nerenz, D. (1980): The common sense representation of illness danger. In: S. Rachman (Ed.), Contributions to medical psychology, Vol. 2, p. 7-30. New York: Pergamon.

Levine, J. & Zigler, E. (1975): Denial and self-image in stroke, lung cancer, and heart disease patients. Journal of Consulting and Clinical Psychology, 43, 751-757

Levy, S.M. & Wise, B.D. (1988): Psychosocial risk factors and cancer progression. In: C.L. Cooper (Ed.) Stress and breast cancer, p. 77-96. Chichester: Wiley

Lewis, M. & Michalson, L. (1982): The socialization of emotions. In: T. Field & A. Fogel (Eds.), Emotion and early interaction, p. 189-211. Hillsdale: Erlbaum

Liebeskind, J.C. (1991): Pain can kill. Pain, 44, 3-4

Lifton, R. (1963): Human reactions to the threat of disaster. Daedalus Summer, 462-497

Lifton, R. (1968): Death in Life: Survivors of Hiroshima. New York: Random House

Lifton, R. (1976): Death in Life. New York: Touchstone Books

Linden, M. (1979): Therapeutische Ansätze zur Verbesserung von 'Compliance'. Nervenarzt, 50, 109-114

Linn, M.S., Linn, B.S. & Harris, R.C. (1982): Effects of counseling for late stage cancer patients. Cancer, 49, 1048-1055

Lipowski, Z.J. (1970): Physical illness, the individual and the coping process. Psychiatry and Medicine, 1, 91-102

Lohaus, A. & Schmitt, G.M. (1989): Kontrollüberzeugungen zu Krankheit und Gesundheit. Diagnostica, 35, 59-72

Love, A.W. (1988): Attributional style of depressed chronic low back patients. Journal of Clinical Psychology, 44, 317-321

Love, A.W. & Peck, C.L. (1987): The MMPI and psychological factors in chronic low back pain: A review. Pain, 28, 1-12

Ludwig, M. (1991): Lebensqualität auf der Basis subjektiver Theoriebildung. In: M. Bullinger, M. Ludwig & N. v.Steinbüchel (Hrsg.) Lebensqualität bei kardiovaskulären Erkrankungen, S. 24-34. Göttingen: Hogrefe

Luhmann, N. (1968): Vertrauen. Ein Mechanismus der Reduktion sozialer Komplexität. Stuttgart: Enke.

MacAndrew, C. (1979): Evidence for the presence of two fundamentally different, age-independent characteriological types within unselected runs of male alcohol and drug abusers. American Journal of Drug and Alcohol Abuse, 6, 207-221

Maguire, P., Tait, A. & Brooke, M. (1980): Effect of counselling on the psychiatric morbidity associated with mastectomy. British Medical Journal, 281, 1454-1456

Malone, M.D. & Strube, M.J. (1988): Meta-analysis of non-medical treatments for chronic pain. Pain, 34, 231-244

Margolis, C.G.L. (1983): Hypnotic imagery with cancer patient. American Journal of Clinical Hypnosis, 25, 128-135

Marlatt, G.A. & Gordon, J.R. (1980): Determinants of relapse: Implications for the maintenance of behavior change. In P.O. Davidson & S.M. Davidson (Eds.) Behavioral Medicine: Changing health lifestyles. New York: Brunner/Mazel

Marlatt, G.A. & Gordon, J.R. (1985): Relapse prevention: Maintenance strategies in the treatment of addictive behaviors. New York: Guilford Press

Marlatt, G.A., Kosturn, C.F. & Lang, A.R. (1975): Provocation of anger and opportunity for retaliation as determinants of alcohol consumption in social drinkers. Journal of Abnormal Psychology, 84, 652-659

Marschall, P. & Fuller, S. (1989): Attribution der Gesundheitskontrolle und gelerntes Selbstkontrollvermögen als Vorhersagevariablen von planendem Verhalten und Selbsteffizienz in der Rehabilitation von Herzinfarktpatienten. In: C. Bischoff & H. Zenz (Hrsg.) Patientenkonzepte von Körper und Krankheit, S. 103-114. Bern: Huber

Maschewsky, W. (1984): Sozialwissenschaftliche Ansätze der Krankheitserklärung. Argument-Sonderband, 119, 21-42

Mason, J.W. (1975): A historical view of the 'stress'field. Journal of Human Stress, 1, 6ff.

Mathé, A. A. & Knapp, P. H. (1971): Emotional and adrenal reactions to stress in bronchial asthma. Psychosomatic Medicine, 33, 323-340

Mattlin, J.A., Wethington, E. & Kessler, R.C. (1990): Situational determinants of coping and coping effectiveness. Journal of Health and Social Behavior, 31, 103-122

Mayring, P. (1988): Qualitative Auswertung im Rahmen des Belastungs-Bewältigungs-Paradigmas. In: L. Brüderl (Hrsg.) Theorien und Methoden der Bewältigungsforschung, S. 200-207. Weinheim: Weinheim

Mayring, P. (1990): Qualitative Inhaltsanalyse: Grundlagen und Techniken. Weinheim: Deutscher Studienverlag

Mayring, P. (1993a): Qualitative Inhaltsanalyse. Grundlagen und Techniken, 4. Auflage. Weinheim: Deutscher Studien Verlag

Mayring, P. (1993b): Einführung in die qualitative Sozialforschung. Eine Anleitung zu qualitativem Denken, 2. Auflage. München: Psychologie Verlags Union

McCaul, K.D. & Malott, J.M. (1984): Distraction and coping with pain. Psychological Bulletin, 95, 516-533

McCrae, R.R. & Costa, R.T. (1986): Personality, coping, and coping effectiveness in an adult sample. Journal of Personality, 54, 385-405

McGlashan, T.H., Wadeson, H.S., Carpenter, W.T. & Levy, S.T. (1977): Art and recovery style from psychosis. Journal of Nervous and Mental Disease, 164, 182-190.

Mc Guire, D.B. (1987): Advances in control of cancer pain. Nursing Clinics of North America, 22, 677-690

Mead, T. W., Gardner, M. J. & Cannon, P. (1968): Observer variability in recording the peripheral pulses. British Heart Journal, 30, 661-665

Meffert, H.-J. (1984): Angstreduktion bei chirurgischen Patienten - Kritische Überlegungen und Fallbeispiele zur medizinpsychologischen Forschung für Klinik und Praxis. In: U. Tewes (Hrsg.) Angewandte Medizinpsychologie, S. 360-367. Frankfurt/Main: Fachbuchhandlung für Psychologie

Meichenbaum, D. & Jaremko, M.E. (Eds.) (1983): Streß Reduction and Prevention. New York: Plenum

Melzack, R. & Wall, P.D. (1982): The Challenge of Pain. New York: Basic Books

Melzack, R., Vetare, P. & Finch, L. (1983): Transcutaneous electrical nerve stimulation for low back pain: a comparision of TENS and massage for pain and range of motion. Physical Therapy, 63, 489-493

Menaghan, E.G. (1983): Individual coping efforts: Moderators of the relationship between life stress and mental health outcomes. In: H.B. Kaplan (Ed.) Psychosocial stress, p. 157-191. New York: Academic Press

Michela, J.L. & Wood, J.V. (1986): Causal attributions in health and illness. In: P. Kendall (Ed.), Advances in cognitive behavioral research and therapy, Vol. 5, p. 170-235. New York: Academic Press

Miller, P.M., Hersen, M., Eisler, R.M. & Hilsman, G. (1974): Effects of social stress on operant drinking of alcoholics and social drinkers. Behavior Research and Therapy, 12, 67-72

Möhring, P. (1987): Möglichkeiten und Grenzen von Psychotherapien bei malignen Erkrankungen. In: P. Möhring (Hrsg.) Mit Krebs leben, S. 41-47. Berlin: Springer

Möller, H.J. (1990): Möglichkeiten und Grenzen von Selbstbeurteilungsskalen zur Verlaufsbeurteilung depressiver Symptomatik im Rahmen der Therapie-Evaluation. In: U. Baumann E. Fähndrich, R.D. Stieglitz & B. Woggon (Hrsg.) Veränderungsmessung in Psychiatrie und klinischer Psychologie. München: Profil

Montada, L., Filipp, S.-H. & Lerner, M.J. (Eds.) (1992): Life crises and experiences of loss in adulthood. Hillsdale: Lawrence Erlbaum Associates

Moos, R.H., Brennan, P.L., Fondacaro, M.R. & Moos, B.S. (1990): Approach and avoidance coping responses among older problem and nonproblem drinkers. Psychology and Aging, 5, 31-40

Moos, R.H. & Tsu, V.D. (1977): The Crisis of physical illness: An overview. In: R.H. Moos (Ed.) Coping with physical illness, p. 3-26. London: Plenum Press

Morgenstern, H., Gellerz, G.A.; Walter, S.D., Ostfeld, A.M. & Siegel, B.S. (1984): The impact of a psychosocial support program on survival with breast cancer: The importance of selection bias in program evaluation. Journal of Chronical Disease, 37, 273-282

Morrell, D.C. & Wale, C.J. (1976): Symptoms perceived and recorded by patients. Journal of the Royal College of General Practitioners, 26, 398-403

Moss, A. J., Wynar, B. & Goldstein, S. (1969): Delay in hospitalization during the acute coronary period. American Journal of Cardiology, 24, 659-673

Muthny, F. (1988): Einschätzung der Krankheitsverarbeitung durch Patienten, Ärzte und Personal - Gemeinsamkeiten, Diskrepanzen und ihre mögliche Bedeutung. Zeitschrift für klinische Psychologie, 17, 319-333

Muthny, F.A., Bechtel, M. & Spaete, M. (1992): Laienätiologien und Krankheitsverarbeitung bei schweren körperlichen Erkrankungen. Psychotherapie, Psychosomatik und Medizinische Psychologie, 42, 41-53

Muhs, A. (1985): Psychologische und soziologische Einflußfaktoren der coronaren Herzkrankheit. In: W. Langosch (Hrsg.) Psychische Bewältigung der chronischen Herzerkrankung, S. 3-11. Berlin: Springer

Mushlin, A.J. & Apple, F.A. (1977): Diagnosing patient non-compliance. Archive for International Medicine, 173, 318-327

Narr, H. (1987): Arzt, Patient, Krankenhaus. München: dtv.

Nathan. P.E. (1988): The addictive personality is the behavior of the addict. Journal of Consulting and Clinical Psychology, 56, 183-188

Nathanson, D. L. (1986): The empathic wall and the ecology of affect. Psychoanalytic Study of the Child, 41, 171-187

Nemiah, J.C. & Sieneos, P.E. (1979): Affect and fantasy in patients with psychosomatic disorders. In: O.W. Hill (Ed.) Modern Trends in Psychosomatic Medicine, p. 26-34. London: Butterworths

Nerviano, V.J. & Gross, H.W. (1983): Personality types of alcoholics on objective inventories. Journal of Studies on Alcohol, 44, 837-851

Newman, R.I., Seres, J.L., Yospe, L.P. & Garlington, B. (1978): Multidisciplinary treatment of chronic pain: Long term follow up of low back pain patients. Pain, 4, 283-292

Nordmeyer, J., Deneke, F.W., Steinmann, G. & Kerekjarto, M. (1981): Problempatiententypen aus ärztlicher Sicht. Therapiewoche, 31, 855-862

Nouwen, A. (1983): EMG biofeedback used to reduce standing levels or paraspinal muscle tension in chronic low back pain. Pain, 17, 353-360

Novaco, R. W. (1975): Anger control. The development and evaluation of an experimental treatment. Lexington: Lexington Books (Health & Co.)

Nuechterlein, K.H. (1987): Vulnerability models of schizophrenia: State of the art. In: H. Häfner, W.F. Gattaz, & W. Janzarik (Eds.) Search for the causes of schizophrenia, p. 297-316. Berlin: Springer

Oakes, T.W., Ward, J.R., Gray, R.M., Klauber, M.R. & Moody, P.M. (1970): Family expectations and arthritis patient compliance to a hand resisting splint regimen. Journal of Chronical Disease, 22, 757-764

Pappert, S. (1970): The undisireable patient. Journal of Chronical Disease, 220, 757-764

Parrot, R., Burgson, J.K., Burgson, M. & Le Poire, B.A. (1989): Privacy between physicans and patients: More than a matter of confidentiality. Social Science and Medicine, 29, 1381-1386

Parsons, T. (1968): Definitionen von Gesundheit und Krankheit im Lichte der amerikanischen Werte. In: Ders., Sozialstruktur und Persönlichkeit, S. 321-342. Frankfurt/Main: EVA.

Paykel, E.S. & Norton, K.R.W. (1986): Self-report and clinical interview in the assessment of depression. In: T. Sartorius (Ed.) A Barn Assessment of depression. Berlin: Springer

Pearlin, L.I. (1989): The sociological study of stress. Journal of Health and Social Behavior, 30, 241-256

Pearlin, L.J., Lieberman, M.A., Menaghan, E.G. & Mullan, J.T. (1981): The stress process. Journal of Health and Social Behavior, 22, 337-356

Pearlin, L.I. & Schooler, C. (1978): The structure of coping. Journal of Health and Social Behavior, 19, 2-21

Peck, C.L. & Kraft, G.H. (1977): Electromyographic biofeedback for pain related to muscle tension. Archives of Surgery, 112, 889-895

Pentecost, R., Zwerenz, B. & Manuel, J. (1976): Intrafamily identity and home dialysis success. Nephrology, 17, 88-103

Perrez, M. (1992): Coping-Forschung auf Abwegen? In: U. Gerhard (Hrsg.) Psychologische Erkenntnisse zwischen Philosophie und Empirie, S. 72-88. Bern: Huber

Perrez, M. & Reicherts, M. (1987): Behavior and cognition analysis of coping with stress by depressed persons. A criterion- and process-oriented measurement approach. In: W. Huber (Ed.) Progress in psychotherapy research, p. 115-133. Presses Universitaires de Louvain

Perrez, M. & Reicherts, M. (1987): Coping behavior in the natural setting: A method of computer-aided self-observation. In: J.P. Dauwalder, M. Perrez & V. Hobi (Eds.) Controversial Issues in Behavior Modification, p. 127-137. Lisse: Swets & Zeitlinger

Perrez, M. & Reicherts, M. (1989): Belastungsverarbeitung: Computerunterstützte Selbstbeobachtung im Feld. Zeitschrift für Differentielle und Diagnostische Psychologie, 10, 129-139

Perrez, M. & Reicherts, M. (1992): Stress, coping, and health. A situation-behavior approach. Seattle: Hogrefe & Huber Publishers

Petermann, F. (1987): Daten, Dimensionen, Verfahrensweisen. In: R. Oerter & L. Montada (Hrsg.) Entwicklungspsychologie, S. 1030-1060. München: Psychologie Verlags Union

Petermann, H. & Schmidt, H. (1989): Krankheitsbewältigung von Patientinnen mit Ovarialkarzinom. Zeitschrift für Klinische Medizin, 44, 2259-2260

Pettingale, K. W. (1984): Coping and cancer prognosis. Journal of Psychosomatic Research, 28, 363-364

Pfingsten, M., Bautz, M., Eggebrecht, D. & Hildebrandt, J. (1988): Soziale Interaktion bei Patienten mit chronischen Rückenschmerzen. Psychotherapie, Psychosomatik, Medizinische Psychologie, 38, 328-332

Pinsky, J.J. (1983): Psychodynamic understanding and treatment of the chronic intractable benign pain syndrome. Treatment outcome. Seminars in Neurology, 3, 346-354

Porter, J. (1981): Is there a survivor syndrome? Journal of Psychology & Judaism, 6, 33-43

Powers, R.J. & Kutash, I.L. (1985): Stress and alcohol. International Journal of the Addictions, 20, 461-482

Prystav, G. (1981): Psychologische Copingforschung: Konzeptbildungen, Operationalisierungen und Meßinstrumente, Diagnostica, 27, 189-214

Prystav, G. G (1981): Psychologische Copingforschung. Diagnostica, 27, 189-214

Pyszczynski, T. & Greenberg, J. (1987): The role of self-focused attention in the development, maintenance, and exacerbation of depression. In: K. Yardley & T. Honess (Eds.), Self and identity: Psychosocial perspectives, p. 307-322. Chichester: Wiley.

Radley, A. & Green, R. (1987): Illness as adjustment: A methodology and conceptual framework. Sociology of Health and Illness 9, S. 179-209.

Raimbault, E. (1986): Interventions psychothérapiques en cancérologie. Bulletin du Cancer, 73, 716-718

Raspe, H.H. (1981): Die Medikamentencompliance bei Patienten mit einer chronischen Polyarthritis. Aktuelle Rheumatologie, 6, 11-15

Rauh, D.-A. (1990): Belastungsbewältigung schizophren Erkrankter im Verlauf. Unveröffentl. Diplomarbeit, Universität Osnabrück

Reicherts, M. (1988): Diagnostik der Belastungsverarbeitung: Neue Zugänge zu Streß-Bewältigungs-Prozessen. Bern: Huber.

Reicherts, M. & Perrez, M. (1990): Einflüsse von Repression und Sensitization auf die Selbstbeobachtung der Belastungsverarbeitung. Zeitschrift für klinische Psychologie, Psychopathologie und Psychotherapie, 38, 324-333.

Rey, E.-R. & Thurm-Mussgay, I. (1990): Schizophrenien. In: H. Reinecker (Hrsg.) Lehrbuch der Klinischen Psychologie, S. 361-381. Göttingen: Hogrefe

Richards, W.A., Rhead, J.C.; Graf, S.; Goodman, L.E., DiLeo, F. & Rush, L. (1979): DPT as an adjunct in brief psychotherapy with cancer patients. Omega, 10, 9-26

Riemann, G. (1984): "Na wenigstens bereitet sich da wieder was in meiner Krankheit vor". Zum Umgang psychiatrischer Patienten mit übermächtigen Theorien, die ihr eigenes Selbst betreffen. In: M. Kohli & G. Robert (Hrsg.) Biographie und soziale Wirklichkeit, S. 118-141. Stuttgart: Metzler

Rittner, V. (1986): Körper und Körpererfahrung in kulturhistorisch-gesellschaftlicher Sicht. In: J. Bielefeld (Hrsg.) Körpererfahrung. Grundlage menschlichen Bewegungsverhaltens, S. 125-161. Göttingen: Hogrefe

Roether, D. (1986): Lernfähigkeit im Erwachsenenalter. Ein Beitrag zur klinischen Entwicklungspsychologie. Leipzig: Hirsch Verlag

Rogentine, G.N. et al. (1979): Psychological factors in the prognosis of malignant melanoma. A prospective study. Psychosomatic Medicine, 41, 647-655

Rogers, T. B. (1983): Emotion, imagery, and verbal codes: A closer look at an increasingly complex interaction. In: J.C. Yuille (Ed.) Imagery, memory, and cognition, p. 285-305. Hillsdale: Erlbaum

Rogner, O., Frey, D. & Havemann, D. (1987): Der Genesungsverlauf von Unfallpatienten aus kognitionspsychologischer Sicht. Zeitschrift für Klinische Psychologie, 16, 11-28

Rosenstiel, A.K. & Keefe, F.J. (1983): The use of coping strategies in chronic low back pain patients: Relationship to patient characteristics and current adjustment. Pain, 17, 33-44

Roth, S. & Cohen, L.J. (1986): Approach, avoidance, and coping with stress. American Psychologist, 41, 813-819

Rothenberg, A. (1961): Psychological problems in terminal cancer patients. Cancer, 14, 1063-1073

Rudy, T.E., Kerns, R.D. & Turk, D.C. (1988): Chronic pain and depression: Toward a cognitive-be-
havioral mediation model. Pain, 35, 129-140

Rüger, U., Blomert, A.F. & Förster, W. (1990): Coping. Theoretische Konzepte, Forschungsansätze,
Meßinstrumente zur Krankheitsbewältigung. Göttingen: Vandenhoek & Ruprecht

Russell, J. & Mehrabian, A. (1975): The mediating role of emotions in alcohol use. Journal of Studies
on Alcohol, 36, 1508-1536

Rychlik, R. (1988): Zum Thema Compliance aus Patienten- und Ärztesicht. Mensch - Medizin - Gesellschaft, 13, 29-34

Saup, W. (1991): Konstruktives Altern. Göttingen: Hogrefe

Saupe, R., Englert, J.S., Gebhardt, R. & Stieglitz, R.D. (1991): Schizophrenie und Coping: Bisherige
Befunde und verhaltenstherapeutische Überlegungen. Verhaltenstherapie, 1, 130-138

Schaefer, H. (1983): Medizinische Ethik. Heidelberg: Fischer

Schaffner, L. & Heim, E. (1991): Zur Bewältigung der Mastektomie. In: S. Davies-Osterkamp
(Hrsg.) Psychologie und Gynäkologie, S. 163-174. Weinheim: Edition Medizin

Schauenburg, H., Schüssler, G. & Leibing, E. (1991): Empirische Erfassung von Abwehrmechanismen mit einem Selbsteinschätzungsfragebogen (nach Bond et al.). Psychotherapie, Psychosomatik, Medizinische Psychologie, 41, 392-400

Scheff, T.J. (1987): The shame-rage spiral: A case study of an interminable quarrel. In: H.B. Lewis
(Ed.) The role of shame in symptom formation, p. 109-150. Hillsdale: Erlbaum

Scheier, M.F. & Carver, C.S. (1985): Optimism, coping, and health: Assessment and implications of
generalized outcome expectancies. Health Psychology, 4, 219-247

Scherer, K.R. & Scherer, U. (1990): COPING-INDEX. Manual für die Version 1.0. Manuskript.
FPSE, Universität Genf

Scherer, U. & Scherer, K.R. (1991): Emotionalität und Alkoholkonsum: Entwicklung und Pretest einer Untersuchungsinstrumentes zur Ermittlung von Risikofaktoren für Alkoholabhängigkeit. Unveröffentl. Bericht, Université de Genève

Schill, T. & Harsch, J. (1989): Relation between MacAndrew scale scores and coping styles. Psychological Reports, 64, 761-762

Schleifer, S.J. et al. (1983): Suppression of lymphocyte stimulation following bereavment. Journal of
the American Medical Association, 250, 374-377

Schluchter, W. (1979): Die Entwicklung des okzidentalen Rationalismus. Tübingen: Mohr (Siebeck)

Schmidt, L.R. & Dlugosch, G.E. (1991): Psychologische Grundlagen der Patientenschulung und Pa-
tientenbetreuung. Prävention und Rehabilitation, 3, 48-57

Schönpflug, W. (1986): Behavior economics as an approach to stress theory. In: M.H. Appley & R.
Trumbull (Eds.) Dynamics of stress, p. 81-98. New York: Plenum

Schröder, A. (1988): Bewältigung lebensbedrohlicher Erkrankung. In: L. Brüderl (Hrsg.) Belastende
Lebenssituationen. Untersuchungen zur Bewältigungs- und Entwicklungsforschung, S. 108-124.
Weinheim: Juventa

Schuller, A. (1976): Patientenkarriere und Krankheitsbegriff. Mensch - Medizin - Gesellschaft, 1, 47-
53

Schulze, C., Flörchinger, E., Rees, U. & Jäger, R.S. (1987): CEUS - Coping Fragebogen. Weinheim:
Beltz

Schüssler, G. (1992): Coping strategies and individual meanings of illness. Social Sciene Medicine, 34,
427-432

Schüssler, G. (1993): Krankheitsbewältigung (Coping) bei chronischen Erkrankungen. Göttingen:
Vandenhoeck & Ruprecht

Schüssler, G. & Leibing, E. (1990): Coping und Abwehr - Erste empirische Befunde einer multidimensionalen Erfassung. In: F.A. Muthny (Hrsg) Krankheitsverarbeitung. Heidelberg: Springer

Schwarz, L., Slater, M.A.; Birchter, G.R. & Atkinson, H.J. (1991): Depression in spouses of chronic
pain patients: the role of patient pain and anger, and marital satisfaction. Pain, 44, 61-67

Schwarzer, R. (Hrsg.) (1990): Gesundheitspsychologie. Ein Lehrbuch. Göttingen: Hogrefe

Sechehaye, M. (1974): Tagebuch einer Schizophrenen. Frankfurt/Main: Suhrkamp

Seidenstücker, G. & Baumann, U. (1987): Multimodale Diagnostik als Standard in der klinischen Psychologie. Diagnostica, 33, 243-258

Seiffge-Krenke, I. (1986): Was berichten Patienten über sich? Selbstenthüllung in therapeutischen Situationen. In: A. Spitznagel & L. Schmidt-Atzert (Hrsg.) Sprechen und Schweigen. Zur Psychologie der Selbstenthüllung, S. 143-169. Bern: Huber.

Selye, H. (1981): Geschichte und Grundzüge des Streßkonzepts.In: J.R. Nitsch (Hrsg.) Stress, S. 161-187. Bern: Huber

Senn, H.J. (1988): Epidural opiates and nerve blocks. In: H.J. Senn, A. Glaus & L. Schmid (Eds.) Recent results in cancer research, p. 108. Berlin: Springer

Shanan, J. & Shahar, O. (1983): Cognitive and personality functioning of Jewish Holocaust survivors during the midlife transition in Israel. Archiv für die gesamte Psychologie, 135, 275-294

Shanan, J. (1989): The Place of Denial in Adult Development. In: E. Edelstein, D. Nathanson et al. (Eds.) Denial: A Clarification of Concepts and Research, p. 107-119. New York: Plenum Press

Sher, K.J. (1985): Subjective effects of alcohol: The influence of setting and individual differences in alcohol expectancies. Journal of Studies on Alcohol, 46, 137-146

Sher, K.J. (1987): Stress response dampening. In: H.T. Blane & K.E. Leonard (Eds.) Psychological theories of drinking and alcoholism. New York: Guilford Press

Sher, K.J. & Levenson, R.W. (1982): Risk for alcoholism and individual differences in the stress-response-dampening effect of alcohol. Journal of Abnormal Psychology, 91, 350-368

Shiffman, S. & Wills, T.A. (Hrsg.) (1985): Coping and substance abuse. New York: Academic Press

Shiffrin, R.M. & Schneider, W. (1977): Controlled and automatic human information processing. II. Perceptual learning, automatic attending, and a general theory. Psychological Review, 84, 127-190

Shuval, J.T. (1957/58): Some persistent effects of trauma: Five years after the Nazi concentration camps. Social Problems, 5, 230-243

Siegrist, J. (1985): Koronargefährdendes Verhalten. In: H.-D. Basler & J. Florin (Hrsg.) Klinische Psychologie und körperliche Krankheit, S. 79-90. Stuttgart: Kohlhammer

Skevington, S.M. (1983): Chronic pain and depression: Universal or personal helplessness? Pain, 15, 309-317

Skinner, H.A. (1982): Statistical approaches to the study of alcohol and drug addiction. British Journal of Addiction, 77, 259-273

Skinner, H.A. & Allen, B.A. (1982): Alcohol dependence syndrome: Measurement and validation. Journal of Abnormal Psychology, 91, 199-209

Slater, M.A., Itall, H.F., Atkinson, J.H. & Carfins, R. (1991): Pain and impairement beliefs in chronic low back pain: Validation of the Pain and Impairement Relationship Scale (PAIRS). Pain, 44, 51-56

Smith, T.W., Aberger, E.W., Follick, M.J. & Ahern, B.K. (1986a): Cognitive distortion and psychological distress in chronic low back pain. Journal of Consulting Clinical Psychology, 54, 573-575

Smith, T.W., Follick, M.J., Ahern, B.J. & Adams, A.V. (1986b): Cognitive distortion and disability in chronic low back pain. Cognitive Therapy Research, 10, 201-210

Solomon, G. F. (1981): Emotional and personality factors in the onset and course of autoimmune disease, particulary rheumatoid arthritis. In: R. Ader (Ed.) Psychoneuroimmunology, p. 159-182. New York: Academic Press.

Soskis, D.A. & Bowers, M.B. (1969): The schizophrenic experience. Journal of Nervous and Mental Disease, 149, 443-449

Speed, N., Engdahl, B. & Schwartz, J. et al. (1989): Post-traumatic stress disorder as a consequence of the POW experience. Journal of Nervous and Mental Disease, 177, 147-153

Spiegel, D. (1991): Vortrag anläßlich des Postgraduate course "Current Concepts in Psycho-Oncology IV", Oktober 1991, Memorial Sloan-Kettering Cancer Centre, New York

Spiegel, D., Bloom, J.R. & Kraemer, H.C. (1989): Effects of psychosocial treatment on survival of patients with metastatic breast cancer. Lancet, 2, 888-892

Spiegel, D., Bloom, J.R. & Yalom, I. (1981): Group support for patients with metastatic cancer. Archives of General Psychiatry, 38, 527-533

Spiegel, D. & Glafkides, M.C. (1983): Effects of group confrontation with death and dying. International Journal of Group Psychotherapy, 33, 433-447

Spinhoven, P., Terkuile, M.M., Linssen, A.C.G. & Gazendam, B. (1989): Pain coping strategies in Dutch population of chronic low back pain patients. Pain, 37, 77-83

Spinner, H. F. (1985): Das 'wissenschaftliche Ethos' als Sonderform des Wissens. Tübingen: Mohr (Siebeck).

Stam, H.J., Bultz, B.D. & Pittman, C.A. (1986): Psychosocial problems and interventions in a referred sample of cancer patients. Psychosomatic Medicine, 48, 539-548

Staub, E. & Kellett, D.S. (1972): Increasing pain tolerance by information about aversive stimuli. Journal of Personality and Social Psychology, 21, 198-203

Steffens, W. & Kächele, H. (1988): Abwehr und Bewältigungs-Strategien und Mechanismen. Wie ist eine Integration möglich? In: H. Kächele & W. Steffens, W. (Hrsg.) Bewältigung und Abwehr - Beiträge zur Psychologie und Psychotherapie schwerer körperlicher Krankheiten, S. 1-50. Berlin: Springer

Steffens, W. & Kächele, H. (1988): Abwehr und Bewältigung - Vorschläge zu einer integrativen Sichtweise. Psychotherapie, Psychosomatik, Medizinische Psychologie, 38, 3-7

Sternbach, R.A. (ed) (1978): The Psychology of Pain. New York: Raven Press

Stimson, C.V. & Webb, B. (1966): Going to see the doctor. London: Plenum Press.

Stone, A.A., Lennox, S. & Neale, J.M. (1985): Daily coping and alcohol use in a sample of community adults. In: S. Shiffman & T.A. Wills (Eds.) Coping and substance abuse. New York: Academic Press

Stone, G.C. (1978): Patient compliance and the role of the expert. Journal of Social Issues, 35, 34-59

Strickland, B.R. (1978): Internal-external expectancies and health-related behaviors. Journal of Consulting and Clinical Psychology, 46, 1192-1211

Strong, J., Ashton, R., Cramond, T. & Chant, D. (1990): Pain intensity, attitude and function in back pain patients. Australian Occupational Therapy Journal, 37, 179-183

Sullivan, M.J.L. & D'Econ, J.L. (1990): Relation between catastrophizing and depression in chronic pain patients. Journal of Abnormal Physiology, 99, 260-263

Süllwold, L. (1976): Uncharakteristische Basisstadien der Schizophrenie und deren Bedeutung für die Rehabilitation von Residualsyndromen. In: G. Huber (Hrsg.) Therapie, Rehabilitation und Prävention schizophrener Erkrankungen, S. 141-151. Stuttgart: Schattauer

Süllwold, L. (1977): Symptome schizophrener Erkrankungen: uncharakteristische Basisstörungen. Heidelberg: Springer

Suls, J. & Fletcher, B. (1985): The relative efficacy of avoidant and nonavoidant coping strategies: A meta-analysis. Health Psychology, 4, 249-288

Sutker, P.B. & Allain Jr., A.N. (1988): Issues in personality conceptualizations of addictive behaviors. Journal of Consulting and Clinical Psychology, 56, 172-182

Sweeney, P.D., Anderson, K. & Bailey, S. (1986): Attributional style in depression: A meta-analytic review. Journal of Personality and Social Psychology, 50, 974-991

Tarrier, N. (1987): An investigation of residual psychotic symptoms in discharged schizophrenic patients. British Journal of Clinical Psychology, 26, 141-143

Tarter, R.E. (1988): Are there inherited behavioral traits that predispose to substance abuse? Journal of Consulting and Clinical Psychology, 56, 189-196

Tarter, R.E., Alterman, A.I. & Edwards, K.L. (1985): Vulnerability to alcoholism in men: A behavior-genetic approach. Journal of Studies on Alcohol, 46, 329-356

Taylor, J.A., Gatchel, R.J. & Korman, M. (1982): Psychophysiological and cognitive characteristics of ulcer and rheumatoide arthritis patients. Journal of Behavioral Medicine, 5, 173-188

Taylor, S. (1989): Positive illusions. Creative self-deception and the healthy mind. New York: Basic Books

Taylor, S.E. (1983): Adjustment to threatening events. A theory of cognitive adaption. American Psychologist, 38, 1161-1173

Taylor, S.E., Lichtman, R.R. & Wood, J.V. (1984): Attributions, beliefs about control, and adjustment to breast cancer. Journal of Personality and Social Psychology, 46, 489-502

Temoshok, L. & Fox, B.H. (1984): Coping styles and other psychosocial factors related to medical status and to prognosis in patients with cutaneous malignant melanoma. In: B.H. Fox & B. Newberry (Eds.) Impact of psychoendocrine systems in cancer and immunity, p. 258-287. Lewiston: Hogrefe.

The North American Spine Society's Ad Hoc Committee on Diagnostic and Therapeutic Procedures (1991): Common Diagnostic and Therapeutic Procedures of the Lumbosacral Spine. Spine, 16, 1161-1167

Thomae, H. (1983): Alternsstile und Alternsschicksale. Ein Beitrag zur differentiellen Gerontologie. Bern: Huber

Thomae, H. (1988): Das Individuum und seine Welt, 2. Aufl. Göttingen: Hogrefe

Thomas, M. (1988): Zentralität und Selbstkonzept. Bern: Huber

Thomas, W.I. (1972): The definition of the situation. In: J.G. Manis & B.N. Meltzer (Eds.) Symbolic interaction, p. 331-336. Boston: Allyn & Bacon

Thornton, S. & Brotchie, J. (1987): Reminiscence: A critical review of the empirical literature. British Journal of Clinical Psychology, 26, 93-111

Thurm, I. & Häfner, H. (1987): Perceived vulnerability, relapse risk and coping in schizophrenia. European Archives of Psychiatry and Neurological Sciences, 237, 46-53.

Thurm-Mussgay, I. (1990): Krankheitsverarbeitung Schizophrener: Die Anwendung des Coping-Konzepts auf die Schizophrenie. Konstanz: Hartung-Gorre

Thurm-Mussgay, I., Galle, K. & Häfner, H. (1991): Krankheitsbewältigung Schizophrener: Ein theoretisches Konzept zu ihrer Erfassung und erste Erfahrungen mit einem neuen Meßinstrument. Verhaltenstherapie, 1, 293-300

Todd, A. D. (1989): Intimate adversaries: Cultural conflict between doctors and women patients. Philadelphia: University of Pennsylvania Press.

Tölle, R. (1987): Die Krankengeschichte in der Psychiatrie. In: G. Jüttemann & H. Thomae (Hrsg.) Biographie und Psychologie, S. 36-47. Berlin: Springer

Treisman, A.M. (1964): Monitoring and storage of irrelevant messages in selective attention. Journal of Verbalance Learning Behavior, 3, 449-459

Trent, J.T. (1982): Cognitive relaxation as a treatment of chronic pain: A single case experiment. American Journal of Clinical Biofeedback, 5, 59-63

Trief, P.M., Elliott, D.J., Stein, N. & Frederickson, B. (1987): Functional vs. organic pain: A meaningful distinction? Journal of Clinical Psychology, 43, 219-226

Trostle, J.A. (1988): Medical compliance as an ideology. Social Science and Medicine, 7, 1299-1308

Tucker, J.A., Vuchinich, R.E. & Sobell, M.B. (1982): Alcohol's effects on human emotions: A review of the stimulation/depression hypothesis. International Journal of the Addictions, 17, 155-180

Tucker, J.A., Vuchinich, R.E., Sobell, M.B. & Maisto, S.A. (1980): Normal drinkers' alcohol consumption as a function of conflicting motives induced by intellectual performance stress. Addictive Behaviors, 15, 171-178

Tunks, E. & Bellissimo, A. (1988): Coping with the coping concept: A brief comment. Pain, 34, 171-174

Tuomilehto, J., Rajala, A. & Pusha, P. (1976): A study on the drop-outs of the hypertension register of the North Karelia project. Community Health, 7, 148-152

Turk, D.C. (1979): Factors influencing the adaptive process with chronic illness: Implications for intervention. In: I.G. Sarason & C.D. Spielberger (Eds.) Stress and anxiety, Vol. 7. Washington: Hallsted Press

Turk, D.C. & Flor, H. (1984): Etiological theories and treatment for chronic back pain. II. Psychological models and interventions. Pain, 19, 209-233

Turk, D.C., Flor, H. & Rudy, T.E. (1987): Pain and Families. I. Etiology, maintenance, and psychosocial impact. Pain, 30, 3-27

Turk, D.C., Rudy, T. E. & Salovey, P. (1986): Implicit models of illness. Journal of Behavioral Medicine, 9, 453-474

Turner, J.A. (1982): Comparison of group progressive relaxation training and cognitive behavioral group therapy for chronic low back pain. Journal of Consulting and Clinical Psychology, 50, 757-765

Turner, J.A. & Clancy, S. (1986): Strategies for coping with chronic low back pain: Relationships to pain and disability. Pain, 24, 355-364

Turner, J.A., Clancy, S. & Vitaliano, P.P. (1987): Relationships of stress, apprisal and coping, to chronic low back pain. Behavioral Researche Therapy, 25, 281-288

Tversky, A. & Kahneman, D. (1973): Availabilty. A heuristic for judging frequency and probability. Cognitive Psychology 4, S. 207-232.

Udelman, H. D. & Udelman, D. L. (1978): Rheumatology reaction pattern survey. Psychosomatics, 19, 776

Ulich, D. (1987): Krise und Entwicklung. Zur Psychologie der seelischen Gesundheit. München: Psychologie Verlags Union

Ulich, D., Haußer, K., Mayring, P., Strehmel, P., Kandler, M. & Degenhardt, B. (1985): Psychologie der Krisenbewältigung. Weinheim: Beltz

Ulich, D., Mayring, P. & Strehmel, P. (1983): Stress. In: H. Mandl & G.L. Huber (Hrsg.) Emotion und Kognition, S. 183-216. München: Urban & Schwarzenberg

Ullrich, G. (1990): Psychosoziale Versorgung in der Medizin: Eine Frage des "management bias"? Praxis der Kinderpsychologie und Kinderpsychiatrie, 39, 249-254

Vachon, M.L.S. (1987): Unresolved grief in patients with cancer referred for psychotherapy. Psychiatric Clinics of North America, 10, 467-486

Vaillant, G.E. (1977): Adaptation to life. Boston: Little, Brown & Company

Valach, L. (im Druck): Coping and human agency. In: I. Marková & R. Farr (Eds.) Representation of Health, Illness and Handicap. London: Harwood Academic Publishers

Valach, L., Augustiny, K.F., Blaser, A., Dvorak, J., Fuhrimann, P., Tschaggelar, W. & Heim, E. (1988): Coping von rückenoperierten Patienten - psychosoziale Aspekte. Psychotherapie, Psychosomatik, Medizinische Psychologie, 38, 28-36

Valach, L., Augustiny, K.F., Dvorak, J., Fuhrimann, P., Blaser, A., Tschaggelar, W. & Heim, E. (1990): Self-attribution of coping and its social adaptability in patients operated for lumbar disc herniation. In: L.R. Schmidt, P. Schwenkmezger, J. Weinman & S. Maes (Eds.) Theoretical and Applied Aspects of Health Psychology. London: Harwood Academic Publishers

Verres, R. (1986): Krebs und Angst. Subjektive Theorien von Laien über Entstehung, Vorsorge, Früherkennung, Behandlung und psychosoziale Folgen von Krebserkrankungen. Berlin: Springer

Verres, R. & Sobez, J. (1980): Kognitive Aspekte von Ärger und Wut. Medizinische Psychologie, 6, 33-53

Viney, L.L. (1983): Images of illness. Malabar: Krieger.

Waddell, G. (1987): A new clinical model for the treatment of low back pain. Spine, 12, 632-644

Waddell, G., Bircher, M., Finlayson, D. & Main, Ch.J. (1984): Symptoms and signs: Physical disease or illness behaviour? British Medical Journal, 289, 739-741

Wangh, M. (1989): The evolution of psychoanalytic thought on negation and denial. In: E.L. Edelstein, D.L. Nathanson & A.M. Stone (Eds.) Denial. A clarification of concepts and research, p. 5-15. New York, London: Plenum Press.

Watson, M. (1987): Supportive and psychotherapeutic services for cancer patients. The Cancer Journal, 1, 424-425

Watson, M. (1988): Screening for psychological morbidity in cancer patients. The Cancer Journal, 2, 195-196

Watson, M. (1991): Vortrag anläßlich des Postgraduate Course "Current Concepts in Psycho-Oncology IV", Oktober 1991, Memorial Sloan-Kettering Cancer Centre, New York

Waxenberg, S.E. (1966): The importance of the communication of feelings about cancer. Annals of the New York Academy of Science, 25, 1000-1005

Weber, H. (1987): Das Streßkonzept in Wissenschaft und Laientheorie. Regensburg: Roderer

Weber, H. (1992a): Belastungsverarbeitung. Zeitschrift für Klinische Psychologie, 21, 17-27

Weber, H. (1992b): Die soziale Konstruktion und Reglementierung von Belastung und Bewältigung. Memorandum Nr. 21, Lehrstuhl Psychologie IV. Universität Bamberg

Weber, H. (1993a, in Druck): Dem Phlegma eine Chance! Argumente gegen das Persönlichkeitsideal des problemzentriert Bewältigenden. In: L. Montada (Hrsg.) Bericht über den 38. Kongreß der Deutschen Gesellschaft für Psychologie in Trier, Bd. 2. Göttingen: Hogrefe

Weber, H. (1993b): Ärgerausdruck, Ärgerbewältigung und subjektives Wohlbefinden. In: V. Hodapp & P. Schwenkmezger (Hrsg.) Ärger und Ärgerausdruck, S. 253-275. Bern: Huber

Weber, H. (1993c, in Druck): Ärger - Psychologie einer alltäglichen Emotion. Weinheim: Juventa

Weber, H. & Laux, L. (1991): Bewältigung und Wohlbefinden. In: A. Abele & P. Becker (Hrsg.) Wohlbefinden. Theorie - Empirie - Diagnostik, S. 139-154. Weinheim: Juventa

Weber, H., Laux, L. & Burda-Viering, M. (1991): Bewältigung von Angst und Ärger in der Partnerschaft. Forschungsforum (Schriftenreihe der Universität Bamberg), Heft 3, 105-113

Weber, M. (1976): Soziologische Grundbegriffe. Tübingen: Mohr.

Weinstein, N. D. (1987): Unrealistic optimism about susceptibility to health problems: Conclusions from a community-wide sample. Journal of Behavioral Medicine, 10, 481-500

Weintraub, M. (1976): Intelligent noncompliance and capricious compliance. In: L. Lasagna (Ed.), Patient compliance. Principles and techniques of human research and therapeutics, Vol. X, p. 39-47. Mount Lisio: Eutnea Publishing Corporation.

Weisman, A. D. (1972): On dying and denying: A psychiatric study of terminality. New York: Behavioral Publications.

Weissman, M. M. (1985): The epidemiology of anxiety disorders: Rates, risks, and familiy patterns. In: A.H. Tuma & J.D. Maser (Eds.) Anxiety and the anxiety disorders, p. 275-296. Hillsdale: Erlbaum

Wells, N. (1985): Back Pain. Office of Health Economics, London

Wiedl, K.H. (1992): Assessment of coping with schizophrenia: Stressors, appraisals and coping behaviour. British Journal of Psychiatry, 161, 114-122

Wiedl, K.H. & Schöttner, B. (1989a): Die Bewältigung von Schizophrenie (I): Theoretische Perspektiven und empirische Befunde. Zeitschrift für Klinische Psychologie, Psychopathologie und Psychotherapie, 37, 176-194

Wiedl, K.H. & Schöttner, B. (1989b): Die Bewältigung einer schizophrenen Erkrankung (II): Weiterführende Forschungsansätze. Zeitschrift für Klinische Psychologie, Psychopathologie und Psychotherapie, 37, 233-257.

Wiedl, K.H., Schöttner, B. & Schöttke, H. (1990): Krankheitsbewältigung als Befolgung technologischer Regeln: Eine Analyse des Bewältigungsverhaltens schizophrener Patienten. Zeitschrift für Klinische Psychologie, Psychopathologie und Psychotherapie, 38, 334-341

Williams, D.A. & Thorn, B.E. (1989): An empirical assessment of pain beliefs. Pain, 36, 351-358

Willis, F.N. & Dunsmore, N.M. (1967): Work orientation, health attitudes, and compliance with therapeutic advice. Nursery Research, 16, 22-25

Wills, T.A. (1985): Stress, coping and tobacco and alcohol use in early adolescence. In: S. Shiffman & T.A. Wills (Eds.), Coping and substance abuse. New York: Academic Press

Wills, T.A. (1986): Stress and coping in early adolescence: Relationship to substance use in urban samples. Health Psychology, 5, 503-529

Wills, T.A. & Shiffman, S. (1985): Coping and substance use: A conceptal framework. In: S. Shiffman & T.A. Wills (Eds.) Coping and substance abuse. New York: Academic Press

Wills, T.A. & Vaughan, R. (1989): Social support and substance use in early adolescence. Journal of Behavioral Medicine, 12, 321-339

Wing, J.K. (1976): Eine praktische Grundlage für die Soziotherapie bei Schizophrenie. In: G. Huber (Hrsg.) Therapie, Rehabilitation und Prävention schizophrener Erkrankungen, S. 31-55. Stuttgart: Schattauer

Wing, J.K. (1977): Schizophrenie in Selbstzeugnissen. In: H. Katschnig (Hrsg.) Die andere Seite der Schizophrenie, S. 21-95. München: Urban & Schwarzenberg

Wing, J.K. (1978): Schizophrenia: Towards a new synthesis. London: Academic Press

Wing, J.K., Cooper, J. & Sartorius, N. (1974): The measurement and classification of psychiatric symptoms. London: Cambridge University Press

Wirsching, M., Drings, P., Georg, W., Riehl, J. & Schmidt, P. (1989): Familien-System-Konsultation beim Bronchialkrebs. Eine kontrollierte prospektive Studie möglicher verarbeitungs- und verlaufsbeeinflussender Wirkungen. System Familie, 2, 65-81

Wittig, R., Kramis-Aebischer, K. & Tschopp, C. (1988): Coping with stress with breast cancer patients (Forschungsbericht Nr. 73). Fribourg: Psychologisches Institut der Universität

Woody, R. H. (1968): Interjudge reliability in clinical electro-encephalography. Journal of Clinical Psychology, 24, 251-256

Worden, J. & Weisman, A.D. (1984): Preventive psychosocial intervention with newly diagnosed cancer patients. General Hospital Psychology, 6,: 243-249

Wortman, C. (1983): Coping with victimization: Conclusions and implications for future research. Journal of Social Issues, 39, 195-221

Wortman, C.B. & Silver, C.S. (1992): Reconsidering assumptions about coping with loss: An overview of current research. In: L. Montada, S.H. Filipp & M.J. Lerner (Eds.) Life crises and experiences of loss in adulthood, p. 341-365. Hillsdale: Erlbaum

Youssef, F.A. (1984): Crisis intervention: A group therapy approach for hospitalised breast cancer patients. Journal of Advanced Nursing, 9, 307-313

Zenz, M.; Piepenbrock, S. & Tryba, M. (1985): Epidural opiates: Long-term experiences in cancer pain. Klinische Wochenschrift, 3, 225-229

Zerchin, S. (1990): Auf der Spur des Morgensterns. Psychose als Selbstfindung. München: List

Zerssen, D. von (1976): Die Befindlichkeitsskala. Weinheim: Beltz

Zola, I.K. (1963): Problems of communication, diagnosis and patient care: The interplay of patient, physican, and clinic organization. Journal of Medical Education, 38, 829-838

Zola, I.K. (1973): Pathways to the doctor - from person to patient. Social Science and Medicine, 7, 677-689

Zola, I.K. (1981): Structural constraints in the doctor-patient relationship: The case for non-compliance. In: L. Eisenberg & A. Kleinman (Eds.) The relevance of social science for medicine, p. 242-252. Dordrecht: Reidel

Zubin, J. (1989): Die Anpassung therapeutischer Interventionen an die wissenschaftlichen Modelle der Ätiologie. In W. Böker & H.D. Brenner (Hrsg.) Schizophrenie als systemische Störung, S. 14-26. Bern: Huber.

Zubin, J. & Spring, B. (1977): Vulnerability. A new view of schizophrenia. Journal of Abnormal Psychology, 86, 103-126.

Verzeichnis der Autoren

Dr. phil. Lea Baider
Institut für Onkologie der
Hadassah Universitätsklinik
POB 12000, Jerusalem/ISRAEL

Dr. Josef Bailer
Abteilung Klinische Psychologie
Zentralinstitut für seelische Gesundheit
68159 Mannheim, J 5

Dr. Leokadia Brüderl
71067 Sindelfingen, Hohlohweg 9

Dr. Toni Faltermaier
Lehrstuhl Psychologie und Forschungsstelle
für Entwicklungspsychologie und
Pädagogische Psychologie
Universität Augsburg
86159 Augsburg, Universitätsstraße 10

Dr. rer. nat. Dieter Ferring
Universität Trier,
Fachbereich Psychologie
54296 Trier, Tarforst

Prof. Dr. phil. Sigrun-Heide Filipp
Universität Trier,
Fachbereich Psychologie
54296 Trier, Tarforst

PD Dr. Dr. Rolf Haubl
Wirtschafts- und Sozialwissenschaftliche
Fakultät der Universität Augsburg
86159 Augsburg, Memminger Straße 14

Prof. Dr. Edgar Heim
Psychiatrische Universitätspoliklinik
CH-3010 Bern, Murtenstraße 21

Dr. med. Atara Kaplan de-Nour
Fachbereich für Psychiatrie der
Hadassah Universitätsklinik
POB 12000, Jerusalem/ISRAEL

Dipl.-Psych. Thomas Klauer
Universität Trier,
Fachbereich Psychologie
54296 Trier, Tarforst

Dipl.-Psych. Dagmar Laubenstein
Abteilung Klinische Psychologie
Zentralinstitut für seelische Gesundheit
68159 Mannheim, J 5

PD Dr. Philipp Mayring
Lehrstuhl Psychologie und Forschungsstelle
für Entwicklungspsychologie und
Pädagogische Psychologie
Universität Augsburg
86159 Augsburg, Universitätsstraße 10

Dr. med. Tamar Perez
Institut für Onkologie der
Hadassah Universitätsklinik
POB 12000, Jerusalem/ISRAEL

Prof. Dr. Meinrad Perrez
Psychologisches Institut der
Universität Fribourg
CH-1701 Fribourg, Rout des Fougères

Dipl.-Psych. Doris Annette Rauh
Fachbereich Psychologie, Universität
Osnabrück
49074 Osnabrück, Heger-Tor-Wall 12

Prof. Dr. Eibe-Rudolf Rey
Abteilung Klinische Psychologie
Zentralinstitut für seelische Gesundheit
68159 Mannheim, J 5

Dr. med. Liliane Schaffner
Psychiatrische Universitätspoliklinik
CH-3010 Bern, Murtenstraße 21

Prof. Dr. Klaus Scherer
Facultè de Psychologie et des Sciènces
de l'Education
CH-1227 Carouge-Genf, 9, route de Drize

Dr. Ursula Scherer
Facultè de Psychologie et des Sciènces
de l'Education
CH-1227 Carouge-Genf, 9, route de Drize

PD Dr. Annette Schröder
Institut für Psychologie der Universität
Erlangen-Nürnberg
91054 Erlangen, Bismarckstr. 1

PD Dr. med. Gerhard Schüßler
Abteilung Psychosomatik und Psychotherapie
Georg-August-Universität Göttingen
37075 Göttingen, Von-Siebold-Str. 5

Dipl.-Psych. Irmgard Thurm-Mussgay
Abteilung Klinische Psychologie
Zentralinstitut für seelische Gesundheit
68159 Mannheim, J 5

Dr. Ladislav Valach
Psychiatrische Universitätspoliklinik
CH-3010 Bern, Murtenstraße 21

PD Dr. Hannelore Weber
Lehrstuhl für Persönlichkeitspsychologie
Otto-Friedrich-Universität Bamberg
96047 Bamberg, Markusplatz 3

Prof. Dr. Karl Heinz Wiedl
Fachbereich Psychologie, Universität
Osnabrück
49074 Osnabrück, Heger-Tor-Wall 12

Verzeichnis der Gutachter/-innen

Folgende Kolleginnen und Kollegen haben sich freundlicherweise für dieses Jahrbuch als Gutachter/-innen zur Verfügung gestellt:

Cierpka, M.	- Göttingen
Beckmann, D.	- Gießen
Schmidt, L.	- Trier
Verres, R.	- Heidelberg
Hasenbring, M.	- Kiel
Muthny, F.	- Münster
Rosemeier, H.P.	- Berlin
Ehle, G.	- Berlin
Strauß, B.	- Kiel
Zink, A.	- Berlin
Schröder, H.	- Leipzig
Salm, A.	- London/Großbritannien
Tewes, U.	- Hannover
Maes, S.	- Leiden/Holland
Dahme, B.	- Hamburg
Zenz, H.	- Ulm